मीर

जीवन, समीक्षा तथा व्याख्या और काव्य

मीर

रामनाथ 'सुमन'

भारतीय ज्ञानपीठ

वाणी प्रकाशन : भारतीय ज्ञानपीठ की पुस्तकों
के एकमात्र प्रकाशक एवं वितरक

सजिल्द दूसरा संस्करण : 2016
सजिल्द तीसरा संस्करण : 2024

प्रकाशक
वाणी प्रकाशन ग्रुप
4695, 21-ए, दरियागंज, नयी दिल्ली-110 002
फ़ोन : 011-23273167, 23275710
ईमेल : sales@vaniprakashan.in

ISBN : 978-93-5775-961-8

मीर
(आलोचनात्मक अध्ययन)
रामनाथ 'सुमन'

MEER
(Critical Study)
by Ramanath Suman

मुद्रक : आर. टेक ऑफ़सेट प्रिंटर्स, दिल्ली-110 032

आवरण चित्र : सुचिंत एम.

Price : INR. 600

काव्य एवं रस के
समाराधकों के चरणों में
निवेदित
'सुमन'

मेरी बात

आज से 33 वर्ष पूर्व मैंने हिन्दी पाठकों को उर्दू का काव्य परिचय देने का निश्चय किया था। तब हिन्दी में उर्दू काव्य की आवभगत न थी, जैसी आज है। 'मीर', और 'जिगर' (जो उन दिनों उठ रहे थे) पर मैंने दो पुस्तकें लिखीं। वे छपीं। उनका आदर हुआ। फिर राजनीति के झंझावात से मेरा जीवन अस्थिर हो गया। इस प्रान्त से उस प्रान्त, उस प्रान्त से इस प्रान्त, कभी यहाँ कभी वहाँ, कभी जेल कभी बाहर फिरता रहा। वह निश्चय दब गया। वह क्रम टूट गया, यद्यपि अध्ययन—विशेष कवियों का—चलता रहा।

और आज तक टूटा रहा। इधर उर्दू कवियों पर, उर्दू शायरी पर कई किताबें देखने में आयीं। पर कोई ऐसा ग्रन्थ न देखा जिसे पढ़कर एक विशेष कवि या काल का सम्पूर्ण वैभव हमारे सामने आ जाय, जिसे पढ़कर उस विषय पर उर्दू में पढ़ने को न रह जाय, जिसमें अब तक के शोधकार्य का सम्पूर्ण सार आ गया हो; जिसमें कवि की मर्मभावना में पैठकर उसके हृदय को, उसकी भावराशि को हमारे हृदय से जोड़ दिया गया हो, सम्बद्ध कर दिया गया हो। कम-से-कम मेरी प्यास नहीं बुझी। मैं प्यासा ही रहा। स्वभावतः मैं समझता हूँ कि और भी लोग, मेरी तरह, प्यासे होंगे।

मेरे एक पुराने मित्र मिल गये। यूँही बातें चल पड़ीं। उन्होंने उर्दू कवियों-सम्बन्धी मेरी उन दो पुरानी पुस्तकों की चर्चा की और यह भी बताया कि स्व. ओरछा नरेश उनपर मुग्ध थे और सदा अपने शयन-कक्ष में तकिये के नीचे रखते। उन्होंने कहा कि महाराज ने कई बार उनका ज़िक्र किया; कहा कि यह है जो कवि का कलेजा काग़ज़ पर निकालकर रख देता है। उससे मुलाक़ात कराओ, मैं कहूँगा कि ऐसा ही कुछ और लिखे।

इसमें प्रकारान्तर से मेरी प्रशंसा है पर मैंने अपनी प्रशंसा की दृष्टि से इसे नहीं लिखा। प्रसंगवश लिखा है। इसलिए लिखा है कि महाराज जैसे और भी हैं जो कवि के अन्तर में पैठनेवाली क़लम को देखने-पाने के अभिलाषी हैं। इस चर्चा से मेरा निश्चय दृढ़ हो गया। 33 वर्ष पूर्व 'मीर' पर जो कुछ लिखा था वह इस विशेषता

के साथ भी अधूरा है। इस बीच उर्दू में उनपर काफ़ी काम भी हुआ है। इसलिए मैं सबसे पहले यह 'मीर' हिन्दी जगत में रख रहा हूँ। मीर उर्दू शायरी के ख़ुदा कहे गये हैं। उर्दू ग़ज़ल के प्राचीन कवियों में वह बेजोड़ हैं। कोई उन तक नहीं पहुँचा। ग़ालिब, ज़ौक़, सौदा सब स्वीकार करते हैं। इसलिए पहले उन्हें ही लिया। इसमें उनके सम्बन्ध में उद्यतन-शोध का तत्त्व भी है और वह सब भी है जिस पर महाराज मुग्ध थे।

इसके बाद मेरा विचार 'ग़ालिब' पर लिखने का है जिसका अध्ययन मैं वर्षों से करता रहता हूँ, और जिनपर कई पुस्तकें निकलने के बाद भी मेरे निश्चय के चरण दृढ़ होते गये हैं; मैं अब भी उसकी उतनी ही आवश्यकता अनुभव करता हूँ। दिल एवं दिमाग़ की मजबूरियाँ हैं।

पुस्तक लिखने में मैंने उनेक ग्रन्थों से सहायता ली है। इनका तथा इनके प्रणेताओं का ज़िक्र अन्यत्र किया गया है। मैं उनका कृतज्ञ हूँ। डॉ. फ़ारूक़ी, मौलवी 'आसी' तथा डॉ. अब्दुल हक़ का विशेष आभार मानता हूँ। उर्दू में डॉ. फ़ारूक़ी का शोध ग्रन्थ, अपनी कुछ ख़ामियों के साथ भी, काफ़ी प्रामाणिक है और मैंने उस ग्रन्थ से पर्याप्त प्रेरणा एवं सहायता ली है।

चित्र दे सका हूँ।

और अगली मुलाक़ात तक बस।

—रामनाथ 'सुमन'

लखनऊ

3.9.59

कृतज्ञता-ज्ञापन

पुस्तक लिखने में निम्नलिखित ग्रन्थों एवं रचनाओं से विशेष सहायता ली गयी है—

1. कुल्लियाते 'मीर' : सम्पादक मौलवी अब्दुल बारी 'आसी' (नवलकिशोर प्रेस)
2. इन्तिख़ाबे कलाम-ए-'मीर' : सम्पादक मौलवी अब्दुलहक़ (अंजुमन तरक्क़ी-ए-उर्दू)
3. 'आबेहयात' : लेखक मौ. मुहम्म्द हुसैन आज़ाद (लाहौर-की अष्टम आवृत्ति)
4. मीर तक़ी 'मीर' : लेखक डॉ. ख़्वाजा अहमद फ़ारूक़ी (अंजुमन त. उर्दू)
5. कविरत्न 'मीर' : लेखक भी रामनाथ 'सुमन' (पुस्तक भंडार, लहेरिया सराय)
6. तज़किरा, शुअराय उर्दू : लेखक मीरहसन देहलवी (अंजुमन त. उर्दू)
7. तज़किरा रेख़्तागोयान : लेखक फ़तेह अली (अंजुमन त. उर्दू)
8. नकातुश्शुअरा : सम्पादक मौलवी अब्दुलहक़ (अंजुमन त. उर्दू)
9. ज़िक्रे मीर : सम्पादक मौलवी अब्दुल हक़ (अंजुमन त. उर्दू)
10. उर्दू ग़ज़ल : लेखक डॉक्टर यूसुफ़ हुसैन (मकतबा जामिया)

निम्नलिखित पुस्तकों एवं रचनाओं से भी सहायता ली गयी है—

11. उर्दू की इश्क़िया शायरी : लेखक 'फ़िराक़' गोरखपुरी (इलाहाबाद)
12. तज़किरा गुलशने बेख़ार : लेखक नवाब मुस्तफ़ा ख़ाँ 'शेफ़्ता' (नवलकिशोर प्रेस)
13. तज़किरा शाअरात उर्दू (क़ौमी क़ुतुबख़ाना, बरेली)
14. तारीख़ फ़रिश्ता (नवलकिशोर प्रेस)
15. तारीख़ इबरत अफ़ज़ा (मुरादाबाद)
16. तारीख़ अवध (नवलकिशोर प्रेस)
17. इनफ्लुएंस ऑफ़ इस्लाम ऑन इंडियन कल्चर : लेखक डॉ. ताराचन्द।
18. दरिया-ए-लताफ़त : लेखक इंशा (अंजुमन-त.-उर्दू)
19. फ़ैज़े 'मीर' : सम्पादक सै. मसऊद हसन रिज़वी

20. मज़ा 'मीर' : लेखक नवाब जाफ़रअली (किताबी दुनिया, देहली)

21. मरासी मीर : सम्पादक सैयद मसीहुज़्ज़माँ (सरफ़राज़ क़ौमी प्रेस, लखनऊ)

22. मस्नवियाने मीर : सम्पादक सर शाह सुलेमान (निज़ामी प्रेस, बदायूँ)

इसके अतिरिक्त अनेक पत्र-पत्रिकाओं तथा उर्दू, हिन्दी, संस्कृत, फ़ारसी कवियों की रचनाओं से भी सहायता ली गयी है। डॉ. फ़ारूक़ी की पुस्तक काफ़ी अच्छी है; उससे मैंने पर्याप्त सहायता ली है। उनका कृतज्ञ हूँ, यद्यपि पुस्तक में सन् संवत् की अनेक भूलें रह गयी हैं। लेखकों एवं सम्पादकों सबके प्रति हार्दिक कृतज्ञता-ज्ञापन।

—रामनाथ 'सुमन'

अनुक्रम

उपसंहार

जीवन

मीर : जीवन-प्रवाह

इनका पूरा नाम था 'मीर तक़ी'। 'मीर' इनका तख़ल्लुस (उपनाम) था। इनके पूर्वजों एवं पिता के विषय में जो बातें इधर-उधर मिलती हैं, उनमें परस्पर अन्तर है। परन्तु हमारे सौभाग्य से मीर-द्वारा फ़ारसी गद्य में लिखित आत्मचरित 'ज़िक्रे-मीर'[1] प्राप्त है। उनकी एक दूसरी फ़ारसी पुस्तक 'नकातुश्शुअरा' भी है जिसमें बहुत-सी बातें मिल जाती हैं। 'ज़िक्रे-मीर' के अनुसार इनके पूर्वज हेजाज़ के रहने वाले थे। ज़माने की कठिनाइयों से तंग आकर वे लोग, अपने क़बीले के साथ, भारत के दक्षिण प्रदेश में आये। वहाँ से वे अहमदाबाद (गुजरात) पहुँचे। कुछ वहीं रह गये और कुछ जीविका की खोज में आगे बढ़े और अकबराबाद (आगरा) आये तथा वहीं बस गये। इनके परदादा भी इसी प्रकार आगरा आये। पर वहाँ की जलवायु उनके अनुकूल न रही; बीमार पड़ गये और बीमारी में ही इस संसार से विदा हो गये। वह एक पुत्र छोड़ गये थे। यही मीर के दादा थे। बड़ी-बड़ी कठिनाइयाँ उठाकर दादा ने अकबराबाद (आगरा) की फ़ौजदारी प्राप्त की। अब आराम से कटने लगी। पर लगभग 50 वर्ष की आयु में वह भी बीमार पड़े। पूर्णत: नीरोग होने के पूर्व ही उन्हें ग्वालियर जाना पड़ा और वहीं, कुछ दिनों बाद, उन्होंने देह त्याग दी। दादा का नाम रशीद था।

दादा के दो बेटे थे। बड़े विक्षिप्त थे और भरी जवानी में मर गये। छोटे ने दो शादियाँ कीं जिनसे कई सन्तानें हुईं पर बाद में उन्होंने फ़क़ीरी ले ली और संसार में रहकर भी संसार का त्याग कर दिया। यही 'मीर' के पिता थे।

समकालिक एवं परवर्ती लेखकों में 'मीर' के पिता के नाम को लेकर मतभेद है। कुछ ने उनका नाम मीर अब्दुल्ला[2], कुछ ने मोहम्मद मोतक़्क़ी[3], और कुछ ने मीर

1. 'ज़िक्रे-मीर'—अब यह पुस्तक 'अंजुमन तरक़्क़ी-ए-उर्दू' द्वारा प्रकाशित कर दी गयी है।
2. सआदत ख़ाँ 'नासिर' ने अपने ग्रन्थ 'तज़किरा खुशमार्का ज़ेबो' में, हकीम अब्दुल हईने 'साहिबे गुलेराना' में, मुहम्मद हुसेन आज़ाद ने 'आबेहयात' में और ब्लूमहार्टने अपनी इण्डिया आफिसकी सूची में मीर अब्दुल्ला नाम ही दिया है। 1926 में जब मेरी पुस्तक कविरत्न 'मीर' प्रकाशित हुई तो मैंने भी यही नाम दिया था श्री अब्दुलवारी 'आसी' का कहना है कि अली मोतक़्क़ी गुरु-प्रदत्त उपनाम था।
3. बीलने अपनी 'ओरियंटल बायाग्राफिकल डिक्शनरी' में यही नाम माना है।

मोहम्मदअली[1] माना है पर सब बातों पर विचार करने से अन्तिम नाम मीर मोहम्मद अली ही ठीक जान पड़ता है। सन्तोषी एवं साधुस्वभाव होने के कारण ही लोग उन्हें 'मोतक़्क़ी' कहने लगे थे।

मीर के पिता साधु पुरुष थे। उनकी दो शदियाँ हुई थीं। पहली पत्नी फ़ारसी भाषा के के लब्धप्रतिष्ठ लेखक और प्रकांड पंडित सिराजुद्दीन अली ख़ाँ 'आरज़ू' की बहिन थीं; दूसरी के नाम–धाम का पता नहीं चलता पर मीर दूसरी पत्नी की सन्तान थे। इस प्रकार 'आरज़ू' इनके मामा लगते थे। पिता ईश्रवर के ध्यान में सदा लीन रहते थे। वह प्रेमी और भक्त थे। उन्होंने शाह कलीमुल्लाह अकबराबादी (मृत्यु 1697 ई.) से ज्ञान प्राप्त किया था। उन्हीं के मार्ग–दर्शन में बड़ी–बड़ी साधनाएँ कीं। मीर ने लिखा है कि वह सदा यादे इलाही में मसरूफ़ रहते थे। जब उनकी तबीयत शगुफ़्ता[3] होती तो फ़रमाते कि "बेटा! इश्क़[4] इख़्तियार[5] करो कि इश्क़ ही इस कारख़ाना[6] पर मुसल्लत[7] है। अगर इश्क़ न होता तो यह तमाम निज़ाम[8] दरहम–बरहम[9] हो जाता। ेइश्क़ के ज़िन्दगानी बवाल है। और इश्क़ में दिल खोना असले–कमाल[10] है। इश्क़ ही बनाता है और इश्क़ ही बिगाड़ता है।"

पिता जब कभी प्रेम–विह्वल या भावाविष्ट होते तो कहते कि "आलम[11] में जो कुछ है इश्क़ का ज़हूर है। आग सोजे इश्क़[12] है, पानी रफ़्तारे–इश्क़[13], ख़ाक करारे–इश्क़[14] है, हवा इज़्तरारे–इश्क़ है[15] है! मौत इश्क़ की मरती है, हयात इश्क़ की होशयारी है, रात इश्क़ का ख़्वाब[16] है, दिन इश्क़ की बेदारी[17] है, तवक्कु[18] कुर्बे इश्क़[19] है, गुनाह बआदे इश्क़[20] है; बिहिश्त[21] इश्क़ का शौक़[22] है,....और मुकामे इश्क़ तो अबूदियत, असरफ़ियत, ज़ाहिदियत, सदीक़ियत ख़ुलूसियत, मुश्ताक़ियत और हबीबियत[23] से बुलन्द[24] और बरतर[25] है।" बाद के दिनों में तो इनकी हालत सन्त या सूफ़ी की–सी हो गयी थी। ज़मीन पर पड़े–पड़े न जाने क्या सोचते। "दिन में खोये–खोये से रहते और रात को उपासना में तल्लीन हो जाते।[26] उपासना की निद्रा जब टूटती, कुछ होश में आते तो—

1. 'ज़िकेमीर' (पृ. 62) में मीर बासित के पूछने पर कि किसके लड़के हो मीर स्वयं जवाब देते हैं— "अज़ मीर मोहम्मद अली अस्त।"
2. भगवत्–स्मरण, 3. तल्लीन, 4. प्रफुल्ल,
5. प्रेम, 6. ग्रहण, 7. जगत् से अभिप्राय है,
8. आच्छादित, 9. व्यवस्था, 10. छिन्न–भिन्न,
11. साधनातत्व, 12. संसार, 13. प्रेम को जलन,
14. प्रेम की गति, 15. प्रेमी की स्थिरता, 16. प्रेमी की बेचैनी,
17. स्वप्न, 18. जागरण, 19. निस्पृहता, सन्तोष,
20. प्रेम का सानिध्य, 21. प्रेम का उल्लंघन, 22. स्वर्ग,
23. प्रेम की आकांक्षा, 24. ईश्वर–साधना की विभिन्न अवस्थाएँ,
25. उच्च 26. श्रेष्ठ, 27. "रोज़ हैरांकार, शब जिन्दादार, अक्सर रूये नियाज़ बर ख़ाक।"

"बेटा! आलम[1] की हक़ीक़त[2] एक हंगामा से ज़्यादा नहीं है। इससे दिल न लगाना। इश्क़े-इलाही[3] इख़्तियार करो और ख़ुदा से लौ लगाओ। आख़िरत[4] की फ़िक्र लाज़िम है। यह दुनिया गुज़रनेवाली है और ज़िन्दगी वहम[6] है। वहम के पीछे दौड़ना अबस[7] है। चलचलाव लगा है। इसलिए ज़ादेराह[8] की फ़िक्र करो वर्ना इस मंज़िल तक पहुँचना मुमकिन नहीं। उससे रुजूअ[9] करो आलम जिसका आईना है। और इख़्यातार[10] उसकों सौंपो जिसको हम अपने में ढूँढ़ते हैं.....।"

'मीर' ने लिखा है कि मेरे पिता कामिल फ़क़ीर थे और बड़ी दर्दनाक तबीयत रखते थे। जब मुझे गले लगाते तो शफ़क़्क़त[11] से कहते कि "ऐ सरमाय-ए-जान! यह कैसी आग है जो तेरे दिल में छुपी है, और यह कैसा सोज़[13] है जो तेरी जानके साथ लगा है।" इस पर मैं हँस देता और वह रोने लगते।.....एक रोज़ नमाज़ के बाद मेरी तरफ़ तवज्जोह् फ़रमाई[14] और मुझे खेलता देखकर कहने लगे—"बेटा! ज़माना सय्याल[15] है यानी बहुत कम फ़ुर्सत। अपनी तबीयत[16] से ग़ाफ़िल[17] न रहो। रास्ते में बहुत नशेबोफ़राज़[18] हैं, देखकर चलो... ऐसे फूल का बुलबुल बनो जो सदाबहार है...फुर्सत को ग़नीमत समझो और अपनेतईं पहचानने की कोशिश करो।"

पिता के चेहरे पर नूर बरसता था। मुख पर पवित्रता की छाया थी। भीड़भाड़ से दूर रहते थे। प्रियतम के ध्यान में प्रायः डूबे रहते; प्रायः आँखें भीगीं, हाल बेहाल[19]। कभी-कभी तो फूटकर माशूक़ के लिए इस तरह रोते कि हिचकी बँध जाती।

जो लोग भी उनके सम्पर्क में आते, प्रभावित हुए बिना रह न सकते थे। उनके सम्बन्ध में अनेक घटनाएँ बतायी जाती हैं। आगरा (अकबराबाद) में वह शहर से बाहर ईदगाह के पास रहते थे। एक बार की बात है कि घर में आये और खाना पकानेवाली बुढ़िया से कहा कि कुछ खाने की चीज़ घर में हो तो लाओ। वह बोली कि घर में तो कोई सामान नहीं है, बाज़ार जाती हूँ, वहाँ से सौदा-सुलुफ़ लाऊँ तो कुछ पकाऊँ। बुढ़िया कुछ आटा-दाल वग़ैरह लेकर पलटी तो उन्होंने ख़ाना तैयार करने के लिए जल्दी मचायी। बुढ़िया बिगड़कर बोली कि साहब! फ़क़ीर के अन्दाज़ सीखो, सब्र करो; दरवेशी कोई बच्चों का खेल नहीं है। बुढ़िया का कहना तीर का काम कर गया। उससे तो कुछ न कहा, लेकिन उठे, आँसुओं से भींगा हुआ रूमाल उठाया और चलने लगे। बुढ़िया डर गयी, दौड़कर उनसे लिपट गयी और पूछा—कहाँ चले, बैठो। उन्होंने जवाब दिया—कुछ हर्ज़ नहीं, तुम मेरे लिए खाना पकाओ, मैं ज़रा लाहौर में एक दरवेश से मिल आऊँ। अभी वापिस आता हूँ। बुढ़िया ने बहुत समझाया-बुझाया किन्तु वक़्त

---

1. दुनिया, 2. तत्व, सत्य, 3. प्रभु-प्रेम, 4. अन्तकाल, 5. आवश्यकता, 6. भ्रम, माया, 7. निस्सार, निरर्थक 8. मार्ग का संबल, पाथेय, 9. प्रेम, आसक्ति, 10. प्रभुत्व, अधिकार, 11. कृपा, 12. प्राण-धन, 13. जलन, 14. ध्यान दिया, 15. प्रवहमान, परिवर्तनशील, 16. प्रशिक्षण, 17. असावधान, 18. नीच-ऊँच, 19. "मिज़गाँ नम, हाल दहरम"—ज़िक्रे मीर पृष्ठ 9।

हाथ से निकल चुका था; अब क्या हो सकता था? विवश चुप बैठ रही। और यह हैं कि उसी धुन में, चल खड़े हुए। एक बेचैनी की हालत थी, एक नशा उन पर सवार था। न पास में कोई सामान, न मार्ग के लिए कोई खाद्य-सामग्री, न रुपया-पैसा। आख़िर लाहौर पहुँचे। जिस दरवेश से मिलने की उत्कंठा थी, उससे रावी के तट पर भेंट हुई। वहाँ से दिल्ली लौटे और मीर क़मररुद्दीन के पास ठहरे, पर उनके यहाँ चेला-चाटियों की भीड़ लगी रहती थी जो इनके स्वभाव के प्रतिकूल बात थी। एक दिन आधी रात को चुपके से चल पड़े; लोग ढूँढ़ते ही रह गये। दो-तीन दिन की यात्रा के बाद बयाना पहुँचे। यहाँ एक नवयुवक सय्यदज़ादे पर उनकी जादूभरी निगाहों ने ऐसा असर डाला कि वह भूताविष्ट की भाँति बेहोश होकर गिर पड़ा। लोगों ने यह हालत देखी तो इनसे अनुनय-विनय की कि इस पर कृपा कीजिए। इन्हें भी कुछ रहम आ गया। थोड़ा-सा पानी लिया, उसे अभिमन्त्रित किया, उसका कुछ अंश पिला दिया, कुछ मुँह पर छिड़का। युवक होश में आकर उठ बैठा और घुटने टेककर सामने बैठ गया और प्रार्थना की कि कुछ दिन ग़रीबख़ाने पर क़याम फ़रमाइए। उन्होंने यह कहकर मंज़ूर कर लिया कि, ख़ैर पर मैं यात्रा में हूँ। लोगों ने कहा जिस समय आपकी जो आज्ञा होगी उस पर अमल किया जाएगा। फिर कहा कि हमारा क्या, कभी किसी से ख़ुश हैं, कभी नाख़ुश। पर लोगों के बहुत प्रार्थना करने पर उसके यहाँ गये।

संयोग से उसी दिन उस युवक की शादी थी। लोगों ने इनसे भी शादी में शामिल होने की प्रार्थना की। इन्होंने कहा—फ़क़ीर को इन झगड़ों से क्या मतलब? उस नवजान से कुछ बातें कीं। उधर बारात गई, इधर यह वहाँ से चल पड़े और अकबराबाद (आगरा) आ पहुँचे। उधर बारात जब वापस आयी, दूल्हा को इनके चले जाने का हाल मालूम हुआ। न जाने क्या बात हुई कि दिल उचट गया, सुप्त ईश्रव-प्रेम जग पड़ा। परिणाम यह हुआ कि बेचारे ने घर पर पानी भी न पिया; नयी-नवेली दुल्हन को छोड़-छाड़ उनकी तलाश में निकल पड़ा। कई दिनों तक जंगलों में ख़ाक छानता फिरा; जो मिलता उसी से फ़क़ीर का पता पूछता पर किसी को क्या मालूम कि किस फ़क़ीर को पूछ रहा है। कुछ पता न चला। एक दिन एक साधु पुरुष मिल गये। उन्होंने इसे त्रस्त देख दयार्द्र हो पूछा—किसे ढूँढ़ता है? उसने रंग-रूप बताकर अस्त-व्यस्त भाषा में अपना प्रयोजन कह सुनाया। उन्होंने कहा—जा, सीधा अकबराबाद चला जा; अली मोतक़्क़ी वहीं हैं, ढूँढ़ ले। यह सुनकर ग़रीब पूछता-पूछता अकबराबाद आया और किसी तरह अपने गन्तव्य-स्थल पर पहुँच गया।[1] मीर मोहम्मद अली उर्फ़ मीर मोतक़्क़ी ने तसल्ली देकर वहीं ठहरा लिया। धीरे-धीरे वह उनका ऐसा भक्त और प्रिय बन गया कि मीर मोहम्मद अली उसे अपना छोटा भाई मानने लगे। इस युवक का नाम

1. अब्दुल बारी 'आसी'; कुल्लियात में मुक़द्दमा। पृ. 10 (न. कि. प्रेस)

सय्यद अमानुल्लाह था। मोहम्मद अली ने उसे साधना का मर्म बताया और धीरे-धीरे वह बहुत उच्च साधक बन गया।

उस समय मीर साहब बच्चे ही थे; सिर्फ 7 साल की उम्र थी। पर पिता के संस्कारों का तथा जो बुज़ुर्ग उनके पास आया करते थे उनकी बातों का प्रभाव उन पर अन्दर ही अन्दर पड़ने लगा था। सय्यद अमानुल्लाह के आने पर मीर साहब उनकी देख-रेख में पढ़ने लगे। मीर, बाप के बाद, उनकी सबसे ज़्यादा इज़्ज़त करते थे। दोनों के बीच दिली मोहब्बत थी। वह अमानुल्लाह के साथ और भी बड़े लोगों के पास जाते और उनकी बातें ध्यान से सुना करते थे। तीन साल तक बराबर उनके पास पढ़ते रहे। जब 10 साल के हुए अमानुल्लाह की अचानक मृत्यु हो गयी। उस छोटी अवस्था में भी, यद्यपि इनकी शिक्षा पूर्ण नहीं हुई थी, बहुत कुछ समझने लगे थे। मीर के जीवन पर पिता एवं अमानुल्लाह का अत्यधिक प्रभाव पड़ा। अमानुल्लाह की मृत्यु की चोट तो इनको ऐसी लगी कि अक्सर रोया करते। मीर ने स्वयं ही लिखा है कि मैं उनकी मृत्यु से बहुत दुखी रहता था। मुझे दुखी देखकर मेरे पिता मुझे समझाया करते कि तुम बच्चे नहीं हो, दस साल के हो, दरवेश के लड़के हो। तुम्हें दिल मज़बूत रखना चाहिए।[1]

अमानुल्लाह की मृत्यु पर 'मीर' का दुखी होना स्वाभाविक था। पिता तो सदा ईश्वरोपासना एवं ध्यान में मग्न रहते थे, 'मीर' ज़्यादातर अमानुल्लाह के पास ही रहते थे। वह उन्हें चचा कहते थे। अमानुल्लाह भी 'मीर' को...बेटे की तरह मानते थे, एक क्षण को अपनी आँखों से दूर नहीं करते थे और क़ुरान शरीफ़ पढ़ाते थे[2]।

अमानुल्लाह अपने गुरु की प्रेमोपासना में रँग गये थे। मानवरूप में भी इन्हें ईश्वर का चमत्कार दिखाई देता था। 'मीर' ने इसकी प्रेमलता और विदग्धता के सम्बन्ध में एक विचित्र घटना लिखी है। एक बार की बात है कि अमानुल्लाह जुमा के बाज़ार की सैर को गये। वहाँ उनकी दृष्टि एक तेल-विक्रेता लड़के पर पड़ी। देखते ही दिल क़ाबू से बाहर हो गया। उस मुहब्बत के ग़म में ऐसी दुर्बलता हो गयी कि ज़मीन पर पाँव नहीं उतार सकते थे। एक नौकर के कन्धे पर हाथ रखकर तब खड़े होते थे। जब हालत ख़राब हो गयी तो गुरु की सेवा में उपस्थित हुए कि कोई विधि निकालें। जब वहाँ पहुँचे तो हाल यह था कि आँखों में आँसू थे और लबों पर ठंडी आहें। सच्चे वियोगी की अवस्था थी। उपस्थित लोगों ने इनको देखते ही जगह कर दी किन्तु गुरु

1. "कि ऐ पेसर मन तुरा विसियार ही ख़्वाहम। अम्मा अज़ीं ग़म मी काहम कि मन नीज़ बर सरे राहम। गाह मी मुफ्त कि माह मन न तिल्फ़हालः। अलहमदुल्ला कि दह सालः। च ब काहिश उफ़्तदये आखिर दरवेशज़ाहद, दिलकवीदार।"

2. मीर स्वयं लिखते हैं:—"मन दरां अय्याम हफ्तसाला बूदम। बाखुदम मानुस साख्त व दर गरेबानम अन्दाख्त यानी मा मादर वे पेदरम न गुज़ाश्त व बफ़रजन्दी खवीशम बर्दाश्त। लमहये अज़ ख़ुद जुदायम नमी कर्द व बनाज़ व नअभ भी परवर्द। चुनांचे रोज़ो शब बा ओ मी मांदम व क़ुरान शरीफ़ बख़िदमत ओ मी खांदम।"

ने इन्हें अपने पास बैठाया और पूछा—"अरे भाई, कहाँ थे?" अमानुल्लाह बोले—"जुमे की बाज़ार की सैर को गया था।" फ़रमाया—"क्या तुमने नहीं सुना—

'दीदने तिफ्लाँ तहे बाज़ार रुसवा मी कुनद।'

फिर फ़रमाया—"जाओ! आठ दिन तक अपने वियोग-कक्ष से बाहर न निकलो और ख़बरदार, किसी के सामने यह दास्तान मत बयान करना। ईश्वर दयालु है, क्या आश्चर्य उसकी कृपा तुम्हारी दशा पर हो जाय।"

"अभी एक सप्ताह भी न बीता था कि वह चाँद स्वयं बेकरार हो गया और भागा हुआ आकर उस पवित्र स्थान पर उपस्थित हुआ जो शहर पनाह के बाहर ईदगाह के निकट स्थित था। मीर मोहम्मद अली ने एक सेवक को इशारा किया और कहा—"जाओ, बिरादर अज़ीज[1] को बुला लाओ। उससे कहो कि तुम्हारा अभीष्ट तुम्हें ढूँढ़ता है।" अमानुल्लाह नंगे पाँव भागे हुए आये और गुरु के चरणों से लिपट गये। उसके बाद उस किशोर को गले लगाया। उस लड़के ने कहा—"मैंने बहुत तकलीफ़ उठायी, लेकिन ख़ैर, ख़ज़ाना पा लिया। अब इस आस्ताना[2] की जारोबकशी[3] को अपनी सआदत[4] समझता हूँ।" धीरे-धीरे अपनी साधना के कारण उसने मोहम्मद अली के शिष्यों में काफ़ी प्रतिष्ठा प्राप्त की।

अपने 'चचा' सय्यद अमानुल्लाह के बारे में 'मीर' ने अनेक घटनाएँ लिखी हैं। "उन्हें दरवेशों, फ़क़ीरों, सन्तों से मिलने की सदा उत्कंठा रहती थी। एक दिन की बात है कि वह एहसानउल्लाह नाम के एक दरवेश के पास गये। मैं भी उनके साथ था। इस फ़क़ीर का यह क़ायदा था कि जब कोई दरवाज़े पर आवाज़ देता तो वह कह देता कि एहसानउल्लाह घर में नहीं हैं। उस दिन भी उसने ऐसा ही किया। मेरे 'चचा' ने कहा—'अगर एहसानउल्लाह नहीं है तो अमानउल्ला है।' वह हँसा और उसने फ़ौरन दरवाजे के किवाड़ खोल दिये। एक जवान शख्स[5] नज़र आया।...... उसके चेहरे पर अन्त:ज्योति फूट रही थी। थोड़ी देर बार वह बुज़ुर्ग मेरी तरफ़ आकृष्ट हुए और पूछा यह लड़का किसका है। चचा ने फ़रमाया—'अली मोतक़्क़ी का फर्ज़न्द और मुझ गुनहगार[7] का परवर्दा है[8]। दरवेश ने फ़रमाया कि यह अभी बच्चा है। अगर इसकी बख़ूबी तबीयत[9] हुई तो एक परवाज़[10] में आसमान के उस पार पहुँच जाएगा। उसके बाद दरवेश ने रोटी का सूखा टुकड़ा पानी में तर करके खाने को दिया।...उसमें मुझे वह लज़्ज़त[11] मिली जो आज तक किसी खाने में नहीं मिली और उसका ज़ायक़ा अब तक याद है।"

---

1. प्रिय भ्राता, लघु भ्राता 2. (पवित्र) स्थान, 3. झाड़ू देना, सफ़ाई 4. कल्याण, सौभाग्य, 5. व्यक्ति, 6. पुत्र, 7. पापी, 8. पालित, 9. प्रशिक्षण, 10. उड़ान, 11. स्वाद

इसी प्रकार एक दिन मालूम हुआ कि एक दरवेश बायज़ीद नाम के, सराय गीलानी के पास, जो बाढ़ से तबाह और बर्बाद हो गयी थी, ठहरे हुए हैं। चचा तुरन्त मिलने के लिए गये। देखा, एक जवान विदग्धहृदय, प्रशस्तात्मा, प्रेमविह्वल बड़ी बेक़रारी की हालत में पड़ा है और प्रभु के चिन्तन एवं स्मरण में लीन है। न खाने-पीने की सुध है, न पहनने-ओढ़ने की। यह दरवेश मेरे चचा से मिलकर बहुत ख़ुश हुए और ज़बान-ए-मुबारक से बहुत नसीहतें[1] कीं। इन नसीहतों में से एक नसीहत यह भी थी कि मन्दिर-मस्जिद की क़ैद से आज़ाद हो जाओ और अगर मक़सूद[2] तक पहुँचना चाहते हो तो किसी दिल में राह पैदा करो।*

दूसरी भेंट के समय बायज़ीद का ध्यान 'मीर' की ओर गया। उन्होंने अमानुल्लाह से पूछा— यह कौन हैं? उन्होंने कहा—"अली मोतक़्क़ी के बेटे हैं।" दरवेश ने कहा—"हाँ, वह तो बड़े बुज़ुर्ग हैं—दानाय इसरार[3], ख़ुरशीदे आस्माँ[4]। यह इसी दरिया का[5] मोती है? हम फ़क़ीर तो उनके मुक़ाबिले पर[6] बिल्कुल तिहीदस्त[7] हैं।"

एक दिन मीर अमानुल्लाह 'मीर' को लेकर बायज़ीद के पास पहुँचे।

यह तीसरी और आख़िरी मुलाक़ात थी। उन्होंने देखा कि बायज़ीद बीमार और मलिन हैं और एक पहलू से लेटे हुए आह-आह कर रहे हैं। सय्यद अमानुल्लाह को देखकर एक ठंडी साँस ली और 'शफ़ाई' का यह शेर पढ़ा—

परिस्तारे नदारम बरसरे बालीन बीमारे
मगर आहम् अज़ी पहलू बआँ पहलू ब गरदानद।

चचा के पूछने पर कि क्या है, फ़रमाया—'ऐ अज़ीज़! मेरा सीना ऐसे जल रहा है गोया अन्दर आग सुलग रही है। हर लाना[8] आतिश[9] है और हर आह एक शोला-ए-सरकश[10]। अगर मौत मेरी फ़रियाद को पहुँच जाय तो मैं अपने को ख़ुशक़िस्मत समझूँगा। न दिन को चैन है, न रात को क़रार। हवा जो चलती है, इस आग को भड़का देती है। पानी जो पीता हूँ, इस आग पर तेल का काम करता है। काश, कोई मेरे सीने को चीर डाले और दिल व जिगर को बाहर निकाल फेंके।"

---

* "ज़िनहार कि दिलशिकनी कसे न कुनी व संग सितम बरशीशए न जनी। दिल रा कि अर्श मी गोयन्द अमी रहा अस्त कि मंजिलखासआँ माह अस्त

नियाजारम ज़खुद हर्गिज़ दिले रा
कि मी तर्सम दरो जायो तू बाशद।

1. उपदेश, 2. लक्ष्य, इष्ट, 3. रहरयज्ञात, 4. आकाश से सूर्य,
5. समुद्र, 6. तुलना में, 7. नगण्य, दरिद्र, 8. आर्तनाद, चीत्कार,
9. आग, 10. प्रचण्ड लपट

"सूर्यास्त तक यही हाल रहा। मग़रिब (शाम की) नमाज़ पढ़ी और प्राण निकल गये। रातको चचाने उन्हें सपने में देखा। बहुत ख़ुश थे और कह रहे थे। "देखा तुमने। एक इश्क़ ने मेरे अन्दर कैसी आग लगा दी थी। इसका इलाज सिवाय मरण के और कुछ न था।* जब मेरे प्रियतम ने मेरी बेताबी देखी तो मुझे रहमत[1] के समुन्दर में डाल दिया और मुझे गौहरे-मक़सूद[2] से हमकिनार[3] किया।"

'मीर' के निर्माण में इन बुज़ुर्गों का बहुत बड़ा हिस्सा है। उनके जीवन और काव्य दोनों पर इन दिशाओं एवं संस्कारों के चिह्न दिखाई पड़ते हैं। काव्य की समीक्षा करते समय हम विस्तार से इसकी चर्चा करेंगे। यहाँ इतना लिख देना चाहते हैं कि पिता (मीर मोहम्मद अली), चचा (मीर अमानुल्लाह) तथा इन दरवेशों की जीवन-प्रणाली और व्यक्तित्व का 'मीर' के हृदयपर सदैव गहरा असर रहा। बचपन में जो कुछ उन्होंने देखा, सुना उसे ही कैशोर एवं यौवन में ग्रहण किया। उन्होंने निस्पृहता, स्वाभिमान और एकान्तप्रियता अपने पिता से सीखी; प्रेमकी विह्वलता, दर्द, जलन और आवेश 'चचा' अमानुल्लाह से ग्रहण किया, तथा पूजा के मिथ्याचारों के प्रति उपेक्षा एवं धार्मिक उदारता का भाव दरवेशों से प्राप्त किया।

मैं ऊपर लिख चुका हूँ कि जब यह दस साल के थे, सय्यद थे, सय्यद अमानुल्लाह का देहावसान हुआ। 'मीर' के दिल पर गहरी चोट लगी। पर उसके कुछ ही दिनों बाद पिता भी चल बसे। और 'मीर' इस संसार में अकेले रह गये। उन्होंने अपने पिता की मृत्यु के सम्बन्ध में एक घटना का ज़िक्र किया है जिससे पता चलता है कि सबको पहले से ही मालूम हो गया था कि अब अन्त आ गया है। 'मीर' लिखते हैं कि "मेरे वालिद[4] ने सय्यद अमानुल्लाह से फ़र्माया—"ऐ बिरादर अज़ीज़! ज़ोफ़[5] बढ़ता जाता है। अगर क़ुरआन हिफ़्ज़[6] कर लो तो क्या अच्छा हो।" अर्ज़[7] किया कि बहुत ख़ूब। एक दिन दोनों बैठे पाठ कर रहे थे कि एक दरवेश असदउल्लाह नाम, नीले कपड़े पहिने और नमदी कुलाह[8] ओढ़े विशेष परिच्छेद पहिने आया। ज्यों ही मेरे वालिद के सामने आया, उन्होंने फ़मार्या—'भाई, इतने दूर-दराज का सफ़र तूने क्यों अख़्तियार किया और इतनी ज़हमत[9] और मशक़्क़त[7] क्यों उठायी?" दरवेश दौड़ के क़दमों पर गिर पड़ा। वालिद उससे बग़लगीर हुए[10]। और उसे अपने पास जगह दी। चचाजान यह घनिष्ठता देख हैरान हुए और पूछा, यह कौन बुज़ुर्ग हैं? कहा—मेरे पुराने परिचित हैं। वह और अधिक चकित हुए, इसलिए कि उनको इसके पहले न कभी देखा था, न उनकी चर्चा ही कभी सुनी थी। उनको चकित देख पिता ने कहा—हम दोनों एक ही आश्रम—धर्मस्थान—के सेवक हैं। पहले साल में एक बार ज़रूर उनकी सेवा में उपस्थित होता था। एक बार मैंने गुरुदेव से निवेदन किया कि कितना अच्छा हो अगर

---

* "दीदी कि इश्क़ च आतिशे दरमनज़द व चुनानम सोख्त चारये कार जुज़ मर्ग न बूद।"

1. कृपा, 2. वाञ्छित मुक्ता, 3. सम्बन्ध कराना, मिलन कराना, 4. पिता, 5. दुर्बलता, 6. ज़बानी याद करना, 7. निवेदन, 8. टोप, 9. विपत्ति, 10. श्रम, 11. भेंटे।

मरने से पहले मुझे इसकी सूचना मिल जाय ताकि मैं अपना ध्यान अन्य वस्तुओं से हटा लूँ। आदेश हुआ कि जब तुम इस विशेष परिच्छेद को दोबारा देखो तब समझ लेना कि दूसरे साल तक जीवित न रहोगे, उम्र बहुत थोड़ी बाक़ी है। चचा यह सुनकर बड़े दुखी हुए और कहा—भगवद्कृपा से मैं इस घटना को अपनी आँखों से न देखूँगा और इसके पूर्व ही इस संसार से विदा हो जाऊँगा।

''जब उस दरवेश से बातें हुई तो उसने कहा कि कुछ दिनों से मेरी दुकान बिल्कुल नहीं चलती थी और इसके कारण बहुत ही परेशान था। एक दिन मैंने गुरुदेव को स्वप्न में देखा कि वह सिरहाने खड़े हैं और फ़र्मा रहे हैं कि 'ऐ असदउल्लाह, यद्यपि यात्रा में कठिनाइयाँ बहुत हैं और रास्ता भी दूर का है लेकिन एक बार तुम अली मोतक़्क़ी के पास ज़रूर जाओ। मेरे और उनके बीच एक संकेते है जिसको वह तुम्हारे जाने से समझ जाएँगे। इसलिए जल्दी जाओ और कठिनाइयों से परेशान न हो। वहाँ से लौटने पर तुम्हारी दुकान ख़ूब चलेगी। बस, मैंने दुकान एक शिष्य के सुपुर्द की और सीधे अकबराबाद के लिए चल खड़ा हुआ।

''ईद का दिन था। चचाजान ने कपड़े बदले औन नमाज़ पढ़ी। इसके बाद उनके सीने में ऐसा दर्द शुरु हुआ कि किसी करवट चैन नहीं आया। चेहरे का रंग बदल गया। और सब्र की ताक़त जाती रही। वालिद से बुलाकर कहा—मालूम होता है कि यह दर्द जान के साथ जाएगा। दम घुटा जाता है और सब्र है कि किसी तरह नहीं होता। शाम तक यह दर्द सारे जिस्म में फैल गया और उनकी तकलीफ़ से देखनेवालों के दिल हिलने लगे।

फ़ज्र की (प्रातःकालीन) नमाज़ के समय वह चले गये।'' इस प्रकार अपने गुरु की मृत्यु अपनी आँखों न देखने के अपने वचन का निर्वाह किया। 'मीर' ने उस दुःख का वर्णन किया है जो इस घटना से उनके पिता को और उन्हें हुआ। वह कहते हैं कि चचा की मृत्यु से मेरे पिता को बड़ी चोट लगी और वह अपने आपको 'अज़ीज़ मुर्दा' कहने लगे। मेरे ऊपर तो क़यामत[1] ही गुज़र गयी। हर वक़्त उनके साथ रहता था और अपनी ज़रूरतों को उन्हीं से कहता। था। अब दिन और रात, सिवा उनकी याद के और कुछ शग़ल[2] नहीं था। वालिद बहुतेरी दिलजोई[3] करते लेकिन ग़मग़लत[4] न होता। कभी फ़र्माते कि मुझे तेरा बड़ा ख़याल है लेकिन मैं ख़ुद बरसरे–राह[5] हूँ। कभी कहते, ख़ुदा का शुक्र है कि दस बरस के हो। उस पर नज़र रखो ओर अपने दिल

1. प्रलय
2. काम,
3. दिल बहलाव
4. दुःख-निवृत्ति
5. पथ के बीच, मतलब है कि चलने ही वाला हूँ।

को मज़बूत करो। न सामान, न जायदाद। अलबत्ता तीन सौ ज़िल्दें किताबों की हैं, लाओ उन्हीं को तुम दोनों में बाँट दूँ। बड़े भाई ने कहा कि 'आपको मालूम है, मैं विद्यार्थी हूँ और किताबें सिर्फ़ मेरे काम आ सकती हैं। मोहम्मद तक़ी को इससे क्या वास्ता, सिवा इसके कि इनकी पतंग बनाकर उड़ायें या फाड़ डालें।' वालिद को बात बुरी लगी। वह समझ गये और फ़रमाया, "अगर्चे तूने फ़क़ीरी इख़्तियार की है लेकिन तेरे मन से बुराई नहीं गयी। इन किताबों को तूही ले ले लेकिन याद रख कि अल्ला ग़यूर[1] है और ग़यूर को दोस्त रखता है। मोहम्मद तक़ी तुम्हारा दस्तनिगर कभी न होगा। ज़्यादा सताओगे तो उसकी सज़ा पाओगे। समझ लो कि उसके सामने तुम्हारा चिराग़ हर्गिज़–हर्गिज़ जल नहीं सकता।" उसके बाद मुझे फ़र्माया—"मुझ पर तीन सौ रुपये बाजार के क़र्ज़ हैं, जब तक उन्हें चुका न देना, मेरा मृतक कर्म न करना।" मैंने निवेदन किया—"घर की सम्पत्ति तो यही किताबें थीं जो भाई जान के अधिकार में आ गयीं; अब मैं क़र्ज़ चुकाने का क्या–क्या उपाय करूँगा?" उन्होंने कहा घबराओ मत। ख़ुदा कारसाज़ है। हुंडी रास्ते में है। पहुँचना ही चाहती है। जी चाहता है कि मेरे सामने ही आ जाय किन्तु मौत क़रीबतर[2] है और फ़ुर्सत कम, लिहाज़ा[3] ख़ुदा हाफ़िज़[4]।" इसके बाद प्राण त्याग दिये।

बाप के मरने के बाद इस बालक पर क्या बीती होगी, इसकी कल्पना–मात्र से मन करुणार्द्र हो जाता है। लावारिस ग़रीब बच्चा, ऋणदाताओं का तक़ाज़ा, घोर ऐकान्तिकता, भाई की निष्ठुरता, मतलब विपत्तियों का पहाड़ ही टूट पड़ा पर उसने पिता की आज्ञा का पालन किया, प्रभु में विश्वास रखा और किसी के आगे हाथ नहीं फैलाये।[5] बड़े भाई ने बाह्य शिष्टाचार से मुँह मोड़ा और यह सोचकर कि बाप निर्धन मरा है, ऋणदाता तंग करेंगे, अलग बैठ रहे और कहने लगे कि जिनको उन्होंने दुलार से पाला है वह जानें, उनका काम जाने। मैं तो किसी काम में न पहले था, न अब हूँ। ऐसे समय केवल ईश्वर का ही सहारा था। बाज़ार के बनिये दो सौ रुपये लेकर आये पर 'मीर' ने स्वीकार न किये। इतने में इनके पिता के शिष्य मुकम्मलख़ाँ पाँच सौ रुपये की हुंडी लेकर आये। 'मीर' ने पहिले तीन सौ रुपये ऋणदाताओं को चुकाये और सौ रुपये पिता के अन्तिम कृत्य में व्यय किये। गुरु की क़ब्र के पास दफ़न किया।

---

1. स्वाभिमानी
2. निकटतर
3. अत:
4. ईश्वर रक्षक है,
5. "ख़ुदाये करीम मरा शार्मिन्दए एहसान कसे न कर्द। दोस्त निगर बिरादर कि सर बसर मन दाश्त न साख्त। नक़ल मातम दरवेश क़िस्मत साख्तम। कारे रा बलुत्फे–खुदावन्द अन्दाख्तम।"

ज़िक्र-ए-मीर से स्पष्ट ज्ञात होता है कि पिता की मृत्यु के समय इनकी उम्र ग्यारह वर्ष के लगभी थी। पर इस सम्बन्ध में उर्दू विद्वानों में मतभेद है। सरशाह सुलेमान का कथन है कि 'मीर' ने अपनी उम्र का ठीक अन्दाज़ नहीं किया। श्री अब्दुलबारी 'आसी' ने भी अपने 'कुल्लियाते-मीर' की भूमिका में लिखा है कि 'मीर' साहब से उनके स्वर्गीय पिता की बातें और उपदेश, ऋणदाताओं के प्रति कर्त्तव्य-पालन, पिता के प्रति अन्तिम कृत्य-सम्पादन, सब बातों का निबटारा और अपने छोटे भाई को घर सौंपकर जीविका की तलाश में उनका बाहर निकलना[1], किसी से कुछ मदद माँगे बिना जीविकोपार्जन के लिए दूर का सफ़र, और पिता तथा अमानुल्लाह के जीते जी भी दरवेशों का सत्संग वग़ैरह ऐसी बातें नहीं है कि दस-बार साले के बच्चे के करने योग्य मानी जाएँ। फिर आगरा के के आस-पास कुछ दिन भटकने के बाद 'मीर' दिल्ली का रुख करते हैं। दिल्ली पहुँचते हैं।

इस पर 'आसी' लिखते हैं—" दिरायत[2] व क़यास[3] कभी इस अमर मुहाल[4] के तस्लीम[5] करने को तैयार नहीं है कि एक दस-ग्यारह बरस का बच्चा अकबराबाद से देहली तक का उस ज़माने में सफ़र करे कि क़ाफ़िले लुटते थे, रास्ते महफ़ूज[6] न थे, क़दम-क़दम पर ख़ून बहाये जाते थे। फिर यह सब कुछ भी हो तो उस वक़्त उनके ऐज़ाए-क़रीब[7] ने क्योंकर उनको इस दूर दराज़ मुसाफ़त[8] तय करने की इजाज़त दी।"

दो-एक और साहबों ने भी इसी प्रकार के सन्देह प्रकट किसे हैं पर ये सब कोरी कल्पना की बातें हैं। जब बातचीत में कई बार उनके पिता भी उनकी दस साल की उम्र का ज़िक्र करते हैं तब उसमें सन्देह करने का कोई कारण नहीं। कभी झूठी बात बोलने की कल्पना भी उस तरह के पवित्र व्यक्ति के सम्बन्ध में नहीं की जा सकती। फिर पिता के आख़िरी वक़्त में मीर के बड़े भाई का यह व्यंग कि 'यह तो किताबों को फाड़ डालेगा या पतंग बनाकर उड़ाएगा' भी यही सिद्ध करता है कि मीर बच्चे थे और जो कुछ मीर ने छोटी उम्र में किया वह कोई असम्भव बात नहीं। 12 साल की उम्र में बाबर अपने क़बीले का सरदार चुना गया था। तेरह साल की उम्र में अकबर

---

1. मीर लिखते हैं:—"दमे खुदरा व बिरादरी खुर्द सुपुर्दः बतलाशे रोज़गार दर इतराफ़े शह उत्स्तख्वाँ शिक्कस्तम लेकिन तर्फ न बुस्तम यानी बरखुद हमवार कर्दम। शदायदे सफर इख्तियार कर्दम व शाहजहानाबासद देहली रशीदम।"
2. प्रज्ञा
3. अनुमान, कल्पना
4. असम्भव कार्य
5. मान्य
6. सुरक्षित
7. निकट के, प्रिय, स्वजन।
8. फासला, अन्तर, देखिए कुल्लियाते मीर में श्री अब्दुल बारी 'आसी' का मुकद्दमा वाला अंश पृष्ठ13 कुल्लियाते मीर (न. कि. प्रे.)

में अकबर ने गद्दी सँभाली थी। बात यह थी कि बचपन से ही मीर अपने पिता के असाधारण तपोमय जीवन की छाया में पले; उनके यहाँ एक से एक ऊँचे आदमी आते थे। वह स्वयं भी चचा के साथ अनेक फ़क़ीरों के पास जाते थे। उनके प्रशिक्षण का भी पिता और चचा बड़ा ध्यान रखते थे। इसलिए स्वभावत: बचपन में ही उन्हें उच्च संस्कार पड़ गये और सामान्यत: 15-16 साल के लड़के से जिस बात की अपेक्षा की जा सकती है वह 11 वर्ष की अवस्था में 'मीर' करने लगे थे। आज भी ऐसी बातें हमारे आपके ही कुटुम्बों में मिल सकती हैं और अब तो वैज्ञानिक तथा मनोवैज्ञानिक अनुसन्धानों ने भी सिद्ध कर दिया है कि मनुष्य की बौद्धिक आयु एवं शारीरिक आयु में कोई विशेष सम्बन्ध नहीं है। 8 वर्ष का बच्चा 12 वर्ष के बच्चे की बृद्धि रख सकता है। इसलिए मुझे ज़रा भी शुबहा नहीं कि मीर ने अपना जो हाल लिखा है, वह ठीक हैं।

पिता की मृत्यु के बाद 'मीर' बिल्कुल अकेले पड़ गये। इनके वंशवृक्ष को, जो नीचे दिया जा रहा है, देखने से जान पड़ता है कि बड़ी माँ से उत्पन्न बड़े भाई के अलावा इनकी माँ से उत्पन्न एक छोटा भाई था, और एक बहिन भी थी—

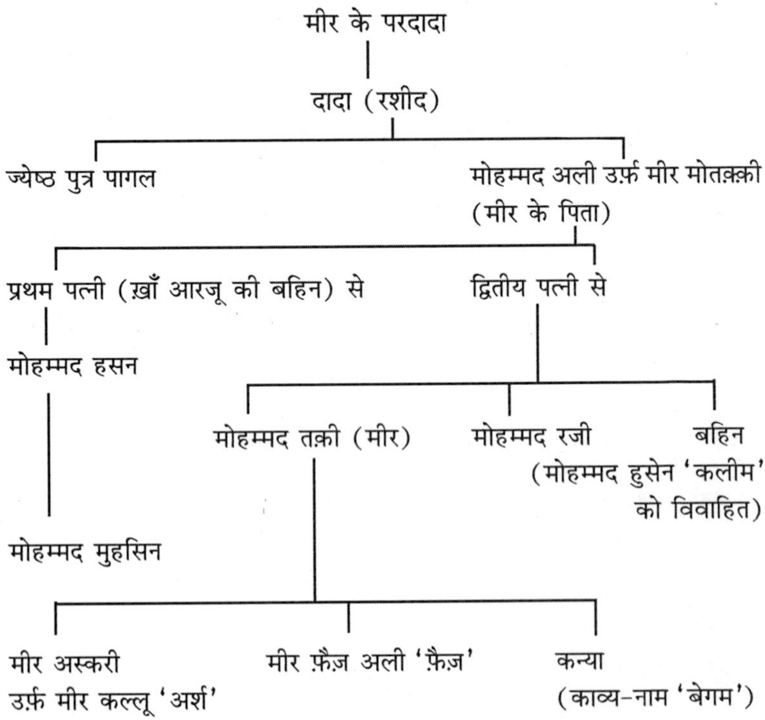

इन्होंने छोटे भाई मोहम्मद रज़ी को अपने स्थान पर रखा और स्वयं जीविका की खोज में बाहर निकले। कुछ समय आगरा के आस-पास फिरते रहे पर कोई साधन जीविकोपार्जन का न मिला तो जन्मभूमि को प्रणाम किया और दिल्ली की ओर चल पड़े। बड़ी दिक़्क़तों से वहाँ पहुँचे। वहाँ जाकर कहाँ ठहरे, इसका कोई पता नहीं लगता। पर एक दिन घूमते-फिरते अमीरुल्लउमरा समसाम-उद्दौला के भतीजे मोहम्मद बासित से भेंट हो गयी। अमीरुलउमरा इनके पिता के भक्तों में थे। मोहम्मद बासित इन्हें अपने चचा के पास ले गये। उन्होंने पूछा—'यह किसका लड़का है ?' बासित ने जबाब दिया—'मीर मोहम्मद अली का।' फ़रमाने लगे—'इसके यहाँ आने से तो ज़ाहिर[1] होता है कि वह राही-ए-अदम[2] हुए।' बड़ा दुख प्रकट किया। उसके बाद कहने लगे—'उस शख़्स[3] के मुझ पर बहुत से हुक़ूक़[4] हैं। इस लड़के को एक रुपया रोज़ हमारी सरकार से दिया जाय।' इस पर 'मीर' ने निवेदन किया कि जब नवाब साहब ने इतनी कृपा की है तो मेरे प्रार्थना-पत्र पर लिखित आदेश देने की भी कृपा करें। यह कहकर जेब से प्रार्थना-पत्र निकाला और पेश कर दिया। धनिक एवं विलासी राज्यधिकारी टाल-मटोल वाले हुआ ही करते हैं। नवाब ने कह दिया:—"वक़्ते क़लमदान नेस्त" अर्थात् "क़लमदान का वक़्त नहीं है।" मीर साहब लिखते हैं कि यह सुनकर मुझे जोरों की हँसी आ गयी। नवाब ने चकित होकर देखा और पूछा—"क्यों भई! क्या हैं ? हँसे क्यों ?" मैंने झट कह दिया कि मैंने हुज़ूर के इस फ़िक़रे का मतलब नहीं समझा। अगर आप यह फ़र्माते कि हस्ताक्षर का समय नहीं या क़लमदान उठानेवाला नहीं तो ख़ैर एक बात भी थी किन्तु यह कहना कि वक़्तेक़लमदान नहीं है, एक अजीब और नया मुहाविरा है। क़लमदान कोई जानदार तो है नहीं; वह तो लकड़ी का है, उसके लिए कोई समय या असमय नहीं होता; जिससे कहिएगा उठा लाएगा।' इस पर नवाब हँसने लगे और बोले—'ठीक कहते हो।' उसी वक़्त क़लमदान मँगवाकर अर्ज़ी पर हस्ताक्षर कर दिये और मुझे बड़े स्नेह एवं कृपापूर्वक विदा किया।"

इससे सिद्ध होता है कि बचपन में ही उनको भाषा पर कैसा अधिकार मिल गया था और उनकी मेधा कितनी तीव्र थी।

इस प्रकार उनकी तुरन्त की कठिनाई दूर हो गयी। 'मीर' को यह वृत्ति नादिरशाह के हमले—1739 ई.—तक मिलती रही। उस हमले में अमीरुलउमरा समसाम उद्दौला मारे गये और वृत्ति बन्द हो गयी। इस प्रकार एक डेढ़ साल बाद जीविका का प्रश्न फिर उठ खड़ा हुआ। अब यह फिर बेरोज़गार और परेशान हो गये।

---

1. प्रकट
2. मृत्यु के पथिक
3. व्यक्ति।
4. अधिकार

ऐसा जान पड़ता है कि बाप की मृत्यु के बाद जीविका की तलाश में दो-एक बरस यह आगरा के आस-पास ही चक्कर काटते रहे। लगभग 13 साल की अवस्था में दिल्ली की ओर रवाना हुए। वहाँ भी तुरन्त ही तो इनकी भेंट नवाब साहब से हुई न होगी। एकाध साल गुज़रने के बाद यानी 14-15 साल की उम्र में यह नवाब से मिले होंगे। फिर लगभग 16-17 साल की उम्र तक उन्हें यह वृत्ति मिलती रही होगी। नादिरशाह के हंगामे के बाद यह वतन को लौट गये। पर वहाँ लोगों की दुनियादारी से इनके भावुक हृदय को गहरी ठेस लगी। किशोरावस्था की उभरती उमंगें लोगों की आँखों से स्नेह की दीप्ति ढूँढ़ती हैं, ज़िन्दगी सौ-सौ बल खाती है; रोती, नाचती और खिलखिलाती है; मन किसी से बँधना चाहता है—किसी का होना चाहता है, मन किसी को अपना बनाना चाहता है। वहाँ कहीं इसकी गुंजाइश न थी। लोगों के दिल समय के लौह दंड से कुट-पिटकर चौरस हो रहे थे। स्नेह की इनकी प्यास वहाँ न बुझी; किसी ने इनसे वह प्रेम-व्यवहार न किया जिसकी इनको आशा थी। वह लिखते हैं—

"जो लोग दरवेश (पिता) की ज़िन्दगी में मेरी ख़ाके-पा[1] को सुर्मा समझकर आँखों में लगाते थे अब उन्होंने एक बारगी मुझसे आँखें चुरा लीं।"*

निराश होकर यह पुन: दिल्ली लौटे और इस बार अपने सौतेले बड़े भाई के मामा सिराजुद्दीन अली ख़ाँ 'आरज़ू' के यहाँ ठहरे। ख़ाँ आरज़ू उस समय दिल्ली के बौद्धिक एवं साहित्यिक जगत् में बड़ी प्रतिष्ठा रखते थे और 'इमामुल मुताख़रीन' कहे जाते थे। यह उनके पास रहते थे और कुछ लोगों की सहायता से बराबर अपना अध्ययन भी जारी रखे हुए थे। 'आरजू' भी इनकी शिक्षा-दीक्षा में बड़ी दिलचस्पी लेते थे। पर वह पुराने ख़याल के बुज़ुर्ग थे। उधर दिल्ली से आगरा लौटने पर, ऐसा जान पड़ता है कि 'मीर' किसी विधुवदनी पर मोहित हो गये थे। इस बात से इनके सौतेले बड़े भाई और चिढ़ गये और उन्होंने अपने मामा से उनकी शिकायत लिखी कि वह धूर्त और उपद्रवी है। उसकी शिक्षा-दीक्षा पर परिश्रम न करें।* इससे मामा और चिढ़ गये और इनके साथ कठोरता का व्यवहार करने लगे।*

---

1. पैर की धूल

* "कसाने कि पेश दरवेश खाके पाए मरा कहलबसरी साख्तन्द, एक बार अज़ नज़रम अन्दाख्तन्द।" पृष्ठ 63।

* "मीर मोहम्मद तक़ी फितनए-रोज़गार अस्त। जीनहार व तर्बियत ओ न: बायद पर दाख्त।"

* "वह अजीज़ वाक़ई दुनियादार शख़्स था। भाँजे के लिखने से मेरे दर पे हो गया। जब कभी मुलाकता होती तो बिला वजह बुरा-भला कहना शुरू कर देते और तरह-तरह से तकलीफ़ पहुँचाने की कोशिश करते। मेरे साथ उनका सलूक ऐसा था जैसे किसी दुश्मन से होता है। अगर उनकी दुश्मनी तफ़सील करूँ तो एक दफ्तर हो जाए।"

इससे मीर का मानसिक सन्तुल दिन-दिन बिगड़ता गया। उस समय की उनकी मनोव्यथा की कल्पना कीजिए। एक ऐसे पिता का लड़का जिसकी चरण-धूलि लेने को न जाने कितने लोग उत्सुक रहा करते थे, संसार में अनाथ, सब साधनों से हीन, बेकार, परेशान, प्रेम की असफलता से निराश औद दिल्ली जैसे महानगरी में जिसके एक मात्र आश्रय में था उससे भी प्रताड़ित। क्या स्थिति रही होगी, इनके मन की। असीम मनोव्यथा के कारण यह लगभग पागल हो गये। किवाड़ बन्द कर लेते और दिन-दिन भर पड़े रहते। चाँद की ओर देखते रहते। उसमें एक सूरत नज़र आती। 'ज़िक्रे-मीर' तथा अपनी मस्नवी 'ख़्वाबो ख़्याल' में भी अपनी अवस्था का वर्णन इन्होंने किया है:—

चला अकबराबाद से जिस घड़ी।
दरो बाम[1] पर चश्मे हसरत[2] पड़ी।।
पस[3] अज़ क़तअ रह[4] लाये दिल्ली में बख़्त[5]।
बहुत खींचे याँ मैंने आज़ार[6] सख़्त।।
जिगर[7] जौरे गर्दूँ[8] से ख़ूँ हो गया।
मुझे रुकते-रुकते जुनूँ[9] हो गया।।
हुआ ख़ब्त से मुझको रब्ते तमाम[10]।
लगी रहने वहशत[11] मुझे सुबहो शाम।।
यह वहमें ग़लतकार[12] याँ तक खिंचा।
कि कारे जुनूँ[13] आस्माँ तक खिंचा।।
नज़र रात को चाँद पर गर पड़े।
तो गोया कि बिजली सी दिल पर पड़े।।
महे चारदह[14] कारे आतिश[15] करे।
डरूँ याँ तलक मैं कि जी ग़श[16] करे।।
नज़र आये इक शक्ल महताब[17] में।
कमी आये जिससे खूरो खाब में।।

---

1. द्वार एवं छत, 2. लालसापूर्ण नयन,
3. अतः, 4. वह रास्ता छोड़कर,
5. भाग्य, 6. यातनाएँ
7. हृदय (यकृत), 8. जमाने के अत्याचार,
9. उन्माद, 10. आत्मीयता का विच्छेद,
11. पागलपन, 12. मिथ्या भ्रम,
13. उन्माद का प्रभाव, 14. चौदहवीं का चाँद, पूर्णचन्द्र,
15. आग का काम, 16. मूर्च्छा, 17. चन्द्र।

जब हालत ज़्यादा ख़राब हो गयी तब मित्रों एवं प्रियजनों ने चिकित्सा शुरू की। ऐसे समय फ़ख़रुद्दीन ख़ाँ की पत्नी ने, जो इनकी निकट सम्बन्धिनी भी थीं, इनकी बड़ी सेवा की। उन्होंने इलाज के साथ मन्त्रोपचार भी कराया। धीरे-धीरे इनकी तबीयत ठीक हो गयी। पर ख़ाँ आरज़ू से इनका दिल फट गया; वह अन्तर बढ़ता ही गया और अन्तोगत्वा एक दिन यह वहाँ से हट गये।

ख़ाँ आरज़ू 'मीर' के पारस्परिक सम्बन्ध क्यों बिगड़े, इसका कोई स्पष्ट कारण ज्ञात नहीं होता। भांजे की शिकायते से एक गम्भीर विद्वान का इतना चिढ़ जाना कि दुश्मन-जैसा व्यवहार करने लगना, कुछ समझ में आनेवाली बात नहीं है। उस समय के प्राप्त सभी विवरण में ख़ाँ आरज़ू की विद्वता, गम्भीरता तथा सहृदयता की प्रशंसा मिलती है। स्वयं मीर ने अपने प्रथम ग्रन्थ 'नकातुश्शुअरा' में उनकी बड़ी प्रशंसा की है और उन्हें अपना उस्ताद माना है। एक जगह तो लिखा है कि ऐसा फ़ाज़िल[5] हिन्दुस्तान में कोई नहीं बल्कि विदेशों में भी सन्देह ही है कि कोई होगा। उधर अपनी बाद की किताब ज़िक्रे-मीर में, जिसका प्रणयन ख़ाँ आरज़ू के मृत्यु के एक साल बाद आरम्भ हुआ, वह उनकी कठोरता एवं अन्याय की बात लिखते हैं।* तब क्या सत्य है? या तो ख़ाँ आरज़ू के जीवन-काल में उन्होंने उनके विरुद्ध कुछ लिखकर और उत्तेजित करना और अपने मार्ग की कठिनाइयाँ बढ़ाना उचित नहीं समझा, या फिर बाद में छोटी-छोटी घटनाओं को लेकर उन्हें बढ़ा-चढ़ा दिया है। 'नकातुश्शुअरा' एक साहित्यिक समीक्षा ग्रन्थ है: उसमें कवि-चर्चा है; काव्य का विवेचन है। सम्भव है, इसीलिए 'मीर' ने उसमें अपनी व्यक्तिगत बातों और निजी झगड़ों की चर्चा करना उचित न समझा हो 'किन्तु ज़िक्रे-मीर' में वह अपनी जीवन-घटनाएँ लिख रहे थे। इसका सम्बन्ध उनके निजी जीवन और अनुभवों से था, इसलिए सम्भव है, इसमें अपने मार्ग में आनेवाली कठिनाइयों के निदर्शन के लिए उन्हें लिखा हो।

बहरहाल , इतना तय है कि ख़ाँ आरज़ू से मीर का सम्बन्ध बाद में कड़वा हो गया। शम्शुलउल्मा मौलाना मुहम्मदहुसेन 'आज़ाद' ने अपने ग्रन्थ 'आबे-हयात' में इस बिगाड़ का कारण यह बताया है कि ख़ाँ आरज़ू हनफ़ी थे और यह शिया थे इसीलिए किसी मस्ले पर बिगड़कर अलग हो गये। पहली बात तो यह कि इसका भी कोई निश्चित प्रमाण नहीं है कि मीर शिया थे। उनके पूर्वज तो निश्चित रूप से सुन्नी थे। हाँ, यह ज़रूर है कि उस समय न केवल राजनीतिक क्षेत्र में बल्कि विद्या

---

* आश्चर्य तो यह है कि डॉ. अब्दुलक़ जैसे विद्वान ने इसी आधर पर नकातुश्शुअरा के बाद में लिखे जाने की कल्पना की है। जब दोनों ग्रन्थों के प्रणयन काल के सम्बन्ध में निश्चित प्रमाण उपलब्ध हैं तब ऐसी कल्पना भ्रमात्मक है। एक नहीं, अनेक़ स्थानों पर बार-बार उस कालका उल्लेख है जिसमें ये दोनों ग्रन्थ लिखे गये।

एवं साहित्य के क्षेत्र में भी शिया प्रभाव फैलता जा रहा था। वस्तुत: मीर धर्म के बारे में बड़े उदार थे; वह प्रेम-धर्मी थे। प्रेमधर्मी पिता में उच्च आध्यात्मिकता के कारण जो आत्म-नियन्त्रण था वह मीर में न था। उन्हें इसका समय एवं अवसर ही नहीं मिला। फिर किशोरावस्था में वह प्रेमी, सौन्दर्योपासक बन गये। किसी के प्रेम में बदहवास इधर-उधर फिरते थे। इससे कुछ बदनामी भी होने लगी थी। ख़ाँ आरज़ू को यही बुरा लगा होगा। और एक बार जब आदमी पर एक छाप पड़ जाती है तो जल्द मिटती नहीं। जो भी बात हो, इतना तो मानना ही पड़ेगा कि मीर के जीवन और काव्य पर—और काव्य पर तो बहुत ज़्यादा—ख़ाँ आरज़ू की छाप पड़ी है। ख़ाँ आरज़ू तरक़ीबों एवं शब्दों को, जो उनके कोश में हैं, मीर ने ख़ूब अपनाया है और उनका अच्छा निर्वाह किया है।

उन्माद शान्त होने पर 'मीर' ने पुन: स्वाध्याय आरम्भ किया। एक दिन बाज़ार में एक किताब का कोई अंश लिये बैठे थे कि एक जवान मीर जाफ़र उधर से गुज़रा। यह लिखते हैं—"मुझे देखा और बैठ गया। कहा, मालूम होता है तुम्हें पढ़ने का शौक़ है। अगर मेरा अनुमान सत्य है तो मैं तुम्हें पढ़ा सकता हूँ। मैं भी विद्याभ्यासी हूँ पर कोई समानधर्मा नहीं मिला।" मीर ने कहा—"मैं आपकी कोई ख़िदमत तो कर नहीं सकता, अगर यों ही यह ज़हमत गवारा फ़रमायों[1] तो इनायत[2] होगी।" उन्होंने कहा—"मगर बग़ैर नाश्ता के मेरे लिए कहीं आना-जाना मुमकिन नहीं है।' मीर बोले—"मेरे पास कुछ नहीं है पर ख़ुदा यह मुश्किल भी आसान करेगा।" तबसे मीर जाफ़र इन्हें पढ़ाने लगे। मीर ने लिखा कि वह बड़ी मेहनत से मुझे पढ़ाते और मुझसे भी जहाँ तक बन पड़ता उनकी ख़िदमत करता। यह क्रम कुछ दिनों तक चला। बाद में घर से ज़रूरी पत्र पाकर मीर जाफ़र अपने वतन (पटना) चले गये।

कुछ दिनों बाद 'मीर' की भेंट सैय्यद सआदत अली से हो गयी। यह अमरोहा के रहनेवाले थे और रेख़्ता में शेर लिखते थे। अब तक 'मीर' फ़ारसी कविता करने लगे थे पर रेख़्ता का रिवाज बढ़ रहा था। सआदत अली ने इन्हें रेख़्ता में लिखने को उत्साहित किया। मीर के हृदय में वेदना थी, ख़ाँ आरज़ू का रंग था, यौवन की अँगड़ाई और ख़ुमारी थी, स्वाध्याय-अर्जित फ़ारसी एवं अरबी का ज्ञान था, बस इन्होंने रेखता में काव्य का प्रणयन आरम्भ कर दिया और उसको पकड़ा तो ऐसा पकड़ा
और ऐसा गहरा अभ्यास किया कि शीघ्र ही दिल्ली के प्रतिष्ठित शायरों[3] में गिने जाने लगे। पर जो तुनुकमिज़ाजी इनमें आ गयी थी वह इनकी ज़िन्दगी से कभी न गयी। एक दिन ख़ाँ आरज़ू ने अपने साथ खाने के लिए लिए बुलाया। बातचीत में ख़ाँ आरज़ू के मुँह से कोई ऐसी बात निकल गयी जिसे 'मीर' बर्दाश्त[4] न कर सके और बिना

1. कष्ट स्वीकार करें, 2. कृपा, 3. कवियों, 4. सहन।

खाना खाये घर से बाहर चले गये। जामा मस्जिद की ओर चले किन्तु न जाने ध्यान कहाँ था कि रास्त भूलकर हौज़काज़ी पर जा निकले। प्यास लगी थी, वहाँ रुककर पानी पीने लगे। उधर से अलीमउल्ला नाम का एक आदमी जा रहा था। उसने इन्हें देखा तो आगे बढ़कर इनसे पूछा—"क्या जनाब का नाम मीर मोहम्मदतक़ी 'मीर' है?" इन्होंने पूछा—"आपने कैसे पहचाना?" वह कहने लगा कि आपकी मजनूनाना हरकतों की तो शहर भर में धूम है। ख़ैर, निवेदन यह है कि एतमादउद्दौला क़मरुद्दीन ख़ाँ के बहनोई* रिआयत ख़ाँ आपसे मिलने को बड़े उत्सुक हैं। अगर मेरे साथ तशरीफ़ ले चलें तो मेहरबानी होगी।" इन्होंने स्वीकार कर लिया। अलीमउल्ला के साथ पहुँचे। रिआयत ख़ाँ[4] ने बड़े तपाक से इनका स्वागत किया। बस, उस दिन से मीर उनके यहाँ नौकर हो गये। यह सन् 1748 ई. की बात है। इस समय मीर की उम्र 25-26 साल की रही होगी। उनके शेरों की धूम थी और कवि के रूप में वह दूर-दूर तक प्रसिद्ध हो चुके थे। इसी के 3 साल बाद 1751 ई. में उन्होंने 'नकातुश्शुअरा' लिखा जिससे प्रकट होता है कि लोग इनके शेरों की बड़ी इज़्ज़त करते थे।

इस समय देश की दशा बहुत बुरी थी। कब क्या होगा, कोई नहीं जानता था। मीर साहब ने वह ज़माना देखा था, जब पिता के पास लोगों की भीड़ लगी रहती थी। उनकी साधुता तथा चचा की प्रेमोपासना का उन पर गहरा असर पड़ा था। फिर वह एकदम अनाथ हो गये थे। स्नेह की छाया उन पर से उठ गयी थी। जिनसे उम्मीदें थीं, उन्होंने कनाराकशी की। बे-आस, बेसहारे यह संसार के अनजान मार्ग पर चल पड़े। दुनिया में जो कुछ देख रहे थे, उससे सांसारिक ऐश्वर्य पर से इनकी आस्था उठ गयी थी। जैसे हवा के झोंके आते ओर चले जाते हैं वैसे ही वह उसे समझते थे। दरवेशों और ईश-भक्तों की संगत ने इनके दिल में प्रेम की गरमी पहिले से ही पैदा कर दी थी; जीवन का जो रूप देखा उसने हृदय को और कोमल एवं करुणाद्र कर दिया। वह देख रहे थे कि अभी जिनके यहाँ महफ़िल लगी है, मुसाहब घेरे हुए हैं, सुख एवं विलास के सब साधन प्रस्तुत हैं, थोड़ी देर बाद वही सूखी रोटी को मोहताज हैं, न कोई दोस्त है न पुरसाँहाल। देहली जो किसी समय ऐश्वर्य एवं शान्ति का केन्द्र थी, रोज़ की लड़ाइयों, परिवर्तनों और रुधिर-पिपासा के बीच व्याध-बाण के सामने पड़ी मृगी की भाँति भयभीत थी। चारों ओर गुंडों और उचक्कों का राज्य था। आज एक उठा, कल दूसरे ने उसे क़त्ल किया और इसके पहिले कि अधिकार उसके हाथ में आवे, ख़ुद मार दिया गया—

---

* 'आसीप इन्हें क़मरुद्दीन ख़ाँ का दामाद लिखा है। और डॉ. अब्दुलहक़ने दौहित्र। पता नहीं क्या गोरखधंध हैं वस्तुतः यह अजीमुल्ला ख़ाँ के पुत्र थे।

चोर उचक्के सिख मरहठे शाहो गदा[1] सब ख़्वाहाँ[2] हैं,
चैन से हैं जो कुछ नहीं रखते फ़ुक्र[3] भी एक दौलत है यहाँ।

मतलब हालत ऐसी थी कि शान्ति एवं सुख की बात तो दूर रही, लोगों को ज़िन्दगी और इज़्ज़त बचानी मुश्किल हो गयी थी।

'मीर' सुबह कुछ, शाम कुछ की इस अवस्था से बहुतों को गुज़रता हुआ देख रहे थे और ख़ुद भी गुज़र रहे थे। रिआयत ख़ाँ के साथ रहते कुछ ही दिन बीते थे कि दुर्रानियों का हमला हुआ। रिआयत ख़ाँ के साथ इन्हें भी जाना पड़ा। मोहम्मद शाह का अन्त हुआ; अहमदशाह को तख़्त पर बिठाया गया। इस समय ख़्वाजासरा जावेद ख़ाँ की तूती बोलती थी। उधर राजस्थान की ओर से मरहठे चले आ रहे थे। साँभर के समीप उनसे लड़ाई हुई जिसमें रिआयत ख़ाँ के साथ यह भी थे। वहीं से अजमेर ख़्वाजा मुईनुद्दीन चिश्ती की दरगाह की ज़ियारत को गये। देहली वापिस आये तो फिर बेकार हो गये। नवाब साहब के साथ रहे; कुछ चैन मिला। अरबी का अध्ययन शुरू किया कि फिर हवा बदल गयी। सफ़दरजंग ने धोखे से नवाब बहादुर को मरवा डाला। फिर बेकारी आई पर अब तक वह काफ़ी प्रसिद्ध हो चुके थे इसलिए इस बार ज़्यादा कठिनाई न हुई। दीवान महानारायण ने इन्हें बुलवा लिया। कुछ दिन चैन से कटे कि बादशाह और वज़ीर में युद्ध आरम्भ हो गया। छः महीने तक यह सिलसिला चलता रहा। इसी ज़माने (1753 ई.) में अपने उस्ताद और मामा ख़ाँ आरज़ू का स्थान छोड़कर स्वयं अमीर ख़ाँ 'अंजाम' की हवेली में रहने लगे। उधर सफ़दरजंग का देहावासान हो गया; शुजाउद्दौला अवध के सूबेदार बनाए गये।

'मीर' के काव्योत्कर्ष का यह मध्यकाल था। अपनी गहराई और दर्दमन्दी, अपनी ज़बान और प्रसार गुण के कारण यह दिल्ली पर छा गये थे। ग़जलों का यह हाल था कि लोग उन्हें तोहफ़े की तरह दूर-दूर अपने सम्बन्धियों को भेजते थे। बड़े-बड़े लोग उनकी अछूती भावनाओं और कविताओं पर जान देते थे। जिसे देखिए, इनसे मिलने को उत्सुक रहता था। पर इनका ज़रा-ज़रा सी बात पर गर्म हो जाने का स्वभाव मतलब इनकी तुनुकमिज़ाजी बढ़ती ही जा रही थी। एक दिन राजा जुगलकिशोर ने* इन्हें अपने मकान पर बुलाया। कुछ सुना-सुनाया और अपना कलाम[6] इस्लाह[7] के लिए पेश[8] किया। मीर साहब तिनक गये। मामूली शिष्टाचार और दुनियादारी का भी पालन न किया। क्रोध में सारे कलाम पर छुरी फेर दी। भला ऐसे आदमी से क्या सत्संग हो सकता था। परिणाम वही हुआ कि कष्ट और विपत्ति में पड़े रहे; राजा से जो लाभ

---

1. राजा-रंग, 2. इच्छुक, 3. फकीरी, 4. दर्शन, 5. उपहार, 6. काव्य-रचना, 2. संशोधन, 3. प्रस्तुत।

* यह कौम का भाट और पेशे से मद्यविक्रेता था। मोहम्मद शाह के जमाने में बंगाल का वकील हो गया। अपने बेटे की शादी इस शान से की कि ऐसी दूसरी न हुई।

हो सकता था वह नहीं हुआ। फिर भी इतना ज़रूर हुआ कि राजा जुगकिशोर ने राजा नागरमल से परियचय करा दिया। नागरमल उस समय खालसा के दीवान थे। उन्होंने भी मीर के काव्य की बड़ी तारीफ़ की। राजा के लड़के ने कुछ मासिक वृत्ति बाँध दी। यह वृत्ति एक साल तक उन्हें मिलती रही। फिर स्वयं राजा ने भी एक साल की तनख़्वाह दिलवा दी। बीच-बीच में भी मीर को उनसे कुछ न कुछ मिलता रहा।

इस बीच राजा की उन्नति हुई। वह नायब वज़ीर हुए। उम्दतुल मुल्क की उपाधि प्राप्त की किन्तु उससे मीर को कोई विशेष लाभ पहुँचने के पूर्व ही अचानक दुर्रानी का दूसरा आक्रमण हो गया। राजा नागरमल अपने कुटुम्बियों और साथियों को लेकर भरतपुर के राजा सूरजमल के क़िले में चले गये। मीर भी उन्हीं के साथ थे। उधर वे गये; इधर दिल्ली में वहशत की एक आँधी आयी, नालियों में ख़ून बहने लगा; लाशें सड़कों पर बिछ गयीं।

कुछ शान्ति हुई तो मरहठों ने फिर दिल्ली को दबोच लिया। उधर मीर साहब राजा नागरमल से आज्ञा लेकर तरह-तरह की विपत्ति झेलते हुए बरसाना पहुँचे। वहाँ से मुखेर गये। यहाँ सफ़दरजंग के खज़ांची राधाकृष्ण के पुत्र बहादुर सिंह ने इनका बड़ा आदर-सत्कार किया। जब मरहठों और दुर्रानियों का युद्ध समाप्त हो गया तो राजा नागरमल मुखेर पहुँचे। राजा के पुत्र राय बिशनसिंह ने मीर साहब को ठहरा लिया था और कुछ मासिक वृत्ति भी नियत कर दी थी। पर मीर साहब की तो किसी से पटती न थी। उन्होंने राजा से कहा कि अब तक हुज़ूर का इन्तज़ार[1] था वर्ना मैं यहाँ रहनेवाला नहीं था। अब जाने की आज्ञा दें। राजा ने कहा—कुछ खबर है कि आप यह फर्मा क्या रहे हैं? ऐसे ख़तरे के वक़्त मैं आपको जाने की इजाज़त नहीं दे सकता। इसके बाद तनख़्वाह नियत कर दी और कुछ और भी उपहार दिया। इसलिए यह वहीं रह गये और काफ़ी अर्से तक वहाँ रहे। जब मराठे हार गये और दुर्रानियों का पूर्ण अधिकार दिल्ली पर हो गया तब पुराने सरदारों को फ़र्मान[2] भेजकर बुलाया गया। राजा नागरमल के नाम भी सन्देश पहुँचा। वह दिल्ली आये। मीर साहब भी उनके साथ आये। पर इस बीच दिल्ली पर जो तबाही गुज़री थी उसका वर्णन सम्भव नहीं है। ''नक़्शा ही बदल गया था; न वे गृह न वे गृही, न वे मुहल्ले, न वे बाज़ार, हर तरफ़ वहशत, हर तरफ़ वीरानी, न दोस्त न[3] आशना।''* मीर साहब का दिल रो पड़ा। उन पर इस परिवर्तन एवं विनाश का गहरा असर पड़ा। उनका हृदय निम्नलिखित शेरों में रो रहा है—

दिल्ली में आज भीक भी मिलती नहीं उन्हें,
था कल तलक दिमाग़ जिन्हें तख़्तो ताज का[4]।

---

1. प्रतीक्षा, 2. राजाज्ञापत्र, 3. प्रेमी, 4. सिंहासन और मुकुट
* आसी—'कुल्लियाते मीर' में पृ. 26।

दिल्ली में अबके आकर उन यारों को न देखा।
कुछ वे गये शिताबी[1] कुछ हम ब-देर[2] आये।
×　　　　　×　　　　　×
मंज़िल न कर जहाँ को[3], कि हमने सफ़र से आ,
जिसका लिया सुराग[4], सुना वे गुज़र गये।
×　　　　　×　　　　　×
शहाँ कि कहले जवाहर[5] थी ख़ाके-पा[6] उनकी
उन्हीं की आँखों में फिरती सलाइयाँ देखीं।

नागरमल जहाँ भी जाते, मीर साहब को साथ ले जाते थे। जब उन्हें शुजाउद्दौला के पास सफ़ाई के लिए भेजा गया तब भी मीर साथ थे; जब सूरजमल के बुलाने पर अकबराबाद (आगरा) गये तब भी मीर साथ थे। लगभग तीस साल के बाद वतन में लौटे थे इसलिए अपने बुज़ुर्गों की मज़ारों पर प्रार्थना की, प्रियजनों से मिले। अकबराबाद भी बहुत बदल गया था इसलिए जी न लगा। फिर भी चार-महीने वहाँ रहे। बाद में राजा के साथ ही सूरजमल के क़िले में लौट गये। आगरा में इनके पास शायरों की भीड़ लगी रहती थी।* इससे ज्ञात होता है कि कवि के रूप में वह बड़े लोकप्रिय हो गये थे। उनकी विद्या और ज्ञान की अपेक्षा लोग उनके काव्य के प्रेमी अधिक थे।

राजा नागरमल के साथ ही दूसरी बार भी आगरा गये। इस बार केवल 15 दिन रहने का मौक़ा मिला।

कुछ समय के बाद यह राजा से अलग होकर फिर देहली आये। कुटुम्ब को अरब सराय में छोड़कर फिर जीविका की खोज में घूमने लगे। यह इनके जीवन का सबसे कठिन समय था। उम्र काफ़ी हो चुकी थी। अब कठिनाइयाँ सहन करने की

---

1. शीघ्रता से, 2. देर से, विलम्ब से, 3. संसार, 4. भेद, 5. रत्नांजन, श्रेष्ठ सुरमा, 6. पद-धूलि।

* 'मीर' ख़ुद लिखते हैं:—"वहाँ के शुअरा मुझे उस्तादे फ़न समझ मुझसे मिलने आते थे। मैं सुबह शाम दरिया के किनारे जा बैठता।...मेरी शेरगोई...की शोहरत आलम में फैल गई थी। चुनाँचे शर्मगीं माशूक, ख़ुश तरकीब और जामाज़ेब हसीन और बहुत से पाकीजा तीनत ओर मौजूं तबीयत मेरे गिर्द जमा रहते और मेरी इज़्ज़जत करते। दो-तीन बार शहर भी गया और वहाँ के उल्मा फुक्रा और शुअरा से मिला लेकिन कोई ऐसा मुखातिब जिससे दिले बेतावको तसल्ली होती, नहीं मिला। मैंने दिल में कहा—"सुभानअल्ला! यह वह शहर है जिसकी हर गली, कूच में आरिफ़े कामिल, फाज़िल, शायर, मुंशी, दानिशमंद, मुतकल्लिम, हकीम, सूफी...दरवेश और खानक़ाह, मेहमांसराएँ, मकान और बाग़ मिलते थे। आज वहाँ कोई ऐसी जगह नहीं मिलती कि कुछ देर खुशी से बैठूँ और कोई आदमी ऐसा नहीं मिलता कि उससे बातें करके लुत्फ़ उठाऊँ। सारा शहर एक वीराना है जिससे एक वहशत टपकती है। मैं चखर माह आगरे में रहा। चलते वकत बड़ी हसरत हुई....।"

वह ताक़त न थी। फिर भी एक-एक के सामने गये, प्रार्थना की पर किसी ने इन पर ध्यान न दिया। बहुत दिनों तक तकलीफ़ें झेलने के बाद हिशामुद्दौला के भाई वजीहउद्दीन ख़ाँ ने कुछ वृत्ति दी जिससे किसी प्रकार जीवन बीतने लगा।

इस कठिन समय में काव्य ही इनके जीवन का एक मात्र सुख था। वही इन्हें कठिनाइयों के बीच भी आनन्द प्रदान करता था। यह मुशायरों में जाते, दोस्तों से मिलते, हँसते गप्पें लगाते। मतलब उनमें ख़ूब स्फूर्ति थी। ख़्वाजा मीर दर्द, मीर सज्जाद, मीर अलीनक़ी काफ़िर तथा मसहफ़ी इत्यादि के यहाँ आना-जाना होता रहता था।

मैं पहले लिख चुका हूँ कि 'मीर' आरम्भ से ही बड़े तुनुकमिज़ाजी थी। जब उनका काव्योत्कर्ष हुआ वह दिल्ली पर छा गये तथा दूर-दूर तक उनकी प्रसिद्धि हो गयी। इससे उनके स्वाभिमान ने अहंकार का रूप धारण कर लिया। दूसरे शायरों पर फब्तियाँ कसने लगे। इससे काफ़ी नाराज़ी फैली। यहाँ तक कि धीरे-धीरे लोगों ने इनसे मिलना-जुलना छोड़ दिया, बल्कि बहुत से लोग इनके विरुद्ध हो गये। लोगों ने इनके ख़िलाफ़ कहना और लिखना भी शुरू कर दिया। 'बक़ा' का एक शेर देखिए, जिसमें इस विरोध की झलक है—

पगड़ी अपनी सँभालिएगा 'मीर'
और बस्ती नहीं ये दिल्ली है।

दिल्ली की बर्बादी, जीविका कठिनाई, साथियों की कनाराकशी तथा शायरों में बढ़ते हुए विरोध के कारण इनका दिल और टूट गया। बाहर निकलना छोड़ दिया। ख़ुद लिखते हैं:—

"फ़क़ीर इन अय्याम[1] में में खानानशीन[2] था। बादशाह अक्सर तलब फ़र्माते[3] थे मगर मैं न गया। अबुलक़ासिम ख़ाँ, सूबेदार कश्मीर मेरे साथ बहुत अच्छा सुलूक़ करता था। मैं कभी-कभी उसकी मुलाक़ात को जाता था, और बादशाह भी कभी-कभी कुछ भेज देते थे।"

शेरों में भी इस स्थिति की झलक है—

मीर साहब को देखिए जो बने,
अब बहुत घर से कम निकलते हैं।

× × ×

क्या कहें मीर जी हम तुमसे मआश अपनी ग़रज़,
ग़म को खाया करे हैं लोहू पिया करते हैं।

---

1. दिनों, योम का बहुवचन, 2. घर में रहने वाला, 3. बुलाते

मन में बार-बार दिल्ली छोड़ने की इच्छा भी होती थी। पर साधन-हीन होने से विवश थे। फिर जाते तो कहाँ जाते? अकबराबाद की वही हालत थी। दिल्ली का पतनकाल था। बार-बार उसकी इज़्ज़त लुटती थी। कल क्या होगा, कोई जानता न था। दक्षिण की ओर जाने में लम्बा सफ़र था। ले देके रह गया था लखनऊ, कभी-कभी उधर ही ध्यान जाता था।

संयोग कहिए या 'मीर' का भाग्य, वज़ीरुलमुल्क नवाब आसफ़उद्दौला को एकाएक इनका ख़्याल आया। उन्होंने नवाब सालारजंग और उनके छोटो भई इसहाक़ ख़ाँ नजीमुद्दौला से मीर का ज़िक्र किया और फ़र्माया कि अगर मीर-मोहम्मद तक़ी यहाँ आ जाएँ तो अच्छा है। उन लोगों ने निवेदन किया कि अगर नवाब साहब राह ख़र्च के लिए कुछ हुक्म कर दें तो मीर साहब यहाँ आ सकते हैं। राह ख़र्च मिल गया। और उन लोगों ने इन्हें लिख दिया कि श्रीमान् नवाब साहब याद करते हैं, जिस तरह हो सके आप यहाँ आ जाइए। दिल्ली की लड़ाइयों, अशान्ति, अव्यवस्था, आर्थिक कष्ट से यह ऊबे हुए थे ही, ख़त मिलते ही लखनऊ जाने के लिए तैयार हो गये। यद्यपि दिल्ली उनके प्राणों में बसी हुई थी और मरते दम तक बसी रही परन्तु चाहकर भी, वहाँ रहने का साधन न होने से इन्हें उसे छोड़ना ही पड़ा।

आँसू भरे हुए और यह कहते हुए कि 'रुख़्सत ऐ अहले-वतन हम तो सफ़र करते हैं' दिल्ली से रवाना हुए। पहला वतन अकबराबाद बचपन में ही छूट गया था, अब बुढ़ापे में दूसरा वतन और प्यारा शहर दिल्ली भी छूट गया। उन्होंने स्वयं लिखा है—"चूँकि ख़ुदा की यही मंशा थी, मैं बे-यार व मददगार बग़ैर क़ाफ़िले और रहबर[1] के फ़र्रुख़ाबाद के रास्ते से गुज़रा। वहाँ के रईस मुजफ़्फ़रजंग थे। 'उन्होंने हरचन्द[2] चाहा कि कुछ रोज़ वहाँ ठहर जाऊँ मगर मेरे दिल ने क़बूल न किया। दो रोज़ के बाद रवाना होकर मंज़िले-मक़सूद पर पहुँच गया।"

लखनऊ में पहिले सालारजंग के यहाँ गये। उन्होंने बड़ी आव-भगत की और नवाब से कहला भेजा। उन दिनों में लखनऊ मुर्ग़ों की लड़ाई का बड़ा ज़ोर था; जहाँ देखो मुर्गों की पालियाँ हो रही हैं। संयोग की बात कि नवाब एक दिन मुर्गों की लड़ाई देखने आये। मीर भी वहाँ मौजूद[3] थे। एकाएक नवाब की नजर इन पर पड़ी। पूछा कि क्या आम 'मीर' तक़ी मीर हैं। आसिफउद्दौला शिष्टाचार, सभ्यता और प्रेम की मूर्ति थे। मालूम होते ही गले लगे और अपने बैठने की जगह ले गये। अपना कुछ कलाम[4] सुनाया; सुनाने की फ़र्माईश की। अपनी एक ग़ज़ल के चन्द शेर इन्होंने सुनाये। जब चलने लगे तो नवाब सालार जंग ने कहा कि अब मीर साहब, आपके आदेश के अनुसार, हाज़िर हो गये हैं। उन्हें कोई जगह दे दी जाय। वज़ीरुलमुल्क आसिफ़उद्दौला ने कहा—मैं कुछ नियत करके आपको इत्तिला[5] कर दूँगा।

---

1. पथदर्शक, 2. सब तरह से, 3. उपस्थित, 4. कविता, 5. सूचना।

दो तीन दिन बार याद फ़र्माया। हाज़िर हुए और एक क़सीदा पढ़ा। उसी दिन वहाँ नौकर हो गये। तीन सौ रुपये मासिकी की वृत्ति बाँध दी गयी और यह सम्मान और आराम की ज़िन्दगी बिताने लगे।

उपर्युक्त विवरण से मालूम होता है 'मीर' बड़े आदरपूर्वक लखनऊ बुलाए गये थे, और जैसा 'मीर' ने ख़ुद लिखा है कि आने के बाद वह सालारजंग के पास पहुँचे थे। पर मुहम्मद हुसैन 'आज़ाद' ने अपने 'आबेहयात' में लिखा है:—

"...इसलिए 1776 ई.* में दिल्ली छोड़ी पड़ी। जब लखनऊ चले तो सारी गाड़ी का किराया भी पास न था। नाचार एक शख़्स के साथ शरीक हो गये और दिल्ली को ख़ुदा हाफ़िज़ कहा। थोड़ी दूर आगे चलकर उस शख़्स ने कुछ बात की। यह उसकी तरफ़ से मुँह फेरकर हो बैठे। कुछ देर के बाद फिर उसने बात की। मीर साहब चींबचीं होकर बोले कि साहब क़िबला[2] आपने केराया दिया है, बेशक गाड़ी में बैठिए मगर बातों से क्या तअल्लुक़[3]?" उसने कहा—"हज़रत! क्या मज़ायका[4] है, राह का शग़ल है, बातों में ज़रा जी बहलता है।" मीर साहब बिगड़कर बोले—"आपका शगल है, मेरी ज़बान ख़राब होती है।"

"लखनऊ पहुँचकर, जैसा मुसाफ़िरों का दस्तूर[5] है, एक सराय में उतरे। मालूम हुआ, आज एक जगह मुशायरा है। रह न सके। उसी वक़्त ग़ज़ल लिखी और मुशायरे में जाकर शामिल हुए। इनकी वज़अ[6] क़दीमाना[7] खिड़की दार पगड़ी, पचास गज़ के घेर का पाजामा, एक पूरा थान पिस्तौलिए का कमरे से बँधा, एक रूमाल पटरीदार तह किया हुआ...नागफनी की अनीदार जूती जिसकी डेढ़ बालिश्त[8] ऊँची नोक, कमर में एक तरफ सैफ़ यानी सीधी तलवार दूसरी तरफ़ कटार—... ग़रज़ जब दाख़िल महफ़िल हुए तो वह शहर लखनऊ नये अन्दाज़[9], नयी तराशें[10] बाँके टेढ़े, जवान जमा इन्हें

---

1. चिढ़ना, 2. बड़ों के प्रति सम्बोधन का ढंग, 3. सम्बन्ध, 4. हर्ज 5. ढंग, नियम, 6. रूपरंग, 7. पुरातन, 8. वित्ता, 9. सभा में प्रविष्ट, 10. ढंग।

* 'गुलशने हिन्दी' और 'गुलज़ारे इब्रहीमी' दोनों में इनके लखनऊ जाने का समय सन् 1782 ई. दिया हुआ हैं। स्पष्ट लिखा है कि उस समय सौदा की मृत्यु हो चुकी थी। सौदा 1780 ई में मरे थे। मीर हसन ने भी अपने तज़किरे में 1780 ई. में मीर के दिल्ली में होने की बात लिखी हैं इससे 1782 का समय ही ठीक जान पड़ता है।

* सआदत अलीख़ाँ नासिर ने अपने ग्रन्थ 'तज़किरा ख़ुश मार्कए जेबा' में भी, ज़रा परिवर्तिति रूप में इस घटना का जिक्र किया है:—

"जब मीर साहब अकबराबाद से पूरब को चले, हस्ब इत्तफाक एक बनिये के साथ गाड़ी में सवार हुए मगर वक्त सवार होनक के कुछ रात बाकी थी। जब रोज रोश हुआ और सूरत उसकी देखी, मुँह अपना उधर से फेर लिया और लखनऊ तक उसकी तरफ मुँह अपना उधर से फेर लिया और लखनऊ तक उसकी तरफ मुँह करके न बैठे। सुभानअल्ला! क्या आली दिमाग़ लोग थे कि ज़रूरत में भी नागवार को गवारा न करते थे।"

देखकर सब हँसने लगे। मीर साहब बेचारे ग़रीबुल वतन[1], ज़माने[2] के हाथ पहले ही दिल शिकस्ता[3], और भी दिलतंग[4] हुए और एक तरफ़ बैठ गये। शमअ[5] इनके सामने आयी तो फिर सबकी नज़र पड़ी और बाज़ आशख़ास ने[6] पूछा कि हुज़ूर का वतन कहाँ है ?'' मीर ने तीव्र वेदना भरे स्वर में पढ़ा—

क्या बूदो बाश[7] पूछो हो पूरब के साकिनो[8]।
हमको ग़रीब जानके हँस-हँस पुकार के।।
दिल्ली जो एक शहर था आलम[9] में इन्तख़ाब[10]।
रहते थे मुन्तख़ब[11] ही जहाँ रोज़गार[12] के।।
उसको फ़लक[13] ने लूट के वीरान कर दिया।
हम रहने वाले हैं उसी उजड़े दयार[14] के।।

सबको मालूम हुआ। लोगों ने माफ़ी माँगी। सुबह होते-होते मशहूर हो गया कि 'मीर' साहब तशरीफ़ लाये हैं। इस बयान में और 'मीर' तथा दूसरों के बयान में विरोध मालूम होता है एक का कहना है कि राह ख़र्च भेजकर आसफ़उद्दौला ने मीर को बुलवाया और वह सालारजंग के पास पहुँचे, दूसरा बयान ऊपर दिया गया है कि कैसी बुरी हालत में लखनऊ आये। पर विचार करने पर मुझे दोनों विवरणों में कोई विशेष विरोध नहीं जान पड़ता। दिल्ली में मीर साहब की आर्थिक स्थिति बहुत ख़राब हो गयी थी। ऐसे वक़्त राह ख़र्च में से, बहुत मुमकिन है, कुछ हिस्सा दिल्ली में ही ख़र्च हो गया हो, लोगों का हिसाब-किताब करने में। दूसरी बात यह है कि बिल्कुल सम्भव है कि पहले वह सराय में जाकर ठहरे हों और दूसरे दिन सफ़र की थकान मिटाने और कपड़े वग़ैरह बदलने के बाद सालारजंग के यहाँ गये हों। हाँ, यह ज़रूर है कि 'आज़ाद' ने नमक-मिर्च मिलाकर घटना को रंगीन बनाने की कोशिश की है।

लखनऊ में मीर साहब की बड़ी इज़्ज़त हुई, लोगों ने उनको हाथों-हाथ लिया। दरबार में उनका बड़ा सम्मान था और नवाब वज़ीर उनको इतना मानते थे कि यात्रा में भी साथ रखते थे। कई बार तराई की ओर शिकार में ले गये। आर्थिक दृष्टि से लखनऊ में जो सुविधा इन्हें मिली, वह कभी नहीं मिली थी। यह इनका सौभाग्य है कि इन्हें तीन सौ रुपये मासिक मिलते थे, जबकि 'ग़ालिब' तक को दिल्ली और रामुपर से इतनी बड़ी रक़्म मयस्सर न हुई।

---

1. कांट, 2. जिसका वतन छूट गया हो। 3. युग, 4. भग्नहृदय, 5. खिन्न, 6. मोमबत्ती, दीपक। पुरान मशायरों में हर शायर के सामने शमअ लाई जाती थी, तब वह ग़ज़ल पढ़ता था, 7. कुछ वयक्तियों, 8. रहन-सहन, 9. निवासियों, 10. संसार, 11. प्रसिद्ध, 12. चुने हुए, 13. युग। 14. आकाश (उर्दू काव्य में समस्तर विपत्तियों का मूल आकाश है।) 15. शहर, देश

* आबेहयात पृष्ठ 2045-2046।

'ज़ौक' को तो आरम्भ में सिर्फ़ चार रुपये महीना वज़ीफ़ा मिलता था, बाद में पाँच और सात रुपये हुए और अन्त में सौ रुपये मिलने लगे थे। 'मसहफ़ी' की हालत भी बहुत ख़राब थी।

लखनऊ ने हर तरह इनका सम्मान किया। आसफ़उद्दौला के बाद नवाब सआदत अली ख़ाँ ने इनकी तनख़्वाह जारी रखी। चारों तरफ़ इनकी धूम थी; लोग इनकी इज़्ज़त करते थे पर अपने अभिमानी स्वभाव के कारण इनकी ज़्यादा दिन किसी से न बनी। फिर ग़रीबी की मार से यह लखनऊ आ तो गये थे पर दिल्ली का जादू इनके सिर से कभी न उतरा। उस उजड़े दयार में एक विचित्र आकर्षण था जो 'मीर' को बराबर खींचता था इसलिए रुपया-पैसा, सामान सब पाकर भी लखनऊ में यह कभी दिल से ख़ुश न रहे। लोगों की तारीफ़ को 'असमझावार सराहिबो' समझते थे।* उनके काव्य में इस शिकायत की झलक बार-बार मिलती है—

रही न गुफ़्ता[1] मेरे दिल में दास्ताँ मेरी।
न इस दयार में समझा कोई ज़बाँ मेरी।।
× × ×
बहुत कुछ कहा है करो मीर बस।
कि अल्लाह बस और बाक़ी हवस।।
जवाहर[2] तो क्या-क्या दिखाया गया।
ख़रीददार लेकिन न पाया गया।।
मुताए[3] हुनर फेर कर ले चलो।
बहुत लखनऊ में रहे घर चलो।।

दिल्ली की प्रशंसा करते नहीं अघाते—

हफ़्त अक़लीम[4] हर गली है कहीं।
दिल्ली से भी दयार होते हैं।।
× × ×
दिल्ली के न थे कूचे[5] औराक़े-मुसव्विरे[6] थे।
जो शक्ल नज़र आयी तस्वीर नज़र आयी।।
× × ×
दिल्ली थी तिलिस्मात कि हर जगह मीर।
इन आँखों से आह हमने क्या-क्या देखा।

1. व्यक्त, कथन, 2. रत्न, 1. पूँजी, 2. सप्तदेश, 3. गलियाँ, 4. चित्रकार के पृष्ठ
* मसहफ़ी ने लखनऊ के एक मुशायरे के बारे में लिखा है—"बज़्मे नामहरम व मर्दुम हमा बेगाना तमाम।

दिलो दिल्ली दोनों हैं गर्चे ख़राब,
पै कुछ लुँत्फ़ उस उजड़े नगर में है।

एक जगह अत्यन्त्र व्यथापूर्ण एवं करुणार्द्र स्वर में वायु को दूत बना दिल्लीवालों के पास सन्देश भेजते हैं—

ऐ सबा[1] गर शह्‌र के लोगों में हो तेरा गुज़ार।
कहियों हम सहरानवर्दों[2] का तमामे हाले-ज़ार[3]।
ख़ाके देहली से जुदा[4] हमको किया एकबारगी।
आसमाँ को थी कुदूरत[5] सो निकाला यों गुबार।

इतना ही नहीं, लखनऊ से एक प्रकार की घृणा-सी थी। देखिए—

ख़राबा दिल्ली का दहचन्द[6] बेहतर लखनऊ था।
वहीं मैं काश मर जाता सरासीमा[7] न आता याँ।।

× × ×

बरसों से लखनऊ में अक़ामत[8] है मुझको लेक[9]।
याँ के चलन से रखता हूँ अज़्मे-सफ़र[10] हनोज़[11]।।

× × ×

आबाद उजड़ा लखनऊ चुग़दों[12] से अब हुआ।
मुश्किल है इस ख़राबे में आदम[13] की बूदोबाश[14]।।

यद्यपि वह अन्तिम दिन तक लखनऊ में रहे और वहीं की मिट्‌टी में समाधिस्थ हुए पर अन्त तक दिल्ली का आकर्षण इन पर छाया रहा। जैसे वहाँ की उजड़ी ज़मीन इन्हें पुकार रही हो।

सामान्य दृष्टि से देखें तो उन्हें लखनऊ में कोई तकलीफ़ न थी। दिल्ली की तरह यहाँ उनका जीवन अनिश्चित न था। आराम से गुज़रती थी। उनका यश भी फैला हुआ था। लोग उनकी प्रशंसा भी करते थे। तब क्या कारण है कि इनका मन दिल्ली की ओर दौड़ता था और लखनऊ इनके दिल को जीत न सका था। मनोवैज्ञानिक अध्ययन से ये सब गुत्थियाँ भी खुल जाती हैं—

1. लखन में उनके काव्य के प्रशंसक तो थे पर उसके पारखी न थे। लोग ऊपर से प्रशंसा करते थे, समझकर नहीं।

---

1. प्रभाती वायु, 2. मरुवासियों, वनवासियों, 3. बुरा हाल, 4. अलग, 5. मनोमालिन्य, 6. दसगुना, 7. व्यग्रचित, परीशान, 8. निवास, 9. लेकिन, किन्तु, 10. प्रवासका संकल्प, 11. अब तक, 12. उल्लुओं, 13. आदमी, 14. रहन-सहन।

2. मीर पुरानी तर्ज़ के आदमी थे। जीवन में गम्भीरता के अनुरागी, इसलिए लखनऊ की काट-छाँट और छैलापन उन्हें बिलकुल न भाता था। लखनऊ की सभ्यता में रंगीनी और रूप था पर दिल की गर्मी न थी। आँखें उससे ठंडी होती थीं पर दिल नहीं। वह बाहरी चमक-दमक वाली सभ्यता थी।
3. उजड़ी दिल्ली इनके मानसिक जगत् के अधिक अनुकूल थी। इनका टूटा, उजड़ा, लुटा दिल, इनकी सारी व्यथारंजित ज़िन्दगी दिल्ली से मेल खाती थी क्योंकि वह उस खिज़ाँ का प्रतीक थी जो इनकी ज़िन्दगी पर सदा के लिए छा गयी थी।
4. वह लखनऊ की भीड़ के बीच भी अपने को सदा अकेला अनुभव करते थे। वह उस पौधे की भाँति थे जो एक प्रतिकूल जलवायु में रोप दिया गया हो।
5. जिस प्रेम और सौन्दर्य का वर्णन सुनकर लखनऊ के दिल की कली खिल उठती थी वह हलका, चूमाचाटी वाला प्रेम था, उसमें गहराई न थी। उसमें वह दर्द न था जो ज़िन्दगी की घाटियों को हरा-भरा रखता है; उसमें वह आग न थी जिसमें जलकर आदमी नवयौवन प्राप्त करता है; उसमें वह सूक्ष्म दृष्टि न थी जो जगत् एवं जीवन के प्रश्नों के भीतर प्रवेश करती है।
6. लाख लोग तारीफ़ करते हों पर 'मीर' को सुनकर नहीं बल्कि जुर्रत को सुनकर लखनऊ वाले खिल उठते थे। मीर जिन मूल्यों के लिए अमर हैं जुर्रत उनका विनाश-साधक था। 'मीर' के दिल की व्यथाभरी पुकारें जुर्रत के चूमा-चाटी में बदल जाती थीं।*
7. यौवन काल में 'मीर' उन्माद के रोगी रह चुके थे। रोग अच्छा हो गया था पर अपना असर छोड़ गया था। उसने इनकी अकड़ और तुनुकमिज़ाजी को और बढ़ा दिया था। अपनी झुँझलाहट में बार बार उन्हें दिल्ली याद आती थी।

---

* 'तज़किरा करीमुद्दीन' (पृ. 206-207) में लिखा था:—

''मज़लिसे शअरा मिर्ज़ा मोहम्मद तक़ी ख़ाँ तरक़्क़ी के घर मुनअक़द हुई। जुंररत की बहुत तारीफ़ हुई। जुर्रत मीर तक़ी 'मीर' से दादखाह अपने अशआरजका हुआ। मीरने दो-चार बार खातिरदारी की। जब देखा कि.मग़ज उसका चल निकला है, कहा कि जब तुम बदीं जद्दों कद पूछते हो, लाचार कहता हूँ—कैफ़ियत इसकी यह है कि तुम शेर तो कहना नहीं जानते हो अपने चूमाचाटी कह लिया करो।''

हकीम क़ुदरत उल्ला क़ासिम ने जुंर्रत को लखनऊ के कवियों का शिरमौर लिखा है और इस घटना को उद्घृत किया है।

वस्तुत: मीर को अपने जीवन की सम्पूर्ण प्रेरणाएँ दिल्ली से प्राप्त हुई थीं। सभ्यता के उनके मानदंड, सांस्कृतिक मूल्यांकन, रंग-ढंग, रहन-सहन, शिष्टाचार, सब दिल्ली से उन्हें प्राप्त हुए थे। इस उजड़े नगर का शताब्दियों का अतीत आदमी को कुछ शिक्षा देता था। उसने न जाने कितने साम्राज्यों की समाधि देखी थी; इस विनाश-परम्परा ने जीवन की जड़ों को अन्त:स्थ कर दिया था, वह ज़्यादा गहराई में चली गयी थीं इसलिए एक प्रकार की आध्यात्मिक दृष्टि लोगों में थी। यहाँ लखनऊ का हाल दूसरा था। यह नगरी उसी रमणी के समान थी जो यौवन की पहली अँगड़ाई में हो और उसकी आँधी उसे उड़ाए लिए जा रही हो। डॉ. फारुक़ी ने भी यही बात लिखी है—''मीर के लिए लखनऊ जाना एक तहज़ीबी सानहा[1] से कम न था। दिल्ली लाख उजड़ चुकी थी लेकिन वह एक अज़ीमुश्शान[2] तहज़ीब की निशानी थी...सल्लनत मुग़लिया के कमज़ोर हो जाने और दौलतमन्दी के मिट जाने से लखनऊ को तरक़्क़ी करने का मौक़ा मिला और दिल्ली की सारी रौनक़[3] वहीं सिमट आयी लेकिन अवध ने बादशाहत के एलान के साथ तमद्दुन[4] व मुआशरत[5] में अपने मज़ाज के मुताबिक़ इस्लाहें[6] कीं और इस बात की पूरी कोशिश की कि देहली की तहज़ीबी-क़यादत[7] से भी छुटकारा मिल जाय। चुनांचे लिबास[8], वज़अ क़तअ[9], तराश-खराश, नशस्त-बर्ख़ास्त[10], आदाबो इख़्लाक[11] और शेरो अदब[12] में....तब्दीलियाँ[13] हुईं...। मीर जिस ज़माने में लखनऊ गये हैं, दिल्ली सयासी[14] और इक़तसादी[15] मुश्किलात में घिरी हुई थी और आलम[16] यह था कि—

हर रोज़ नया क़ाफला पूरब को रवाँ है।

लखनऊ में एक नयी बिसात बिछायी जा रही थी, नयी रवायतें क़ायम हो रही थीं।...मीर की ज़ेहनी नशवोनुमा[17] देहली में हुई थी और उसकी तहज़ीबी क़दरें[18] उनकी रूह[19] में दाख़िल[20] हो चुकी थीं इसीलिए उनके यहाँ लखनवी माहौल[21] के ख़िलाफ़ रूअमल भी सख़्त है।''

यह हाल कुछ मीर का ही न था। देहली की सांस्कृतिक जलवायु में पले जो भी शायर लखनऊ आये, सब कुछ ऐसा ही अनुभव करते थे। इस नये वातावरण में उनका दम घुटता था; वे इसके अनुकूल अपने को ढालने में असमर्थ थे। 'मसहफ़ी' का भी अनुभव 'मीर' ही जैसा था। उन्होंने लिखा है—

---

1. सांस्कृतिक, सभ्यतागत, दुर्घटना, 2. ज्वलन्त, श्रेष्ठ, 3. शोभा, 4. संस्कृति, 5. जीवन-प्रणाली, 6. संशोधन, 7. बन्धन, 8. वेशभूषा, 9. रंग-ढंग, 10. उठना-बैठना, 11. शिष्टाचार, 12. काव्य और साहित्य, 13. परिवर्तन, 14. राजनीतिक, 15. आर्थिक, 16. हालत, 17. बौद्धिक निर्माण, 18. सांस्कृतिक मूल्य, 19. आत्मा, 20. प्रविष्ट, 21. वातावरण।

या रब शहर अपना यों छुड़ाया तूने।
वीराने में मुझको ला बिठाया तूने।।

× × ×

मैं और कहाँ यह लखनऊ की खिलक़त[1]।
ऐ वाय यह क्या किया ख़ुदाया तूने।।

दिल्लीवालों को अपनी ज़बान पर अभिमान था। वे दिल्ली के बाहरवालों को इस मामले में नीचा समझते थे। 'मसहफ़ी' लिखते हैं:—

दिल्ली नहीं देखी है, ज़बाँदाँ ये कहाँ हैं?

पुनः लिखते हैं:—

सहराइयाने पूरब क्या जानते हैं इसको।
ऐ मसहफ़ी जुदा है अन्दाज़ इस ज़बाँ का।।

मीर का अपनी भाषा पर अभिमान देखिए—

अव्वल तो मैं सनद[2] हूँ, फिर ये मेरी ज़ुबाँ है।

× × ×

यह हमारी ज़बान है प्यारे।

बक़ौल उनके लखनऊ में उनकी ज़बान को समझनेवाले न थे—

किस-किस अदा से रेखते मैंने कहे वले।
समझा न कोई मेरी ज़ुबाँ इस दयार में।।

'मीर' की जन्म-तिथि के सम्बन्ध में काफ़ी मतभेद है। इतना तो निश्चित है कि पैदा अकबराबाद (आगरा) में हुए थे। बाद में कठिनाइयों के कारण दिल्ली गये।* 1714 से 1732 तकके बीच में कभी इनका जन्म हुआ होगा। इन्होंने लम्बी उम्र पायी। कोई 100, को 70 लिखते हैं पर मृत्यु तिथि के प्रमाण निश्चित हैं। 1225 हिजरी (1812 ई.) शाबानकी 20 तारीख़ शुक्रवार को शाम के वक़्त इनकी मृत्यु लखनऊ में हुई थी। नासिख़ ने जो तारीख़ कही* है; उससे भी यही प्रमाणित होता है।

1. जनता,
2. प्रमाण
* नकातुश्शुअरा में 'मीर' ने स्वयं लिखा है:—''वतन अकबराबाद अस्त। बसबब गर्दिशो लैलो निहार अजचन्दे दर श्खाहजहाँबाद अस्त।'' (पृ. 163)

बूढ़े हो गये थे। निराशा और अन्दर्वेदना तेज़ी से उन्हें खा रही थी। आँखें कमज़ोर हो गयीं थी; और भी छोटे-मोटे एकाध रोग लग गये थे पर ऐसे अशक्त न हुए थे कि किसी पर निर्भर करते हों या खाट पर पड़े हों। अपने सब काम अपने हाथों करते थे। काव्य-गोष्ठियों में भी बराबर शामिल होते थे। पर भाग्य ने पलटा खाया। एक पर एक चोट उनका लगती गयी। पहिले उनकी लड़की की मृत्यु हुई। दूसरे ही साल एक लड़का मरा और तीसरे साल उनकी पत्नी चल बसीं। इन घटनाओं ने उनका दम तोड़ दिया' भग्न-हृदय हो गये। बुढ़ापे में कोई अपना न रहा। दु:ख से पागल हो गये। बाहर निकलना छोड़ दिया; मुशायरों तथा दूसरी रंगीन मजलिसों में जाना छोड़ दिया। दिल्ली की जीवन-प्रणाली* यों ही लखनऊ में बदल गयी थी, अब निराशा और दुख के कारण वह समाप्त-सी हो गयी। शेरो-शायरी का मज़ा भी जाता रहा; जीवन-प्रवाह शिथिल हो गया। वह स्वयं अनुभव करने और कहने लगे—

लुत्फ़े सुखन[1] भी पीरी[2] में रहता नहीं है मीर,
अब शेर हम पढ़े हैं तो वह शद्दोमद नहीं।

कुछ परलोक की भी फ़िक्र हुई। ख़्याल आया, अब ऊँची बातों की ओर, पुण्य कार्यों की ओर ध्यान देना चाहिए। लिखते हैं—

किसको दिमाग़े शेरो सख़ुन ज़ोफ़[3] में कि मीर
अपना रहे हैं अब तो हमें बेशतर ख़याल।

× × ×

बस बहुत वक़्त किया शेर के फ़न में ज़ाया[4]
मीर अब पीर हुए तर्के-ख़यालात करो।

---

* तारीखन कहना—उर्दू और फ़ारसी साहितय में यह परम्परा है कि जब कोई प्रसिद्ध कवि, साहित्यकार वा महानुपुरुष परलोकवासी होता है तो उसका कोई विद्वान या कवि भक्त कुछ ऐसे काव्यात्मक पद की रचना करता है जिसमें एक ओर तो उसके गुणों को सूत्रवत् वर्णन रहता है और दूसरी ओर उन अक्षरों के मूल्य (ध्यान रहे कि इनके यहाँ प्रत्येक अक्षर का सांख्यिकी मूल्य नियत है) को योग करने पर वह तिथि निकलती है जब मृत्यु-घटना घटी रहती है। 'नासिख' ने 'मीर' की जो तारीख कही, वह यों है:—'वावेला मर्दें शहे शायराँ।''

* ''नागाह दर मुहल्ला रसीदम कि दर आनजामी मान्दम। सोहबत मी दाश्तम। शेर मीखन्दम। आशकाना भी जीस्तम। इश्क़ बाखुशक़दाँ मी बाख्तम। ऐशान राबुलन्मी अन्दाख्तम। बा सिलसिला मूयाँ मी बूदम। परस्तिश न कोयाँ मी नमुदम। अगर दमे बेऐशां मी नशस्तम तमन्ना बर तमन्ना मी शिकस्तम। बज़्म मी आरास्तम। खूबाँरा मी ख्वास्तम। मेहमानी मी करदम। जिन्दगानी मी करदम।''

1. काव्यानन्द, 2. वृद्धावस्था 3. दुर्बलता 4. नष्ट

एक ओर यह अन्तर्वेदना, दूसरी ओर धीरे-धीरे रोगों में वृद्धि। यह बीमार पड़ गये। खाट पकड़ ली और छः मास तक बिस्तर पर पड़े रहे। जितने भी राजचिकित्सक और प्रसिद्ध हकीम थे, इनके दोस्तों और प्रशंसकों में थे। अन्त्रशूल हो गया था और वह बढ़ता जाता था। सबकी राय हुई कि ऐसी दवा देनी चाहिए कि क़ब्ज़ न रहे। उन्हें एक रेचक दवा दी गयी। नियतिका खेल देखिए कि जिस दवा को चिकित्सकों ने लाभ के लिए दिया था वही उनके लिए घातक हो गयी। एक-एक दिनमें डेढ़-डेढ़ सौ दस्त आने लगे। रोग और मौत ने साँठ-गाँठ की और एक सच्चा शायर सदा के लिए सो गया। मुहल्ला सिठिट्ठी में यह रहते थे। अब यह मुहल्ला नहीं है पर उन दिनों काफ़ी आबाद था। इसी मुहल्ले में उर्दू के प्रसिद्ध कवि और बेजोड़ मर्सिया-लेखक मीर अनीस का भी मकान था। यह मुहल्ला गोमती के दक्षिणी किनारे पर, आज जहाँ डालीगंज है उसी के समीप, बसा हुआ था। इसमें इसी नाम का एक बाज़ार भी था जहाँ सूत का क्रय-विक्रय होता था।

दूसरे रोज़ दोपहर को अखाड़ा भीम नाम के एक प्रसिद्ध; क़ब्रिस्तान में दफ़नाये गये। लगभग 400 आदमियों ने इनके जनाज़े की नमाज़ पढ़ी थी। यह क़ब्रिस्तान गोलागंज में रेल की पटरी के बराबर दूर तक चला गया है। यहाँ टूटी-फूटी बहुतेरी क़ब्रें है; इन्हीं में कोई 'मीर' की भी होगी। शायद उन्हें भविष्य का आभास था, तभी तो उन्होंने ख़ुद कहा है:—

मत तुर्बते[1] मीर को मिटाओ
रहने दो ग़रीब का निशाँ तो

मृत्यु के ठीक पहले उन्होंने यह शेर पढ़ा—

साज़ पेच आमादा[2] है सब काफ़ले की तैयारी है।
मजनू हमसे पहिले गया है अबके हमारी बारी है।।

मीर साहब की तीन सन्तानें थीं—दो बेटे, एक बेटी। तीनों में काव्य रचना की प्रतिभा थी। बड़े बेटे मीर अस्करी उर्फ़ मीर कल्लू बड़ी मस्त तबीयत के आदमी थे और पहले 'राज़', फिर 'अर्श' उपनाम से कविता करते थे। इनका एक दीवान भी है जो पहिले छपा था पर अब दुर्लभ है। यह अपने पिता के ही शिष्य थे और बहुत अच्छी कविता करते थे। कहीं-कहीं ज़बान की सफ़ाई में अपने पिता से भी आगे हैं। ''उम्र भर न किसी रईस की दरबारदारी की, न किसी की शान में क़सीदा लिखा। फ़ुक्र व फ़ाक़ा[3] में बसर कर दी[4]। बाप की तरह नाज़ुक थे।''*

---

1. कब्र, 2. तैयार, 3. साधुता व उपवास, 4. बिता दी

* लाला श्री राम (खुमखानए-जावेद)

काफ़ी नाम कमाया। 1867 ई. में मृत्यु हुई और लखनऊ में ही रकाबगंज मुहल्ले में दफ़न हुए। इनके शिष्य शेख़ मोहम्मदजान ने इनके बारे में लिखा है—

"आप मोतवस्तुलक़ामत[1] दोहरे जिस्म के थे। साँवला रंग, कुर्ते पहिने, कभी सिर पर पगड़ी और कभी टोपी, अफीम पीने के आदी थे और हुक़्क़ा कभी हाथ से न छूटता; मुशायरों[2] और महफ़िलों में भी साथ लाते। मुशायरों में तरतीबे ख़्वाँदगी के आदी न थे, जब जी में आता, साहब खाना[3] की इजाज़त लेकर अपनी ग़ज़ल सुना देते और हुक़्क़ा उठाकर रुख़सत[4] हो जाते।"

इनमें मीर के अनेग गुण थे। मीर इन्हें मानते भी बहुत थे। मीर जब ज़्यादा वृद्ध और दुर्बल हुए तो एक रोज़ इन्हें बुलाकर कहने लगे—

"बेटा, हमारे पास माल व मुताए-दुनिया से तो कोई चीज़ नहीं है जो आइन्दा तुम्हारे काम आये लेकिन हमारा सरमाया-ए-नाज़[5] क़ानूने-ज़बाँ[6] है, जिस पर हमारी ज़िन्दगी का दारोमदार[7] रहा, जिसने हमको ख़ाके-ज़िल्लत[8] से आसमाने-शोहरत[9] पर पहुँचा दिया। इस दौलत के आगे हम सल्तनते आलम[10] को हेच[11] समझते रहे तुमको भी अपने तर्के में यही दौलत देते हैं।"

बेटे ने बापकी इस दौलत को न केवल ग्रहण किया बल्कि उसमें वृद्धि की। ज़बान का बहुत ख़्याल रखा। बस इनकी ज़बान देखिए—

गर हो न ख़फ़ा[12] तो कह दूँ जी की।
इस दम तुम्हें याद है किसी की।।
गुलगीर[13] ने काट कर सिरे शमअ[14]
पर्वाना[15] से शब जली कटी की।
तर्तीबे कुहन[16] की वज़अ ऐ अर्श
हमने दीवान में नयी की।

इनका एक शेर बहुत प्रसिद्ध है:—

आसिया[5] कहती है हर सुबह बा-आवाज़ बुलन्द[6]
रिज़्क़[7] से भरता है रज़्ज़ाक[8] देहन[9] पत्थर के।

मीर फ़ैज़ अली

1. मझोले क़द के, 2. पढ़ने के क्रम, 3. अध्यक्ष, मीर मजलिस, 4. विदा, 5. गौरवपूर्ण पूँजी, 6. भाषा के नियम, 7. निर्भरता, 8. तुच्छ-भूमि, 9. प्रसिद्धि के आकाश, 10. संसार का राज्य, 11. तुच्छ, 12. क्रुद्ध, 13. बत्ती काटनेवाला, 14. मोमबत्ती का सिर, 15. पतंग, 16. पुराने क्रम, 5. पनचक्की, 6. ऊँची, तेज, 7. भोजन, 8. दाता, ईश्वर, 9. मुँह।

'मीर' के दूसरे बेटे का नाम था—मीर फ़ैज़ अली। इनके नाम पर मीर ने फ़ैज़ै-मीर पुस्तक लिखी। इनके चन्द शेर नीचे दिए जाते हैं—

न मानी तूने अपनी ही ज़िद बेवफ़ा रक्खी,
करें हम किससे अब जाकर हमारी तूने क्या रक्खी।
कुदूरत[1] जब न तब अन्दाज़ से निकला ही की तेरे,
हमारी ख़ाक[2] इस कूचे[3] में तूने कब सबा रक्खी।
बनाये सानये कुदरत[4] ने क्या-क्या फूल गुल यूँ तो,
मेरे इस गुलबदन में कुछ अदा सबसे जुदा[5] रक्खी।

× × ×

दौर में साक़ी[6] तेरे आ निकले हैं मैनोश[7] हम,
जाम[8] ख़ाली दे है क्या? इतने नहीं मदहोश[9] हम।
बे-ज़बानी की न पूछो वजह हमसे कोफ़्त में,
चोट कुछ ऐसी लगी दिल पर कि हैं ख़ामोश हम।

× × ×

नहीं मालूम किस रश्के क़मर[10] की राह तकते हैं,
कि सारी रात आँखों में कटा करती है तारों को।

'मीर' की एक लड़की भी थी जिसे वह बहुत प्रेम करते थे। शादी के थोड़े ही दिनों के बाद उसका देहावसान हो गया। मीर ख़ूब रोया और लिखा—

अब आया ध्यान ऐ आरामेजाँ![11] इस नामुरादी में,
कफ़न देना तुम्हें भूले थे हम असबाबे शादी में।

कई ग्रन्थों में इनकी लड़की ज़िक्र मिलता है जो 'बेगम के नामसे कविता करती थीं। 'बेगम' की एक ग़ज़ल के चन्द शेर देखिए—

बरसों ख़में-गेसू[12] में गिरफ़्तार तो रक्खा।
अब कहते हो क्या तुमने मुझे मार तो रक्खा।
कुछ बेअदबी[13] और शबेवस्ल[14] नहीं की,
हाँ यार के रुखसार[15] पै रुखसार तो रक्खा।

---

1. मनोमालिन्य, 2. मिट्टी, 3. गली, 4. प्रकृति-निर्माता, 5. अलग, 6. पिलाने वाला, 7. मद्यप, 8. सुरापात्र, 9. मूर्छित, 10. जिसे देख चन्द्रको ईर्ष्या हो, 11. अलक की वकता, 12. अशिष्टता, 13. मिलन-रात्रि, 14. कपोल।

वह ज़िबह करे या न करे गम नहीं इसका,
सर हमने तहे ख़ंजरे खूँख़ार[1] तो रक्खा।
इस इश्क़ की हिम्मत में सदक़े[2] हूँ कि 'बेगम',
हर वक़्त मुझे मरने पै तैयार तो रक्खा।

कहीं-कहीं मिलता है कि मीर ने बुढ़ापे में शादी भी की थी। पर इसका कोई प्रमाण नहीं है।

---

1. रक्त-पिपासु तलवार के नीचे
2. निछावर

मीर : चरित्र-पक्ष

किसी व्यक्ति के निर्माण में अनेक संस्कार काम करते हैं। पहला स्थान तो उन संस्कारों का है जो माँ-बाप से या आनुवंशिक परम्परा द्वारा सन्तति को प्राप्त होते हैं। उसके बाद उस वातावरण की बात आती है जिसमें बच्चा पलता और साँस लेता है। फिर प्रशिक्षण और बौद्धिक प्रगति के लिए प्राप्त सुविधाओं की बारी आती है। इसके बाद मित्र-मंडली तथा कौटुम्बिक वातावरण का स्थान है जिसमें वह चलता-फिरता, खेलता और हृदय का रस प्राप्त करता है।

मीर को बचपन से ही अपने पूज्य पिता और चचा की उच्च भावभूमि में रहने और सैर करने का अवसर मिला था। ये दोनों ही संत प्रकृति के थे; दुनिया से ज़्यादा सम्बन्ध न रखते थे; प्रेम-रस में डूबे हुए थे। प्रभु के ध्यान में मस्त रहने वाले; कभी-कभी उसी मस्ती में रोते, बिलखते और सिर धुनते थे। प्रियतम के विरह की आग में जलते थे; रात-दिन, खाते-पीते, उठते-बैठते, चलते-फिरते उसी का ध्यान था। आदमियों में भी उसी की छाया दिखाई देती थी। उदार, सन्तोषी, त्यागी, साम्प्रदायिक क्षुद्रताओं से ऊपर उठे हुए उनमें सूफ़ियों की सब विशेषताएँ थीं।

'मीर' में जो स्थिरता, दृढ़ता, भौतिक सुखों के प्रति लापरवाही, उच्च मूल्यों के प्रति निष्ठा, आत्म-नियन्त्रण है उसका स्रोत उनके पिता और चचा ही हैं। दोनों इन्हें बहुत मानते थे। बचपन से ही मीर में एक अद्‌भुद आर्द्रता थी जिसे पिता ने लक्ष्य किय था। इस प्रेम की तड़प को देखकर ही पिताने एक दिन कलेजे से लगाकर कहा था—

"ऐ सरमाया-ए-नाज़! यह कौन-सी आग है जो तेरे दिल में निहाँ है?" वह सदा कहते रहते थे कि बेटा, इस संसार में प्रेम ही एक सत्य है। उसी से और उसी को लेकर सम्पूर्ण जगत् है। इश्क़ में दिल खोना, प्रेम में निमज्जन ही मानव का गौरव है। यद्यपि 'मीर' की उम्र इन गूढ़ शिक्षाओं को समझने की न थी पर वह उनकी ओर खिंचते ही गये। इस तरह बचपन से ही इनमें इश्क़ की आग जल उठी थी,—वह आग जो जलकर फिर जन्म भर नहीं बुझी। यह दिन-दिन अन्तःस्थ होते गये; दिल दर्द

और करुणा से पूरित होता गया। बाहरी टीम-टाम से ध्यान हटता गया। बचपन में चचा के साथ अनेक दरवेशों के पास जाते थे। वहाँ जो देखा, जो सुना वह इनके अन्त:मन पर बैठता गया।

एक ओर इस आन्तरिक संस्कृति का लाभ उनको मिला, दूसरी ओर बचपन में ही, उस संस्कृति को पूर्णत:[5] अपना बना लेने के पूर्व ही इन पर पहाड़ टूट पड़ा। मुसीबतों की ऐसी आँधी आयी कि यदि पिता के और चचा के प्रारम्भिक संस्कार इन्हें दृढ़ न रखते तो यह उसमें उड़कर लापता हो जाते। पहिले चचा मरे, फिर पिता चल बसे। ऐसी मानसिक व्यथा में भी बड़े भाई ने उपेक्षा एवं स्वार्थपरता का व्यवहार किया। जो लोग पिता के समय इन्हें हाथों हाथ रखते थे उन्होंने आँखें फेर लीं। दुनिया की भीड़ के बीच भी एक अजब वीरानापन इनके चारों ओर था। इस अकेलेपन, इस वीरानेपन की छाया इनके समस्त काव्य में है। यह बिना किसी पथ-प्रदर्शक एवं यार दोस्त के सुनसान दुनिया में भटकने को विवश हुए।

छोटी-सी उम्र, साथी कोई नहीं, हमदर्द कोई नहीं और ज़माना ऐसा था कि बड़े-बड़े कलेजेवाले घर से बाहर निकलते डरते थे। मुग़लशक्ति का अध:पतन तीव्र गति से हो रहा था। दिल्ली, शान-शौकत की दिल्ली, शक्तियों का केन्द्र दिल्ली, भारत की शासनसत्ता का प्रतीक दिल्ली, मध्ययुगीन भारतीय सभ्यता का स्रोत दिल्ली भूलुंठिता थी। बे-आबरू, बर्बाद, लुटी हुई, अपहृता नारी के समान बाल छिटकाए, विधवा-सी, वैधव्य के तेज़ एवं पवित्रता से हीन दिल्ली, जहाँ कोई किसी का न था, जहाँ आज का मित्र कल का दुश्मन था, जहाँ आज आलिंगन करनेवाला मित्र कल कलेजे में कटार भोंक देता था, दिल्ली डूब रही थी; रिक्तता के सागर में डूबते हुए संध्याकालीन सूर्य की भाँति। अन्धकार घिरता आ रहा था। लोग अकेले राह न चलते थे। क़ाफ़िलों में चलते थे और फिर भी लुटते थे। ऐसी अस्थिरता के युग में सब प्रकार की छाया से हीन, साधनहीन, अनाथ मीर जीविका की खोज में उस दिल्ली की ओर जा रहे हैं।

उन मानसिक एवं शारीरिक विपत्तियों की कल्पना कीजिए जो बाप एवं चचा की मृत्यु के बाद इस बच्चे पर पड़ी होंगी। स्वभावत: उसका कलेजा कुम्हला गया, उसमें ऐकान्तिकता आयी। अपने साथ और दुनिया में दूसरों के साथ जो व्यवहार उसने होते देखा उससे उसका दिल बुझ गया। यौवनकाल में दुनिया की रंगीनियों, चटक-मटक, उत्फुल्लता और मज़ों की ओर आकर्षित होने की जगह एक प्रकार का गहरा सूनापन, दुनिया से अलहदगी इनमें आती गयी।

यौवन में प्रेम किया, उसमें भी असफलता ही हाथ लगी। इसलिए वह दु:ख और घना होता गया। गम्भीर विरह-दु:ख से इनका जीवन और उस जीवन से निकलने वाला सम्पूर्ण काव्य भर गया।

बाह्य एवं अन्तर्जगत के इन अनुभवों को भावना की तीव्रता के कारण काव्य में व्यक्त करने में इन्हें अद्भुत सफलता मिली। इनमें वह शोख़ी, छेड़छाड़, शरारत कभी न आयी जो यौवन में ज़िन्दगी के इर्दगिर्द बिखर जाती हैं। जिस वातावरण और जीवन के तीव्र दुःखद अनुभवों से यह गुज़रे उसके कारण इनमें एक तुनुकमिज़ाजी आ गयी। संसार के प्रति तीव्र विरक्ति के संस्कारों के बीच काव्य की सफलता ने इनके स्वाभिमान को इतना तीव्र कर दिया कि उस पर अभिमान का आवरण चढ़ता ही गया। सारी ज़िन्दगी यह दुनिया से खिंचे, साथियों और समकालीन साहित्यकारों से खिंचे रहे। करुणा, संसार के प्रति व्यापक सहानुभूति, दिल की लोच, दूसरों को कलेजे से बाँध लेने, अपना लेने की जो शक्ति सामान्य अवस्था में होती है, वही असाधारण स्थितियों के कारण इनमें गहरी वेदना, विरक्ति, खीझ, दूसरों के प्रति असहनशीलता और अहंकार बन गयी।

ये सब वृत्तियाँ इनके जीवन एवं काव्य में मिलती हैं। इतने पर भी इनकी सफलता यही है कि आँधी में भी यह अडिग रहे। दूसरा इनसान इन स्थितियों में बह जाता; ऐशो इशरत में, लफंगई में पड़ जाता पर पिता चचा एवं दरवेशों से प्राप्त संस्कारों ने इन्हें गिरने न दिया। प्रेम की अभिव्यक्तियाँ सदा मामूली सतह से ऊँची रहीं।

पिता, चचा एवं दरवेशें में जो बेख़ुदी, मस्ती, अद्भुदत बेहोशी थी—वह उस स्तर पर तो नहीं पर कुछ नीचे उतरकर इनमें भी थी। देखिए—

बेख़ुदी ले गयी कहाँ हमको,
देर से इन्तज़ार है अपना।

बेख़ुदी में न जाने कहाँ पहुँच गये हैं और अपने ही लौटने की, अपने ही प्रत्यावर्त्तन की प्रतीक्षा है। अपनी मानसिक स्थिति, खोये हुए मीर की स्थिति को बार-बार बयान किया है—

बेख़ुदी पर न मीर के जाओ,
तुमने देखा है और आलम में।

× × ×

करते हो बात किससे वह आपमें कहाँ है?

और भी देखिए, जब दूसरी दुनिया में होते थे, मिलते न थे—

मिलने वालो, फिर मिलिएगा है वह आलमे-दीगर में,
मीर फ़क़ीर को सुक्र है यानी मस्ती का आलम है अब।

और यह पिता, चचा तथा दरवेशों की शिक्षा का ही परिणाम था कि मीर साम्प्रदायिक भेदभाव से सदा ऊँचे उठे रहे। मन्दिर और मस्जिद में कोई भेद उन्हें

कभी अनुभव न हुआ। वस्तुतः यह इन दोनों की सच्ची उपासना में बाधक और वैमनस्य उत्पन्न करनेवाला मानते थे। सूफ़ियों का मार्ग प्रेम का मार्ग था; वे प्रियतम के गहरे सान्निध्य के रस में डूबे रहते थे। और कर्मकांडीय उपासना के प्रति उदासीन रहते थे। 'मीर' पर भी इसका असर है—

हम न कहते थे कहीं ज़ुल्फ़[1], कहीं रुख[2] न दिखा,
इख़्तिलाफ़[3] आया न हिन्दू-मुसलमाँ के बीच।

× × ×

हम न कहते थे कि मत दैरो-हरम[4] की राह चल,
अब ये दावा हश्र[5] तक शेख़ो-बरहमन में रहा।

मैं ऊपर लिख चुका हूँ कि इन पर बचपन में जो मुसीबतें आयीं, उनके कारण दुनिया के प्रति एक बे-दिमाग़ी, एक कड़ुवाहट इनमें आती गयी; स्वाभिमान ने अहंकार का रूप धारण कर लिया। प्रचलित मतों एवं फ़ैशनों के प्रति, संसार की प्रशंसा एवं मूल्यों के प्रति एक विद्रोह का भाव इनमें आता गया। इसीलिए काव्योत्कर्ष के ज़माने में किसी को कुछ न समझने की बे-दिमाग़ी इनमें आयी। इनके अभिमानी स्वभाव, खीझ और तुनुकमिज़ाजी के सम्बन्ध में अनेक कहानियाँ कही जाती हैं। स्वभावतः यह गम्भीर थे; बातें कम करते थे। तुच्छ विलास-भावनाओं से सदा दूर रहते थे। आत्मभिमान विकृत होकर इतना बढ़ गया था कि अधीनता तो दूर नौकरी का नाम भी बर्दाश्त नहीं कर सकते थे, किन्तु संसार का मार्ग इतना सरल नहीं है, विवश होकर उसमें चलना ही पड़ता है। इस अकड़ का परिणाम भोगते थे फिर भी अकड़े रहते थे। इन शिकायतों के लोगों में जो चर्चे थे उससे वह स्वयं भी परिचित थे। एक मुख़म्मस (पंचपदी) में इसकी झलक मिलती है। कहते हैं—

हालत तो यह कि मुझको को ग़मों से नहीं फ़राग़[6]।
दिल सोज़िशे दरूनी[7] से जलता है जूँ चिराग़।
सीना तमाम चाक[8] है सारा जिगर है दाग़।
है नाम मजलिसों में मेरा मीर बे-दिमाग़।
अज़ बस कि कमदिमाग़ी ने पाया है इश्तिहार[9]।

अपनी नाज़ुकमिज़ाजी के बारे में ख़ुद कहते हैं—

नाज़ुकमिज़ाज आप क़यामत है मीरजी,
जूँ शीशा मेरे मुँह न लगो मैं नशें में हूँ।

---

1. अलक, 2. मुख, 3. भिन्नता, 4. मन्दिर ओर काबा, 5. प्रलय, 6. मुक्ति, 7. अन्तर्दाह, 8. विदीर्ण, 9. प्रसिद्ध, विज्ञप्ति

तेरी चाल टेढ़ी, तेरी बात रूखी,
तुझे मीर समझा है याँ कम किसूने।

× × ×

ज़्यादा मिलने-जुलने में न थे; एकान्तप्रिय थे—

सोहबत[1] किसी से रखने का उसका न था दिमाग़।
था मीर बे-दिमाग़ को भी क्या बला दिमाग़।
बातें करे बरश्तगीए दिल की पर कहाँ,
करता है इस दिमाग़जले का वफ़ा दिमाग़।
दो हर्फ़[2] ज़ेरे-लब[3] कहे फिर हो गया ख़ामोश,
यानी कि बातें करने का किसको रहा दिमाग़।

निरन्तर की कठिनाइयों, असफलताओं ने इन्हें चिड़चिड़ा बना दिया था। अक्सर कड़ी बातें कह जाते; लोगों को बुरी लगतीं पर परवा न करते थे। जो मन में आता कह डालते थे; ज़बान पर क़ाबू न था। स्वयं स्वीकार करते हैं—

कहना जिससे जो कुछ होगा सामने मीर कहा होगा,
बात न दिल में फिर गयी होगी मुँह पर मेरे आयी हुई।

अपने ज्ञान-भंडार और काव्य-प्रतिभा को अक्षय धन समझकर ग़रीब-अमीर किसी की परवाह न करते थे। अपने बेटे से वृद्धावस्था में कहा ही था—"बेटे मेरे पास माल व मुताए-दुनिया से तो कोई चीज़ नहीं है जो आइन्दा तुम्हारे काम आये लेकिन हमारा सरमाया-ए-नाज़ ज़बाँ है।" इसी दौलत पर उनको गर्व था। अनेकानेक कठिनाइयाँ सहकर भी अपना सिर सदैव ऊँचा किये रहे। ऐसा कोई काम न करते जिससे अपनी स्वतन्त्रता पर कुछ भी भार पड़ता। चार दिन के भोग-विलास के लोभ से अथवा दीनता के दुःख से अपना सिर दुनिया के आगे कभी न झुकाया। इनका काव्य इस बात का साक्षी है कि इनके दिल की कली और त्यौरी की गिरह कभी खुली नहीं। यदि इनका अभिमान इन्हें केवल अमीरों की प्रशंसा करने से रोकता तो विशेष हानि न थी परन्तु दुःख की बात है कि औरों के कलाम की विशेषताएँ भी इन्हें दिखाई न पड़ती थीं। मुख से दूसरों की प्रशंसा बहुत ही कम निकलती थी। यह बात इनके यश रूपी शुभ्र वस्त्र पर एक भद्दे काले धब्बे के समान है। मामूली लोगों की कौन गिनती, फ़ारसी के सबसे प्रसिद्ध कवि सादी और शीराज़ी की ग़ज़लों की भी खुलकर प्रशंसा नहीं करते थे।

---

1. संग, 2. अक्षर, शब्द, 3. ओठ के नीचे।

दिल्ली में मीर क़मरुद्दीन ख़ाँ 'मिन्नत' एक कवि गुज़रे हैं। एक बार संशोधन के लिए उर्दू की एक अपनी ग़ज़ल मीर साहब के पास ले गये। मीर साहब ने वतन पूछा, उन्होंने सोनीपत (पानीपत के पास एक स्थान) बताया। मीर ने फ़र्माया—" जनाब उर्दू ख़ास दिल्ली की ज़ुबान है; आप उसमें तकलीफ़ न कीजिए; अपनी फ़ारसी-वारसी कह लिया कीजिए।"

एक बार नवाब तहमास्प बेग ख़ाँ के पुत्र असआदतयार ख़ाँ 'रंगीं', जिनकी उम्र 14-15 वर्ष की थी। बड़ी सज-धज से मीर साहब के पास गये, और इस्लाह (संशोधन) के लिए ग़ज़ल पेश की। मीर साहब ने देखकर कहा—"साहबज़ादे! आप अमीर हैं, कुलीन हैं, तलवार-तीरन्दाज़ी वग़ैरह सीखिए, कविता दिल जलाने का काम है, उधर मत जाइए।" जब उन्होंने बहुत हठ किया तो कहा—"आपकी तबीयत इसके योग्य नहीं है, शायरी आपको नहीं आयेगी, व्यर्थ अपना समय न खोइए।" इसी प्रकार उर्दू के प्रसिद्ध कवि 'नासिख़' को भी इन्होंने बेतरह फटकार लगाई थी।

दिल्ली में जब थे तब 'अज़दरनामा' नामकी एक मसनवी लिखी। उसमें अपने को अजगर लिखा और अन्य कवियों में से किसी को चूहा, किसी को कनखजूरा, किसी को बिच्छू और किसी को साँप बनाया। कहानी यों बनायी कि किसी पर्वत की घाटी में एक भयंकर अज़दहा (अजगर) रहता था। एक बार उसे हराने और नष्ट कर देने के लिए जंगल के सब जानवर मिलकर उससे लड़ले गये। जब सामना हुआ तो अजगर ने ऐसी गहरी साँस ली कि सब उसके पेट में चले आये और नष्ट हो गये। इसका नाम 'अज़दरनामा' रखा और उसे मुशायरे में लाकर पढ़ा।* मोहम्मद अमाँ 'निसार' शाह हातिम के शिष्यों में एक तेज़ और आशु कवि थे। उन्होंने वहीं एक कोने में बैठकर पाँच-सात शेरों का एक 'क़ता' लिखा और उसी समय मुशायरे में पढ़ा। चूँकि 'मीर' साहब की बात किसी को पसन्द न आयी थी अतएव इस क़ते पर खूब क़हक़हे लगे और वाह-वाह की धुन लग गयी। इस क़ते का एक शेर है—

हैदरे-कर्रार ने वह ज़ोर बख़्शा है निसार,
एक दम में दो करूँ अज़्दर के कल्ले चीरकर।

'मीर' साहब को बड़ा लज्जित होना पड़ा।

---

* सआदतउल्ला के बेटे थे। यह और इनके पूर्वज भवन-निर्माण-कला (इंजीनियरिंग) में पारंगत थे। जब दिल्ली आबादी थी तो वहीं रह कर अपनी विद्या के बलसे काल-क्षेप करते थे। दिल्ली के उजड़ जाने पर लखनऊ चले गये और वहाँ सुखपूर्वक रहे। शेर भी खूब कहते थे। शाह हातिम के नामी शागिर्दों में से थे। रखेते खूब लिखे हैं इनके दीवान दुर्लभ हैं। मीर साहब से और इनसे प्राय: छेड़-छाड़ रहा करती थी।

लखनऊ में जब थे तो एक दिन किसी ने पूछा—"क्यों जनाब! आपके विचार से आज कल शायर कौन-कौन हैं?" मीर साहब ने उत्तर दिया— एक तो सौदा और दूसरा यह ख़ाकसार है।" कुछ ठहरकर कहा—"ख़्वाजा 'मीर दर्द' भी आधे शायर माने जा सकते हैं।" उस व्यक्ति ने पूछा—"हज़रत! और मीर सोज़ साहब?" झुँझलाकर बोले—"मीर सोज़ साहब भी शायर हैं?" उसने कहा—"नवाब (आसिफउद्दौला) के उस्ताद हैं।" मीर साहब ने कहा—"ख़ैर, यह है तो पौने तीन सही किन्तु सहृदय कवियों के ऐसे उपनाम मैंने कभी नहीं सुने।"*

एक दिन लखनऊ के कुछ प्रतिष्ठित लोग भेंट करने तथा शेर सुनने के लिए मीर साहब के घर गये। दरवाज़े पर पहुँचकर आवाज़ दी। लौंडी निकली, समाचार पूछकर भीतर गयी, और एक टाट लाकर ड्योढ़ी में बिछा दिया। उसी पर लोगों को बिठाया और एक हुक्क़ा ताज़ा करके उनके सामने रख गयी। थोड़ी देर बाद मीर साहब तशरीफ़ लाये। साहब सलामत के बाद लोगों ने शेर सुनाने का अनुरोध किया। मीर साहब ने पहिले कुछ टाल-मटोल की, फिर साफ़ जवाब दिया कि "जनाब, मेरे शेर आप लोगों की समझ में नहीं आने के।" यद्यपि लोगों को बात बुरी लगी किन्तु सभ्यता के विचार से उन्होंनें पुनः अनुरोध किया। प्रस्ताव इस बार भी अस्वीकृत हुआ। निदान उन लोगों ने पूछा—"हज़रत! अनवरी व खाकानी के कलाम समझते हैं, आपक क्यों न समझेंगे?" मीर साहब ने फ़र्माया—"यह दुरुस्त , मगर उनकी शरहें (टीकाएँ) मौजूद हैं, और मेरे कलाम के लिए फ़क़त[1] 'मुहाविर-ए-अहले उर्दू'[2] है या जामा-मस्जिद दिल्ली की सीढ़ियाँ। इन दोनों से आप महरूम[3] हैं" इतना कहकर निम्नलिखित शेर पढ़ा—

इश्क़ बुरे ही ख़्याल पड़ा है, चैन गया आराम गया।
दिल का जाना ठहर गया है, सुबह गया या शाम गया।।

---

* मीर साहब से कौन कहता कि बेचारे (मीर सोज) ने उपनाम तो 'मीर' ही रखा था जिसे हुजूर ने छीन लिया। इसलिए विवश होकर यह उपनाम रखना पड़ा कि न आपको अच्छा लगे न आप उस पर अधिकार जमायें।

जिस व्यक्ति से मीर साहब ने ये बातें कहीं थीं उसने जाकर 'मीर सोज' साहब सेसाहब से कहा कि 'हजरत, एक आलिम आदमी आपके उपनाम पर आंज हँसते थे' उन्होंने कहने वाला का नाम पूछा। बहुत हठ के बाद सब हाल बताया गया। सोज़ साहब ने कहा—"अच्छा, अगले मुशायरे में सबके सामने यह सवाल करना।" उसने ऐसा ही किया। तब मीर सोजन उत्तर दिया—

"जनाब! फ़क़ीर ने पहिले तखल्लुस (उपनाम) तो मीर किया था मगर उसे मीर तक़ी साहब ने पसन्द किया। मैंने सोचा उनके सामने मेरा नाम न रोशन होगा इसलिए मजबूर होकर 'सोज' तखल्लुस किया।" बड़े क़हेक़हे लगे। मीर को लज्जित होना पड़ा।—'आबेहयात'

1. केवल, 2. उर्दू बोलने वाले लोगों के मुहाविरे, 3. वञ्चित

"अब आप अपने क़ायदे से कहेंगे 'ख़्याल' के 'इये'[1] को ज़ाहिर[2] करो, लेकिन यहाँ इसके सिवा कोई जवाब नहीं कि मुहाविरा ऐसा ही है।"

मैं लिख चुका हूँ कि आसिफ़उद्दौला के दरबार में 'मीर' की बड़ी इज़्ज़त थी। नवाब इनको बहुत मानते थे पर यह उनसे भी टकरा जाते थे। 'आज़ाद' ने 'आबेहयात' में लिखा है कि एक दिन नवाब ने ग़ज़ल की फ़रमाइश की। दूसरे-तीसरे दिन जो फिर गये तो नवाब ने पूछा कि मीर साहब, हमारी ग़ज़ल लाये? मीर साहब ने त्योरी बदलकर कहा—"जनाब आली! "मज़मून ग़ुलाम की जेब में तो भरे ही नहीं हैं कि कल आपने फ़रमाइश की और आज ग़ज़ल हाज़िर कर दे।" सज्जनता की मूर्ति नवाब ने सिर्फ़ इतना कहा—"ख़ैर, मीरसाहब! जब तबीयत हाज़िर होगी कह दीजिएगा।"

एक दिन नवाब ने उन्हें बुला भेजा। जब पहुँचे तो देखा कि नवाब हौज़ के किनारे खड़े हैं, हाथ में छड़ी है। पानी में लाल-हरी मछलियाँ तैरती फिरती हैं। आप तमाशा देख रहे हैं। 'मीर' साहब को देखकर बहुत ख़ुश हुए और कहा—"मीर साब, कुछ फ़र्माइए।" मीर साहब ने ग़ज़ल सुनानी शुरू की। नवाब साहब सुनते जाते थे और छड़ी के साथ मछलियों से भी खेलते जाते थे। मीर साहब झुँझलाते और हर शेर पर ठहर जाते थे। नवाब साहब कहे जाते कि हाँ, पढ़िए। आख़िरकार शेर पढ़कर मीर साहब ठहर गये और बोले कि 'पढ़ूँ' क्या? आप तो मछलियों से खेलते हैं, मुतवज्जः[3] हों तो पढ़ूँ।' नवाब ने कहा कि 'जो शेर होगा, आप मुतवज्जः कर लेगा।'; बात ठीक थी पर मीर को बहुत बुरी लगी। ग़ज़ल जेब में डालकर घर को चले आये और उनके पास जाना ही बन्द कर दिया। कुछ दिनों के बाद एक दिन बाज़ार में से चले जा रहे थे कि नवाब साहब की सवारी सामने से आ गयी। वह देखते ही बड़े प्रेम से बोले—"मीर साहब! आपने हमें बिल्कुल छोड़ ही दिया? कभी तशरीफ़ भी नहीं लाते।" मीर साहब ने कहा—"बाज़ार में बातें करना आदाबे शुर्फ़ा[4] नहीं। यह क्या गुफ़्तगू[5] का मौक़ा है?"

अहदअली 'यकता' ने अपने ग्रन्थ 'दस्तुरुलफ़साहत' (25-26) में इसी प्रकार की एक घटना का वर्णन किया है। उसके अनसार घटना निम्नलिखित है—

---

1. एक उर्दू अक्षर
2. प्रकट
3. ध्यान दें
4. सभ्यों के आचरण
5. वार्तालाप।

"एक रोज़ मीर साहब नया क़सीदा लिखकर नवाब वज़ीर[1] की ख़िदमत में ले गये।" इत्तिफ़ाक़न[2] उस रोज़ मुल्ला मोहम्मद मोग़ली भी ईरान से आया था और चाहता था कि वज़ीरुल्मुल्क की मदह[3] में कुछ पढ़े। किन्तु मीर का क़सीदा इतना तूलानी[4] था कि वक़्त बाक़ी नहीं रहा। मुल्ला मोहम्मद ने जलकर कहा कि मीर साहब! क़सीदा ख़ूब है लेकिन तवील[4] है। अगर नवाब साहब को इतना तहम्मुल[5] न होता तो इसे कौन सुनता? मीर साहब ने ग़ुस्से में आकर बयाज[6] फेंक दी और बदमज़ा[7] होकर कहा कि अगर नवाब साहब को इतना तहम्मुल नहीं तो मुझे कब है। नवाब साहब ख़ल्के मुजस्सिम[8] थे। मुल्ला मोहम्मद की बिल्कुल पर्वा न की और 'मीर का बक़िया[9] क़सीदा कमाले-मेहरबानी[10] से सुना और दाद[11] दी।"

सआदत अली ख़ाँ 'नासिर' ने भी 'मीर' की नाज़ुक मिज़ाजी का ज़िक्र किया है—

"जब सरकार आसफ़उद्दौला बहादुर में मीर साहब सीग़ शायरी[12] में नौकर हुए, एक दिन वह आसफ़जाह कुतुबख़ाना[13] में जल्वागर[14] थे। और दवावीन जेरो वाला[15] रक्खे थे। एक जिल्द नवाब नामुदार के हाथ से दूर और मीर साहब के नज़दीक थी। फ़र्माया—"मुझे उठा दीजिए।" मीर साहब ने एक ख़ादिम[16] से कहा—"सुनो, तुम्हारे आक़ा[17] क्या फ़र्माते हैं?" नवाब ने रास्त[18] होकर उठा लिया मगर यह मीरज़ाई निहायत नागवार गुज़री।

बाद एक लमहे के फ़र्माया—क्यों मीर साहब, मिर्ज़ा सौदा कैसा शायर मुसल्लमस्सबूत[19] था। मीर साहब ने कहा—बजा[20]—'हर ऐब कि सुलतान बपसन्दद हुनर अस्त[21]। हुज़ूर पुरनूर[22] ने फ़रमाया कि "हम ऐबपसन्द[23] हैं? एक न शुद को शुद[24]। इतने में मीर सोज़ जो कि उस्ताद हज़रत आली के थे, वास्ते मुजरे[25] के हाज़िर हुए। हुज़ूर ने फ़र्माया— "कुछ पढ़ो।" हस्बुल्हुक्म[26] मीर सोज़ ने तीन ग़ज़लें पढ़ीं। नवाब ने तारीफ़ में उनकी मुबालग़ा[27] किया। दिलेरी[28] मीर सोज़ साहब की, और तारीफ़ नवाब की मीर साहब को बहुत नागवार गुज़री। मीर सोज़ से कहा—बुज़ुर्गी और शराफ़त[29] में तुम्हारी क्या ताम्मुल[30] है, मगर शेरे मीर से किसी को क्या हमसरी[31]? मौक़ा और महल[32] तुम्हारी शेरख़ानी[33] का वह है जहाँ लड़कियाँ जमा हों और हुंडकलियाँ पकती हों, न कि मीरतक़ी के सामने।" मीर सोज़ से तो यह कहा और वह शक्क़ा[34] कि मीर की तलब को हुज़ूर पुरनूर ने लिखा था, जेब से निकालकर हुज़ूर के आगे रख दिया और यह कहकर उठ खड़े हुए—'खाना आबाद। दौलत ज़ियादा।" नवाब ने फ़र्माया—"ख़ुदा हाफ़िज़[35]।"

---

1. आसफ़उद्दौला, 2. संयोगवश, 3. प्रशंसा, 4. लम्बा, 5. धैर्य, 6. कविता की कापी, 7. खीझकर, 8. शिष्टता के मूर्तिमान रूप, 9. शेष, 10. अत्यन्त कृपा, 11. प्रशंसा, 12. काव्य-विभाग, 13. पुस्तकालय 14. सुशोभित, 15. ग्रन्थ ऊपर नीचे, 16. सेवक, 17. स्वामी, 18. सीधे। 19. प्रामाणिक उच्च, 20. ठीक, 21. राजा को पसन्द आने वाला प्रत्येक दुर्गुण भी गुण हैं, 22. प्रकाशमान, 23. दुर्गुण प्रिय, 24. एक न रही, दूसरी भी, 25. दर्शन, 26. आज्ञानुसार, 27. अत्युक्ति, 28. साहस, 29. बड़प्पन और शिष्टता, 30. सन्देह, 31. बराबरी, 32. अवसर एवं स्थान, 33. काव्य पढ़ने का, 34. राजपत्र, 35. ईश्वर रक्षा करे।

"दो महीने के बाद तहसीन अली ख़ाँ खाजासरा ने ज़िक्र इनकी उसरत[1] और ग़रीबुलवतनी[2] का हुज़ूर में गुज़ारिश किया। उस हातिमे ज़माँ[3] ने अव्वल शिकायत उसकी बेएतनाई[4] की बहुत-सी की। बादये शफ़ाअत[5] खाजासरा क़बूल फ़र्माई। खाजासरा ख़ुश-ख़ुश मीर साहब के पास आया और वह ज़िक्र सुनाया। मीर साहब ने दरबार में खाजासरा की मार्फ़त[6] जाना नंगेमर्दी[7] समझकर इनकार किया।

"एक दिन वह जौहरशना से हुनरमन्दाँ[8] अक़ीक़उल्ला के इमामबाड़े की तरफ़ आया और तहसीन को इशारे से कहा कि मीर साहब को ले आ। खाजासरा ने मीर साहब से कहा—"चलो, तुम्हारे लेने को हुज़ूर आये हैं।" सुभान अल्लाह क्या क़दरशनास[9] थे कि अपने नौकर की रईसों-सी ख़ातिर[10] थी।"*

मौलवी मोहम्मद हुसेन 'आज़ाद' ने 'आबेहयात' में लिखा है—

"जब नवाब आसफ़उद्दौला का निधन हो गया, सआदतअली ख़ाँ का दौर हुआ तो यह दरबार जाना छोड़ चुके थे। वहाँ किसीन ने तलब न किया। एक दिन नवाब की सवारी जा रही थी, यह तहसीन की मस्जिद पर सरेराह बैठे थे। सवारी सामने आई। सब उठ खड़े हुए। मीरसाहब उसी तरह बैठे रहे। सय्यद इंशा खवासी में थे। नवाब ने पूछा कि इंशा, यह कौन शख़्स है जिसकी तमकनत[11] ने उसे उठने भी न दिया। अर्ज़ की, जनाब-आली! यह वही गदाये मुतकब्बिर[12], है, जिसका ज़िक्र हुज़ूर में अक्सर[13] आया है, गुज़ारे का वह हाल और मिज़ाज का यह आल[14]। आज भी फ़ाक़ा से ही होगा।

सआदत अली ख़ाँ ने खिलअत[15] बहाली और एक हज़ार रुपये दावत[16] का भेजवाया। जब चोबदार लेकर गया, मीर साहब ने वापस कर दिया, और कहा कि "मस्जिद में भेजवाइए। यह गुनहगार[17] इतना मोहताज[18] नहीं।" सआदतअलीख़ाँ जवाब सुनकर मुतअज्जिब[19] हुए। मुसाहबों ने फिर समझाया। ग़र्ज़ नवाब के हुक्म से सय्यद इंशा खिलअत लेकर गये और अपनी तर्ज़[20] पर समझाया कि न अपने हाल पर बल्कि इयाल[21] पर रहम कीजिए ओर बादशाहे-वक़्त का हदिया[22] है, इसे क़बूल[23] फ़र्माइए। मीर साहब ने कहा कि साहब, वह अपने मुल्क के बादशाह हैं, मैं अपने मुल्क का बादशाह हूँ। कोई नावाक़िफ़[24] इस तरह पेश आता तो मुझे शिकायत न थी। वह

---

1. गरीबी, तंगी, 2. अपने वतन का छूट जाना, 3 युग के हातिम (परोपकारी), 4. लापरवाही, उपेक्षा, 5. सिफारिश, 6. जरिये, द्वारा, 7. अपमान, 8. गुणियों के पारखी, 9. गुणों के पारखी, 10. सम्मान, 11. अभिमान, 12. स्वाभिमानी फकीर, 13. प्रायः, 14. अवस्था, 15. राज की ओर से उपहार में दिया जाने वाला परिधान, 16. निमन्त्रण, 17. अपराधी, पापी, 18. मुखाक्षेपी, अकिंचन, 19. चकित, 20. ढंग, 21. बाल-बच्चों, 22. भेंट, 23. स्वीकार, 24 अज्ञ।

* तज़किरा खुशमार्कए

मुझसे वाक़िफ़, मेरे हाल से वाक़िफ़। इस पर इतने दिनों बाद एक दस रुपये के ख़िदमतगार के हाथ खिलअत भेजा। मुझे अपना फ़ुक्र[1] व फ़ाक़ा[2] क़बूल है मगर यह ज़िल्लत नहीं उठायी जाती। यय्ययद इंशा की लस्सानी व लफ़्फाज़ी[3] के सामने किसकी पेश आती। मीर साहब ने क़बूल फ़र्माया और दरबार में भी कभी-कभी जाने लगे।''

सआदत अली ख़ाँ 'नासिर' ने अपने ग्रन्थ 'तज़किरा ख़ुशमार्क़ए ज़ेबा' में लिखा है—

''मिर्ज़ा मोग़ल 'सबक़त कहते थे, जब मीर साहब लखनऊ में तशरीफ़ लाये, बन्दा उनकी शरफ़े मुलाज़मत[4] को गया। ख़बर होने के बाद देर में तशरीफ़ लाये। मैंने दौलते-क़दमबोसी[5] हालिस की और बाद के कीलोक़ाल[6] के मुल्तमिस[7] हुआ कि कुछ अपने कलाम से मुस्तफ़ीद[8] फ़र्माइए। बेताम्मुल[9] फ़र्माया कि तुम्हारे बशरे शेरफ़हमी[10] मालूम नहीं होती, सख़ुन[11] को ज़ाया[12] करने से क्या हासिल[13]?''

× × ×

नासिर ने एक और घटना लिखी है—

''एक दिन शाह क़ुदरतउल्ला और मीर साहब किश्ती पर सवार थे। क़ुदरतउल्ला ने चन्द ग़ज़लें अपने दीवानकी 'मीर' साहब के आगे पढ़ीं।

'मीर' साहब ने कुछ न कहा। वह मुल्तमिस हुए कि ''आपने कुछ न फ़र्माया।' मीर साहब ने कहा—''सवाबदीद[14] यह है कि अपने दीवान को दरिया में डाल दो।''

'नासिर' ही 'तज़किरा-ख़ुशमार्क़ए ज़ेबा' में एक और घटना लिखते हैं—

''इमादुल्मुल्क नवाब ग़ाज़ीउद्दीन ख़ाँ* लबेदरिया[15] बैठे हुए थे और

---

1. फ़क़ीरी, 2. उपवास, अनशन, अनाहार, 3. वाचालता व वाग्मिता, 4. सेवाका सौभाग्य, 5. चरण-स्पर्श-धन, 6. शिष्टाचार, 7. प्रार्थी, 8. लाभान्वित, 9. बेधड़क, 10. काव्य समझने की योग्यता, 11. काव्य, 12. नष्ट, 13. लाभ, 14. पुण्यकारक, 15. नदी के तट पर।

* शेफ़्ता के बयान से डॉ. फारूकी ने अपनी पुस्तक 'मीरतक़ी मीर (पृष्ठ 291) में निम्नलिखित सूचना उद्धृत की है:—

वज़ीरस्त जलीलुलक़दर, अमीरेस्त, आलीशान, हालिश मुस्तग़नी अज़ शरह व बयाँ मिर्ज़ा, रफ़ीअ सौदा औरा अज़सना गुस्तराने अस्त।'' (गुलशने बेख़ार पृष्ठ 232)। पर 'तजकिरा करीमुद्दीन में बड़ी निन्दा की गयी है—''यह अमीर बहुम नमकहराम और बर्बाद करने वाला ख़ानदान तैमूरिया का था। आलमगीर सानी भी इसी की नमकहरामी की सबब मक़तुल हुआ। मिर्ज़ारफ़ीअ सौदा उसकी मद्दाहीन में से है।'' (पृ. 113) इसका एक शेर यह है—

आया न कभी ख़ाब में भी वस्ल मयस्सर,
क्या जानिए किस वक़्त मेरी आँख लगी है।

इसकी पत्नी गन्ना बेगम 'शोख़' भी शेर कहती थी।

मुर्ग़ाबियाँ, आबी बत[1] और सुरख़ाब[2] वास्ते सैरोतमाशा के दरिया में छूटी हुई थीं। इत्तिफ़ाक़न[3] मीर साहब उधर से आ निकले। नवाब चन्द कसीदे अपने उनको पढ़कर दाद-तलब[4] हुए। मीर साहब ने फ़र्माया—"मेरी तारीफ़ की क्या एहतियाज[5] है? हरबत को साहब के अशआर[6] पर हालते वज्द[7] व समाअ[8] है।" नवाब पर यह सखुन निहायत नागवार गुज़रा और दूसरे रोज़ मीर साहब को फिर तलब किया। आप कुर्सी पर बैठे, ज़मीन पर सिवा ख़ाक कुछ न बिछवाया। मीर साहब ने लमहे के लमहे इन्तज़ार[9] मोढ़े-चौकी का किया। बाद अज़ाँ[10] दुपट्टा अपना दोतहा करके बिछाया और बैठ गये। नवाब साहब ने फ़र्माया—"कुछ इर्शाद[11] कीजिए।" मीर साहब ने यह क़ता पढ़—

कल पाँव एक कासए[12] सर पर जो आ गया,
नागह व उस्तखान[13] शिकस्तों से चूर था।

कहने लगा कि देखकर चल राह बेख़बर,
मैं भी कभू किसूका सरे पुर ग़ुरूर[14] था।"

यह ठीक है कि स्वाभिमान उनमें मर्यादा का उल्लंघन कर गया था और तुनुकमिज़ाजी अहंकार की उस सीमा पर पहुँच गयी थी जहाँ वह समाज का दूषण बन जाती है पर इसके कारण ही संसार के बड़े से बड़े प्रलोभन के लिए भी उनका सिर न झुका। स्वाभिमान के आगे राजसम्मान भी उनके लिए तुच्छ था। यह भी मानता हूँ कि यह उनके चरित्र की विकृति थी क्योंकि वास्तविक स्वाभिमानी वह है जो दूसरे के स्वाभिमान का भी ख़याल रखता है जितना अपना, इसलिए वह दूसरों को भी ऊपर उठाता है, उस पर प्रहार करके नहीं, उसे गले लगाकर।

कदाचित् मीर के पिता या चचा जीतिव रहते ओर इनकी छाया बराबर उन्हें मिली होती, प्रेम एवं स्नेह का वह स्रोत अकस्मात् टूट न गया होता तो मीर का निर्माण वैसा ही हुआ होता। तब वह दूसरों के प्रति गहरी संवेदनाओं और सहानुभूतियों से भरे होते। पर जब वह उग रहे थे तभी उनके गिर्द एक तूफ़ान, एक बवंडर आया जिसने उनको अस्थिर कर दिया—विपत्तियों की ऐसी धारा, जिसका पाट बढ़ता ही गया और जो जीवन भर कभी समाप्त न हुई। इसलिए जहाँ उनमें एकान्तप्रियता, दर्दमन्दी, गम्भीरता और प्रेम-प्रवणता आयी, वहाँ चिड़चिड़ापन, तुनुकमिज़ाजी, जीवन एवं जगत् से असन्तोष भी आया। अपने से भिन्न विचार-प्रणालियों, जीवन-विधियों से समझौता करने की शक्ति एवं सामाजिकता देनेवाला प्रेम उनका न था। स्नेही एवं सन्त की

---

1. जल हंस, 2. चक्रवाक, 3. संयोग-वश, 4. प्रशंसार्थी, 5. आवश्यकता, अपेक्षा, 6. शेर का बहुवचन, 7. मस्ती में झूमना, 8. राग, 9. प्रतीक्षा, 10. इसके बाद, 11. कथन, 12. सिर रूपी प्याला, 13. हड्डियाँ, 14. स्वाभिमानी मस्तक।

जगह, इसीलिए, वह आलोचक एवं उपदेशक बन गये, संशोधक हो गये, दूसरों से सीखने और दूसरों के ग्रहण करने की जगह दूसरों के दोषों पर प्रहार कर उन्हें उठाने का आग्रह उनमें प्रबल हो गया। अतीत के प्रति, जो चला गया है या जा रहा है उसे भूलकर जो सामने है उसे ग्रहण करने की जगह अतीत और अतीत के मूल्यों के प्रति प्रबल आसक्ति उनमें सदा रही। इसीलिए वह हर एक से उलझ पड़ते थे, हर एक से खीझ जाते थे।

उलझाव है ज़मीं से झगड़ा है आसमाँ से।

वह दिल से नेक थे, क़तई किसी का बुरा न चाहते थे पर किसी को ऐसी राह पर चलते देखते, जिसे वह हृदय से ग़लत समझते थे, तो चुप न रह सकते थे। प्राचीन मूल्यों के प्रति, दिल्ली की शताब्दियों की परम्परा के प्रति, उनमें जो मोह था, उसके कारण वह सचमुच अनुभव करते थे कि ज़माना ग़लत राह पर जा रहा है; ज़बान ख़राब की जा रही है; शेरो सख़ुन निचले पायदान पर ले जाया जा रहा है। उनके निकट काव्य, या ज़बान एक आन्तरिक श्रेष्ठता, एक अन्त:सौष्ठव, एक अन्त:संस्कृति का चिह्न है, केवल रचना-चातुरी नहीं, केवल शब्द-चमत्कार नहीं। इसीलिए वह खीझते थे, अन्दर ज़माने के प्रति जो खीझ थी, ज़रा भी अवांछनीय दृश्य सामने आते ही निकल पड़ती थी। पर युग दूसरी ओर जा रहा था। लोग उनकी इज़्ज़त करते थे, उनके महत्त्व को समझते थे, पर उसका अनुसरण न कर पाते थे। उसके गहरे प्रयोजन और तात्पर्य को समझ न पाते थे। मीर साहब इससे दुखी होते थे और हाय मारकर कहते थे—

समझा न कोई मेरी ज़बाँ इस दयार में

× × ×

इधर यह खीझ थी और उधर वह इश्क़ था जिसकी गहरी छाप इन पर इनके पिता और चचा ने डाली थी। यौवन काल में इन्होंने किसी विधुवदनी को प्रेम किया। उसमें असफल हुए। पर असफलता केवल इस अर्थ में कि दोनों का मिलन न हो सका। इससे प्रेम की संवदेनाएँ व्यक्तिगत और गहरी होती गयीं। विपत्तियों के साथ दर्द की सम्पत्ति तो इन्हें बचपन से मिली थी, प्रियतमा के आजीवन विरह ने उसमें वह आग पैदा कर दी कि जिसमें जलना जीवन का सर्वोत्तम पुरस्कार है; उसने उनमें वे बूँदें भरीं जिनमें समुद्र समा जाता है और जिसके लिए कहा गया है—

यह वह क़तरा है जिसमें डूबना ही है उबर जाना

शायद है कि प्रियतमा इन्हें मिल गयी होती तो यह खो गये होते; जीवन की रंगीनियाँ इनके अन्त:करण की प्यास को ले डूबती; शायद है कि यह फिर उतना ऊँचा

न उठ पाते; वह स्थायी, कभी स्थिर न होनेवाली वेदना इमनें न आती जो इनके जीवन को साधारण भोग-विलास, ऐशो-इशरत के स्तर से ऊपर उठा सकी और इनके काव्य को वह प्रकाश दे सकी जो उर्दू ज़बान में दूसरे किसी को नसीब न हुआ। इस प्रकार विरह का रस इनके जीवन और काव्य पर छा गया है। दुःखों से भरी अपनी ज़िन्दगी का सारा रास्ता वेदनापूर्ण सीने के बल पार किया है और संसार के, समष्टि के दुःख को प्रियतम के विरह में इस तरह मिला दिया है कि दोनों को अलग करना मुश्किल है। उन्होंने प्रेम को सर्वोच्च सभ्यता का स्रोत बना दिया है।

मीर अकबराबाद, दिल्ली, लखनऊ जहाँ भी गये, बीच-बीच में उन्हीं गहरी आर्थिक कठिनाइयों का सामना करना पड़ा। वह ज़माना ही ऐसा था जब राजकुमार भी भूखों मरते थे। दिल्ली में इनकी आर्थिक विपत्तियों का अनुमान मिर्ज़ा अली लुत्फ़ के निम्नलिखित बयान से किया जा सकता है जो उन्होंने 'गुलशने हिन्द' (पृ. 209) में दर्ज किया है—

''मीर-सा शायर जो कि सेहरकारिए-सख़ुन में तिलस्मसाज़ है ख़्याल का, और जादूतराजिए बयान में मानी परदाज़ है मक़ाल का, वह नान शबीना का मोहताज है, और बात कोई नहीं उसकी पूछता आज है।''

ऐसी कठिनाइयों में भी वह उन्हीं मूल्यों के साथ ठहरे रहे जो अपने ऊपर उन्होंने ख़ुद लगाये थे—

मेरी क़द्र क्या इनके कुछ हाथ है,
जो रुतबा है मेरा मेरे साथ है।

इनका सबसे बड़ा गुण यही है कि इन कठिनाइयों के आगे वह कभी झुकने को तैयार नहीं हुए; अपने मार्ग पर चलते ही गये। ऐसा नहीं कि उनमें संसार का रस चखने की भावना न थी। उनमें ज़िन्दगी की प्रेरणाएँ थीं पर बन्दगी की, पूजा की भावनाएँ भी थीं। इसीलिए इनके जीवन और काव्य में कभी एक तत्त्व की, कभी दूसरी तत्त्व की अधिकता हम पाते हैं। जैसे एक ही शरीर में दो आत्माएँ हों। एक इश्क़ की गहराई में डूबी, समर्पणशील, दूसरी गर्वोन्नता, संसार के आगे न झुकनेवाली। ख़ूबी यह है कि यह गिरते हैं, पर गिरकर उठते और आगे चलते हैं—काँटों को रौंदते हुए, फूलों को आशीर्वाद देते हुए, कलेजा हथेली पर रखे, सिर ऊँचा किये, आँखें तर किये चले जा रहे हैं और चले जा रहे हैं।

मीर : जीवन एवं काव्य की ऐतिहासिक पृष्ठभूमि

डाँवाडोल उत्तर भारत

मीर जिस ज़माने में हुए उस समय उत्तर भारत, विशेषत: दिल्ली के समीपवर्ती भाग की स्थिति डाँवाडोल थी। रईसों का तख़्ता उलट रहा था; गद्दियाँ जहाँ-तहाँ लुढ़की हुई फिरती थीं। आज जो राजा है, कल उसका पता नहीं वह कहाँ गया; आज जो अहंकार से भरा, ऐश्वर्य के सिंहासन पर है, कल अकिंचन और परमुखापेक्षी होकर किसी गड्ढे में पड़ा है। मतलब सब तरफ़ अन्धेरगर्दी, अव्यवस्था, अनिश्चितता, लूट, झगड़े-लड़ाई का राज था। मुग़ल साम्राज्य विशृंखल होता जा रहा था; राजकोष पारस्परिक झगड़ों में समाप्तप्राय: था; क़ानून का बन्धन ढीला पड़ गया था। मालगुज़ारी वसूल ही न हो पाती थी। या अगर मुश्किल से कुछ वसूल हो पाती थी तो वसूल करनेवालों की जेबों में चली जाती थी। राजपूत, सिख, जाट, मरहठे जिसे देखिए, विद्रोह और नये राज्य स्थापित करने को तैयार। सेना को न समय पर वेतन मिलता था, न उसके जीवन की कोई निश्चितता थी। इसलिए सैनिकों की दृढ़ता और निष्ठा सदा डाँवाडोल रहती थी। हर आदमी अपनी बनाने के फेर में था; सम्राज्य व देश की भलाई का भाव लोगों में बहुत ही कम रह गया था।

दिल्ली की शक्ति नाममात्र को रह गयी थी। सबकी लोलुप आँखें उसी की ओर जाती थीं। पतन में भी दिल्ली में गहरा आकर्षण था। केन्द्रीय-मुग़ल-साम्राज्य का चिराग़ टिमटिमा रहा था। मरहठे, रुहेले, जाट, पठान, सिख सब अपनी दौड़ में थे। मज़ा यह कि दिल्लीश्वर को इन उठती आँधियों से कोई ख़ास सरोकार न था। वह जब तक गुज़रे चैने से गुज़रने दो, सिद्धन्त का अनुयायी था। मोहम्मदशाह दिल्ली के तख़्त पर था। उसे अपने ऐशो-इशरत में दीन दुनिया की ख़बर न थी।

लुटेरों का आकर्षण-केन्द्र दिल्ली

दिल्ली, निर्वीर्य, नि:शक्त दिल्ली, अफ़वाह की तरह विदेशों में धन-दौलत के लिए मशहूर दिल्ली की तरफ़ इसी देश के फ़िरक़ों, क्षत्रपों तथा छोटे-मोट राजा-नवाबों

की आँख नहीं लगी थी, विदेशों तक भी उसकी अव्यवस्था की ख़बर पहुँच चुकी थी। इसलिए दुस्साहसी विदेशी सरदारों के लिए यह अच्छा अवसर था। फलतः नादिरशाह ने हमला किया; पंजाब को सर करता दिल्ली पहुँचा और उसे लूटकर नंगी-बुच्ची कर दिया। 58 दिन तक यहाँ रहा, जिस तरह लूटते बना लूटा और हज़ारों ऊँटों पर हीरे जवाहिर, सोने-चाँदी तथा लूट का और सामान लादकर ईरान लौट गया। फ्रज़र नामक इतिहासकार ने अपने नादिरशाह ग्रन्थ में इस लूटका अन्दाज़ सत्तर करोड़ किया है पर मैं समझता हूँ वह इससे कहीं ज़्यादा माल ले गया; फिर उसके सरदारों, सैनिकों के हाथ जो कुछ लगा होगा, उसकी तो बात ही न पूछिए। पीढ़ियों की दौलत, विशेषतः जवाहरात उसके हाथ लगे। अन्दाज़ है कि सिर्फ़ जवाहरात पचास करोड़ से कम के नहीं रहे होंगे। इसी लूट में वह मशहूर तख़्ते ताऊस (मयूर सिंहासन) तथा कोहनूर भी था। तीन सौ हाथी, दस हज़ार घोड़े, दस हज़ार ऊँट अलग थे। हज़ारों आदमी नादिर की तलवार के घाट लगे। 'मीर' के ऊपर कृपा रखने और उन्हें संरक्षण प्रदान करनेवाले नवाब समसामउद्दौला भी इस हंगामे में 15 फरवरी 1739 ई. को क़त्ल कर दिए गये।

इस क़त्लेआम से दिल्ली में त्राहि-त्राहि मची हुई थी। वह एक महाश्मशान बनी हुई थी। 11 मार्च को जो क़त्लेआम हुआ उसमें चाँदनी चौक, दरीबा और पहाड़गंज की बस्तियाँ बिलकुल साफ़ और वीरान हो गयीं। स्वयं ईरानी इतिहासकारों का अन्दाज़ है कि इस अवसर पर तीस हज़ार से कम आदमी कृपाण की भेंट न हुए होंगे। जो मर गये वे फिर भी अच्छे रहे। जो बचे वे अपने मरे हुए गुरुजनों एवं प्रियजनों के दुःख पर रोने भी न पाये, उनसे गहरा दंड और कर (टैक्स) वसूल किया गया। अमीर-उमरावों पर बड़ी बेरहमी की गयी। किसी को धूप में खड़ा किया गया; किसी के कान काट लिए गये। इस बेरहमी और अपमान के डर से कितनी औरतों ने आत्महत्या कर ली; कितने आदमी कुओं में डूब मरे। वज़ीर क़मरुद्दीन ख़ाँ को धूप में खड़ा कराके एक करोड़ से ज़्यादा जवाहरात प्राप्त किए गये। उसके दीवान मजलिसरास का खुले दरबार में कान काट लिया गया। उसे स्वयं ऐसा अपमान लगा कि उसने 18 अप्रैल 1739 ई. को आत्महत्या करली। आदमियों को ही नहीं, औरतों को भी नहीं बख़्शा गया। उनकी बहुत बेइज़्ज़ती की गयी, उनकी आबरू छीन ली गयी। समसाम उद्दौला के भाई मुज़फ़्फ़र ख़ाँ की पत्नियों और बेटियों की वह बेइज़्ज़ती हुई कि उनके शत्रु भी धिक्कारने लगे।

नादिरशाह की इस लूट और हमले के बाद दिल्ली बेपानी हो गयी। उसकी जड़ें उखड़ गयीं; आर्थिक दुरवस्था की हद हो गयी और दिल्ली का रहा-सहा ऐश्वर्य भी समाप्त हो गया। नादिर 5 मई 1739 ई. को दिल्ली से विदा हुआ। दिल्ली को कमज़ोर पाकर उसने अफ़गानिस्तान और सिन्ध नदी के पार के इलाक़ों पर क़ब्ज़ा

कर लिया। फिर पंजाब भी मुग़लों के हाथ से निकल गया। पंजाब के हाथ में आ जाने के कारण नादिरशाह के बाद उसका स्थान लेनेवाले अहमदशाह अब्दाली के लिए दिल्ली पर आक्रमण करना और उसे लूटना सरल हो गया। उधर सिख उठे; दक्षिण तथा मध्य भारत में मरहठे अपनी शक्ति बढ़ाते जा रहे थे। कुछ ही दिनों में पूर्व में अवध तथा दक्षिण में हैदराबाद स्वतन्त्र हो गये।

मधुपात्रों में डूबा मोहम्मदशाह

जैसा मैं कह चुका हूँ, ऐसे भयानक समय में मोहम्मदशाह जैसा दुर्बलमना व्यक्ति दिल्ली के सिंहासन पर था। आश्चर्य तो यह है कि इसका बचपन 7 साल के लम्बे अरसे तक क़ैद की मुसीबतों में बीता था तब भी इसने दुनिया से कुछ न सीखा। सत्र वर्ष की आयु में सिंहासन पर बैठा। कदाचित् उसने सोचा कि दिल्ली में बादशाह रोज़ बनते-बिगड़ते रहते हैं, जो ज़रा भी स्वतन्त्रवृत्ति ग्रहण करता है सरदार और वज़ीर उसे दबा देते हैं इसलिए अच्छा यही है कि शासन का काम उन्हीं पर छोड़कर अपने दु:खों को मुधयामिनी और मधुपात्रों में डुबा दिया जाय। इसने 28 वर्ष के लम्बे समय तक राज्य किया किन्तु कदाचित् ही एक-दो बार बाहर निकला होगा। सारा समय राग-रंग में कटता था। वह शिथिल, सुस्त, विलासी और आरामतलब था। धीरे-धीरे शरीर दुर्बल पड़ गया। तब इसने फ़क़ीरों और जोगियों की ओर मुँह फेरा। यहाँ तक कि दरबार में दरवेशों का प्रभाव बहुत बढ़ गया।

ईरानी-तूरानी संघर्ष

चूँकि सरदारों और अमीरों के हाथ में शासन चला गया और कोई देखनेवाला न था, इसलिए वे मनमानी करते थे। उनमें भी स्वार्थ की भावना इतनी प्रबल हुई कि एक-दूसरे को फूटी आँख देख नहीं सकते थे। ये सरदार प्रधानत: दो दलों में विभाजित थे। एक का नेता था—क़मरुद्दीन एतमादउद्दौला द्वितीय जो 1724 ई. में निज़ामुलमुल्क के बाद वज़ीर नियुक्त हुआ। इसमें प्रमुखत: तूरानी थे। दूसरा दल ईरानियों का था जिसका नेता अबुल मन्सूर ख़ाँ सफ़दरजंग था। इसे 1738 ई. में अवध की सूबेदारी मिली। सच पूछिए तो मुग़ल साम्राज्य के अन्तिम युग का इतिहास इन्हीं दो गुटों के विरोध और संघर्ष का इतिहास है। यह संघर्ष केवल राजनीति तक ही सीमित नहीं था, जीवन के प्रत्येक क्षेत्र में फैल गया था; यहाँ तक कि साहित्य भी इससे बच न सका। 'आरज़ू' और 'हज़ी' तथा क़तील और ग़ालिब के संघर्ष में इसी का प्रतिबिम्ब है। कभी एक दल के हाथ में शक्ति आती, कभी दूसरे के। 1732 से 1739 तक समसामउद्दौला और मुज़फ़्फ़र ख़ाँ की चली पर जब नादिरआह के आक्रमण में ये

मारे गये तो अमीर ख़ाँ प्रथम के लड़के मीरमीरान अमीरख़ाँ अम्दतुलमुल्क द्वितीय की चमकी। यह बड़ा प्रत्युत्पन्नमति था। स्वयं अच्छा कवि था, और उसकी मृदुभाषिता तथा विद्या एवं कला का संरक्षण प्रसिद्ध है।

इसके द्वारा मोहम्मद इसहाक़ ख़ाँ प्रथम की पहुँच बादशाह तक हुई। चूँकि दोनों ईरानी शिया थे इसलिए परस्पर बड़ी बनती थी। धीरे-धीरे इसहाक ख़ाँ का बादशाह मोहमम्मदशाह पर ऐसा प्रभाव पड़ा कि वह उसे एक क्षण के लिए अलग न करता था। जब बादशाह नादिरशाह के विरुद्ध लड़ाई में हारकर भागा तो इसहाक ख़ाँ भी उसी हाथी पर सवार था और उसे बराबर हिम्मत दिलाता रहा। नादिरशाह भी उसकी तारीफ़ करता था। अत: उसकी ज़ोरों से उन्नति हुई और ऊँचे पद पर पहुँचा। 18 अप्रैल, 1745 ई. को उसकी मृत्यु हो गयी। उसके बाद उसका पुत्र मिर्ज़ा मोहम्मद (नजमुद्दौला इसहाक़ द्वितीय) दीवान खालसा नियुक्त हुआ और कुछ दिनों तक, पिता की भाँति ही, शाही दरबार में उसकी प्रतिष्ठा रही। बादशाह के आदेश से इसहाक़ ख़ाँ प्रथम की पुत्री का विवाह सफ़दरजंग के पुत्र शुजाउद्दौला से हो गया। 1745 ई. में इन्हीं से आसफ़उद्दौला का जन्म हुआ। यह महिला इतिहास में नवाब बहू बेगम के नाम से प्रसिद्ध हुईं बाद में इन्हीं पर वारेन हेस्टिंग्स ने अत्याचार किया था।

मीर ने 'ज़िक्रेमीर' में एक और अमीर असदयार ख़ाँ का भी ज़िक्र किया है जिसकी मदद से वह नवाब बहादुर जावेदख़ाँ के यहाँ नियुक्त हुए। यह 35 वर्ष की उम्र में अवध का सूबेदार बनाया गया था। धीरे-धीरे उसने एक अत्यन्त शक्तिमान सेना का संगठन कर लिया। शिया लोगों का तो नेता ही बन गया। इस ज़माने में लाहौर से आग भड़की। 1726 ई. में ज़िक्रयार ख़ाँ पंजाब का गवर्नर नियुक्त हुआ। उसका विवाह वज़ीर एतमादुद्दौला प्रथम की लड़की से हुआ था और उसके ज्येष्ठ पुत्र का, उसके लड़के एतमादुद्दौला द्वितीय की बेटी से। इस प्रकार दरबार में उसकी बड़ी पहुँच थी। जनता में भी उसको पर्याप्त सम्मान मिला था। यहाँ तक कि पहली जुलाई 1745 को जब उसकी मृत्यु हुई तो लाहौर की जनता उसके शोक में मग्न हो गयी। लोग ढाड़ें मारकर रोते थे; तीन दिन तक नगर में चूल्हा और दिया नहीं जला। लाहौर में एक भी समर्थ व्यक्ति ऐसा न था जो उसके जनाज़े के साथ न गया हो।

अब्दाली को निमंत्रण

पर दुनिया की विचित्रता तो देखिए कि उसके मरने के बाद उसके दोनों पुत्रों, यहिया ख़ाँ और शाहनवाज़ ख़ाँ में ही युद्ध हो गया। शाहनवाज़ ने यहिया ख़ाँ सूबेदार के पंजाब के पूरे माल-असबाब पर क़ब्ज़ा कर लिया। जब पंजाब की हालत इस प्रकार बिगड़ रही थी, नादिरशाह क़त्ल कर दिया गया और अहमदशाह अब्दाली उसके स्थान पर गद्दी पर बैठा। जून 1747 में वह हिन्दुस्तान पर आक्रमण करने की योजना बनाने

लगा। चूँकि शाहनवाज़ ख़ाँ को भलीभाँति मालूम था कि दिल्लीश्वर मोहम्मदशाह उसे पंजाब का गवर्नर न बनाएगा क्योंकि अधिकार बड़े भाई का है इसलिए उसने अहमदशाह अब्दाली को भारत पर अधिकार करने के लिए निमन्त्रण दिया। उसे ख़ुश करने के लिए उसने 'शियाधर्म' भी अंगीकार कर लिया और अपनी मुहर पर 12 इमामों के नाम खुदवाये। उसे आशा थी कि इन बातों से अहमदशाह ख़ुश हो जाएगा और ईरानी सिपाही उसकी मदद करेंगे।

8 जनवरी 1748 ई. को अहमदशाह अब्दाली लाहौर के पास पहुँच गया। उसने अपने गुरु बाबा साबिर को शहर में भेजा। उसकी माँ लाहौर में थी और वह उससे मिलना चाहता था। किन्तु जनसाधारण में यह प्रसिद्ध था कि बाबा साबिर जादूगर हैं। शाहनवाज़ ने उसे गिरफ़्तार करवा लिया पर बिना उसकी आज्ञा के ही उसके किसी छोटे अधिकारी ने दूसरे दिन उसे क़त्ल कर दिया। अब्दाली क्रुद्ध हो गया और बदला लेने का हुक्म दिया। शाहनवाज़ रातों-रात शहर से निकल भागा। उसकी देखा-देखी, और अफ़सर भी निकल गये। उनके भागने से क़ैद में पड़े ज़िक्रयार ख़ाँ के निष्ठावान सेवक छूट गये। उन्होंने अब्दाली से कहा, "30 लाख रुपये ले लीजिए और शहर को चौपट न कीजिए।" वह मान गया, फिर भी बहुत-सा माल उसके हाथ लगा। लाहौर पर अधिकार हो जाने से उसकी ताक़त दुगनी हो गयी और वह विश्वासपूर्वक 19 फरवरी को दिल्ली की ओर रवाना हुआ।

अब्दाली दिल्ली के निकट आता जा रहा था पर मोहम्मदशाह के विलासी दरबारी कुछ निश्चय नहीं कर पाते थे। ज़्यादातर लोग मोहम्मदशाह से यही कहते थे कि हूज़ूर लड़ाई में शरीक न हों, अब्दाली ऐसा कहाँ रुस्तम है, बादशाह का कोई भी ग़ुलाम जाकर उसे क़ैद कर लाएगा। (देखिए मज्मुल तवारीख़)। जो कुछ समझदार थे वे कहते थे कि बादशाह पानीपत, करनाल तक ज़रूर जाए, इसका अच्छा प्रभाव पड़ेगा। मोहम्मदशाह भी इसे समझता था पर उसमें साहस न था।

अन्त में तय हुआ कि वज़ीर क़मरुद्दीन ख़ाँ सेना की कमान हाथ में लें और ईश्वरीसिंह महाराज जयपुर तथा नासिर ख़ाँ उनकी मदद के लिए जाएँ। 8 जनवरी को प्रयाण का दिन निश्चय हुआ था किन्तु 4-5 दिन तोपखाने की प्रतीक्षा में ही लग गये। उधर ईश्वरी सिंह भी बादशाह से ख़ुश न था क्योंकि उसने रणथम्भौर का क़िला माँगा था जिसे देने से बादशाह ने इनकार कर दिया था, इसलिए वह भी टालमटोल करता रहा। यह फ़ौज दिल्ली से 16 मील, नरेला तक, पहुँची होगी कि समाचार मिला अब्दाली ने लाहौर ले लिया। इसलिए वह भी टालमटोल करता रहा। इस समाचार से मुग़ल सरदारों के होश-हवास जाते रहे। ख़ैर, उनके कहने से शाहज़ादा अहमदशाह को उनके साथ भेजा गया। 25 जनवरी को ये लोग सरहहिन्द पहुँचे पर वहाँ के क़िले पर भी अफ़गानों ने सरलतापूर्वक अधिकार कर लिया। क़िलेदार मार दिए गये; स्त्रियाँ

क़ैद कर ली गयीं। अब दिल्ली का रास्ता साफ़ हो गया। दिल्लीवालों ने नादिरशाह के अत्याचारों की याद करके अपनी स्त्रियों को वेश बदलकर शहर के बाहर भेज दिया।

11 मार्च को एक गोले से घायल होकर वज़ीर क़मरुद्दीन मर गया। उसके पुत्र मुईनुल्लमुल्क ने सेना की कमान सँभाली और बड़ी बहादुरी दिखायी पर ईश्वरीसिंह अपने नाई की सलाह से भाग निकला। इस समय सफ़दरजंग ने बड़े साहस से काम लिया। इसी समय, संयोगवश अब्दाली के गोला-बारूद में आग लग गयी जिसमें एक हज़ार अफ़गान सिपाही जलकर राख हो गये। इस घटना से अब्दालियों के पाँव उखड़ गये। ये लोग लौटकर पानीपत के पास पहुँचे थे कि मोहम्मदशाह के देहावसान का समाचार मिला। इस प्रकार अहमदशाह शाहज़ादा को विजय एवं सिंहासन एक ही साथ प्राप्त हुआ। मीर ने इन बातों का वर्णन 'ज़िक्रेमीर' में किया है।

अहमदशाह का शासन

अब अहमदशाह गद्दी पर बैठा। इस समय उसकी उम्र 22 साल की थी, उसे न शासन का ज्ञान था, न सैन्य-संचालन का। उसका समय बेगमों के साथ गुज़रा था। उसे अच्छी शिक्षा भी न मिली थी; बाप ने भी ज़्यादा ध्यान न दिया था। बड़ी कठिनाई से अब तक की ज़िन्दगी बीती थी। अब एकदम बन्धन हट गये; कोई रोकटोक करनेवाला न रहा। परिणाम यह हुआ कि बुरी संगत में पड़ गया। साथी जान-बूझकर इसे ग़लत रास्ते पर डालते थे। विशेषत: वह जावेद ख़ाँ ख़ाजासरा के हाथ की कठपुतली था। शराब और औरत के सिवा उसे किसी बात से मतलब न थ। उसके साथ कोई मर्द तो दिखाई न देता था, सदा परियों का क़ाफिला चारों ओर घेरे रहता था।

जो इसे सूझती वही करता था। 1753 ई. की बात है कि एक दिन अपने 6 साल के बच्चे महमूदशाह को खेमे में मसदन पर बिठाकर दरबार लगवाया; सब सरदार उस बच्चे के सामने खड़े हुए; नज़रें दी गयीं। नवम्बर 53 में इसी बच्चे को पंजाब का गर्वनर नियुक्त किया। और मज़े की बात यह कि उसका नायब एक साल का दूध-पीता बच्चा नियुक्त हुआ। इसी तरह कश्मीर की सूबेदारी 1 बरस के एक बच्चे को दी। यह सब खेल उस समय हो रहा था जब अब्दाली पंजाब और कश्मीर का दरवाज़ा खटखटा रहा था।

वह बड़ा डरपोक भी था। सिकन्दराबाद में उसे मराठों के विद्रोह का समाचार मिला; बस वह यों सर पर पैर रखकर भागा कि बेगमों को भी साथ न लिया। वे सब क़ैद हुईं। अपने शासन के अन्तिम 2-3 सालों में उसने प्रबन्ध की ओर कुछ ध्यान दिया पर अनुभवहीनता के कारण उसे कोई सफलता न मिली। इसके दरबार में खाजासराओं और औरतों का राज था। इसके पिता मोहम्मद की बेगमों में एक नर्तकी

ऊधमबाई भी थी। अहमदशाह उसके आदेश के बिना कोई काम न करता था। इस औरत का चरित्र गिरा हुआ था। एक खाजासरा जावेद ख़ाँ से उसका ऐसा लगाव था कि सब लोग थू-थू करते थे। वह रात को भी अन्त:पुर में रहने लगा था। शाही दरबान उससे बड़े क्रुद्ध थे, इसलिए कि उन्हें महीनों से वेतन न मिला था। एक दिन वे सब गधा और एक-एक कुतिया पकड़ लाये। जो अमीर आता उससे कहते (गधे को दिखाकर) यह नवाब बहादुर हैं, और यह (कुतिया को दिखाकर) हज़रत क़ुदसिया हैं, पहले इनको सलाम कीजिए, फिर आगे बढ़िए।

जब बादशाह का यह हाल हो, राज्य क्या चलता? आर्थिक स्थिति इतनी गिर गयी थी कि सिपाहियों को महीनों से वेतन नहीं मिला था। वे रोज़ प्रदर्शन करते थे पर उनके लिए दो लाख रुपये भी एकत्र न हो सके। उधर ऊधमबाई ने अपनी सालगिरह का समारोह मनाया जिसमें दो करोड़ रुपये ख़र्च किए गये।

अहमदशाह ने सफ़दरजंग को वज़ीर बनाना चाहा किन्तु निज़ामुलमुल्क आसफ़जाह के भय से तदनुकूल घोषण न की जा सकी। वह काँटा भी शीर्घ ही दूर हो गया। 21 मई (1748) को बुढ़ानपुर में आसफ़जाह की मृत्यु हो गयी। सफ़दरजंग को मंत्रित्व के सम्पूर्ण अधिकार मिल गये।

उधर राजपूताने में मारवाड़ के राजा अभयसिंह और नागौर के बख़्तसिंह में तनातनी चल रही थी। 1749 से 1751 तक यह झगड़ा चलता रहा। दिल्ली बख़्तसिंह के साथ थी। अन्त में उसी की विजय हुई और उसके अधिकार में जोधपुर एवं अजमेर दोनों आ गये।

दिल्ली बख़्तसिंह का साथ इसलिए दे रही थी उसके द्वारा राजपूताने से शेष कर मिलने की सम्भावना थी पर उसने कुछ नहीं दिया। दिल्ली ने सैनिक अभियान भी किया पर कोई विशेष सफलता न मिली। 1750 में मल्हार राव होल्कर ने जयपुर पर हमला किया। उस समय ईश्वरी सिंह राजा था। उसमें होल्कर का सामाना करने का साहस न था। उसने विषपान करके आत्महत्या कर ली। सब तरह की कोशिशें हुईं पर न मराठे, न दिल्ली वाले राजपूताना से विशेष धन पा सके।

इन लड़ाइयों में मीर भी रिआयत ख़ाँ के साथ थे। उन्होंने इन लड़ाइयों का आँखों-देखा हाल लिखा है।

बहरहाल, विवश होकर मीरबख़्शी दिल्ली वापस आ गया। इस अभियान से कुछ मिलना तो दूर रहा, उलटे क़र्ज़ बढ़ गया। राजस्थान के अभियान में 60 लाख ख़र्च हुए और मुश्किल से पाँच लाख हाथ आया। फ़ौज में 18 हज़ार सिपाही थे जिन्हें साल भर से एक पैसा वेतन न मिला था। मीरबख़्शी सादातख़ाँ ने रोज़ के तक़ाज़ों से ऊबकर दरबार का आना-जाना छोड़ दिया। पूछने पर कहता, कोई बादशाह ही नहीं, किसके पास जाऊँ? उस खाजासरा के पास जाकर इज़्ज़त न गँवाऊँगा।

खाजासरा जावेद ख़ाँ ने सुना तो आग–बबूला हो गया। झूठी–सच्ची गढ़कर बादशाह से हुक्म निकलवा दिया कि सादात ख़ाँ को मीरबख़्शी के पद से हटाया जाता है। उसके घर पर पहरा बैठा दिया और तोपें लगवा दीं तथा ग़ाजीउद्दीन ख़ाँ को मीरबख़्शी बनवाया और इन्तज़ामउद्दौला को अजमेर का सूबेदार। इस तरह तूरानी पार्टी का ज़ोर बढ़ा दिया। सफ़दरजंग और जावेद ख़ाँ के बीच राजनीति की बिसात पर शतरंज की चालें चली जा रही थीं। इस समय मीर रिआयत ख़ाँ की नौकरी छोड़कर जावेद ख़ाँ की नौकरी में आ गये थे।

युग की मकड़ी के जाले

15 सितम्बर 1748 को रुहेला सरदार अली मोहम्मद का देहावसान हुआ। अफ़वाह थी कि उसने बड़ी दौलत छोड़ी है। सफ़दरजंग ने क़ायम ख़ाँ बंगश को रुपए को लोभ देकर रुहेलखंड फ़ौजदार बना दिया। फलतः क़ायमख़ाँ बंगश तथा हाफ़िज़ अहमद ख़ाँ रुहेला में लड़ाई हुई और क़ामय ख़ाँ मारा गया। पर आश्चर्य सफ़दरजंग को उसकी मृत्यु पर दुःख नहीं हुआ, उलटे उसने उसकी सारी जायदाद पर अधिकार करना चाहा किन्तु क़ायम की माँ बीबी साहब ने अपने सौतेले बेटे अहमद बंगश से मदद माँगी और कहा कि 'अगर खुदा तुम्हें औरत पैदा करता तो मुझे सब्र आ जाता। तुम मर्द हो, बड़ा अफ़सोस है, मुझ पर यह वक़्त पड़े और तुम बैठे देखते रहो।' यही नहीं, उसने अफ़गान किसानों के पास अपनी चादर भेजी और अपनी बेकसी बताकर फ़रियाद की। इसका नतीजा यह हुआ कि सारे फरुख़ाबाद में आ लग गयी। सफ़दरजंग के आदमियों ने वहाँ बड़े अत्याचार किये थे। इससे सारे अफ़गान किसान भड़क उठे और सफ़दरजंग का नायब नवलराय उनके हाथों मारा गया। सफ़दरजंग स्वयं सेना लेकर आया पर वह भी घायल होकर और हारकर भाग गया। वज़ीर की हार कोई मामूली हार नहीं थी। इसका बड़ा असर पड़ा।

बाद में सफ़दरजंग ने मल्हारराव होलकर और सूरजमल जाट से मिलकर अफ़गानों पर आक्रमण किया और उनको बुरी तरह पराजित किया। मीर ने लिखा है:—"वज़ीर बारे दीगर लश्कर कशीदद अफ़ग़ानाँरा मग़लूब साख़्ता तसल्लुत तमाम दर हुज़ूरआमद।"

1752 ई. में अब्दाली ने फिर हमला किया। इसमें रुहेलों ने अब्दाली का साथ दिया और रुहेलों के खोये अधिकार पुनः हाथ आये। उधर सफ़दरजंग ने अब्दाली से बचने के लिए मराठों को 50 लाख रुपये और पेशवा को आगरा एवं अजमेर की सूबेदारी देने के प्रलोभन पर मदद के लिए बुलाया पर सफ़दरजंग के पहुँचने में देर हुई और बादशाह ने भयवश पंजाब और सिन्ध के सूबे अब्दाली को सुपुर्द कर दिये। जब 25 अप्रैल को सफ़दरजंग 50 हज़ार मराठा सिपाहियों के साथ दिल्ली के समीप

पहुँचा तो जावदे ख़ाँ ने उसे बताया कि अब्दाली से सुलह हो गयी है और अब इन मराठा सिपाहियों की आवश्यकता नहीं है। सफ़दरजंग बड़ा क्रुद्ध हुआ। सबसे बड़ा सवाल यह था कि मराठों को जो पचास लाख देने का वादा किया गया था वह कैसे पूरा किया जाय? रुपया न मिलने पर मराठे दिल्ली के पहले ही रुक गये और लूट-मार शुरु कर दी। हज़ारों गाँव नष्ट हो गये। दिल्ली शहर के निवासी यह सब समाचार सुनकर भय से काँपने लगे क्योंकि न जाने कब मराठे आकर लूटने लगें। सफ़दरजंग चुप था। जावेद ख़ाँ ने स्वयं मल्हारराव होलकर से मिलकर बातचीत शुरू की। तय हुआ कि उन्हें कुछ लाख रुपये दे दिये जाएँ और वे 4 मई को चले जाएँ। इस तरह 9 दिन के त्रास के पश्चात् फिर दिल्ली ने चैन की साँस ली।

जावेद ख़ाँ और सफ़दरजंग के सम्बन्ध बिगड़ते ही गये। मौक़ा पाकर अगस्त 1752 में सफ़दरजंग ने जावेद ख़ाँ को क़त्ल करा दिया। उसका सिर वज़ीर के महल पर लटका दिया गया और धड़ यमुना की रेती पर फेंक दिया गया।

किन्तु जावेद ख़ाँ के क़त्ल से सफ़दरजंग को कोई लाभ नहीं हुआ। उसके सम्बन्ध बादशाह और ऊधम बाई से और बिगड़ गये। जावेद ख़ाँ में बहुत-सी बुराइयाँ थीं; सभी उसे बुरा कहते थे पर उसे पद और जागीर की की लालसा नहीं थी। उसकी मृत्यु के बाद सब अधिकार इन्तज़ामउद्दौला और इमादुलमुक्क के हाथ में आ गये जो बड़े वंश के थे पर जिनकी, पद एवं धन-सम्बन्धी लालसा की सीमा नहीं थी।*

इन्तज़ामउद्दौला मोहम्मदशाह के मन्त्री क़मरुद्दीन ख़ाँ का पुत्र था और अपनी काहिली एवं कायरता के लिए प्रसिद्ध था। वह मार्च 1753 ई. से मई 1754 ई. तक मन्त्री रहा पर शासन में स्थिरता एवं सुधार लाने का कोई प्रयत्न नहीं किया। इमादुलमुल्क आसफ़जाह का पोता था। उसका वास्तविक नाम शहाबुद्दीन था किन्तु धीरे-धीरे इमादुलमुल्क, फीरोज़जंग मीर बख़्शी और निज़ामुलमुल्क आसफ़जाह की उपाधियों से विभूषित हुआ, यहाँ तक कि जून 1754 ई. में प्रधानमन्त्री भी हो गया। यह वीर एवं साहसी था तथा काव्य का प्रेमी किन्तु धन-सम्पत्ति के लोभ ने इसके इन गुणों पर परदा डाल दिया और निर्दयता तथा अत्याचार की कहानी पीछे छोड़ गया।

जावेद ख़ाँ की मृत्यु के बाद 'मीर' बेकार हो गये। पर सौभाग्य-वश सफ़दरजंग के दीवान महानारायण ने आदरपूर्वक इन्हें बुलाया और अपने पास रख लिया। यहाँ 'मीर' की ख़ूबी निभी। महानारायण के दीवानख़ाने के दारोग़ा मीर नज़मुद्दीन अली 'सलाम' से इनकी ख़ूब पटती थी। यह भी अकबराबाद (आगरा) के ही रहनेवाले

---

* सर यदुनाथ सरकार।

थे। दोनों साथ बैठते, शेर कहते, दिल्लगी की बातें करते। मीर ने स्वयं उनकी प्रशंसा की है—

"यह आदमीयत, हुर्मत[1], अज़मत[2] सब ही औसाफ़[3] के जामा[4] हैं और मुझमें और इनमें बड़ा इत्तिहाद[5] है।"

इस समय सफ़दरजंग निष्कंटक था। वह पूरे अर्थ में प्रधानमन्त्री था। सात महीने तक बिल्कुल शान्ति रही। यदि वह दूरदर्शी होता तो इस शान्ति के काल को शासन एवं सेना के सुप्रबन्ध में लगाता पर लोभी आदमी दूर की नहीं देखता। फलतः इसने कुछ नहीं किया बल्कि अपने अभिमान से बादशाह तथा सरदारों को नाराज़ कर दिया।

उधर सरकारी ओहदेदारों, चोबदारों और तोपखाने के सिपाहियों को महीनों से वेतन नहीं मिला था। सैनिकों विद्रोह रोज़ की बात हो गयी। वे लोग सड़कों पर शोर मचाते, अफ़सरों का रास्ता रोककर खड़े हो जाते और महल के दरवाज़ों को बन्द कर देते थे। इससे कई-कई दिनों तक क़िलेवालों को न पानी मिलता, न खाना। उधर मराठे सदार दिल्ली के आस-पास चक्कर काटा करते थे और अवसर देखकर लूट लेते थे। जाटों का भी यही हाल था—यहाँ तक कि जाटगर्दी शब्द ही उनकी जबरदस्ती के लिए चल गया।

इस समय सम्राट की सेना दुर्बल एवं भूख की मारी थी किन्तु स्वयं सफ़दरजंग के पास काफ़ी बड़ी सेना थी। इसमें अधिकांश मध्य एशिया के तुर्क सिपाही थे जो 'कुलाहपोश' या 'मुग़लिया' कहलाते थे। इन्हीं दिनों मीर बख़्शी गाज़ीउद्दीन फ़िरोज़जंग की मृत्यु का समाचार आया। 12 दिसम्बर 52 को सफ़दरजंग ने इस पद पर शहाबउद्दीन इमादुलमुल्क को नियुक्त करवा दिया। इस समय वह केवल 15 साल का लड़का था और फ़ौज का उसे ज़रा भी अनुभव न था।

आस्तीन का साँप

सफ़दरजंग ने सोचा, यों तूरानी पार्टी का एक आदमी तोड़कर अपने में मिला लूँगा, वह आजन्म कृतज्ञता-बन्धन में बँधा रहेगा। यही उसकी ग़लती थी। वह भूल गया कि उस ज़माने में कृतज्ञता की परवाह किसी को न थी। फलतः इमादुलमुल्क आस्तीन का साँप निकला। फिर सफ़दरजंग के ख़र्च दिन-दिन बढ़ते जा रहे थे। जब बादशाह अपने पहरेदारों और सैनिकों का वेतन नहीं दे पाते थे तब सफ़दरजंग ने अपने पुत्र शुजाउदौला की शादी में पैंतालीस लाख रुपये ख़र्च किये। इन कारणों से तथा जावेद ख़ाँ के क़त्ल से बादशाह बहुत दुखी रहते थे। जावेद ख़ाँ के क़त्ल के बाद ऊधमबाई (साहिबउज़्ज़मानी)

---

1. मर्यादा, 2. महत्ता, 3. गुणों, 4. समष्टि, 5. ऐक्य।

को तो इतना दु:ख हुआ कि उसने कपड़े पहिन लिये। सफ़दरजंग को भय हुआ कि कहीं वह बदला न ले इसलिए उसने अन्त:पुर पर अपने आदमियों का पहरा रखा और अन्त:पुर में भी अपने विश्वासी आठ स्त्रियों को रखवा दिया जो एक-एक बात पर ध्यान रखती थीं और एक-एक चिट्ठी-पत्री पढ़ती थीं। ऊधमबाई को यह बात और बुरी लगी। वह बिगड़ गयी और उसने तुरन्त इन जासूसों को बाहर किया। इस पर सफ़दरजंग ने नाराज़ होकर दरबार का आना-जाना छोड़ दिया। चूँकि शक्ति उसके हाथ में थी, बादशाह और ऊधमबाई दोनों को इस रूठे हुए वज़ीर को मनाने उसके घर जाना पड़ा। बादशाह ने सम्पूर्ण अधिकार सफ़दरजंग को देने का वादा किया और यह प्रतिज्ञा भी की कि आगे कोई उपाधि या पद किसी को बिना उसकी इच्छा नहीं दिया जाएगा।

अब क्या था, सफ़दरजंग की तूती बोलने लगी। उसने क़िले में आने-जाने वालों पर बंधन लगा दिये। इससे सरदारों ने क़िलें में जाना छोड़ दिया। 14 सितम्बर, 1753 को शुक्र (जुम्मे) की नमाज़ को बादशाह गये, तब सिर्फ़ एक आदमी उनके साथ था। 16-17 सितम्बर को दरबार हुआ तो उसमें भी सफ़दरजंग के चन्द आदमियों के सिवा कोई शामिल नहीं हुआ। इस समय बादशाह की स्थिति एक क़ैदी-जैसी थी; पैसा पास नहीं; राजकीय सेवकों को दो साल से वतेन नहीं मिला था। जब उनका तक़ाज़ा बहुत बढ़ा तो राजकोष केवल 4 मास का वेतन चुका सका। बात यह थी कि सफ़दरजंग जो कुछ वसूल करता ख़ुद रख लेता, सरकारी ख़ज़ाने में जमा ही नहीं करता था।

जाटों की लूट

ऊधमबाई यह सब देखती थी और कुढ़-कुढ़कर रह जाती थी। अन्त में हारकर मार्च 1753 में उसने षड्यन्त्र किया। क़िलेदार अबूतराब ख़ाँ (जो सफ़दरजंग का आदमी था) को निकाल बाहर किया। अब दोनों में चलने लगी। यह झगड़ा 7 नवम्बर 1753 तक चलता रहा। बादशाह ने शुजाउद्दौला को निकालकर समसामउद्दौला के बेटे (समसाम द्वितीय) को रखा और अबूतराब ख़ाँ की जगह अहमदअंगा को क़िलेदार बनाया। सफ़दरजंग ने सूरजमल जाट को दिल्ली पर हमला करने के लिए उकसाया। जाटों ने नगर प्राचीर ख़ूब लूट-मार की और लाखों रुपये एकत्र किये। मुहल्ले के मुहल्ले तबाह हो गये। पुरानी दिल्ली के लोगों का यह हाल था कि लोग जान के डर से इस मुहल्ले से उस मुहल्ले, उस मुहल्ले से इस मुहल्ले भागते फिरते थे। विवश होकर बादशाह ने सफ़दरजंग को पद से हटा दिया और उसकी जगह एतमादउद्दौला को मन्त्री बनाया तथा इयादुल्मुल्क मीर बख़्शी को निज़ाम एवं आसफ़जाह की उपाधियाँ प्रदान कीं। सफ़दरजंग ने विद्रोह किया। उसने बादशाह के अधिकार एवं आदेश को मानने

से इनकार कर दिया। उसने शुजाउद्दौला द्वारा ख़रीदे हुए एक यवुक खाजासरा को अकबर आदिलशाह की उपाधि के साथ सिंहासन पर बिठाया, स्वयं उसका वज़ीर बना। इमादुलमुल्क ने बड़ी चालाकी के साथ सफ़दरजंग के तुर्क सिपाहियों को तोड़ लिया और इस तरह 23 हज़ार की सेना बना ली। उसने सफ़दरजंग के साथी ईरानियों के मकानों को लूटने का हुक्म दे दिया। हज़ारों घर लूट लिए गये। 29 सितम्बर को खुलकर लड़ाई हुई। बादशाह एवं इमादुलमुल्क की सहायता के लिए नजीब ख़ाँ रुहेला भी आ गया था। स्वभावतः बादशाह ज़्यादा प्रबल हो गया पर इमादुलमुल्क एवं वज़ीर इन्तज़ामउद्दौला की पारस्परिक प्रतियोगिता बीच में आ पड़ी। उधर बादशाह की आर्थिक स्थिति के कारण भी मामला बिगड़ गया। इस समय बादशाह के पास 80 हज़ार सिपाही थे जिनको वेतन देने के लिए उसके पास धन नहीं था। उसने अपने रत्नादि बेंच दिए, महल का सामान बेचा पर पूरा न पड़ा। भूखे सिपाही दिल्ली की गलियों में लूट-मार करते फिरते थे। दोनों पस्त थे इसलिए जयपुर नरेश माधवसिंह ने बीच में पड़कर सुलह करा दी। सफ़दरजंग अवध चला गया।

सफ़दरजंग के अवध जाने के 6 मास तक का समय बड़ी अव्यवस्था और अशान्ति का समय था। उपर्युक्त दोनों प्रधान अधिकारियों की पारस्परिक प्रतिद्वन्द्विता में सब कुछ चौपट हो गया। 80 हज़ार सैनिकों का ख़र्च 24 लाख मासिक था। 7 मास युद्ध चला, इसत तरह 1 करोड़ 68 लाख तो सिर्फ़ वही देने थे। पुराने सिपाहियों को तो दो साल से वेतन नहीं मिला था। रुहेले और मराठे अलग रुपये माँगते थे।

जाट-मराठा संघर्ष

उधर जाटों ने सफ़दरजंग के विद्रोहकाल में अपनी शक्ति ख़ूब बढ़ा ली थी। सूरजमल ने महाराज जयपुर से मैत्री कर ली थी। मराठों ने सूरजमल से दो करोड़ रुपये माँगे। उसने 4 लाख पर सौदा करना चाहा जो न हो सका। इसलिए मल्हार राव होल्कर ने 16 जनवरी 1754 को डीग, भरतपुर और खम्भीर पर आक्रमण कर दिया। सूरजमल ने देखा, मराठों की सेना अधिक है, इसलिए खम्भीर के क़िले में बन्द हो गया। मराठों के पास तोपें नहीं थीं इसलिए उनका घेरा सफल नहीं हुआ। इस घेरे में 15 मार्च 1754 को खंडेराव होल्कर मारा गया और उसकी नौ पत्नियाँ उसके साथ सती हो गयीं।

बादशाह की बेबसी

पुत्र-शोक में बूढ़ा मल्हारराव पागल हो गया और उसने बदला लेने का निश्चय कर लिया। मज़ा यह कि उसके शोक में शत्रु-मित्र सब सम्मिलित हुए। सूरजमल तक ने शोक-वस्त्र धारण किये। लड़ाई चलती रही। खम्भीर गढ़ की दीवारें मिट्टी की थीं पर टस से मस न हुईं इसलिए चार मास के घेरे के बार सन्धि हो गयी और तय पाया

कि जाट, मराठों को तीस लाख रुपये तीन क़िस्त में देंगे और वह दो करोड़ रुपये जो इमादुलमुल्क और मरहठों ने बादशाह की तरफ़ से माँगे थे, सुविधानुसार मीरबख़्शी और होकर को दिए जाएँगे। इस समय इमादुलमुल्क ही सबसे शक्तिमान सरदार था। उसी के कारण सफ़दरजंग की हार हुई थी। उसी ने जाटों की प्रबलता को रोक दिया था तथा होल्कर उसी का सहायक था। किन्तु उसकी भी कठिनाई यही थी कि पैसा पास नहीं था। जो कुछ पूर्वजों की कमाई थी वह भी सफ़दरजंग से संघर्ष में ख़र्च हो चुकी थी; राजकोष रिक्त था, प्रान्तों की आय बन्द थी। विवश होकर उसने खालसा ज़मीनों से रुपया वसूल करना शुरू कर दिया और फरवरी 1754 ई. कोल एवं सिकन्दराबाद पर अधिकार कर लिया। उसने अक़बत महमूद को रिवाड़ी भेजा कि वहाँ पैसा एकत्र करे। यह बात बादशाह को बड़ी बुरी लगी क्योंकि उसके अवलम्ब ये ज़मीनें ही थीं; वह द्वार बन्द हो जाने से महलवालों को उपवास पर उपवास होने लगे। उधर सिपाही वेतन माँगते थे, बादशाह बड़ा परेशान था। उसने बार-बार बख़्शी को लिखा कि वह सिपाहियों का वेतन चुका दे किन्तु वह बराबर टालमटोल करता रहा। खम्भीर के घेरे के बार यह सम्बन्ध और बिगड़ गया। क्योंकि वहाँ तोपें भेजने में बादशाह के टालमटोल करने पर इमादुलमुल्क ने आक़बतमहमूद को मराठी सेना के साथ भेजा। महमदू ने दिल्ली के धनियों को ख़ूब लूटा। उधर सेना के भूखे सिपाहियों ने हर जगह लूट-मार शुरू कर दी। क़िलेवालों को खाना भी न मिला। खारी बावली और लाहौरी दरवाज़ा के समीप हज़ारों घर वीरान और बेचिराग़ हो गये और लाशों के ढेर लग गये। आक़बतमहमूद बराबर सिकन्दराबाद पर छापे मारता रहता था। पूछने पर कहता कि तुर्क सिपाही उसके नियन्त्रण में नहीं हैं और अपनी तनख़्वाहें वसूल करने के लिए लूटमार करते हैं।

विवश हो बादशाह अहमदशाह ने स्वयं सिकन्दाराबाद जाने का निश्चय किया। पर तोपचियों ने बिना वेतन लिये एक पग आगे रखने से इनकार कर दिया। शाही हाथी भी चार दिन से भूखे थे और उनमें बोझ उठाने की शक्ति ही न थी। एक तो सामान ही कम था, दूसरे उसे ले जाने के लिए कोई गाड़ी भी सुलभ न थी क्योंकि नक़द दाम लिये बिना कोई इस सेवा के लिए तैयार नहीं था। किसी प्रकार 27 अप्रैल को यह दल रवाना हुआ। दो-एक दिन बाद ऊधमबाई तथा दूसरी बेगमें भी पहुँच गयीं और सिकन्दराबाद बादशाह के अधिकार में आ गया।

पर इससे बादशाह को कोई विशेष लाभ नहीं हुआ। मराठों और जाटों ने सुलह कर ली। समाचार मिला कि वे बादशाह पर आक्रमण करेंगे। इससे बादशाह इतना घबराया कि रोने लगा और ईश्वर से प्रार्थना की कि किसी तरह यह बला टल जाए पर बला टलनेवाली न थी। होल्कर की सेनाएँ सिकन्दराबाद के पास आती जा रही थीं। बादशाह दिल्ली भाग गया और इस परेशानी में भागा कि बेगमों को भी साथ

न ले जा सका और वे (ऊधमबाई और साहब महल इत्यादि) मराठों के हाथ बन्दिनी हुईं। उनके आभूषण छीन लिए गये। होल्कर ने ऊधमबाई के साथ सद्व्यवहार किया पर अन्य बेगमों को बड़े कष्ट उठाने पड़े। कुछ तो पैदल और नंगे सिर भागती–भागती, भूखी–प्यासी दिल्ली पहुँचीं। विवश होकर बादशाह ने इन्तज़ामउदौला को हटा दिया औ इमादुलमुल्क को वज़ीर बनाया। 2 जून, 1754 को इमादुलमुल्क बादशाह की सेवा में उपस्थित हुआ और क़ुरान शरीफ़ पर हाथ रखकर बादशाह के प्रति वफ़ादारी की क़समें खायीं और कहा कि मैं अपना ख़ून बहाकर आपकी रक्षा करुँगा।

पर ज़माना ऐसा आ गया था कि लोगों के चरित्र गिर गये थे। किसी का भरोसा न था। क़ुरान को इनसान धोखा–धड़ी के लिए प्रयुक्त करने लगा था। इमादुलमुक ने उधर क़समें खायीं, इधर शाह आलम बहादुरशाह के बेटे आलमगीर द्वितीय को तख़्त पर बैठा दिया और जिसकी निष्ठा की क़समें खायी थीं उसीके साथ ऐसा दुर्व्यवहार किया कि मानवता शर्म से पानी–पानी हो गयी। अहमदशाह डर के मारे रंगमहल की झुरमुटों में छिप गया। जब पता लगा तब तक प्यास से उसका गला सूख गया था। उसने पानी माँगा तो आक़बत महमूद के भाई सैफ़ुद्दौला ने वहीं पड़े एक मिट्टी के ठीकरे में पानी डालकर उसके मुँह में लगा दिया।

इमादुलमुल्क भी चैन से न बैठ सका। उसके हाथ में सब कुछ था पर शाही फ़ौज को सन्तुष्ट करने का कोई उपाय न था। उसे न जाने कब से वेतन नहीं दिया जा सका था। सैनिक फ़ाक़े कर रहे थे। वे रोज़ व्यापारियों और अमीरों के घर लूटते थे और कोई रोकनेवाला न था। 21 जून, 1754 को तोपखाने के सिपाहियों की माँगों ने इतना उग्र रूप धारण किया कि उन्होंने क्रोध में आक़बत महमदू के कपड़े फाड़ डाले। इमाद ने भी सारा दोष आक़बत पर डाल दिया और तीन दिन बाद उसे क़त्ल करके उसकी लाश यमुना की रेती पर फेंकवा दी। अहमदशाह बादशाह और उसकी माँ की आँखों में सलाइयाँ फेरकर उन्हें अन्धा कर दिया गया। मीर ने इन घटनाओं का बड़ा दर्दनाक वर्णन किया है। उनका निम्नलिखित शेर भी इसी घटना की ओर इशारा करता है—

> शहाँ कि कहले जवाहर थी ख़ाके–पा जिनकी
> उन्हीं की आँखों में फिरती सलाइयाँ देखीं

बूढ़े की विलासिता

आलमगीर द्वितीय 55 साल की उम्र में तख़्त पर बैठा। उसका जीवन कष्टों में ही बीता था। इतिहास और साहित्य का दीवाना था। अधिकांश समय अध्ययन में व्यतीत करता था। औरंगज़ेब की भाँति वह भी पाँचों समय नमाज़ पढ़ता और सरल जीवन

बिताता था। एक-एक सरकारी काग़ज़ों को स्वयं पढ़ता। मतलब अपने कर्तव्य के प्रति जागरूक था पर उसे सैनिक एवं शासन-सम्बन्धी अनुभव बिलकुल न था, न दृढ़ता थी। इसलिए अपनी सारी अच्छाइयों के होते हुए भी वह इमादुलमुल्क के हाथ की कठपुतली बन गया।

फिर वह विलासी भी था। बुढ़ौती भी नई-नई शादियाँ करता था। फरवरी 1756 में जब उसकी उम्र साठ के निकट पहुँची रही थी, उसने स्व. मुहम्मद शाह की कन्या हज़रत बेगम से शादी का इरादा किया। हज़रत बेगम अनिन्द्य सुन्दरी थी और केवल 16 साल की थी। लड़की ने दृढ़ता से काम लिया और विवाह से इनकार कर दिया। यह भी कहा कि यदि मुझे अधिक तंग किया गया तो मैं ज़हर खा लूँगी। आलमगीर (द्वितीय) ने उसे एकान्त बन्दीगृह में डाल दिया। 1 सितम्बर 1758 को बादशाह ने जीनत अफ़रोज़ बेगम से शादी की—यह उसक वक्त का हाल है जब जनाब को चक्कर पर चक्कर आते थे और साँस उखड़ी जाती थीं।

अशिक्षित इमादुलमुल्क के कष्ट भी बढ़ते गये। रुहेलों के हाथों उसकी बड़ी दुर्गति हुई। उसे पानीपत की सड़कों पर घसीटा गया और उसकी बेगमों के साथ अनेक प्रकार के दुर्व्यवहार किए गये।

इन दिनों रुहेले ज़ोरों पर थे। 1757 के अब्दाली के भयंकर आक्रमण के बाद नजीबुद्दौला तेज़ी से उठ रहा था। अब्दाली ने इमादुलमुल्क को अलग कर दिया। इमाद मराठों से मिल गया। सितम्बर 57 में मराठों ने हमला करके नजीब को निकाल बाहर किया और अहमद ख़ाँ बंगश को मीरबख़्शी बनाया। बंगश बराबर बीमार रहता था। इसलिए उसकी आड़ में मरहठे ही कर्त्ता-धर्त्ता थे।

इस समय दिल्ली में बादशाह का शासन नाम-भर को था। आर्थिक स्थिति अवर्णनीय रूप से बिगड़ चुकी थी। बादशाह के नौकर-चाकर भूखों मर रहे थे। स्वयं बादशाह के पास ईदगाह तक जाने के लिए सवारी न थी। 10 मई 1758 को वह महल से पत्थरवाली मस्जिद तक पैदल गया। सिपाहियों को 5-6 साल से वेतन नहीं मिला था। उन्होंने अपने घोड़े और कपड़े तक बेच दिये थे। शाही अस्तबल के जानवर भूखों मर रहे थे, उन्हें कई-कई दिनों तक फ़ाक़े होते थे। बेगमों को प्राय: उपवास ही करना पड़ता था। एक दिन शाकिर ख़ाँ शाहज़ादा आलीगुहर के सामने ख़ैरातखाने का शोरबा ले गया। शाहज़ादे ने कहा कि यह महल की बेगमों को दे दो जिनके मुँह में तीन दिन से एक दाना नहीं गया। 'तारीख़ आलमगीर सानी' में लिखा है कि एक दिन क़िले की बेगमें भूख से बिलबिला उठीं और पर्दे का कुछ ख़्याल न कर महल से शहर की ओर जाने लगीं। किन्तु क़िले के द्वार बन्द थे इसलिए वहीं चुप होकर बैठ गयीं और एक रात तथा एक दिन इसी तरह बैठी रहीं। 1757 में दो बार अब्दाली ने दिल्ली को लूटा; पाँच महीने नजीबुद्दौला ने लूट-खसोट जारी रखी। अनेक प्रकार की महामारियाँ

फैल रही थीं। चारों ओर दुर्भिक्ष का राज था। खाद्य द्रव्य का बाज़ारों में बड़ा अभाव था। मूँग की दाल दो रुपये सेर बिकती थी और इमली सौ रुपये सेर। बेरोज़गारी लगातार बढ़ती जाती थी; चोरी-डाका आम बात थी। नवम्बर 1758 में भूकम्प भी आया जिसमें बहुत से आदमी मर गये। इस समय मराठे पंजाब तक पर छा गये थे। मार्च 58 में उन्होंने सरहिन्द तक ले लिया था। वे बढ़ते ही गये और अटक तक पर उनका अधिकार हो गया। वहाँ अपना आदमी रखकर वे फिर दक्षिण चले गये।

29 नवम्बर 1759 को इमादुद्दौला ने बादशाह (आलमगीर द्वितीय) और अपने प्रतिद्वन्द्वी इन्तज़ाम दोनों को क़त्ल करवा दिया। इधर अहमदशाह अब्दाली ने पुनः आक्रमण कर दिया। 1760 में बुराड़ी घाट (दिल्ली से दस मील उत्तर स्थित) पर मराठों एव अब्दाली में घमासान लड़ाई हुई। इसमें दत्ताजी मारे गये, जनकोजी सिन्धिया घायल हुए, मराठों की बुरी हार हुई 'मीर' ने 'ज़िक्रेमीर' में लिखा है कि अब दिल्ली में न कोई बादशाह था, न कोई वज़ीर। उसकी हालत विधवा से अधिक व्यथाजनक थी। अब्दालियों ने उसे मन भर लूटा। इस लूट और बर्बादी का विस्तृत वर्णन मीर ने किया है—

दिल्ली की लाचारी

''....मैं शहर में ही रहा। शाम के बाद मुनादी हुई कि शाह अब्दाली ने सबको क्षमा प्रदान कर दी है; रिआया में से कोई परेशान न हो; लेकिन थोड़ी-सी रात गुज़री थी कि दुर्रानियों ने ज़ुल्म शुरू कर दिया। शहर को आग लगा दी। घर जला दिये। अगली सुबह क़यामत की सुबह थी। अफ़गान और रुहेले हत्या और विध्वंस में लग गये। उन्होंने मकान तोड़ डाले, लोगों की मुश्कें कस लीं; कुछ को जला दिया या उनके सिर काट लिये। एक आलम ख़ाक़ और ख़ून में मिल गया। तीन रात और दिन यह ज़ुल्म जारी रहा। दुर्रानियों ने खाने-पीने की कोई चीज़ न छोड़ी। उन्होंने छतें और दीवारें तोड़ डालीं और लोगों के सीने ज़ख़्मी कर दिये। राज्य के सरदार फ़क़ीर हो गये, वज़ीर और शरीफ़ नंगे और बड़ी-बड़ी हवेलियों वाले गृहहीन।... लोगों के बीवी-बच्चे क़ैद थे। और क़त्ल व ग़ारत का सिलसिला बिना रोक-टोक जारी था। अफ़गान ज़लील करते और गालियाँ देते थे और तरह-तरह के ज़ुल्म करते थे, जो चीज़ मिली लूट ली। नयी दिल्ली यानी शाहजहानाबाद ख़ाक के बराबर हो गयी। इसके बाद यह बेरहम पुरानी दिल्ली की तरफ़ मुतवज्जह हुए और बेशुमार लोगों को हलाक कर डाला। सात-आठ दिन तक यही हंगामा गर्म रहा। किसी के घर पहनने के कपड़े और एक दिन के खाने तक का सामान न रहा। मर्दों के सिर पर टोपी ओर औरतों के सिर पर दुपट्टा तक नहीं था। मुसीबतज़दों की फ़रियाद आसमान तक

पहुँचती लेकिन अब्दाली के कान पर जूँ न रेंगती। बहुत-से लोग दिल्ली छोड़कर लखनऊ चले गये और वहीं मर-खप गये।''

इस हंगामें में मीर साहब की हालत, जो पहले से ही ख़राब थी, बहुत बुरी हो गयी। उनका तक़िया या निवास स्थान भी मिट्टी में मिला दिया गया। यह दुखी हो, राजा जुगलकिशोर की आज्ञा ले, शहर से निकल गये। 8-9 मील चलने के बाद रात एक पेड़ के नीचे बितायी। प्रातः राजा जुगलकिशोर की पत्नी उधर से गुज़रीं। वह इनको और इनके साथियों को बरसाना ले गयीं, फिर वहाँ से जब कामा गयीं तब यह भी गये। वहाँ लाला राधाकिशन के पुत्र बहादुर सिंह ने इनकी इज़्ज़त की और अपने पास रखा। फिर राजा के छोटे लड़के ने इन्हें अपने यहाँ बुला लिया और भलीभाँति रखा। इस प्रकार उस कठिनाई के समय अनेक सम्पन्न हिन्दुओं ने मीर की सहायता की। वस्तुतः उस समय साम्प्रदायिक दृष्टिकोण उच्च वर्गों में था ही नहीं।

मराठों की हार को पेशवा भूले नहीं थे। ज़रा अवकाश पाते ही सदा-शिवराव भाऊ को, एक बड़ी सेना के साथ, उत्तर की ओर रवाना किया। इस सेना ने 2 अगस्त, 1760 को दिल्ली पर अधिकार कर लिया। अवध के नवाब शुजाउद्दौला इस प्रयत्न में थे कि पेशवा और अब्दाली में किसी तरह सुलह हो जाय, शाहआलम द्वितीय जो बिहार की ओर था और जिसकी अनुपस्थिति में शाहजहाँ द्वितीय गद्दी पर था, को दिल्ली की गद्दी मिले एवं उसके ज्येष्ठ पुत्र मिर्ज़ा जवान बख़्त को युवराज बनाया जाय तथा अब्दाली एवं मराठे दोनों अपने-अपने देश को लौट जाएँ। इस प्रस्ताव पर इमाद बिगड़ गया तथ जाटराज सूरजमल आगबबूला हो गये। दोनों भाऊ से पूछे बिना बल्लभगढ़ लौट गये। इससे मराठों को बड़ी हानि पहुँची। भाऊ के स्वभाव में कठोरता थी। वह किसी की कुछ सुनता न था। उसने सूरजमल से कहा, ''तुम तो निरे ज़मींदार हो, सैनिक अभियान का तुमको क्या ज्ञान?'' बूढ़े होल्कर के लिए कहा—''वह तो सठिया गया है, और उसकी कोई बात बुद्धिसंगत नहीं होती।'' इस प्रकार उसने सबको नाराज़ कर दिया। 1761 में अब्दाली और मराठों के बीच पानीपत की मशहूर लड़ाई हुई। मराठों की सबसे बड़ी कठिनाई रसद और रुपये की थी, सिपाही भूखे, घोड़े भूखे। अन्त में 13 जनवरी को भूखे सैनिक भाऊ के पास पहुँचे और कहा—''आज दो दिन से हममें से किसी के मुँह में एक दाना नहीं गया। हम यों एड़ियाँ रगड़-रगड़ के मरना नहीं चाहते, आज्ञा दीजिए कि मर जाएँ या शत्रु को मार भगाएँ।'' फलतः 14 जनवरी को भयानक घमासान मच गया। मराठे तथा उनकी ओर से इब्राहीम गर्दी ऐसी बहादुरी से लड़ा कि शत्रुओं ने भी उसकी प्रशंसा की पर भूखी असन्तुष्ट सेना कब तक लड़ती। फलतः मराठे हार गये। पर्याप्त धन, घोड़े, ऊँट अफ़गानों के हाथ लगे। दक्षिण में मातम छा गया। पेशवा का पुत्र विश्वासराय मारा गया; भाऊ का सिर काट लिया गया और दो दिन के बाद उसकी लाश मिली; यशवंतराव, तिनकोजी

सिन्धिया, जनकोजी सिन्धिया, इब्राहीम ख़ाँ, शमशेर बहादुर इत्यादि बड़े-बड़े सरदार एवं नायक मारे गये; सन्ता जी को चालीस घाव लगे ओर महादजी सिन्धिया के पाँव में वह चोट लगी कि उम्र भर ठीक न हुई। सदाशिव राव भाऊ की उच्चाशयता, आत्मत्याग, वीरता असंदिग्ध होते हुए भी उसके स्वभाव ने उसके पक्ष को दुर्बल कर दिया। इस हार ने भारत का इतिहास बदल दिया। कहाँ मराठे भारतीय राष्ट्र के नेता थे, कहाँ इस हार का ऐसा मनोवैज्ञानिक प्रभाव हुआ कि उनका साथ देना प्रत्येक ने ख़तरनाक समझ लिया। वे इतने हतप्रभ हो गये कि उनकी भागती सेना की टुकड़ियों को गाँव की औरतों ने लूट लिया।

29 जनवरी, 1761 को अब्दाली, कोहनूर लगाये और रत्नजड़ित वस्त्राभूषणों से सज्जित, दिल्ली आया। उसने महल में रहना शुरू किया। चाहता था कि कुछ महीने आराम से गुज़ारे किन्तु उसके सैनिक घर जाने के लिए बेचैन थे इसलिए उसने 20 मार्च को कूच का हुक्म दे दिया। इन सैनिकों ने भी दिल्ली को ख़ूब लूटा। मीर लिखते हैं—"...एक रोज़ शहर को निकला। चलते-चलते शहर के एक ताज़े वीराने में पहुँचा। हर क़दम पर आँसू बहाता...जैसे-जैसे आगे बढ़ता गया, मेरी हैरत बढ़ती गयी, मकान पहचाने नहीं जाते थे, मकानों का कहीं पता नहीं था। मकान टूटे हुए, दीवारें बैठी हुई, ख़ानक़ाहें बेसूफ़ी के और ख़राबत बेमस्तक के वीरान पड़े थे। ...बाज़ार कहाँ जिनका ज़िक्र करूँ, तिफ़्ला-तहे-बाज़ार कहाँ, हुस्न कहाँ जिसके पूछूँ, जवाने रैना चल बसे, पीरांने पारसा गुज़र गये, महले ख़राब, कूचे बर्बाद, हर तरफ़ वहशत हवैदा और उन्स नापैदा।...नागाह उस मोहल्ले में पहुँचा जहाँ मेरा घर था, दिन रात सोहबतें गर्म रहती थीं, शेर पढ़ता था और आशिक़ाना बसर करता था, रातों को रोता था और हसीनों से इश्क़ करता था, वहाँ कोई शनासा तक न मिला कि दो घड़ी बातें कर लूँ। कुछ देर खड़ा हैरत से तकता रहा। सख़्त सदमा हुआ और अहद किया कि अब फिर न आऊँगा और जब तक ज़िन्दा हूँ शहर का क़स्द न करूँगा।"

मीर लिखते हैं:—"चूँकि अफ़गानों का ग़रूर हद से गुज़र गया था इसलिए ग़ैरते-इलाही ने उन्हें सिखों के हाथों ज़लील किया... उन्होंने इस क़दर दिक़ किया कि ये भागे-भागे फिरते थे और कहीं पनाह नहीं मिलती थी।....सिख इनका पीछा करते हुए दरियाए-अटक तक पहुँचे और उस सूबे पर मुतसर्रिफ़ हो गये। चन्द दिनों बाद...उन्होंने लाहौर भी ले लिया।"

उधर 12 जून 1761 को सूरजमल ने आगरा (अकबराबाद) पर क़ब्ज़ा कर लिया। इस समय आगरा सबसे मालदार शहर था। दिल्ली की बरबादी ने इसे आगे बढ़ाया और समृद्ध किया। सूरजमल के हाथ पचास लाख की रक़म आयी। अस्त्र-शस्त्र, सामान, आभूषण का अनुमान लगाना कठिन है। सब सामान भरतपुर एवं डीग भेज दिया गया।

29 नवम्बर 1759 को आलमगीर द्वितीय मारा गया था। तब से उसका बड़ा बेटा शाह आलम मारा-मारा फिरता रहा था, उसे दिल्ली आने की आज्ञा न थी। 12 वर्ष बाद उसका निर्वासनकाल समाप्त हुआ और उसने बादशाह के रूप में दिल्ली में प्रवेश किया (1772)। वह दिल्ली के राजकुमारों में सबसे योग्य था। वह उर्दू, फ़ारसी तथा हिन्दी में कविता करता था। उर्दू फ़ारसी में 'आफ़ताब' के नाम से और हिन्दी में शाहआलम के नाम से। शाहआलम के हिन्दी, फ़ारसी, उर्दू और पंजाबी शेरों का संग्रह 'नादिराते-शाही' रामपुर से प्रकाशित हो गया है।

किन्तु उस युग में देश और जाति का चरित्र गिर गया था। हर आदमी देश की जगह अपने लाभ की बात सोचता था और उसके लिए बुरा से बुरा काम करने को तैयार हो जाता था। इमाद स्वयं साहित्यिक एवं धर्मप्रिय व्यक्ति था; हर समय हाथ में तसबीह फेरता रहता था। पर ज़रा-से लाभ के लिए मित्र से मित्र को क़त्ल करवा देता था। वह स्वयं शाह आलम का शत्रु था।

सूरजमल का अन्त

1763 में रुहेला सरदार नजीबुद्दौला तथा सूरजमल में भी भिड़न्त हो गयी। इसी लड़ाई में सूरजमल मारे गये। उधर अवध के नवाब शुजाउद्दौला तथा मरहठों ने मिलकर अँग्रेज़ों से लड़ाई की, लेकिन सफल न हुए। तब शुजा अवध चले गये; मराठे भागकर ग्वालियर पहुँचे और फिर सूरजमल के पुत्र जवाहरसिंह पर आक्रमण कर दिया। जवाहरसिंह ने आठ-दस हज़ार सिख सैनिकों एवं अपने जाटों की सहायता से मराठों को खदेड़ दिया। मल्हार राव को इतना दुःख हुआ कि चन्द दिनों बाद मर गया।

इसके बाद मीर ने जवाहर सिंह एवं जयसिंह के पुत्र माधव सिंह (जयपुर) के युद्ध का वर्णन किया है। दक्षिणी राजपूतों से और सिख जवाहरसिंह से मिल गये। इस प्रकार एक न एक युद्ध होता रहता था और देश बरबाद होता जा रहा था।

1768 में किसी ने अकबराबाद (आगरा) में जवाहरसिंह को क़त्ल कर दिया और उसका भाई राव रतनसिंह गद्दी पर बैठा किन्तु वह व्यभिचारी, मद्यप एवं अत्याचारी था और किसी के द्वारा मार दिया गया। 1770 (31 अक्तूबर) में नजीबुद्दौला भी मर गया।

ऊपर लिखा जा चुका है कि शाह आलम का निर्वासन 12 वर्ष में समाप्त हुआ। 1772 में उसने दिल्ली में प्रवेश किया। किन्तु सिंहासन में वास्तविक शक्ति न रह गयी थी। न ख़ज़ाना था, न कोई निष्ठावान साथी था। देश की हालत यह कि कहीं मराठे उठते हैं, कहीं जाट लूटते हैं, कहीं अफ़गान अत्याचार कर रहे हैं; उधर अंग्रेज धीरे-धीरे एक ओर बिहार और दूसरी ओर मद्रास की तरफ़ बढ़ते चले जा रहे हैं।

1774 के आस-पास शुजाउद्दौला की तूती बोल रही थी। अँग्रेज भी उसके

सहायक थे। वारे हेस्टिंग्ज़ की सहायता से उसने रुहेलों पर हमला कर दिया। रुहेला रहमत ख़ाँ बड़ी बहादुरी से लड़ा पर युद्ध भूमि में मारा गया।

वहाँ से लखनऊ लौटते ही शुजा बीमार हो गया और अच्छी से अच्छी चिकित्सा भी उसे बचा न सकी। 1775 में उसकी मृत्यु हो गयी और आसफ़उद्दौला गद्दी पर बैठा। इन्हीं के निमन्त्रण पर मीर लखनऊ में आकर रहे थे।

देश की दशा इतनी अस्थिर थी कि कल क्या होगा और कौन किसके साथ होगा, कोई नहीं कह सकता था। पर इतना निश्चित था कि दिल्ली शक्तिहीन, बेबस थी और कोई न कोई उस पर हावी रहता था। सबसे ज़्यादा भय उस पर मराठों का था। बीच-बीच में वे भगा दिये जाते थे या चले जाते थे पर फिर आ जाते थे। इधर उनका ज़ोर फिर बढ़ा। दिल्ली और बादशाह पर उनका प्रभुत्व-सा था। वे जहाँ चाहते बादशाह को ले जाते, जिस रूप में चाहते उसका उपयोग करते।

ग़ुलाम क़ादिर के अकल्पनीय अत्याचार

उधर ज़ाब्ताख़ाँ के पुत्र रुहेला ग़ुलाम क़ादिर का ज़ोर सहारनुपर की तरफ़ बढ़ रहा था। उसने सिखों की सेना से मिलकर दोआबे के बहुतेरे शाही क्षेत्रों पर क़ब्ज़ा कर लिया। धीरे-धीरे वह इतना प्रचंड हो गया कि बादशाह से भी माँगे करने लगा पर बादशाह ने स्वीकार न किया। तब वह लड़ने पर आमादा हो गया। एक मास तक छिट-पुट लड़ाई होती रही। फिर वह आगरे की ओर चला गया। वहाँ मिर्ज़ा इस्माइल बेग क़िले में घिरा हुआ था। दोनों के बीच मित्रता के वादे हुए। दोनों मिल गये और मराठों से मिलने का निश्चय किया पर अवसर आया तो सारा बोझ मिर्ज़ा इस्माइल पर पड़ा। वह बड़ी बहादुरी से लड़ा और मराठों को भगा दिया पर वे नयी सेना लेकर फिर आ गये जिसमें मिर्ज़ा की गहरी पराजय हुई। ग़ुलाम क़ादिर तमाशा देखता रहा। इससे मिर्ज़ा निराश होकर अपने क्षेत्र में लौट गया।

ग़ुलाम क़ादिर बादशाह के नाज़िर मंज़ूर अली ख़ाँ के साथ मिलकर बादशाह पर अपना प्रभुत्व जमाने के षड्यन्त्र करने लगा। इसमें उसकी दादी ऊधमबाई और साहिबा महल भी शामिल थीं। वह क़िले में पहुँचा और मिर्ज़ा बेदारबख़्त का हाथ पकड़कर तख़्त पर बैठा दिया। अब धीरे-धीरे उसने सारे क़िले और महल पर वह अधिकार जमाया कि बादशाह क़ैदी हो गया। ग़ुलाम क़ादिर के भयंकर अत्याचार से इतिहास लज्जित होता है। उसने शाहआलम एवं उसके बेटों पर अत्याचार करना आरम्भ किया। शरीर के कपड़ तक उतार लिये; छोटे-छोटे बच्चों तक को खाने-पीने से वंचित कर दिया। शाह आलम कहता—यदि अपराध किया है तो मैंने किया है; इन बच्चों का क्या अपराध है। पर ग़ुलाम क़ादिर ज़रा भी ध्यान न देता; वह आदमी नहीं शैतान था। दो दिन-रात भूख प्यास से तड़पकर बच्चे मर गये तब राजा मनबहार

सिंह ने बड़ी ख़ुशामद करके अठ्ठाइस रोटियाँ और दो बहँगी पानी भेज दिया। बादशाह के सैकड़ों स्वजन थे इसलिए एक टुकड़ा रोटी और चार बूँद पानी का औसत भी नहीं पड़ा। मिर्ज़ा मेंढू ने ग़ुलाम क़ादिर से छिपाकर चौदह रोटियाँ और एक घड़ा पानी शाह आलम के पास भेजा। किसी तरह पता लग गया। आदमी बन्दी करके ग़ुलाम क़ादिर के सामने लाया गया और उसे कुत्तों के सामने डाल दिया गया।

क़ादिर ने महलों की तलाशी ली। मिर्ज़ा अकबर शाह के मकान में चार हज़ार अशर्फ़ियाँ , चौहदह हज़ार रुपये, एक मन सोने के बर्तन, चार मन चाँदी के बर्तन, पैंतीस मन ताँबे के बर्तन, दस तख़्ता दुशाले और पन्द्रह गठरियाँ किंख़ाब की बरामद हुई। इसी प्रकार सबके यहाँ से कुछ न कुछ प्राप्त हुआ। उसने नवाब ताजमहल, नवाब शाहबादी, मुबारक महल तथा रानी जयपुर का माल ज़ब्त किया। नवाब शाहाबादी के मकान से दो सन्दूक़ जवाहरात, सोने का एक, चाँदी के पाँच मन बर्तन, एक सन्दूक़, स्वर्णाभूषण तथा अन्य सामान बरामद हुए, बेलदारों ने रानी जयपुरी के मकान की एक-एक दीवार को तोड़ा तो दो हज़ार अशर्फ़ियाँ और तीस हज़ार रुपये निकले। बेदार बख़्त ने सरफ़राज़ तथा तमकीन नामक खाजासरों को आदेश दिया कि शाहआलम के महलों की परिचारिकाओं को लकड़ी से बाँधकर कोड़ों से मारा जाए। हर महल से रोने-पीटने की आवाज़ आने लगीं। जो कुछ उनसे मिला, ले लिया और उनको नंगे सिर निकाल दिया। उसके बाद अपने बाप की छोकरियों को माल-असबाब का पता बताने के लिए मारा-पीटा, उन्होंने दो स्थान बताये। वहाँ से दो सन्दूक़ चाँदी के बर्तनों और जवाहरात के बरामद हुए।

चन्द दिनों बाद ग़ुलाम क़ादिर रंगमहल में गया और एक-एक को बुलाकर कहा कि रुपया लाओं नहीं तो तुम्हारे साथ भी यह बर्ताव होगा। उन्होंने रोते-रोते जवाब दिया कि हमें रोटियों के लाले पड़ रहे हैं, हमारे पास रुपया कहाँ जो दें ? शाह आलम से कहा कि नक़दी बताओ वर्ना अकबर शाह को उलटा लटकाकर कोड़े मारूँगा और गधी पर चढ़ाकर शहर में फिराऊँगा। शाह आलम ने जवाब दिया कि मकान की तलाशी के बाद तुम्हारे पेट की तलाशी ली जाएगी। वह हुक्का पीता जाता था और धुआँ बादशाह की तरफ़ छोड़ता जाता था। दो दिन बादशाह आलम की बहिन करामतउन्निसा बेगम को उलटा लटकाकर तेल गरम कर उस पर डाला और कोड़े मारकर असबाब का पता पूछा। उसने चन्द गड़े ख़ज़ानों का पता बताया। वहाँ से लाखों रुपये का माल बरामद हुआ।

मोतीमहल में शाह आलम को, शहज़ादों सहित, गर्म ईंटों पर खड़ा किया और मिर्ज़ा अकबर शाह और सुलेमान शिकोह को लकड़ी से बाँधकर मारने का हुक्म दिया। शाह आलम शुष्क ओठों एवं आर्द्र नयनों से धूप में बैठा देखता और फ़रियाद करता था। ग़ुलाम क़ादिर ने हुक्म दिया कि इसे ज़मीन पर गिराकर इसकी आँखों में सलाई

भोंक दो। लोग टूट पड़े और बेचारे को ज़मीन पर गिराकर उनकी आँखों में सलाइयाँ फेर दीं! वह ज़मीन पर तड़पने लगा। फिर उसे लकड़ियाँ मारकर बिठा दिया। ग़ुलाम क़ादिर ने व्यंग्य तथा उपहासपर्वक पूछा कि क्या कुछ नज़र आता है? शाह आलम ने जवाब दिया कि उस क़ुरान के सिवा जो हमारे-तुम्हारे दरमियान था कुछ नज़र नहीं आता। ग़ुलाम क़ादिर ने उठकर एक लात सीने पर मारी। वह चित गिर पड़ा। क़ादिर छाती पर चढ़ बैठा। कन्दहारी ख़ाँ ने शाह आलम के हाथ पकड़ लिये और दूसरों ने पाँव पकड़े। क़ादिर ने छुरे से एक आँख और कन्दहारी ख़ाँ ने दूसरी आँख निकाल ली। शाहआलम घायल पक्षी की तरह तड़पता था। क़ादिर ने चित्रकार को बुलाकर हुक्म दिया कि तस्वीर इसी रूप में कि मैं शाह आलम के सीने पर बैठा हुआ, छुरी हाथ में लिये आँखें निकालता हूँ, खींच दे। आदमी नियुक्त कर दिये कि इसको और इसके बच्चों को न पानी दिया जाय, न खाना। रोने-पीटने की आवाज़ सुनकर पूछा कि यह क्या ग़ुल है? लोगों ने उत्तर दिया कि शाहआलम की दशा पर स्त्रियाँ रोती हैं। हुक्त दिया कि जो भी रोएगा वह, शाह आलम की तरह, अन्धा कर दिया जाएगा।

एक दिन एक ख़ाजासरा ने आकर सूचना दी कि शाह आलम की दसवर्षीया लड़की भूख-प्यास से मर गयी। क़ादिर ने हुक्म दिया कि जहाँ पड़ी है वहीं उन्हीं कपड़ों में दफ़न कर दो। एक दिन बेदारबख़्त ने कहला भेजा कि मोहम्मदशाह की पटरानी मर गयी है उसके दफ़न की क्या व्यवस्था हो? क़ादिर ने बहुत गालियाँ देकर कहा कि वहीं पड़ी रहने दो। जब लाश सड़ने लगी तो लोगों की गुजारिश पर तीसरे दिन दफ़न का हुक़्म मिला।

माधवजी सिंधिया ने जब ये दर्दनाक क़िस्से सुने तो मराठी सेना भेजी, ग़ुलाम क़ादिर को घोर दंड देकर 1788 में मार डाला और शाह आलम द्वितीय को पुनः तख़्त पर बैठाया तथा उसके व्यय के लिए नौ लाख रुपये वार्षिक नियत कर दिये।

मीर के काव्य की विशेषता

भारतीय इतिहास के ऐसे अस्थिर युग में 'मीर' हुए थे और उन्होंने इन व्यथाकारी घटनाओं तथा विस्मयकारी परिवर्तनों को स्वयं देखा था। उन्होंने अपनी जीवन-घटनाओं तथा उन्होंने अपनी जीवन-कथा में इनका विस्तृत वर्णन किया है। इन घटनाओं ने उनके प्रेमल एवं भावुक मन पर गहरा असर डाला। ये अनुभूतियाँ ही उनकी ग़ज़लों में उतर आयी हैं और उन्हें गहरी वेदना से पूर्ण कर दिया है। डॉ. फ़ारूक़ी ने ठीक ही लिखा है कि "उन्होंने शेर नहीं कहे, दिल और दिल्ली के मर्सिये लिखे हैं।.... जिस तरह 'शराब खिंचकर तलवार' हो जाती है उसी तरह मीर का तारीख़ी माहौल उनकी ग़ज़लों में ढल गया है।" जब उत्तर भारत और देहली राजनीतिक आँधियों में अस्थिर थे तब मीर चट्टान की तरह स्थिर रहे और तेज़ी से बदलते ज़माने के चित्र

अपने दिल और उस दिल का अक्स अपनी ग़ज़लों में उतारते रहे। वह भुक्तभोगी थे। उन्होंने धैर्यपूर्वक ज़माने की कठिनाइयों तथा प्रेम की मुसीबतों को भोगा, सिर ऊपर किये इसीलिए 'उनमें जीवन का सौष्ठव है जो जीवन भर निराशाओं और असफलताओं के उपभोग से उत्पन्न होता है।' उनके दर्द में निजी प्रेम-वेदना तथा युग-वेदना का ऐसा अनोखा सम्मिलन है जो उर्दू काव्य में अन्यत्र नहीं मिलता। उनकी वेदना केवल आत्मरोदन नहीं, वह एक सभ्यता, एक विशेष सामाजिक परम्परा की असफलता का रोदन है। उनके रोदन में उनके ही आँसू नहीं, समष्टि की वेदना के आँसू हैं। उनमें वह वेदना है, वह जलन है, वह तड़प है जिसके बिना मानव-जीवन मानव-जीवन नहीं, एक रेगिस्तान है। फिर तेज़ी से बदलते हुए युग की उथल-पुथल ने उनके दुःख में एक अजीब स्थिरता, एक संयम, एक आत्म-नियन्त्रण, एक अपनी ज़िम्मेदारी की भावना पैदा कर दी है। उनके काव्य में उनके युग की चीख़ है, उसकी आशा-निराशाएँ हैं, यहाँ हम इतिहास के एक भग्न होते युग-स्तूप के दर्शन करते हैं; उसका रोदन सुनते हैं—ऐसा रोदन जिसमें कलेजा बोलता है; जिसमें हाड़-मांस बोलता है, जिसमें ख़ून की गर्मी है, जिसमें जीवन की उठान और मृत्यु की अनुभूति है; जिसमें इनसानियत की पुकार और युग के संस्कार हैं। शब्द के झरोखों में युग की व्यथा से प्रभावित प्रेम में डूबे एक सच्चे मानव हृदय की शत-शत भंगिमाएँ झाँकती हैं।

काव्य-समीक्षा

मीर : काव्य की मानसिक पृष्ठभूमि

मैं कहीं संकेत रूप में लिख चुका हूँ कि मीर की वेदना में समष्टि की संवेदनाएँ झाँक-झाँक उठती हैं। उनमें अपना दर्द भी है और ज़माने का दर्द भी है। उनमें ज़िन्दगी है। पर बन्दगी के आलिंगन में बँधी हुई; उनमें इश्क़ है पर साधना की गोद में सोता हुआ; उनमें मस्ती है पर दुनिया के दुखों पर सौ-सौ आँसू बहानेवाली; उनमें कल्पना है जो आसमान को ज़मीर से बाँधे हुए है; उनमें पागलपन है जो अपने को ठहर-ठहरकर दिल के आईने में देख लेता है। एक विरह जिसमें मिलन की बेहोशी है। मीर अनेक व्यक्तित्वों का व्यक्ति है। उसमें एक साथ कई-कई मानसिक भूमिकाएँ दिखाई पड़ जाती हैं।

मीर-काव्य की मानसिक पृष्ठभूमि पर जो रेखाएँ गहरी हैं उनमें सबसे पहली रेखा है प्रेम की। यह प्रेम, दिल में उमड़ता प्रेम, अपने दिमाग़ और इर्द-गिर्द के वातावरण पर छा जाने वाला प्रेम, प्रेम जिसके बिना जीवन जीवन नहीं, उनमें पिता और चचासे आया; यज़ीद वग़ैरह दरवेशों ने उसे जलाकर रोशन किया, पर तब तक वह दूरागत था, रहस्यमय था, व्यापक था, अनुभूत था। बाद में यौवन के वंशी रव ने उसमें एक तस्वीर पैदा की; एक अबोला यौवन अपनी आँखों से बोला, और एक दिल में पूजा की घंटियाँ बजीं। पर देवताओं को पुजारी के सामने से हटा लिया गया। मतलब दुनिया ने उस विधुवदनी को इनसे अलग कर दिया जो इनके समस्त मानसिक वातावरण पर यों छाती जा रही थी जैसे चाँद का जादू देखते-देखते अँधेरी दुनिया पर छा जाता है।

इस विरह में वह रोये, पागल हुए पर वह रोना अमृत हो गया। क्योंकि विरह की करुणा ने इन्हें इस प्रकार आलिंगन किया कि जन्म भर न छोड़ा। इसी संवेदना के कारण इनका काव्य उच्च भावभूमि पर प्रतिष्ठित हो सका। भवभूति ने जब 'करुण रस ही एक रस है,' कहा था तो एक ऐसे सत्य की अवतारणा की थी जो मानव-हृदया की चेतनाओं और प्रेरणाओं के द्वारा अनन्तकाल से पुष्ट होता आया है।

फिर बचपन में बेघर-बार, बिना माँ-बाप, अनाथ, दिल उजड़ा, चतुर्दिक् की बस्तियाँ उजड़ीं, जिस दिल्ली में आये रहने वह सनातन विधवा-जिसकी माँग में सिन्दूर

बार-बार पड़ता और बार-बार पुँछता था, जो बार-बार प्रताड़ित, प्रवंचित, पददलित की जाती थी पर जिसे मरने नहीं दिया जाता था,—एक बेबसी, एक सुनसान का आलम; हर तरफ़ भय, त्रास निराशा। कोई किसी का नहीं। मंज़िल दूर; राह अँधेरी, दीपक कोई नहीं, उस दीपक के सिवा जो दिल में जल रहा था। इस प्रकार एक निराशा और वेदना इनमें यों भर गयी जिसका जीवन भर अन्त नहीं हुआ। इन्होंने देखा कि कल जिनकी पूजा होती थी, जिनकी पगधूलि लोग आँखों में अंजन की भाँति लगाते थे, वे बेघर-बार, दाने-दाने को मोहताज हैं, जिन राजकुमारों पर सिंहासन निछावर हों वे भूख से सूखी रोटियों के लिए तड़पते हैं। अपने और दूसरों के जीवन में कालचक्र के इस परिवर्तन ने उन्हें अन्तःस्थ कर दिया। भौतिक ऐश्वर्य की असारता उनके दिल में पैठ गयी। यह उनकी मानसिक पृष्ठभूमि की दूसरी गहरी रेखा है।

मीर एक शरीफ़, साधुमना, उच्च भावभूमि पर रहनेवाले प्रेममार्गी संत के पुत्र थे। अच्छे ख़ानदान के थे, एक आनुवंशिक विरासत उन्हें मिली थी। उन्हें ऊँची दृष्टि मिली थी; इसलिए जीवन में शिष्टाचार से, ऊँचाइयों से वह कभी न गिरे। तुच्छता की भावना को वह इनसान का सबसे बड़ा दुर्गुण समझते रहे। उनके विचार में काव्य के लिए शिष्ट जीवन की भूमिका आवश्यक है। पहले आदमी बनो, शिष्टता की ऊँचाईयों पर चढ़ो, तब कविता करने की चेष्ठा करो—कुछ इस प्रकार की शिक्षा उनकी थी। उनके काव्य में इस शिष्ट मानसिक भूमिका के दर्शन होते हैं। यह उस तस्वीर की तीसरी गहरी रेखा है।

चौथी बात यह कि गहरी एवं अनुभूत प्रेम-वेदना के कारण इनका काव्य उस आग के ऊपर एक पर्दा बनकर रह गया है जो इनमें जलती थी। इसलिए उसमें एक हल्की रहस्यात्मक चाँदनी-सी है। एक ओर क़यामत का-सा शोर, गहरा उत्ताप, बेचैनी है, दूसरी ओर उस पर नियन्त्रण का, बन्धन का, अनुशासन का स्वर है। प्यास है पर गिरावट नहीं है; नींद है पर मूर्च्छा नहीं है; असफलता का दंश है पर जीवन की प्रेरणा में लिपटा हुआ।

सब मिलाकर वह आत्मानुभूति और भावना के कवि हैं। उनका काव्य अनुभूतियों की आर्द्रता का काव्य है। वह गहरे मनोमन्थन का काव्य है।

इन रेखाओं की हम ज़रा विस्तार से चर्चा करेंगे क्योंकि उनके बिना मीर की उस मानसिक पृष्ठभूमि को ग्रहण करना कठिन है जिस पर उनका समस्त काव्य खड़ा है।

जैसा मैंने कहा है, पहली और मूलभूत भावना-रेखा, जिस पर जीवन एवं काव्य का समस्त आधार है, प्रेम की, इश्क़ की है। इनके पिता जब-जब इनसे कहा करते थे—"बेटा! इश्क़ इख़्तियार करो कि इश्क़ ही इस कारख़ाना पर मुसल्लत[1] है; अगर इश्क़ न होता तो यह तमाम निज़ाम[2] दरहम-बरहम[3] हो जाता। बेइश्क़ की ज़िन्दगानी

---

1. आच्छादित, 2. व्यवस्था, 3. छिन्न-भिन्न।

बवाल है और इश्क़ में दिल खोलना अस्केमाल है। इश्क़ ही बनाता है और इश्क़ ही बिगाड़ता है।" कभी कहते—"आलम[1] में जो कुछ है, इश्क़ का ज़हूर[2] है। आग सोज़े[3] इश्क़ है; मौत इश्क़ हैं; पानी रफ़्तारे[4]–इश्क़ है, ख़ाक[5] क़रारे[6]–इश्क़ है; हवा इज़्तरारे[7]–इश्क़ है; मौत इश्क़ की मस्ती है, हयात[8] इश्क़ की होशयारी है; रात इश्क़ का ख़्वाब[9] है, दिन इश्क़ की बेदारी[10] है।...यहाँ तक कि आसमानों की हरकत हरकते-इश्क़ी[11] है।"

मीरने इसे गाँठ बाँध लिया था। यह शिक्षा उनके अन्तर में प्रविष्ट हो गयी थी और समय पाकर पुष्ट होती गयी। प्रेम की व्यापकता के वर्णन से उनका काव्य भरा हुआ है और पिता की उस बात की छाप जगह-जगह दिखाई पड़ती है। देखिए—

इश्क़ ही इश्क़ है जहाँ देखो,
सारे आलम में भर रहा है इश्क़।
इश्क़ माशूक़[12] इश्क़ आशिक़[13] है,
यानी अपना ही मुब्तला[14] है इश्क़।
कौन मक़सद[15] को इश्क़ बिना पहुँचा,
आरज़ू[16] इश्क़, मुद्दआ[17] है इश्क़।

"जहाँ देखों प्रेम ही प्रेम है। यह प्रेम सारे जगत में भर रहा है। वही प्रेमी है और वही प्रियतम है अर्थात् वह स्वयं पर ही आसक्त है। बिना प्रेम के लक्ष्य तक कौन पहुँच पाया है। प्रेम ही अभिलाषा है और प्रेम ही उद्देश्य है।"

आगे फिर कहते हैं—

दर्द ही ख़ुद है ख़ुद दवा है इश्क़,
शेख़ क्या जाने तू कि क्या है इश्क़।
तू न होवे तो नज़्म कुल उठ जाय,
सच्चे हैं शायरां ख़ुदा है इश्क़।

"प्रेम ही वेदना है और प्रेम ही उस वेदना की दवा भी है। ऐ उपदेशक! तू क्या जाने कि प्रेम क्या है? प्रेम न हो तो सारी व्यवस्था ही समाप्त हो जाय, कवियों का कथन ठीक है कि प्रेम ही ईश्वर है।"

---

1. जगत्, 2. अभिव्यक्ति, 3. जलन, 4. गति, 5. मिट्टी, 6. स्थिरता, 7. व्याकुलता, आतुरता, 8. जीवन, 9. स्वप्न, 10. जागरण, 11. प्रेम का चक्कर, 12. प्रियतम, 13. प्रेमी, 14. आसक्त, 15. प्रयोजन, 16. अभिलाषा, 17. अभिप्राय।

अन्दर-बाहर ऊपर-नीचे प्रेम ही प्रेम दिखाई देता है—

ज़ाहिर[1] बातिन[2] अव्वल-आख़िर[3], पाईं बाला[4] इश्क़ है सब,
नूरोज़ुल्मत[5], मानी व सूरत[6] सब कुछ आप हुआ है इश्क़।

आकाश के घूमने के बारे में भी पिता की बात भूल नहीं पाये हैं—

मक़सूद[7] गुम किया है तब ऐसा है इज़तिराब[8]
चक्कर में वर्ना काहे को यूँ आसमाँ रहे।

प्रियतम को छिपा दिया है, लक्ष्य ओझल कर दिया गया है तभी इतनी बेचैनी है नहीं तो आसमाँ यूँ चक्कर क्यों करता?

बचपन में जो छाप पड़ी, वह बराबर बनी रही। यौवन में जब आकश का वह प्रेम ज़मीन के चाँद पर उतरा तब भी, मानवीय प्रेम में भी वही ऊँचाई, वही व्यापकता बनी रही। हाँ, इस निजी प्रेमानुभूति ने उसे चिन्मय कर दिया। पहले जो ख़्याल दिमाग़ में थे वे दिल में उतर आये; वे अपने हो गये। दर्द आया, जलन आयी, अभिलाषाओं ने करवट ली, प्यास उमड़ी, बेचैनी बढ़ी। 'मसनवी-ख़ाबोख़याल' काल्पनिक नहीं है; वह दिल की पुकार है; यह उस वेदना का चित्रण है जो पूजा की देवी से दूर कर दिये जाने पर इन्हें हुआ था। उससे भागते थे पर वह मूर्ति इनके दिल में घर कर गयी थी; जागते-सोते, उठते-बैठते वही विधुवदन दिखाई पड़ता था। देखिए—

चला अकबराबाद से जिस घड़ी,
दरोबाम[9] पर चश्मेहसरत[10] पड़ी।
कि तर्केवतन[11] पहले क्योंकर करूँ,
मगर हर क़दम दिल को पत्थर करूँ।
× × ×
जिगर ज़ौरे-गर्दू[12] से ख़ूँ हो गया।
मुझे रुकते-रुकते जुनूँ[13] हो गया।।
× × ×
वही जल्वा हर आन के साथ था।
तसव्वुर[14] मेरी जान के साथ था।।

1. प्रकट, बाह्य, 2. आन्तरिक, 3. आदि-अन्त, 4. नीचे-ऊपर, 5. प्रकाश-अन्धकार, 6. रूप और अर्थ। 7. लक्ष्य, इष्ट 8. व्याकुलता 9. द्वार और छत, 10. लालसापूर्ण नयन, 11. घर का त्याग, 12. आकाश के उत्पीड़न, 13. उन्माद, 14. प्रणिधान, कल्पना, ध्यान।

उसे देखूँ जिधर करूँ मैं निगह।
वही एक सूरत हज़ारों जगह।।
गुले-ताज़ा[1] शर्मिन्दा उस रु[2] से हो।
खिजल[3] मुश्केनाब[4] उसके गेसू[5] से हो।।
सरापा[6] में जिस जा नज़र कीजिए।
वहीं उम्र अपनी बसर कीजिए।।

यह जुनून भी पिता-प्रदत्त इश्क़ की बुनियाद पर ही खड़ा है। पिता, चचा और दरवेशों की शिक्षा ने ही इस प्रेम को धर्मोन्माद पर, साम्प्रदायिक क्षुद्रताओं के ऊपर प्रतिष्ठित किया। उन्होंने विशेषत: बायज़ीद ने दैरो-हरम से ऊपर उठकर प्रेम-धर्म, हृदय-धर्म निभाने पर ज़ोर दिया था;

बायज़ीद ने कहा था—"दिलहार कि दिलशिकनी कसे न कनी व संग-सितम बरशीशए न ज़नी। दिल रा कि अर्श मी गोयंद अज़ीं राह अस्त कि मंज़िल ख़ास आँ माह अस्त।" मीर कहते हैं—

दैरो-हरम से गुज़रे अब दिल है घर हमारा।
है ख़त्म इस आबले पर सैरो-सफ़र हमारा।।
सइए तोफ़ेहरम[7] न की हर्गिज़,
आसताँ[8] पर तेरे मुक़ाम किया।
तेरे कूचे के रहने वालों ने,
यहीं से काबा को सलाम किया।
इश्क़े ख़ूबाँ को मीर मैं अपना,
क़िबला व काबा व इमाम किया।

इस प्रकार प्रेम ही उनकी पूजा, प्रेम ही उनका क़िबला व काबा है। मध्ययुगीन प्रेममार्गी सन्तों की भाँति इनका उपासना-पथ भी प्रेम का पथ है। साफ़ कहा है—

मत रंज कर किसूका कि अपना तो एतिक़ाद[9],
दिल ढायकर गो काबा बनाया तो क्या हुआ?

दिलको ढहाकर, मिटाकर काबा ही बना लिया तो क्या फ़ायदा?

इस प्रेम ने ही इनमें मस्ती का एक आलम पैदा किया है, एक बेख़ुदी दी है कभी ऐसी जगह पहुँच जाते हैं जहाँ अपने को भूल जाते हैं; ख़ुद ही अपनी प्रतीक्षा करते हैं; एक अजीब बेचैनी से भर जाते हैं; कभी होश में आते हैं तो कहते हैं, हम और ही आलम में थे। ऐसे समय किसी से मिलना भी अच्छा नहीं लगता क्योंकि

1. ताज़ा, नवीन, गुलाब 2. मुख 3. लज्जित 4. कस्तूरी-गंध 5. बाल 6. नखशिख। 7. काबा की ओर जाने का प्रयास 8. स्थान, आश्रम 9. विश्वास।

पुजारी देवता के सान्निध्य में होता है; जगत् आँखों से हट जाता है। कुछ शेरों में मीर की मस्ती की यह छवि है—

मिलने वालो! फिर मिलिएगा हम हैं आलमे-दीगर[1] में,
मीर फ़क़ीर को सब्र है यानी मस्ती का आलम है अब।

बेख़ुदी में न मीर के जाओ,
तुमने देखा है और आलम में।
× × ×
बेख़ुदी ले गयी कहाँ हमको,
देर से इन्तज़ार है अपना।
× × ×
रहे हम आलमे मस्ती में अक्सर,
रहा कुछ और ही आलम[2] हमारा।

जब ऐसी मस्ती का आलम होता है तब आनन्द का केन्द्र व्यक्ति स्वयं हो जाता है, फिर दूसरे की नाज़बरदारी की तमन्ना नहीं, शक्ति नहीं—

गुल ने बहुत कहा कि चमन से न जाइए,
गुलगश्त को जो आइए, आँखों पै आइए।
मैं बेदिमाग़ करके तग़ाफुल[3] चला गया,
वह दिल कहाँ कि नाज़ किसू के उठाइए।

मस्ती का आलम जब होता था तब अपने में ऐसे डूबते थे कि कौन आया, कौन गया इसकी ख़बर भी न होती थी। उस्ताद ज़ौक़ एक अवस्था-प्राप्त व्यक्ति से कहते थे कि "एक दिन मीर साहब के पास मैं गया। जाड़े के अन्तिम दिन थे, वसन्तागन का ज़माना। देखा कि वह टहल रहे हैं; उदास हैं और रह-रहकर यह मिसरा पढ़ते हैं—

"अब के दिन भी बहार के यों ही गुज़र गये।"

मैं सलाम करके बैठ गया, थोड़ी देर बाद उठा और सलाम करके चला आया। मीर साहब को ख़बर भी न हुई, वह जिस ध्यान में पहले निमग्न थे, उसी में निमग्न रहे। उनकी भाव-भंगिमा से विदग्धता और वेदना फूटी पड़ती थी।"*

---

1. दूसरी दुनिया। 2. हाल। 3. उपेक्षा।

* आबे हयात : मोहम्मद हुसैन 'आज़ाद'।

कभी ऐसा होता था कि महीनों बीत गये, अपने में ऐसे डूबते कि इर्द-गिर्द क्या है, क्या हो रहा है, इसकी भी कुछ ख़बर न लगती थी। एक कथा है कि मीर साहब को बहुत कष्ट में देखकर लखनऊ के एक नवाब इन्हें बाल-बच्चों के साथ अपने घर ले गये और महल का एक भाग रहने के लिए दे दिया। बैठक में एक तरफ़ की खिड़कियाँ बन्द थीं; उनके सामने ही एक सुरम्य उद्यान थ। नवाब ने वह हिस्सा इसलिए दिया था कि बाग़ से इनका दिल बहले, मनोरंजन हो पर अर्सा बीत गया; खिड़कियाँ वैसे ही बन्द पड़ी रहीं। मीर साहब ने कभी खोलकर वाटिका की ओर नहीं देखा। एक दिन उनके एक मित्र उनसे मिले आये। उन्होंने कहा कि "इधर बाग़ है, खिड़कियाँ खोलकर क्यों नहीं बैठते?" उन्होंने कहा—"इसीलिए नवाब साहब यहाँ लाए हैं कि जी बहलता रहे और मन प्रसन्न हो।" मीर साहब के फटे-पुराने मसविदे ग़ज़लों के पड़े थे, उनकी ओर संकेत करके कहा—'मैं तो इस बाग़ में ऐसा लगा हूँ कि दूसरे बाग़ की मुझे ख़बर नहीं।"

क्या तल्लीनता है! बरसों बीत जाएँ, सामने वाटिका हो किन्तु खिड़की तक न खुले!

× × ×

यौवनकाल में तो प्रेम की अग्नि इनमें ऐसी प्रज्वलित हुई कि उसी में जलते थे और मज़े लेते थे। आँखों में आँसू, बाल बिखरे, आत्मविस्मृत, खोये-खोये से, घुलकर पीले पड़ रहे। ये चित्र भी इनके काव्य में प्राय: मिल जाते हैं—

क्या मीर है यही जो तेरे दर[1] पे था खड़ा।
नमनाक चश्मों[2] ख़ुश्क लब[3] व रंग ज़र्द[4] सा?

और यह भी—

हमेशा चश्म है नमनाक हाथ दिल पर है
ख़ुदा किसूको न हम-सा भी दर्दमन्द करे।

और यह नाज़ुक मिज़ाजी भी साथ लगी है—

नाज़ुकमिज़ाज आप क़यामत हैं मीरजी,
जूँ शीशा मेरे मुँह न लगो मैं नशे में हूँ।

इनका काव्य इनकी गहरी वेदना की अभिव्यक्ति मात्र है। वह काव्य क्या है, एक परदा है, जिसके पीछे सिसकते दिल की आवाज़ है, जिसके पीछे आरज़ूओं और तमन्नाओं की दुनिया है। ख़ुद कहते हैं—

---

1. द्वार 2. भीगी आँखें 3. सूखे ओठ 4. पीला रंग।

किया था शेर को परदा सुख़न का
वही आख़िर को ठहरा फ़न हमारा।

× × ×

इस परदे में ग़मे-दिल कहता है मीर अपना,
क्या शेरो-शायरी है यारो शुआरे आशिक़।

× × ×

कब और ग़ज़ल कहता मैं इस ज़मी में लेकिन,
परदे में मुझे अपना अहवाल सुनाना था।

'परदे में मुझे अपना अहवाल सुनाना था'—इसी बात को एक दूसरी जगह ख़ुद ही हैरत करते हुए हज़रत फ़र्माते हैं—

एक आफ़ते ज़माँ है यह 'मीर' इश्क़-पेशा,
परदे में सारे मतलब अपने अदा करे है।

'मीर' जैसे लोगों के सामने स्फूर्ति के कोई साधन न रह गये थे; सब तरफ़ निराशा की स्थिति थी; कोई ऐसी चीज़ न थी कि जीवन की थकी रुदनशील शक्तियाँ उसका सहारा लेतीं। बस यही प्रेम की वेदना थी जो उन्हें किसी तरह जिलाये हुए थी। जीवन कभी बेहोश होता, कभी बेहोशी में ही आँखें खोल देता,, दो शब्द रोगी के मुँह से निकलते—पर प्रेम अपनी थपकियों से उसे पोषण देता रहता और यह प्रेम उच्च्च भूमिकाओं पर उठानेवाला प्रेम था। इसमें भोग उतना न था जितनी आराधना थी; आराधना जो मानव को उठाकर देवत्व के शीर्ष स्थान पर रख देती है। कहते हैं—

परस्तिश की याँ तक कि ऐ बुत तुझे,
नज़र में सबों की ख़ुदा कर चले।

ऐ बुत, ऐ मूर्ति, तेरी इतनी उपासना की है कि सबकी नज़र में तुझे ख़ुदा बना दिया है।

यह कल्पना नहीं, जीवन का सत्य है। मानव-प्रेम से भी साधक सर्वोच्च्च ईश्वरीय प्रेम तक पहुँच सकता है। यदि इसका तात्त्विक विवेचन करें तो ज्ञात होगा कि दो व्यक्तियों में जब जीव-साम्य के कारण आकर्षण होता है तब प्रेमोदय होता है। प्रेमारम्भ में प्रेमी एवं प्रियतम दोनों को इस प्रेरणा का विशेष ज्ञान नहीं होता; पर भीतर ही भीतर एक आग सुलग उठती है। फिर एक स्थिति आती है जिसे पूर्वानुराग कहते हैं। धीरे-धीरे चित्र में विदग्धता आने लगती है। किसी को देखने की, किसी की बात सुनने

की इच्छा लगी रहती है। दिल बेचैन-सा रहता है। छाती जलती है पर पता नहीं चलता कि यह क्या है? 'मीर' भी इस आग के शिकार हैं—

छाती जला करे है सोज़े दरुँ[1] बला से
एक आग-सी लगी है, क्या जानिए कि क्या है?

यह प्रेम का पूर्वाभास है। इसके लक्षणें की झलक 'मीर' के इस शेर में भी है—

हम तौरे इश्क़[2] से तो वाक़िफ़[3] नहीं हैं, लेकिन,
सीने में जैसे कोई दिल को मला करे है।

एक दूसरे कवित 'शेफ़्ता' ने भी कहा है—

शायद इसी का नाम मुहब्बत है शेफ़्ता,
इक़ आग-सी है दिल में हमारे लगी हुई।

पूर्वावस्था में यही होता है। उस समय कोई 'सीने में दिल को मला करता है।' फिर प्रेम अधिकाधिक गम्भीर होता जाता है, यहाँ तक कि वह पूर्ण प्रणय में परिवर्तित हो जाता है। इसके बाद प्रेमी प्रियतम के ध्यान में इतनी तल्लीनता प्राप्त करता है कि आँख खोलने पर इधर-उधर चारों ओर वह मिनटों तक उसकी छवि देखता है। यही अवस्था प्रेम-मार्ग की सच्ची सीढ़ी है।

उपर्युक्त अवस्था जिस समय और भी विकसित होती है, उस समय मिनटों की जगह घंटों तक सब वस्तुएँ अपने प्यारे के रूप में दीख पड़ने लगती हैं, किन्तु अभी तक उसकी इच्छा विशेष रूप से प्रियतम को देखने की होती है। बहुत कुछ इसी भावना की झलक 'मीर' के इन शेरों में है—

यकजा अटक के रहता है दिल हमारा वर्ना
सबमें वही हक़ीक़त[4] दिखलाई दे रही है।

× × ×

रहते हो तुम आँखों में फिरते हो तुम्हीं दिल में
मुद्दत से अगर्चे याँ आते हो न जाते हो।

यही संलग्नता मुक्ति अथव विश्व-प्रेम का प्रारम्भिक रूप है। इसके बाद वह अवस्था होती है जिसे कवि 'प्रसाद' 'प्रियतम यह विश्व निरखना' कहते हैं।

---

1. आन्तरिक जलन, 2. प्रेम के ढंग, तरीक़े, 3. अभिज्ञ, परिचित, 4. सत्य, ईश्वरत्व।

वेदना की ज्वलन्त अवस्था में हृदय की, अपनी, बेचैनी का मीर ने जो ज़िक्र किया है, उसमें करुणा की सीमा है। वह दुश्मनों से भी प्रार्थना करते हैं कि वे मेरे प्रियतम से मिलने के लिए दुआ करें—

यह इज़्तिराब[1] देख कि अब दुश्मनों से भी
कहता हूँ उसके मिलने की कुछ तुम दुआ करो।

वह बेचैनी है, वह दर्द है कि मरने के बाद भी हसरतें सिर पटकती हैं—

हसरतें उसकी सिर पटकती हैं,
मर्गे-फ़रहाद[2] क्या किया तूने?

दिल का हाल पूछने पर वह कुछ कह नहीं पाता। वेदना उस सीमा पर है जब वाणी का लोप हो जाता है। पूछने पर उत्तर मिलता नहीं, रक्त की एक बूँद टपक पड़ती है। क्या शेर है—

आँखों से पूछा हाल दिल का
एक बूँद टपक पड़ी लहू की।

वेदना को छिपाने का भी ख़याल है। प्रेम की बदनामी न हो इसलिए आँखों में भरे आँसुओं को रोक रखने की पूरी चेष्टा है। वेदना और दुःख में भी कितना नियन्त्रण है—

पासे नामूसे-इश्क़[3] था वर्ना
कितने आँसू पलक तक आये थे।

मतलब उनका प्रेम बाज़ारू प्रेम नहीं है; वह मानव की अन्तःसंस्कृति से पूर्ण है। इसमें गिरावट पर एक रोक, एक ठहराव, एक नियन्त्रण है।

अक्सर कवियों, शायरों में चरित्र की, आचरण की बन्दिश नहीं होती; वे निर्बन्ध होने में अपना वैशिष्ट्य मानते हैं। 'मीर' की मानसिक पार्श्व-भूमि में कवि के लिए पहले इनसान की भूमिका का निर्वाह करना आवश्यक है। उनके निकट मानवता की ही श्रेष्ठ अभिव्यक्ति काव्य रूप में सामने आती है, इसलिए 'मीर' इन्सान को बड़ा महत्त्व देते हैं। इनसान देवता से भी बड़ा है। महाभारतकार कहते हैं—'मनुष्य से बड़ा कुछ नहीं है।' मीर भी मानवीय श्रेष्ठता के सम्बन्ध में कहते हैं—

---

1. बेचैनी, व्याकुलता।
2. फरहाद की मृत्यु। फ़रहाद फ़ारस का प्रसिद्ध प्रेमी था जिसने प्रियतमा शीरीं के लिए सर्वस्वार्पण किया था।
3. प्रेम की बदनामी का ख़याल।

मत सहल हमें जानो फिरता है फ़लक[1] बरसों
तब ख़ाक के परदे से इनसान निकलते हैं।

फिर कहते हैं—

मरता हूँ मैं तो आदमे ख़ाकी की शान पर
अल्लाह रे दिमाग़ कि है आसमान पर।

बड़ी चुनौती के साथ, आदमी के रुतबे को सबके ऊपर रखकर, कहते हैं—

इलाही कैसे होते हैं जिन्हें है बंदगी ख़ाहिश
हमें तो शर्म दामनगीर होती है ख़ुदा होते।

क्या ख़ूब शेर है! वे न जाने कैसे होते हैं जिन्हें अभिलाषा है कि लोग हमारी बन्दगी करें—उपासना करें, हमारे सामने झुकें। भई, यहाँ तो ख़ुदा होते लज्जा दामन पकड़ लेती है।

संसार की शोभा आदमी से ही है—

आदमें ख़ाकी आलम को जिला[2] है वर्ना।
आईना था तो मगर क़ाबिले[3] दीदार न था।
× × ×
बरसों लगी रही हैं जब मेह्रोमह[4] से आँखें
तब कोई हमसा साहब साहब-नज़र[5] बने है।

इधर इनसान और ज़िन्दगी का यह वैभव, यह ऐश्वर्य, यह महत्ता उनकी दृष्टि में है, उधर संसार की असारता भी उनके दिल में खुभी हुई है। यहाँ विश्राम नहीं, केवल चलना है। हिन्दी के अमर कवि 'प्रसाद' ने अपने 'प्रेमपथिक' में कहा है—

इस पथ का उद्देश्य नहीं है श्रान्त भवन में टिक रहना
किन्तु पहुँचना उस सीमा पर जिसके आगे राह नहीं।

पर मीर का कहना है कि यह दुनिया मंजिल नहीं है, यहाँ टिकने की आशा या चेष्टा न कर, यह राह है, किसी और की। कुछ इसी ज़मीन पर, पर दूसरी कैफ़ियत में, मैंने अपनी एक ग़ज़ल में कहा—

वही पथ हूँ स्वयं चलने लगा जो मेरे चलने से,
जो ख़ुद चलने लगी मंज़िल वही मैं एक मंज़िल हूँ।

1. आकाश 2. शोभा, आभा 3. देखने योग्य। 4. सूर्य-चन्द्र 5. आँखवाला।

मीर कहते हैं—

ये मंज़िल नहीं, बेख़बर, राह है।

वह मृत्यु को थकावट की, विश्राम की एक अवधि मात्र मानते हैं, मरकर फिर आगे चलना ही है, जैसे मुसाफ़िर ज़रा दम लेकर चलता है—

मर्ग एक माँदगी का वक़्फ़ा है,
यानी आगे चलेंगे दम लेकर।

एक जगह और कहते हैं कि उम्र बिताते-बिताते हम थक गये हैं। इसलिए मृत्यु का अन्तर आ जाना ज़रूरी है।

मीर के काव्य की मानसिक पृष्ठभूमि में मुख्य प्रवृत्ति है। इस प्रेम में भी गहरी वेदनाशीलता, गहरी दर्दमन्दी का आलम है। इसी से उनमें एक छटपटाहट, एक बचैनी है, बेचैनी जो बँधे समुद्र की तरह तड़पती है पर बाँध को तोड़ नहीं पाती। डॉ. फ़ारूक़ी ने बहुत ठीक लिखा है कि "वह तिश्नगी[1], वह बेचैनी, वह वालिहाना[2] सुपुर्दगी[3], वह ज़ब्तोनज़्म[4], वह क़यामत[5] का-सा हंगामा[6] और वह आग की-सी लपट जो इनके कलाम[7] में है उसके हक़ीक़ी असबाब[8] इनकी ज़िन्दगी और नफ़्सयानी[9] हक़ायक़ में ही मिल सकते हैं।"

उन्होंने ज़िन्दगी में कितनी कठिनाइयाँ झेलीं, कितने संकट उठाये, कितनी निराशाओं का सामना किया, पर कभी पीठ न दिखायी। जब कोई मित्र नहीं, हितैषी नहीं, तब भी इनकी यात्रा बन्द नहीं हुई। एक अजीब दृढ़ता और अपना भरोसा उन्हें सदा रहा। उनमें जो आत्म-विश्वास, हम देखते हैं वह इसीलिए है। आँधियाँ चल रही हैं, बिजलियाँ कड़कती हैं, बादल जल-थल एक करते हैं; अँधेरा दुनिया को निगल जाने को फैलता है कि फैलता है पर यह है कि अपना गर्वोन्नत मस्तक उठाये चले जा रहे हैं और चले जा रहे हैं। एक ओर संसार की असारता का अनुभव, दूसरी ओर अपने पाँव पर खड़े होने का संकल्प, एक ओर निराशा, दूसरी ओर विश्वास, एक और व्यथातुरता दूसरी ओर ज़िन्दगी की पूजा, एक ओर शोर, दूसरी ओर एकान्त नीरवता, एक ओर लपट और दूसरी ओर बर्फ़ानी आरवरण,—और इन द्वन्द्वों के बीच अपनी ही शक्ति की छाया में उनकी जीवन-यात्रा! क्या यह महत् नहीं है? वह कहते हैं—

1. प्यास 2. मुग्धतापूर्ण 3. समर्पण 4. नियन्त्रण और व्यवस्था 5. प्रलय 6. शोर 7. काव्य 8. वास्तविक कारण 9. मानसिक।

अपना ही हाथ सर पे रहा अपने याँ सदा
मुश्फ़िक़[1] कोई नहीं है, कोई महरबाँ[2] नहीं।

इन्होंने प्रेम को समझा है, प्रेम किया है, प्रेम की बेचैनी और तड़प के ऐसे चित्र दिये हैं कि दिल भर आता है, करुणा उमड़ती है; एक बेख़ुदी जिसका दिल दर्द से चीख़-चीख़ उठता है। खोये-खोये हैं, न जाने कहाँ हैं; न जाने कहाँ दिल है, न जाने कहाँ आँखें हैं, न जाने कहाँ ध्यान है। कहते हैं—

गह आप में नहीं हो, गह मुन्तज़िर[3] कहीं हो,
यह मीर जी तुम्हारा इन रोज़ों हाल क्या है?

अपनी बेज़ुबाँ दर्दमन्दी, अपनी अबोली व्यथा को किस करुण रूप में व्यक्त करते हैं—

आबले की सी तरह टीस लगी, फूट बही,
दर्द मन्दी में गयी सारी जवानी इसकी।

और इस अबोली व्यथा की गहराई देखिए—

जब नाम तेरा लीजिए तब चश्म भर आवे,
इस ज़िन्दगी करने को कहाँ से जिगर आवे?
× × ×
हमरे आगे तेरा जब किसी ने नाम लिया।
तो दिल सितमज़दा को मैंने थाम-थाम लिया।।

और उधर शोख़ी और शरारत का यह हाल है कि तुम्हारा रोना सुनने को तैयार नहीं—

एक शख़्स मुझी-सा था कि था तुझसे पै आशिक़,
वह उसकी वफ़ा[4] पेशगी वह उसकी जवानी।
यह कहके जो रोया तो लगा कहने, न कह 'मीर',
सुनता नहीं मैं ज़ुल्मरसीदों[5] की कहानी।।

इस प्रकार दिल में अभिलाषाओं का सागर है पर ओठ बन्द हैं। इनका प्रियतम एक नीरव-व्यथा बनकर इनके जीवन में समा गया है। उसकी आरज़ू, उसकी उपस्थिति, उसका तसव्वुर ही इनके दिल का मरहम है। इस दर्द के स्वाद के आगे सब कुछ निरर्थक है, तुच्छ है। तुम हो तो सब है, तुम्हारी कामना है तो सब सुख है—

1. मित्र, 2. कृपालु, 3. प्रतीक्षा में, 4. निष्ठा, 5. अत्याचार-पीड़ितों।

मौसिमे अब्र[1] हो सुबू[2] भी हो,
गुल हो, गुलशन[3] हो और तू भी हो।
दिल तमन्नताकदा[4] तो है पर 'मीर',
हो तो उसकी ही आरज़ू भी हो।

पर इन आरज़ूओं पर भी बन्दिश है—

आरज़ूएँ हज़ार रखते हैं,
तिसपे हम दिल को मार रखते हैं।

इस प्रकार हम देखते हैं कि इनके काव्य की पार्श्वभूमि में प्रेम की अनेक छायाएँ चल-फिर रही हैं। प्रेम में व्यापकता है; वह हर रंग और रूप में प्रकट है। दिलों में बाढ़ का आलम भी है और भाटे की, उतार की शान्ति भी है; जिन विपत्तियों में जीये और जिन कठिनाइयों थे पले-बढ़े उनकी झलक है। गहरी वेदनाओं को कलेजे से चिपटाए हुए हैं यह वेदना उनके जीवन का आधार है, कोई बिक्री या सौदे की चीज़ नहीं। जिसको प्यार किया, ख़ूब किया । इश्क़ में हज़ार-हज़ार अभिलाषाएँ उठती हैं पर वे अबोली, दर्द में डूबी रह जाती हैं। सनातन विरह का वातावरण इन पर यों छा गया है कि मिलन में भी विरह का रस समा गया है। इसीलिए उनके काव्य में जहाँ उनके हृदयों की धड़कनें सुनाई पड़ती हैं; उसमें सैकड़ों प्राणों की आशा, सैकड़ों नयनों की निराशा, सैकड़ों ओठों की प्यास और मिठास है; ज़िन्दगियाँ जादू से उठती हैं,—रोती हैं और उठती हैं, तड़पती हैं और उठती हैं,—एक नीरव, अबोली साधना अपनी खामोशी में भी बोल-बोल उठती है; वे बोल जो दिलों में अमृत की गंगा बहा देते हैं।

1. बादल, 2. मद्यभांड, 3. उद्यान, 5. अभिलषित।

मीर : काव्य का कला-पक्ष

उर्दू काव्य में विभिन्न शायरों में विभिन्न गुण मिलते हैं। किसी में भाषा पांडित्य है, किसी में कल्पना की तेज़ उड़ान है, किसी में अर्थ-गाम्भीर्य है, किसी में कहने का ढंग है, किसी में प्रसादगुण है, किसी में गहरी अनुभूति है, किसी में अलंकृत शैली की बहार है पर मीर हैं कि इनमें अनेक गुणों एवं विशेषताओं का भंडार है। निम्नलिखित मुख्य विशेषताएँ इनमें पाई जाती हैं—

1. प्रसाद गुण; भाषा का जादू, सादगी। (ज़बान की सेहरकारी)
2. कहने का ढंग (तर्ज़े-बयाँ)
3. विलक्षणता (नुदरत)
4. व्यथातुरता
5. चित्रकारी वा चित्रात्मकता
6. व्यक्तिगत अनुभूति का साधारणीकरण
7. शिष्टता
8. शब्द और धर्म का सन्तुलन (अलफ़ाज़ व मानी का तवाजुन)
9. थोड़े में बहुत कहना : गागर में सागर भरना
10. रचना की क्रमबद्धता
11. मुहावरों का सुन्दर प्रयोग
12. व्यंग्य
13. उपमाएँ और रूपक
14. संगीतात्मकता
15. फ़ारसी उक्तियों का अनुकरण
16. देशज शब्दों का प्रयोग : भारतीयता
17. काव्य-दृष्टि
18. रहस्यात्मकता : तसव्वुफ़ का प्रभाव

19. तत्त्वज्ञान
20. विविध विशेषताएँ।

प्रसाद गुण :

मीर का काव्य सर्वत्र प्रसादगुण से पूर्ण है। यह प्रसादगुण न केवल भावों-को लेकर है बल्कि भाषा में भी है। भाषा की सरलता तो कहीं-कहीं कमाल की है, जैसे बातें करते हों। मसलन—

कुछ करो फ़िक्र मुझ दीवाने की,
धूम है फिर बहार आने की।
कहते हैं डूबते उछलते हैं,
डूबे ऐसे कोई निकलते हैं।

× × ×

आह जो हमदमी[1] सी करती है।
अब तो वह भी कमी-सी करती है।

× × ×

शाम से कुछ बुझा-सा रहता है,
दिल हुआ है चिराग़ मुफ़लिस[2] का।

× × ×

फोड़ा-सा सारी रात जो पकता रहेगा दिल,
तो सुबह तक तो हाथ लगाया न जाएगा।

× × ×

हम फ़क़ीरों से बेअदाई क्या,
आन बैठे जो तुमने प्यार किया।

× × ×

अश्क[3] आँखों में कब नहीं आता,
लहू आता है जब नहीं आता।
होश जाता नहीं रहा लेकिन,
जब वह आता है तब नहीं आता।

× × ×

दिल मुझे उस गली में ले जाकर,
और भी ख़ाक में मिला लाया।

---

1. साथ देना, सख्य। 2. दीन। 3. आँसू।

इब्तिदा[1] ही में मर गये सब यार,
इश्क़ की कौन इन्तिहा[2] लाया।

× × ×

बेख़ुदी ले गयी कहाँ हमको,
देर से इन्तज़ार है अपना।
रोते-फिरते हैं सारी-सारी रात,
अब यही रोज़गार है अपना।
देके दिल हम जो हो गये मजबूर,
इसमें क्या इख़्तियार है अपना।
जिसको तुम आसमान कहते हो,
सो दिलों का ग़ुबार है अपना।

× × ×

हमने अपनी-सी की बहुत लेकिन,
मर्ज़े - इश्क़ का इलाज नहीं।

× × ×

क्या है देखो हो जो उधर हरदम,
और चितवन में प्यार-सा है कुछ।

इस प्रकार की सीधी-सादी बातों से उनका काव्य भरा हुआ है।

कहने का ढंग (तर्ज़ेबयाँ) :

केवल भाषा की सादगी से कोई विशेषता नहीं आती। ऐसी सादगी मीर के समकालिक अनेक शायरों में थोड़ी-बहुत पाई जाती है। असल चीज़ है कहने का ढंग तथा उसकी नवीनता। मीर में दोनों बातें हैं। जैसे इनकी भाषा सरल और सुलझी हुई है वैसा ही इनके कहने का ढंग ख़ूब है। जैसे देखने-देखने में एक बात पैदा हो जाती है, वैसे ही कहने-कहने में भी अजब असर हो जाता है। हाफ़िज़ की भाँति इनकी ग़ज़लें जो दिल में चुभती हैं उसका एक कारण यह भी है कि यह शायर बनकर नहीं, प्रेमी बनकर बोलते हैं। इससे उसमें अपने-आप एक असर पैदा हो जाता है और बिना प्रयत्न के ही काव्य का कला-पक्ष निखर उठता है। वैसे अलग-अलग देखने पर कोई विशेष बात मालूम नहीं होती फिर भी—

क्या जानूँ दिल को खींचे हैं क्यों शेर मीर के!

---

1. आरम्भ 2. अन्त।

उर्दू काव्य का प्रेमी विरह में पागल होता है तब कपड़े फाड़ता है; गला फाड़ता है। यह ऐसी बात है जिसे अनेक प्रकार से अनेक कवियों ने कहा है। एक पिटा-पिटा या मज़मून है जिसे लोग बराबर कहते आये और आज भी कहते जा रहे हैं। ऐसी ज़मीन पर मीर को चलना है, वह कहते हैं—

अब के जूनूँ में फ़ासला शायद न कुछ रहे,
दामन के चाक और गरेबाँ के चाक में।

मतलब इतना ही है कि अबके पागलपन का जो दौरा होगा उसमें दामन (आँचल-छोर) के चाक और गले के चाक में कोई फ़ासला न रह जाय यानी पूरा पागलपन का दृश्य दिखाई देगा। कोई ख़ास बात नहीं पर कहने का ढंग ऐसा है कि उसने बात में बात पैदा कर दी है। मौलाना हाली ने अपने 'दीवान'[1] के मुक़दमे[2] में इस शेर का ज़िक्र करते हुए एक घटना का वर्णन किया है जिससे मीर के काव्य की विशेषताओं पर प्रकाश पड़ता है। वह लिखते हैं—

"मौलाना 'आज़ुर्दा' के मकान पर, उनके चन्द अहबाब[3], जिनमें 'मोमिन' और 'शेफ़्ता' भी थे, एक रोज़ जमा थे। मीर का यह शेर पढ़ा गया। शेर की बेइन्तिहा[4] तारीफ़[5] हुई और सबको यह ख़याल हुआ कि इस क़ाफिये को हर शख़्स अपने-अपने सलीक़े[6] और फ़िक्र[7] के मुआफ़िक़[8] बाँधकर दिखाए। सब क़लम, दवात और काग़ज़ लेकर अलग-अलग बैठ गये और फ़िक्र करने लगे। इसी वक़्त एक और दोस्त वारिद[9] हुए। मौलाना से पूछा कि हज़रत किस फ़िक्र में बैठे हैं? मौलाना ने कहा—"कुल-हो-अल्ला-हो अहद का[10] जवाब लिख रहा हूँ।"

इसके बाद मौलाना हाली ख़ुद अपनी राय प्रकट करते हैं—

"ज़ाहिर[11] है कि जोशेजनूँ[12] में गरेबाँ या दामन या दोनों को चाक करना एक निहायत मुबतज़िल[13] और पामाल[14] मज़मून[15] है जिसको क़दीम[16] ज़माने से लोग बराबर बाँधते चले आये हैं। ऐसे चिथेड़े हुए मज़मून को मीर ने बावजूद ग़ायत[17] दर्जे की सादगी के एक ऐसे अछूते, निराले और दिलकश[18] असलूब[19] में बयान किया है कि इससे बेहतर असलूब तसव्वुर में नहीं आ सकता। इस असलूब में बड़ी ख़ूबी यही है कि सीधा-सादा है, नेचुरल[20] है ओर बावजूद इसके बिलकुल अनोखा है।"

हैरते-रुए-गुल से मुर्ग़-चमन
चुप है यों, बेज़बान है गोया।

फूल के, गुलाब के मुख पर व्यक्त हैरत से, आश्चर्य से चमन का पक्षी यों चुप है जैसे बेज़बान हो।

---

1. गज़लों का संकलन। 2. भूमिका, प्रस्तावना। 3. मित्र (बहुवचन) 4. असीम 5. प्रशंसा 6. ढंग 7. कल्पना 8. अनुकूल 9. प्रविष्ट 10. कुरानी की सूरत 'कह कि अल्लाह एक है'। 11. प्रकट है। 12. पागलपन की तेज़ी, 13. अधम, निम्न, 14. पददलित, 15. विषय, 16. प्राचीन, 17. हद। 18. चित्ताकर्षक 19. अभिव्यक्ति, प्रकट करने का ढंग। 20. स्वाभाविक।

कहा मैंने कितना है गुल का सबात[1]
कली ने यह सुनकर तबस्सुम[2] किया।
जिगर में ही एक क़तरा[3] ख़ूँ है सरश्क[4],
पलक तक गया तो तलातुम[5] किया।

× × ×

दावा किया था गुल ने तेरे रुख़ से बाग़ में,
सेली[6] लगी सबा की सो मुँह लाल हो गया।

गुल (गुलाब) लाल होता है उससे प्रियतमा के कपोल या चेहरे की उपमा दी जाती है उसी गुल के लाल रंग पर 'मीर' मज़मून बाँधते हैं। क्यों है यह लाल रंग? कहते हैं कि उद्यान में गुलाब ने तेरे मुँह से बराबरी का दावा किया था। इस पर प्रभाती ने ऐसा तमाचा मारा कि उसका मुँह लाल हो गया।

विलक्षणता :

काव्य के कला-सौन्दर्य में विलक्षणता का स्थान बहुत ऊँचा है। जिन बातों को हम रोज़ देखते-सुनते हैं, उन्हीं को कवि एक विलक्षण रूप में हमारे सामने उपस्थित करता है। मीर के काव्य में ऐसे शेरों का बाहुल्य है जो यूँ साधारण हैं पर अपनी विलक्षणता के कारण श्रेष्ठ काव्य-भूमि पर उठ गये हैं।

कहते हो, इत्तिहाद[7] है हमको,
हाँ, कहो एतमाद[8] है हमको।

× × ×

बेकली, बेख़ुदी कुछ आज नहीं,
एक मुद्दत से वह मिज़ाज नहीं।

विरह में सब रोते हैं; आँसू गिराते हैं पर यह नियन्त्रण, यह ठहराव देखिए—

पासे नामूसे-इश्क़[9] था वर्ना
कितने आँसू पलक तक आये थे।

× × ×

दिल किस क़दर शिकस्ता हुआ था कि रात मीर,
जो बात लब पै आयी, वह फ़रियाद हो गयी।

एक समय हम आग थे, तप रहे थे। अब ख़ाक हैं; मिट्टी में मिल गये हैं। वह आरम्भ था, यह अन्त है। (याद रहे कि हर आग अन्त में राख—ख़ाक हो जाती है)। इस प्रकार प्रेम में अपने मिटने के गौरव को, अत्यन्त दर्दभरे ढंग से, प्रदर्शित किया है—

---

1. स्थिरता, 2. मुसकराहट, 3. बूँद, 4. अश्रुबिन्दु, 5. बाढ़, 6. तमाचा, 7. मैत्री, लगाव, 8. भरोसा, विश्वास, 9. प्रेम की बदनामी का ख़याल।

आग थे इब्तिदाए इश्क़ में हम,
अब जो हैं ख़ाक इन्तिहा है यह।

पतंग ने, प्रेमी ने, न जाने क्या निवेदन किया कि शमा, सुबह तक सिर धुनती रही। निवेदन का विलक्षण प्रभाव है—

सुबह तक शमा सिर को धुनती रही,
क्या पतंगे ने इल्तिमास किया।

प्रेम की चोट को छिपाने की विवशता का वर्णन करते हैं—

हाय उस ज़ख़्मिए-शमशीरे-मुहब्बत[1] का जिगर,
दर्द को अपने जो नाचार छिपा रखता हो।

उस प्रेम की तलवार के घायल हृदय की क्या कहें जो विवश होकर अपनी वेदना को छिपा ले।

व्यथातुरता :

मैं पहले भी लिख चुका हूँ कि व्यथातुरता से तो इनका सम्पूर्ण काव्य ही ओत-प्रोत है। कुछ ऐसे दर्द के साथ यह अपनी बात कहते हैं कि कलेजा मुँह को आता है। इनके दयार से ऐसे व्यथातुर आवाज़ आती है, मानों हज़ारों हसरतें गले मिलकर रो रही हों; दिलों को छूनेवाली एक आवाज़ दिमाग़ को बेचैन कर देने वाली आवाज़, यह आवाज़ जो उठती है तो सब पर छा जाती है, जैसे आँसुओं की घटा हो, जो मन के आकाश पर सदा के लिए छा गयी हो। बेचैनी का यह हाल है कि दुश्मनों से कहते फिरते हैं कि अब तुम लोग उससे मिलन के लिए आशीर्वाद दो, प्रार्थना करो।

यह इज़तिराब[2] देख कि अब दुश्मनों से भी,
कहता हूँ, उससे मिलने की अब तुम दुआ करो।

फ़रहाद, शीरीं के प्रेम में अपना काम करता ही रहा कि मौत ने उसे दुनिया के परदे से उठा दिया। अब उसकी अधूरी लालसाएँ, उसके बाद, अपना सिर धुन रही हैं।

हसरतें उसकी सिर पटकती हैं,
मर्गे-फ़रहाद[3] क्या किया तूने?

---

1. प्रेम की तलवार का घायल 2. बचैनी 3. फ़रहाद की मृत्यु।

मुँह से तो वह बोलते नहीं, पर आँखों के इशारे से दिल का हाल पूछ लिया करते हैं। व्यथा अन्तर को यों कुरेद रही है कि इस बार जो आँखों से दिल का हाल पूछा तो रक्त की एक बूँद टपक पड़ी!

कहीं भी तुम्हारा नाम आ जाता है, या मुझे ही याद आ जाती है, तब आँखें भर आती हैं। इतनी व्यथा अब कब तक सहूँगा; जीने के लिए कहाँ से पत्थर का कलेजा लाऊँ? जब कोई तुम्हारा नाम लेता है तो दिल को थाम-थाम लेता हूँ।

जब नाम तेरा लीजिए तब चश्म[1] भर आवे
इस ज़िन्दगी करने को कहाँ से जिगर आवे?
हमारे आगे तेरा जब किसूने नाम लिया।
तो दिल सितमज़दह को हमने थाम-थाम लिया।।

कभी-कभी हम निराशाभरी दृष्टि तुम पर डाल लेते थे; उतना ही हमारा सुख था पर अब देखता हूँ कि तुम मुझसे मुँह भी छिपाकर चले जा रहे हो, यह क्या बात है?

कोई नाउम्मीदाना करते निगाह,
सो तुम हमसे मुँह भी छिपाकर चले।

बहार आयी है। कलियाँ मुसकरायी हैं; फूल खिले हैं; डालियाँ सिजदे में झुक गयी हैं; सुरभित वायु दिलों को गुदगुदाती है पर उस ग़रीब पंखी का क्या, जो क़फ़स (पिंजरे) में पड़ा, तड़प रहा है। कभी उम्मीद थी कि छूट-छी कर अपने घोंसले तक पहुँचेंगे किन्तु अब तो पंख भी गिर गये, रिहाई की कोई उम्मीद नहीं रह गयी—

बालो पर भी गये बहार के साथ,
अब तवक़्क़ू[2] नहीं रिहाई की।

प्रेम की बेचैनी में आँसू निकल ही आते हैं। ऐ उपदेशक! तू रोने को मना करता है पर हमारी विवशता को नहीं देखता—

आजकल बेक़रार हैं हम भी,
बैठ जा चलनेहार हैं हम भी।
मना गिरिया[3] न कर तू ऐ नासेह[4],
इसमें बेइख़्तियार[5] हैं हम भी।

कहते हैं, मनकी अभिलाषा है कि चाहूँ तो सिर्फ़ तुमको चाहूँ, देखूँ तो सिर्फ़ तुम्हें देखूँ। तुम्हीं मेरे दिल की आकांक्षा हो, तुम्हीं मेरी आँखों की अभिलाषा हो—

---

1. आँख, 2. आशा, 3. रोदन, 4. उपदेशक, 5. लाचार।

चाहें तो तुमको चाहें, देखें तो तुमको देखें,
ख़्वाहिश दिलों की तुम हो, आँखों की आरज़ू तुम।

चित्रकारी :

स्वभावत: प्रेम में लज्जा होती है। इसका एक चित्र है—

मीर से पूछा जो मैं आशिक़ हो तुम
होके कुछ चुपके से शरमाये बहुत।

प्रेम के दीवानेपन का एक चित्र है—

कहता था किसू से कुछ तकता थ किसू का मुँह,
कल मीर खड़ा था याँ सच है कि दीवाना था।

जब सौन्दर्य खीझता है, क्रुद्ध होता है तो उसका आकर्षण बढ़ जाता है। वह ग़ुस्से से ओठो में कुछ कह रहे हैं—

ज़ुल्म है क़हर है क़यामत है,
ग़ुस्से में उसके ज़ेरे-लब की बात।

बज़्म-ए—महफ़िल में आमने-सामने पड़ गये हैं। न देखा जाता है, न आँखें ही नीची किये रहा जाता है। इसी अवस्था का चित्र है—

बज़्म में मुँह उधर करें क्योंकर,
और नीची नज़र करें क्योंकर?
यों भी मुश्किल है वो भी मुश्किल है
सर झुकाये गुज़र करें क्योंकर?

शोख़ी और शरारत का एक चित्र है—

मैं कहा देखो इधर टुक तुम तो मैं भी जान दूँ,
हँसके बोले यह तेरी बातें हैं फिर देखेंगे हम।

क्या सही तस्वीर है—

उससे घबरा के जो कुछ कहने पै आ जाता हूँ,
दिल की फिर दिल में लिये चुपके चला जाता हूँ।

अनुभूतियों का साधारणीकरण :

मीर ने बहुत सहा है, बहुत कठिनाइयाँ झेली हैं पर अपनी अनुभूतियों को दूसरों की अनुभूतियों से मिला दिया है। वे उनकी अनुभूतियाँ तो हैं ही लेकिन परिधि से निकलकर वे सबकी अनुभूतियाँ हो गयी हैं। उनकी वेदना, युग-वेदना में समा गयी है। उन्होंने बड़ों-बड़ों को मिटते देखा है; आँखों के सामने सिंहासन उलटते देखे हैं, इसलिए वह ख़ुद अपने को समझते हैं—

ज़ेरे फ़लक[1] भला तू रोये है आपको मीर,
किस-किस तरह का आलम याँ ख़ाक हो गया है।
सर मारना पत्थर से या टुकड़े जिगर करना,
इस इश्क़ की वादी में हर नूअ[2] बसर करना।
हम तौर इश्क़ से तो वाक़िफ़ नहीं हैं लेकिन,
सीने में जैसे कोई दिल को मला करे है।
तकलीफ़ दर्दे-दिल की अब हमनशीं ने ली,
दर्दे सख़ुन ने मेरे सभों को रुला दिया।
या रब! कोई तो वास्ता रगश्तगी का है,
एक इश्क़ भर रहा है ज़मीं-आसमान में।

× × ×

शहाँ कि कहले जवाहर[3] थी ख़ाके पा[4] जिनकी,
उन्हीं की आँखों मे फिरते सलाइयाँ देखीं।

× × ×

शिकवा[5] करूँ हूँ बख़्त[6] का इतने ग़ज़ब न हो बुताँ,
मुझको ख़ुदा न ख़ास्ता तुमसे तो कुछ गिला[7] नहीं।
चश्म सफ़दे व अश्क सुर्ख़[8] आह दिले हज़ीं[9] है याँ,
शीशा[10] नहीं है, मय[11] नहीं, अब्र[12] नहीं, हवा नहीं।

शिष्टता और मानवता :

मीर पर शिष्टता के संस्कार ऐसे पड़े हैं कि शायद ही कभी उनके काव्य में ओछेपन की झलक आयी हो। वह इनसान को, मनुष्य को बहुत ऊँचा स्थान देते हैं, इसलिए

---

1. आकाश के नीचे 2. प्रकार 3. रत्नांजन 4. चरण-धूलि 5. उपालम्भ 6. भाग्य 7. शिकायत 8. लाल आँसू, रक्ताश्रु 9. दुखी दिल 10. आईना, मद्यकी सुराही, दिल 11. मद्य 12. बादल।

कभी नीचे के सतह पर होने में उन्हें ख़ुशी नहीं। वह अपने प्रियतम के दोषों को बहुत सँभालकर कहते हैं। शब्दों के चयन में भी बड़ा ख़याल रखते हैं। मानव की महानता के सम्बन्ध में वह कहते हैं—

मरता हूँ मैं तो आदमे ख़ाकी[1] की शान पर,
अल्लाह रे दिमाग़ कि है आसमान पर।

× × ×

वह लोग तुमने एक ही शोख़ी में खो दिये,
पैदा किये थे चर्ख़ ने[2] जो ख़ाक छानकर।
आदमें ख़ाकी से आलम को जिला[3] है वर्ना,
आईना था तो मगर क़ाबिले दीदार न था।

शब्द और अर्थ का सन्तुलन :

उर्दू शायरी में यह गुण बहुत कम पाया जाता है। इसमें शब्दों का चुनाव गर्भित अर्थ के वातावरण के अनुकूल होता है। काव्य-कला का यह बड़ा दुष्कर पक्ष है। इसमें समानार्थी दूसरे शब्द रख देने से वह सौन्दर्य, वह मज़ा नहीं रह जाता। पैनी दृष्टि और शब्दों के ध्वन्यात्मक ज्ञान से कवि में यह गुण आता है। नवाब मिर्ज़ा जाफ़र अली ख़ाँ 'असर' अपनी पुस्तक 'मज़ामीर' में इस विषय में मीर की विशेषताओं की चर्चा करते हुए लिखते हैं—''मग़रबी शायरी[4] में यह सनअत[5] सिर्फ़ हवास ज़ाहरी[6] के मुशाहदात[7] के फ़र्ज़[8] को पूरा करती है; मसलन दरिया की रवानी,...यह बात नहीं कि सौत[9] या नशस्ते अलफ़ाज़[10] किसी ज़ज्बे[11] या क़लबी वारदात की पेशख़ानी[12] करे। यह मीर के कमालेफ़न[13] का मोजिज़ा[14] है कि उसने उर्दू शायरी में, जिस पर सख़्त क़यूद[15] आयद[16] हैं... वह ख़ूबियाँ पैदा कर दी हैं जो मग़रीबी शायरी में, इतनी आज़ादी पर भी मादूम[17] हैं।''

उदाहरण देखिए—

कुछ करो फ़िक्र मुझ दीवाने की।
धूम है फिर बहार आने की।।

---

1. मिट्टी का पुतला आदमी 2. आसमाँ 3. दीप्ति, शोभा 4. पाश्चात्य काव्य 5. शिल्प 6. बाह्य भाव 7. निरीक्षण 8. कर्तव्य 9. ध्वनि 10. शब्द बिठाना, शब्द-योजना 11. मनोभाव 12. पूर्वाभास 13. श्रेष्ठ शिल्प 14. चमत्कार 15. नियम, बन्धन 16. लागू 17. अप्राप्य, अस्तित्वहीन।

असर साहब लिखते हैं—"पहले मिसरे से कितनी घबराहट ज़ाहिर होती है! अलफ़ाज़ और उनकी तरतीब ऐसी है कि आदमी जल्द पढ़ने पर मजबूर है जिससे पता चलता है कि इस शख़्स को अपने में वह तग़य्युरात[1] महसूस होना शुरू हो गये जो एक मर्तबा पहले दीवानगी का पेशख़ेमा[2] बन चुके हैं...दूसरे मिसरे में लफ़्ज़ धूम ऐसी जगह वाक़अ[3] है कि मालूम होता है, ढोल-ताशे, बाजे बज रहे हैं, बहार का लश्कर जूक़ दर जूक़[4] उमड़ा चला आ रहा है और इस ग़रीब का ख़िरमने-सब्रो-होश[5] ताराज[6] किये देता है।"

कुछ और उदाहरण लें—

यारो मुझे मुआफ़ करो, मैं नशे में हूँ,
अब दो तो जाम[7] ख़ाली ही दो, मैं नशे में हूँ।

शेर पढ़ने से ऐसा मालूम होता है कि ठीक नशे की हालत है। नशे का वातावरण ही बन गया है।

आलम आलम इश्क़ो जूनूँ है दुनिया दुनिया तहमत है।
दरिया दरिया रोता हूँ मैं सेहरा सेहरा वहशत[7] है।।

और यह भी—

आँखों में जी मेरा है, उधर देखता नहीं,
मरता हूँ मैं तो हाय रे सर्फ़ा[8] निगाह का।

गागर में सागर:

यह मीर की अपनी विशेषता है। हिन्दी में जैसे बिहारी अपने छोटे दोहों में एक दुनिया चित्रित कर जाते हैं, दोहे—जो 'देखन में छोटे लगें, घाव करें गम्भीर'; उसी प्रकार मीर के छोटे-छोटे शेरों में एक दुनिया छिपी हुई है। शब्द थोड़े और भाव अधिक। जैसे उनके दिल में एक बेक़रार समुद्र लहरें मार रहा है वैसे ही उनके शेरों में भी भावों का एक घनीभूत संसार है। इनकी इस विशेषता की चर्चा करते हुए अल्लामा तबातबाई लिखते हैं—

"चन्द लफ़्ज़ों में मानिए कसीर[9] का अदा करना इजाज़[10] नहीं, ऐजाज़[11] समझिए—दाने की गिरह में खिरमन, गुंचे की मुट्ठी में गुलशन का समा जाना तो देखिए।"

---

1. परिवर्तन 2. पूर्व लक्षण 3. स्थित 4. भीड़ पर भीड़ 5. धीरज और चेतना के खलिहान पर 6. विनष्ट 7. पागलपन 8. गुज़ारना, व्यय होना। 9. बहुत 10. संक्षिप्तीकरण 11. चमत्कार।

सचमुच ही मीर ने एक दाना में अन्न-भंडार और एक मुकुल में पुष्पोद्यान भर दिया है। कुछ उदाहरण लीजिए—

लुत्फ़[1] पर उसके हमनशीं[2] मत जा,
कभू हम पर भी मेहरबानी थी।

और यह भी—

मर्गे मजनूँ से अक़्ल गुम है मीर
क्या दीवाने ने मौत पायी है!

× × ×

मेरे तग़य्युरे[3] हाल पर मत जा
इत्तिफ़ाक़ात हैं ज़माने के।
कहा मैंने कितना है गुल का सबात[4],
कली ने यह सुनकर तबस्सुम किया।

× × ×

मत तुरबते[5] मीर को मिटाओ,
रहने दो ग़रीब का निशाँ तो।

रचना की क्रमबद्धता :

फिर मीर रचना के विभिन्न अंगों में जो क्रमबद्धता और सामंजस्य रखते हैं वह भी उनकी बड़ी विशेषता है। इसके सिवा जिस रचना में कर्ता, कर्म, सम्बन्ध, क्रिया इत्यादि क्रम से आवें, जिस क्रम से प्रायः हम उन्हें बोलते हैं, वह रचना विशेषतः ग़ज़ल में श्रेष्ठ हैं क्योंकि ग़ज़ल, वस्तुतः दो प्रेमियों, प्रेमी और प्रियतम, का वार्तालाप हैं जो उसमें वार्तालाप की यह स्वाभाविकता जितना ही रख सकता है वह उतना ही बड़ा ग़ज़लगो है। देखिए—

मीर इन नीमबाज़ आँखों में,
सारी मस्ती शराब की-सी है।

× × ×

मीर साहब रुला गये सबको
कल वह तशरीफ़ याँ भी लाये थे।

× × ×

सिरहाने मीर के आहिस्ता बोलो,
कभी टुक रोते-रोते सो गया है।

---

1. कृपा 2. साथी 3. अवस्थान्तर 4. अस्तित्व 5. कब्र, समाधि।

बिलकुल यह मालूम होता है जैसे बातचीत हो रही है। रोज़ के वही थोड़े से शब्द हैं जिन्हें हम बोलते हैं पर उनमें क्या असर पैदा हो जाता है। बातों का यह वातावरण, सदा, अपनी ग़ज़लों में रखने की चेष्टा वह करते हैं, बल्कि उन्होंने प्रायः अपनी ग़ज़लों को "बातें" ही कहा है—

बातें हमारी याद रहें फिर बातें ऐसी न सुनिएगा।
पढ़ते किसूको सुनिएगा तो देर तलक सिर धुनिएगा।
पढ़ते फिरेंगे गलियों में इन रेख़तों को लोग,
मुद्दत रहेंगी याद यह बातें हमारियाँ।

वार्तालाप वास्तविक वातावरण उत्पन्न करने के लिए यह बातचीत में प्रयुक्त सम्बोधनों का भी उपयोग ख़ूब करते हैं, जैसे मियाँ, भाई, साहब, मीरजी, ज़ालिम, प्यारे इत्यादि।

मुहावरों का प्रयोग :

मुहावरों के प्रयोग में 'मीर' की सफलता को कोई न पा सका। बस—थोड़ा बहुत ग़ालिब सफल हुए हैं। 'दाग़' ने अन्तिम युग में मुहावरों को काव्य में बिठाया पर उनमें कृत्रिमता का वातावरण है। मीर की ख़ूबी यह है कि वह मुहावरों के लिए मुहावरों का प्रयोग नहीं करते बल्कि आपस की बातचीत को प्रभावोत्पादक बनाने के लिए उनको प्रयोग करते हैं—यहाँ तक कि यह मालूम ही नहीं पड़ता कि वह मुहावरों का प्रयोग कर रहे हैं। मौलाना मोहम्मद हुसैन 'आज़ाद' ने ठीक ही लिखा है—

"वह दिल के ख़यालत को, जो कि सबकी तबीयतों के मुताबिक़ है, मुहावरों का रंग देकर बातों-बातों में अदा कर जाते हैं।"

देखिए—

अब तो जाते हैं बुतक़दे से मीर,
फिर मिलेंगे अगर ख़ुदा लाया।

× × ×

दिल वह नगर नहीं कि फिर आबाद हो सके,
पछताओगे, सुनो हो, यह बस्ती उजाड़कर।

× × ×

बेहोशी सी आती है तुझे उसकी गली में
गर हो सके ऐ मीर! तो इस राह न जा तू।

× × ×

क्या हाल हो गया है तेरे ग़म में मीर का,
देखा गया न हमसे तो टुक इस जवाँ की ओर।

× × ×

वाइज़े नाक़िस की बातों पर कोई जाता है मीर,
आओ मैखाने चलो तुम किसके कहने पर गये।

व्यंग्य :

व्यंग्य काव्य-कला का श्रेष्ठ अंग है। मीर का व्यंग्य भी एक विशेष प्रकार का है। उसमें बड़ी स्वाभाविकता है और उनके कहने में जो गहरा दर्द होता है उसी में से प्रच्छन्न व्यंग्य की किरणें अपने-आप फूट पड़ती हैं। डॉ. फ़ारुक़ी ने लिखा है—

"उर्दू ग़ज़ल में तंज़[1] की मिसालें 'ग़ालिब' और 'मोमिन' के यहाँ भी मिलती हैं। ग़ालिब के तंज़ में शोख़ी है, दिल बरश्तगी[2] नहीं। मोमिन के यहाँ वह ज़ख़्मे-तेग़[3] है....मीर के तंज़ में धीमापन है, हल्की-हल्की टीस है। इसकी मिसाल उस नश्तर की-सी है जिसकी धार निहायत बारीक़ और तेज़ हो।"

उसकी ईफाए-अहद तक न जिये,
उम्र ने हमसे बेवफ़ाई की।

यह नहीं कहते कि उसने अपने वादे को पूरा नहीं किया। या बेवफ़ाई की। कहते हैं—"उम्र ने हमारे साथ बेवफ़ाई की कि उसके वादे की पूर्ति तक हम जी ही न पाये।" कैसा छिपा, गहरा व्यंग्य है—

दिल कि दीदार का क़ातिल के बहुत भूका था,
इस सितमकुश्ता से एक ज़ख़्म भी खाया न गया।

मेरा दिल क़ातिल के दर्शनों का बहुत भूखा था पर अत्याचार-पीड़ित इस बेचारे से एक जख़्म भी खाया न गया।

यहाँ दिल की दुर्बलता, उसकी भूख और खाने को लेकर कैसा व्यंग्य है। 'ज़ख़्म खाना' मुहाविरे को भी ख़ूब निभाया गया है।

शिकवा-ए-आबला अभी से मीर,
है पियारे हनोज़ दिल्ली दूर।

---

1. व्यंग्य 2. दिल की जलन 3. तलवार का घाव।

अरे मीर, तुझे अभी से छाले पड़ने की शिकायत है। प्यारे! अभी तो दिल्ली दूर है।

इसमें भी व्यंजक के साथ 'दिल्ली दूर' है मुहावरे को बड़ी ख़ूबी के साथ निबाहा है।

एक शेर देखिए—

होगा किसी दीवार के साये के तले मीर,
क्या काम मोहब्बत से है उस आरामतलब को।

डॉ. मौलवी अब्दुल हक़ इस शेर पर मुग्ध हैं। लिखते हैं—''इस शेर का हुस्न[1] शरह[2] और बयान से बाहर है। 'आरामतलब' का लफ़्ज़ इसकी जान है।

...एक शख़्स जो मोहब्बत के कारण ऐशो-आराम पर लात मारकर और घर-बार छोड़कर, बेयार व बेख़ानोमाँ, आवारा व सरगरदाँ, महबूब[3] की दीवार के नीचे पड़ा है उसे ताना दिया जाता है कि आरामतलब है और ऐसे आरामतलब को मोहब्बत से क्या काम? जब यह आरामतलबी है तो क़यास[4] करना चाहिए कि मोहब्बत की मुसीबत क्या होगी?''

उपमाएँ और रूपक :

मीर अलंकारवादी नहीं हैं। वह अलंकारों का प्रयोग कम ही करते हैं। वह उन लोगों में से हैं जो सौन्दर्य को कृत्रिम उपकरणों से सजाए बिना, उसके स्वाभाविक सम्मोहन के भक्त हैं। जहाँ वे अलंकारों—मुख्यत: उपमा, रूपक, उत्प्रेक्षा आदि—का प्रयोग करते हैं वहाँ यों करते हैं कि निगाह स्वाभाविक सौन्दर्य की तरफ़, ख़ुदादाद हुस्न की ओर, जाती है, इन गहनों की तरफ़ नहीं। ये अलंकार उनके यहाँ, सौन्दर्य अंग बनकर रह जाते हैं फिर ये अलंकार अपने में भी बहुत सीधे-सादे हैं जैसे फूल पर ओस की बूँदें होती हैं। इन अलंकारों के कारण शेरों में कोई उलझाव पैदा नहीं होता बल्कि वे और चमक उठते हैं। उदाहरण देखें—

उसके गये पे दिल की ख़राबी न पूछिए,
जैसे किसी का कोई नगर हो लुटा हुआ।

सीधी-सादी उपमा है पर कितनी ठीक बैठती है—

शाम ही से कुछ बुझा-सा रहता है,
दिल हुआ है चिराग़ मुफ़लिस का।

---

1. सौन्दर्य 2. व्याख्या 3. प्रियतम 4. अनुमान।

दुखिया दिल को ग़रीब का टिमटिमाता दीपक कहकर मीर ने कहने के ढंग की सादगी में इस रूपक को ऐसा जड़ दिया है जैसे अँगूठी में नगीना हो।

इनके छोटे सीधे-सादे शेर तो ग़ज़ब के हैं—

खिलना कम-कम कली ने सीखा है,
उसकी आँखों की नीमख़्वाबी से।

नाज़ की उसके लब की क्या कहिए,
पँखड़ी एक गुलाब की-सी है।

बिना अलंकार के भी शब्दों की योजना से चित्रकारी व अलंकरण का उदाहरण देखिए—

ज़िन्दाँ में भी शोरिश[1] न गयी अपने जुनूँ की,
अब संग[2] मुदावा[3] है इस अशुफ़्तासरी[4] का।

'असर' लखनवी इस शेर पर मुग्ध होकर लिखते हैं—"इस शेर में लफ़्ज़ संग ऐसी जगह वाक़अ[5] है कि मालूम होता है एक पाबज़ंजीर[6] दीवाने ने, जो हाथ में पत्थर लिए हुए है, पहला मिसरा पढ़ा और दाँत भीचके आँखें बन्द करके पत्थर से सिर फोड़ लिया और लहू में नहा गया, हालाँकि शेर में इन अमूर[7] का ज़िक्र नहीं।"

संगीतात्मकता :

काव्य और संगीत का सम्बन्ध गहरा है जिस काव्य में जितनी ही संगीतमयता होती है उसका प्रभाव उतना ही ज़्यादा होता है। चूँकि ग़ज़ल भी एक प्रकार का गीति-काव्य (लीरिक) है इसलिए उसमें संगीतात्मकता बहुत आवश्यक है। मीर में काफ़ी संगीतात्मकता है। इसके अनेक स्रोत हैं जैसे कभी उपयुक्त ध्वन्यात्मक शब्दों को गूँथकर, कभी प्रवाह एवं तीव्रगति-प्रधान छन्दों का प्रयोग करके, कभी तुकान्त की पुनरुक्ति द्वारा।

नमूने देखिए—

कुछ मौज हवा पेचाँ-ए-मीर नज़र आयी।
शायद कि बहार आयी, ज़ंजीर नज़र आयी।

---

1. उपद्रव, हंगामा 2. पत्थर (जिससे दीवाना अपने को या दूसरों को मारता है) 3. चिकित्सा, इलाज 4. पागल दिमाग़ी 5. स्थित 6. शृंखलाबद्ध (पाँव में) 7. कार्यों, बातों, विषयों।

छन्द-विधान द्वारा संगीतात्मकता के उदाहरण देखिए—

सब्र कहाँ जो तुमको कहिए लग के गले से सो जाओ।
बोलो न बोलो बैठो न बैठो खड़े-खड़े टुक हो जाओ।

× × ×

जब मिलने का सवाल करूँ हूँ ज़ुल्फ़ोरुख़ दिखलाते हो।
बरसों मुझको यूँ ही गुज़रे सुबह व शाम बताते हो।

× × ×

तू भी रवाते कुहन से सूफ़ी सैर को चल टुक सब्ज़े की,
अब्रे सियाह[1] क़िबला[2] से आकर झूम पड़ा मैख़ानों पर।

× × ×

करो तवक़्कुल[3] कि आशिक़ी में न यों करोगे तो क्या करोगे ?
अलम[4] जो यह है तो दर्दमन्दो कहाँ तलक तुम दवा करोगे ?

यह छोटी बहर की ग़ज़ल देखिए, मालूम होता है, दिल टुकड़े-टुकड़े हो रहा है—

फ़क़ीराना आये सदा कर चले।
मियाँ, ख़ुश रहो हम दुआ कर चले।
कोई नाउम्मीदाना करते निगाह,
सो तुम हमसे मुँह भी छिपाकर चले,
परस्तिश की याँ तक कि ऐ बुत तुझे,
नज़र में सबों की ख़ुदा कर चले।

× × ×

इस अहद[5] में इलाही मुहब्बत को क्या हुआ,
छोड़ा वफ़ा को उनने मुहब्बत को क्या हुआ ?
उम्मीदवार वाद-ए-दीदार मर चले,
आते ही आते यारो क़यामत को क्या हुआ ?

तुकों की पुनरुक्ति संगीतात्मकता का एक उदाहरण देखिए—

---

1. काला बादल
2. काबा
3. भगवान के भरोसे अपने को छोड़ देना।
4. दुःख
5. युग

मौसिम है निकले शाख़ों से पत्ते हरे-हरे।
पौधे चमन में फूलों से देखे भरे-भरे।
आगे किसू के क्या करें दस्ते-तमअ[1] दराज़[2],
वह हाथ सो गया है सिरहाने धरे-धरे।
गुलशन में आग लग रही थी रँगे-गुल से मीर,
बुलबुल पुकारी देख के साहब परे-परे।

फ़ारसी उक्तियों का प्रयोग :

मीर ने फ़ारसी उक्तियों का जगह-जगह प्रयोग करके उर्दू भाषा के प्रयोग-क्षेत्र को विस्तृत किया है। इनके पहले इनके गुरु 'आरज़ू' ने फ़ारसी तरक़ीबों और शब्दों का काफ़ी प्रयोग किया था। मीर ने बचपन में उनके संसर्ग का ख़ूब लाभ उठाया था, इसलिए इनकी भाषा और प्रारम्भिक रचना-प्रणाली पर उनका बहुत असर दिखाई पड़ता है। वैसे फ़ारसी उक्तियों का थोड़ा-बहुत प्रयोग पुराने उर्दू कवियों में से अधिकांश ने किया है। मोमिन और ग़ालिब ने इस ओर काफ़ी ध्यान दिया है पर मीर की विशेषता यही है कि उन्होंने केवल उन्हीं उक्तियों को लिया है जो उर्दू के रचना-विधान में फिट हो जाती हैं। फ़ारसी शब्दों एवं तरक़ीबों के प्रयोग में यह निश्चित रूप से अपने गुरु, जिनसे बाद में दिल खट्टा हो गया, ख़ाँ आरज़ू के ऋणी हैं क्योंकि इन्होंने ऐसे अनेक शब्दों का प्रयोग किया है जिनका चलन उठ गया है पर ख़ाँ आरज़ू के कोश 'चिराग़े-हिदायत' में वे ज्यों-के-त्यों मिलते हैं, (जब अन्य कोशों में अप्राप्य हैं)।

बहर-हाल फ़ारसी तरक़ीबों का अच्छा प्रयोग मीर की रचनाओं में मिलता है—

सरनशीने-रहे-मैखाना हूँ, मैं क्या जानूँ,
रस्मे-मस्जिद के तईं शेख़ कि आया न गया।

× × ×

हंगामा गर्मकुन जो दिले नासबूर।
पैदा हर एक नाला से शोरे नशूर था।

फ़ारसी मुहाविरों पर उर्दू बन्द लगाकर इन्होंने नया आविष्कार किया है। फ़ारसी मुहाविरों के अनुवाद भी इनकी रचना में पाये जाते हैं। कुछ उदाहरण देखिए।

'खुशमन में आयद' यह फ़ारसी का एक मुहाविरा है। इसका अर्थ होता है, 'मुझे भला नहीं लगता।' मीर साहब इसी मुहावरे को उर्दू के साँचे में यों ढालते हैं—

---

1. लोभपूर्ण हाथ। 2. फैलाना।

नाकामी[1] सदहसरत[2] ख़ुश लगती नहीं वर्ना,
अब जी से गुज़र जाना कुछ काम नहीं रखता।

इसी प्रकार 'नमुद करदन' फ़ारसी का एक फ़िक़रा है। इसका अर्थ है 'प्रकट करना'। मीर लिखते हैं—

नमूद[3] करके वहीं बहरे-ग़म[4] में बैठ गया,
कहो तो मीर भी एक बुलबुला था पानी का।

अनेक स्थानों पर इनमें फ़ारसी कवियों के काव्य की छाया भी दिखाई पड़ती हैं। कहीं-कहीं तो दोनों एकदम टकरा गये हैं। उदाहरण देखिए—

किसी कवि का फ़ारसी शेर है—

बगिर्दे तुरबतम अमश्ब हुजूम बुलबुल बूद।
मगर चिराग़े मज़ारम ज़रोग़ ने गुल बूद।

मीर साहब ने भी वही बात कही है मगर ख़ूब कही है—

जाय रोग़न दिया करे है इश्क़,
ख़ूने बुलबुल चिराग़ में गुल के।

बेदिल का एक फ़ारसी शेर है—

ज़िन्दगी बरगर्दनम उफ़्ताद बेदिल चारानेस्त,
शाद-बायद ज़ीस्तन नाशाद बायद ज़ीस्तन।

मीर साहब कहते हैं—

गोशागीरी अपने बस में है न है आवारागी,
क्या करें यों मीर साहब, बन्दगी बेचारगी।

'सादी' का शेर है—

दोस्ताँ मनअ कुनिन्दम कि चरा दिल बुतो दादम,
बायद अव्वल बतू गुफ़्तन कि चुनीं ख़ूब चराई।

---

1. असफलता
2. बहुत (सौ) अफ़सोस है।
3. प्रकट
4. दुःख-सागर।

मीर कहते हैं—

चाहने का हम पै यह ख़ूबाँ जो धरते हैं गुनाह,
इनसे भी पूछो कोई तुम इतने क्यों प्यारे हुए।

इन्होंने इस क्षेत्र में भी अपने ऊपर कुछ नियम और बन्धन बना लिये हैं, ऐसा नहीं कि ग़ालिब की भाँति जो मन में आया लिख दिया।

भारतीय वातावरण और देशज शब्दों का प्रयोग:

खुद फ़ारसी के कवि और लेखक होकर भी 'मीर' ने खुलकर देशज शब्दों का प्रयोग किया है जिससे भारतीयता का स्पर्श और वातावरण इनके काव्य में मिलता है। साँझ, समय, विश्राम, योगी, बिस्तार, निदान, अन्धाधुन्ध, राम-कहानी, गूदड़, चोट्टे, स्वभाव, ठिठुरा गयी, अच्छर (अक्षर) इत्यादि अनेकानेक शब्द ऐसे मज़े से इनकी ज़ुबान में खप गये हैं कि क्या कहने! दुःख यही है कि बाद में यह प्रवृत्ति उर्दू काव्य में कम होती गयी; फ़ारसी और अरबी का प्रभाव बढ़ता गया जिससे उर्दू में एक विदेशी वातावरण पैदा हुआ और वह अन्य भारतीय भाषाओं से दूर होती गयी। पिछले 25-30 वर्षों में गीत लिखनेवाले कवियों तथा फ़िराक़ जैसे उर्दू शायरों ने इसे फिर भारतीय वातावरण में लाने का प्रयत्न किया है। मीर के प्रयोग देखिए:—

दिन आज का भी साँझ हुआ इन्तज़ार में।

× × ×

इस समय में देखने हमको बहुत आया करो।

× × ×

क्या बात थी कि जिसका यह बिस्तार हो गया।

× × ×

सुबहे पीरी शाम होने आयी मीर,
तू न चेता याँ बहुत दिन कम रहा।
अँधाधुन्ध रोते हैं आँखों से ख़ूँ।

× × ×

अच्छर हैं तो इश्क़ के दो ही लेकिन है बिस्तार बहुत।

यह सिर्फ़ कुछ शब्दों के प्रयोग की बात नहीं है। इनकी दृष्टि में भी गहराई एवं विशालता थी। हिन्दू-मुसलमान के भेद से वह परे थे। उनमें सूफ़ियों और सन्तों का रंग था। वह दैरो-हरम की पाबन्दियों से परे प्रेम में डूबे हुए थे। और अकबराबाद

और दिल्ली की ज़मीन के प्रति उनकी गहरी निष्ठा थी। इन चीज़ों ने उनके काव्य को भारतीय रूप दे दिया है।

काव्य-दृष्टि :

मैं बार-बार लिख चुका हूँ कि व्यथानुभूति इनके समस्त काव्य की जान है। वह शायरी कोई पेशा नहीं मानते थे बल्कि एक 'संस्कृत-कला' मानते थे और उनका कहना था कि जब तक इनसान में दिल का दर्द पैदा नहीं होता तब तक उसका इधर निगाह करना भी जुर्म है। उर्दू काव्य-को यह दर्द से भरी दृष्टि देकर 'मीर' ने उसे निहाल कर दिया है। पर इतना ही बस नहीं है, उन्होंने भाषा की स्वाभाविक गति और उसकी प्राकृतिक प्रेरणाओं को भी ग्रहण किया है। इसीलिए वे ऐसे ही शब्द चुनते हैं जिन पर तैरते हुए उनके भाव दिलों में प्रवेश कर जाएँ। फ़ारूक़ी के शब्दों में "यह अशआर नहीं, शर्बत के घूँट हैं; ग़ज़लें नहीं, मीठी-मीठी बातें हैं। वह लफ़्ज़ को बेजान और बेरूह चीज़ नहीं समझते थे।" उनका ऐसा प्रयोग करते हैं जैसे शब्द वहीं के लिए बनाया गया हो।

तसव्वुफ़ का रंग :

मीर को हम सूफ़ी तो नहीं कह सकते पर इन पर इनके पिता, चचा एवं दूसरे दरवेशों के सत्संग से तसव्वुफ़ का गहरा प्रभाव पड़ा है। दरअस्ल यह प्रेम के कवि हैं। जो संस्कार इन्हें पिता, चचा इत्यादि से मिले उसके कारण यह विलासिता के रूप में बिकनेवाले बाज़ारू प्रेम से दूर रहे पर यह भी सच है कि इनका प्रेम ईश्वरीय प्रेम उतना नहीं, जितना मानवीय है। बल्कि इनका मानवीय प्रेम ही ईश्वरीय प्रेम की श्रेणी तक पहुँच गया है जैसे—

परस्तिश की याँ तक कि ऐ बुत तुझे,
नज़र में सबों की ख़ुदा कर चले।

तुम्हारी इतनी उपासना की है कि सबकी दृष्टि में तुम्हें ही ईश्वर बना दिया है। प्रेम का रंग इन पर इतना गहरा है कि हर जगह उसे ही देखते हैं—

इश्क़ ही इश्क़ है जहाँ देखो,
सारे आलम में भर रहा है इश्क़,
इश्क़ माशूक़ इश्क़ आशिक़ है,
यानी अपना ही मुब्तला है इश्क़।

× × ×

कहीं बन्दा कहीं ख़ुदा है इश्क़।

× × ×

आरज़ू इश्क़ मुद्दआ है इश्क़

× × ×

मुहब्बत ही इस कारख़ाने में है,
मुहब्बत ही सब कुछ ज़माने में है।

तसव्वुफ़ का मूलाधार सर्वग्राही प्रेम ही है—वह प्रेम जिसमें द्वन्द्व (दुई का भाव) उठ जाता है; शत्रु-मित्र का भेद-भाव दूर हो जाता है। उर्फ़ी का यह कथन कि उसकी निगाह में 'परवाना चिराग़ हरमोदैर नदानद' (शलभ और दीपक, मन्दिर, मस्जिद में भेद नहीं) मीर में इसका हल्का रंग है—

मज़हब से मेरे क्या तुझे, मेरा दयार और,
मैं और, यार और, मेरा कारबार और।

× × ×

किसको कहते हैं नहीं मैं जानता इस्लामो-कुफ़्र,
दैर हो या काबा मतलब मुझको तेरे दर से है।

इसके अतिरिक्त इनके काव्य में तसव्वुफ़ की गहराई के भी अनेक रंग मिलते हैं। यह 'लाहूत' (आराध्य में विलीन होने की अवस्था) का रंग देखिए:—

बेख़ुदी ले गयी कहाँ हमको,
देर से इन्तज़ार है अपना।

× × ×

ख़बर कुछ तो आयी है उस बेख़बर तक।

हृदय की पूजा चल रही है। इसमें ज्ञात होता है कि सब ख़ज़ाना इसी दिल में छिपा है। इस दिल की आग अगर प्रज्वलित कर दी जाय तो इस विद्युत का एक कण सौ कोहेतूर के बराबर हो सकता है। कहते हैं—

ग़ाफिल थे हम अहवाले-दिले-ख़स्ता से अपने,
वह गंज[1] इसी कुंजे-ख़राबा में निहाँ[2] था।

---

1. ख़ज़ाना
2. छिपा

आतिश[1] बुलन्द[2] दिल की न थी वर्ना ऐ कलीम[3],
यक शोला[4] बर्क़[5] ख़िरमने सद[6] कोहे-तूर[7] था।

× × ×

तरीक़े-इश्क़ में है रहनुमा[8] दिल।
पयम्बर[9] दिल है, क़िबला[10] दिल, ख़ुदा दिल।

इस रहस्यात्मकता को देखिए—

अपने ख़याल ही में गुज़रती है अपनी उम्र,
पर कुछ न पूछो समझे नहीं जाते हमसे हम।

उनके और हमारे बीच यह जीवन ही एक परदा है। 'हम' न हों तो फिर इस लज्जावरण की क्या ज़रूरत?

हस्ती[11] अपनी है बीच में पर्दा,
हम न होंवे तो फिर हिजाब[12] कहाँ?

× × ×

तत्त्व-ज्ञान और जीवन-दृष्टि :

मीर ने तेज़ी से दुनिया में होनेवाले परिवर्तनों को देखा। इससे जीवन की अस्थिरता एवं संसार की असारता उनके दिल पर जम गयी। वह समझते हैं कि दुनिया में चल-चलाव लगा है; यहाँ थोड़ा विश्राम है,—चन्द दिन रहना है। यह जीवन मंज़िल नहीं, राह है।

यह मंजिल नहीं, बेख़बर! राह है।

फूल की कली जैसे क्षण भर के लिए मुसकराती है, एक बिजली चमककर रह जाती है, वैसे ही यह जीवन क्षणस्थायी है—जल बुद्‌बुद के समान। यह विलासिता की दुनिया मृगतृष्णा है—

सैर की हमने हर कहीं प्यारे।
फिर जो देखा तो कुछ नहीं प्यारे।

---

1. आग 2. ऊँची 3. ईश्वर से बातें करने वाला (हज़रत मूसा) 4. लपट 5. विद्युत 6. सौ 7. शाम देश का एक पर्वत जहाँ हज़रत मूसा को ईश्वरीय ज्योति दिखाई पड़ी थी 8. मार्गदर्शक 9. संदेशवाहक 10. काबा 11. अस्तित्व 12. परदा, आड़, लज्जा।

अभिलाषाओं की भूमि कभी हरी नहीं होती; इसलिए उनके बीज बोना बन्द करो—

सब्ज़[1] होती ही नहीं यह सरज़मीं[2]
तुख़्मे-ख़्वाहिश[3] दिल में तू बोता है क्या?

मृत्यु के बारे में कहते हैं—

मर्ग एक माँदगी का वक़्फा है,
यानी आगे चलेंगे दम लेकर।

विविध विशेषताएँ :—

मीर के जीवन एवं काव्य में अनेक प्रकार की विशेषताएँ हैं।

1. यह धर्म से फ़क़ीर या दरवेश नहीं थे पर दिल की रुझान से फ़क़ीर ही थे।
2. फ़क़ीर होते हुए भी मस्त रहते थे और किसी के आगे हाथ फैलाना पाप समझते थे। कहते हैं—

आगे किसी के क्या करें दस्ते तमअ दराज़,
वह हाथ सो गया है सिरहाने धरे-धरे।

अत्यन्त स्वाभिमानी थे, किसी के आगे सिर न झुकाते थे। ख़ुद फ़ाक़ामस्त थे पर साहस यह कि बड़ी से बड़ी चीज़ को सहज भाव से ठुकरा सकते थे। आबेहयात (अमृत) के लिए तिरस्कारपूर्वक कहते हैं—

आबे-हयात[4] वही न जिस पर ख़िज़्रो[5] सिकन्दर मरते थे।
ख़ाक से हमने भरा वह चश्मा[6], यह भी हमारी हिम्मत थी।

3. वह नियतिवादी थे। यह मानते थे कि नियति अपने पूर्व निर्दिष्ट पथ पर हमें चलाती है, इसलिए दुःख-सुख को अनासक्त होकर ग्रहण करना चाहिए।
4. फिर उनका कथन यह भी है कि हम दुःखी हों या सुखी, हमें किसी का दिल न दुखाना चाहिए और ऐसा काम कर जाना चाहिए कि लोग याद

---

1. हरी 2. भूमिखंड 3. अभिलाषा के बीज। 4. अमृत 5. ख़िज़्र—एक पैग़म्बर जिनके बारे में प्रसिद्ध है कि इन्होंने अमृत पिया है और अमर हैं। भूले-भटकों को राह दिखाया करते हैं। 6. पानी का स्रोत।

करें। किसी के दिल में जगह बनाने को यह मानव का महान गौरव मानते थे। कहते हैं—

काबा पहुँचा तो क्या हुआ ऐ शेख़!
सई[1] कर टुक पहुँच किसी दिल को।

5. वह विशालहृदय सहानुभूतियों के प्राणी थे। साम्प्रदायिक बन्धनों को तुच्छता की दृष्टि से देखते थे।
6. किसी के बुराई करने पर भी भलाई करने की ही आकांक्षा रखनी चाहिए— कोई गाली भी दे तो कह भला, भाई भला होगा।
7. मनुष्य को सर्वोपरि मानते थे।
8. ख़ुदा और बन्दे में थोड़ा ही अन्तर मानते थे—

सरापा[2] आरज़ू होने ने बन्दा कर दिया हमको,
वगर्ना हम ख़ुदा थे गर दिले-बेमुद्दआ होते।

ऊपर से नीचे तक अभिलाषा की मूर्ति होने के कारण ही हम बन्दा हो गये। अगर हमारा हृदय अनासक्त, निरभिलाष होता तो हमीं ख़ुदा होते।

इस प्रकार हम देखते हैं कि उनका जीवन और उनका काव्य एक ही स्रोत से निकलकर बहा है।

1. श्रम।
2. ऊपर से नीचे तक।

मीर : काव्य के सिद्धान्त एवं विषय

मीर के काव्य-सम्बन्धी कुछ सिद्धान्त थे। वह मानते थे कि एक उच्चकोटि के कवि का अपने लिए कुछ ऐसे नियम और सिद्धान्त बाँध लेना आवश्यक है जिनके द्वारा उसका काव्य दूसरे कवियों के काव्य से भिन्न पड़े। इस सम्बन्ध में वह निम्नलिखित विचारों के समर्थक थे।

1. काव्य-रचना शिष्ट एवं संस्कारी व्यक्तियों का कार्य है। मीर मानते थे कि काव्य-रचना के लिए मनुष्य के अन्दर उच्च संस्कार होने चाहिए। उनकी दृष्टि से यह काम शरीफ़ों का है; ओछी तबीयतवालों को इस रास्ते चलना ही न चाहिए। अपनी एक मसनवी में कहते हैं:—

सोहबतें जब थीं तो यह फ़न्ने शरीफ़।
कस्ब[1] करते जिनकी तबईं थीं लतीफ़।
थे ममीज़[2] वो दरमियाँ इंसाफ़ था।
ख़ारों खस[3] से क्या यह उर्सा[4] साफ़ था।
दख़ल इस फ़न में न था इजलाफ[5] को।
कुछ बताते भी थे सो अशराफ़[6] को।
थे जो उस अध्याय में उस्तादे-फ़न[7]।
नाक़िसों[8] से वे न करते थे सख़ुन[9]।
हम तलक भी थी वही रस्मे क़दीम[10]।
यानी जिनके होते थे ज़ेहने सलीम[11]।
प्यार करते थे उन्हें उस्तादे फ़न।
उनके होते रहबरे-राहे-सख़ुन[12]।

1. पेशा 2. विवेचक, विवेकवान 3. कुश-कैर्कट 4. मैदान क्षेत्र 5. निम्न कोटि 6. शिष्ट 7. काव्यगुरु 8. तुच्छ 9. बात। 10. प्राचीन परम्परा 11. परिष्कृत प्रज्ञा 12. काव्य-मार्ग के पथदर्शक

जुल्फ़ वाँ ज़िनहार पाते थे न बार।
शायरी काहे का था उनका शुआर[1]।
नुक़्ता परदाज़ी[2] से इजलाफों को क्या?
शेर से बज़्ज़ाजों नद्दाफ़ों[3] को क्या

साफ़ कहते हैं कि जब सभा-संगत होती थी तब यह शिष्ट लोगों की कला थी। इस पेशे में वही आते थे जिनकी तबीयत हाज़िर होती थी। वे लोग विवेकी थे; उनके बीच न्याय था। उस समय यह मैदान, यह क्षेत्र कुश-काँटे से साफ़ था। निम्नकोटि के लोगों का इसमें प्रवेश ही न हो पाता था। गुरुजन बताते भी थे तो शिष्ट-सभ्य लोगों को ही बताते थे। उस ज़माने में इस कला के आचार्य तुच्छ लोगों से बात न करते थे। हमारे ज़माने तक भी वह प्राचीन परम्परा चली आ रही थी। अर्थात् जिनकी प्रज्ञा परिष्कृत होती थी उन्हें ही काव्य-कला के आचार्य प्यार करते थे और उनके काव्य-मार्ग के पथ-प्रदर्शक बनते थे। इस ओर तुच्छ लोगों की गुज़र न थी। काव्य एवं उच्च कल्पना से बज़ाज़ों एवं धुनियों को क्या मतलब?''

स्पष्ट ही वह अपने समय की बाधा होकर भी लोगों के हृदय में घुसी सामन्ती विचारधारा के प्रतिनिधि थे। आज के युग में ऐसे विचार आश्चर्यजनक और प्रतिगामी प्रतीत होते हैं पर यह भी सच है कि काव्य-रचना को कारख़ानों की तरह जो भी उसमें आवे उसका कार्यक्षेत्र नहीं बनाया जा सकता। इसके लिए कल्पना की उड़ान, गहरी सूझ, सतह के अन्दर देखनेवाली आँखों और दर्दभरे दिल की ज़रूरत पड़ती है।

2. बौद्धिक योग्यता की आवश्यकता—दूसरी चीज़, जो उनके विचार से काव्य-रचना के लिए आवश्यक है, वह है बौद्धिक योग्यता। बौद्धिक योग्यता से मीर का अभिप्राय ज्ञान, सूझबूझ और कला-सम्बन्धी जानकारी से है। जब तक एक ओर विशद जानकारी और दूसरी ओर उसके कल्पना के पंखों पर उड़ाने की तैयारी न होगी तब तक श्रेष्ठ काव्य का जन्म ही नहीं हो सकता।

3. भाषा—मीर मानते हैं कि शेर में भाषा और रोज़मर्रा बिलकुल स्पष्ट एवं सरल होना चाहिए। प्रवाह, रवानी, धारा में किसी भी मूल्य पर कमी न आने देनी चाहिए। मँजी, साफ़ ज़बान हो। अपनी ज़बान को वह प्रमाण मानते थे और इसके सम्बन्ध में जगह-जगह गर्व-पूर्वक ज़िक्र किया है—

गुफ़्तगू[4] रेख़्ते में हमसे न कर,
यह हमारी ज़बान है प्यारे।

---

1. कार्य 2. अर्थगाम्भीर्य 3. धुनियों 4. बात-चीत।

उपदेश देते हैं, सलाह देते हैं—

हुस्न[1] तो है ही करो लुत्फ़े-ज़बाँ भी पैदा,
मीर को देखो कि सब लोग भला कहते हैं।
× × ×
देखो तो किस रवानी[2] से कहते हैं शेर मीर,
दुर[3] से हज़ार चन्द है उनके सख़ुन में आब[4]।

अर्थात् प्यारे, यह हमारी ज़बान है। इसमें हमसे क्या बात करता है? तुझ में सौन्दर्य तो है पर भाषा का आनन्द, भाषा की सुषमा भी तो पैदा कर; उसी के कारण तो सब लोग 'मीर' को भला कहते हैं। ज़रा देखो, किस गति और प्रवाह के साथ मीर शेर कहते हैं। उनके काव्य में मोती से भी ज़्यादा 'पानी' (चमक) है।

4. वैलक्षण्य—काव्य में कहने का कोई विशेष ढंग 'अन्दाज़े-बयाँ' और कोई विलक्षणता होनी चाहिए।

ज़ुल्फ़-सा पेचदार है हर शेर,
है सख़ुन मीर का अजब ढब का।
× × ×
शेर मेरे हैं सब ख़वास-पसन्द[5],
पर मुझे गुफ़्तगू अवाम[6] से है।

5. फ़ारसी तरक़ीबों की सीमा—उनके विचार से शेर में वही तरक़ीबें लाना जायज़[7] है जो ज़बान पर बार[8] न हों।' यानी ऐसी विजातीय फ़ारसी उक्तियों को, जो हमारी भाषा में खप न सकें और उस पर बोझ बनकर रह जाएँ, प्रयुक्त न करना चाहिए। उनका यह भी कहना है कि इसका मर्म विवेकी कवि ही समझ सकते हैं।

6. ऐहाम के प्रति अरुचि—काव्य-शिल्प का वह रूप है जिसमें कवि श्लिष्ट शब्दों का प्रयोग करता है—एक निकट अर्थबोधक, एक दूरागत अर्थबोधक। उस समय की शायरी में ऐहाम का बड़ा ज़ोर था पर मीर उसे अधिक महत्त्व न देते थे। अपने काव्य के विषय में कहते हुए प्रकारान्तर से व्यंग्य करते हैं—

क्या जाने दिल को खींचे हैं क्यों शेर मीर के,
कुछ तर्ज़ ऐसी भी नहीं ऐहाम भी नहीं।

7. घृणा की भावना का त्याग—काव्य में घृणा की भावना कहीं न आनी चाहिए।

1. सौन्दर्य 2. प्रवाह, गति 3. मोती 4. पानी, चमक 5. विशेष लोगों को प्रिय 6. जन-साधारण के प्रति वार्ता। 7. उचित, विहित 8. बोझ

8. मुहावरों का उचित प्रयोग—मुहाविरों का उचित प्रयोग तो करना ही चाहिए, साथ ही उनमें परिवर्तन भी नहीं करना चाहिए—यह कवि की असमर्थता का सूचक है। इसका उदाहरण देते हुए मीर सज्जाद के निम्नलिखित शेर पर उन्होंने आपत्ति की है—

मेरा जला हुआ दिल मिज़गा[1] के कब है लायक़,
इस आबले को क्यों तुम काँटों में ऐंचते हो?

मुहाविरा है तुम काँटों में क्यों घसीटते हो, मीर साहब ने उसे बदल दिया है। वह कहते हैं कि मेरा जला हुआ दिल दृगंचल, पलकों, बरौनियों के लायक़ कहाँ है। इस फफोले को तुम काँटों में क्यों घसीटते हो पर मुहाविरा छंद के चौकठे में फिट नहीं होता था इसलिए उन्होंने उसे बदल दिया। यही उनका, काव्य दोष है।

9. काव्य की बाह्य सज्जा—मीर ने काव्य की बाह्य सज्जा पर एक सीमा तक ही जोर दिया है। बहुत ज़्यादा अलंकरण से जैसे नारी बनी हुई-सी लगती है वैसे ही काव्य भी उससे बोझिल हो जाता है; चल नहीं पाता, उसकी गति रुकती है और स्वाभाविक सौन्दर्य में शिथिलता आती है।

10. भावार्द्रता—शेर जज़्बाते दिल—हृदय भावों—का आईना होना चाहिए। जो कुछ कहा जाय वह श्रोता के दिल में पैठ जाना चाहिए जैसे आत्मा और शरीर एक में गुँथे हुए हैं वैसे ही शेर में भावर्द्रता होनी चाहिए। वही आत्मा है। अन्दर का रस, अन्दर की बात, प्राणों का स्वर काव्य में होना चाहिए। काव्य अन्त:वेदना का पर्दा मात्र है—

किया था रेख़्ता पर्दा सख़ुन का,
सो ठहरा है यही अब फ़न हमारा।
× × ×
इस परदे में ग़मे-दिल कहता है मीर अपना,
क्या शेरो-शायरी है यारो शुअरा-ए-आशिक़?
× × ×
मुझको शायर न कहो मीर कि साहब मैंने,
दर्दोग़म कितने किये जमा तो दीवान किया।
× × ×
बे सोज़े दिल किन्होंने कहा रेख़्ता तो क्या?

---

1. दृगंचल, बरौनी।

11. गुलो बुलबुल की सीमा तोड़ो—उनका विचार है कि शायरी को सिर्फ़ गुल व बुलबुल के अफ़सानों[1] तक महदूद[2] न होना चाहिए बल्कि वह उससे बहुत वसीअ[3] चीज़ है। इसी बिना पर उन्होंने 'नकातुश्शुअरा' में यह कहकर आपत्ति की है—"हरचन्द उर्सए-सख़ुन-ओ-हमीं दर लफ़्ज़हाए गुल व बुलबुल तमाम अस्त। बिसियार अमा बरंगीनी मी गुफ़्त।"[4]

काव्य-विषय

मीर का काव्य प्रमुखत: हार्दिक वेदना, विरह और रोदन का काव्य है पर इसके साथ ही उसमें ज़िन्दगी की उच्चता का राग भी है। वेदना उन्हें नष्ट नहीं करती, जीवन-मार्ग पर चलने की शक्ति देती है। उनके चित्रों का क्षेत्र बहुत व्यापक है। प्रमुखत: उनके काव्य में निम्नलिखित विषयों का वर्णन है—

1. सौन्दर्य एवं प्रेम की विविध अवस्थाएँ तथा मानवी एवं ईश्वरीय प्रेम की घटनाएँ
2. कामनाएँ और उनका तत्त्वचिन्तन
3. वचन-वैलक्षण्य
4. कष्टों-दु:खों की तीव्र अनुभुतियाँ और उनकी अभिव्यक्ति
5. प्रेमल व्यंग्य
6. उच्च कल्पनाशीलता
7. हास्य
8. संसार की अस्थिरता

काव्य की विशेषताओं का वर्णन पहले ही किया जा चुका है। पर निम्नलिखित बातें उसमें विशेष रूप से पाई जाती है—

1. भाषा की सरलता
2. रोज़मर्रा और मुहाविरों की सफ़ाई
3. शब्दों में संगीतात्मकता और गति
4. व्यापक ज्ञान
5. फ़ारसी उक्तियों का सुन्दर प्रयोग
6. सूक्ष्म रूपक उपमाएँ एवं उत्प्रेक्षाएँ
7. स्पष्टता
8. छन्दों की विविधता

---

1. क़िस्सों, कथाओं 2. सीमित 3. विस्तृत 4. 'आसी' कुल्लियात के भूमिका भाग में।

मीर : काव्य की कुछ विशेषताएँ

उर्दू काव्य में एक से एक शायर हुए हैं पर 'मीर' का स्थान आज तक किसी को प्राप्त नहीं हुआ। उर्दू साहित्य कोई इतिहास, कोई संग्रह, कोई आलोचना ऐसी नहीं है जो 'मीर' की कविता के प्रति गहरी प्रशंसा से रिक्त हो। काव्यानुरागियों ने उन्हें ''ख़ुदा-ए-सख़ुन'' (काव्य का ईश्वर) कहा और छोटे-बड़े सब ने उनके चरणों में श्रद्धांजलि दी। उस्ताद 'ज़ौक़' ने लिखा—

न हुआ, पर न हुआ 'मीर' का अन्दाज़ नसीब,
'ज़ौक़' यारों ने बहुत ज़ोर ग़ज़ल में मारा।

और उर्दू के महाकवि 'ग़ालिब' ने कहा—

अपना भी यह अक़ीदा[1] है बक़ौले नासिख़,
आप बेबहरा[2] है जो मोतक़िद[3]-ए-मीर नहीं।

अर्थात् नासिख़ की तरह मेरा भी विश्वास है कि जो मीर की प्रतिभा का क़ायल नहीं वह अज्ञानी है, अशिक्षित है, मूर्ख है।

आधुनिक उर्दू कवियों ने भी, इसी प्रकार, 'मीर' की प्रशंसा की है। देखिए—

शेरे मेरे भी हैं पुर-दर्द बलेकिन 'हसरत',
'मीर' का शेव-ए-गुफ़्तार कहाँ से लाऊँ?

—हसरत मोहानी

मैं हूँ क्या चीज़ जो इस तर्ज़ पे जाऊँ 'अकबर',
नासिख़ो-ज़ौक़ भी जब चल न सके 'मीर' के साथ।

—अकबर

---

1. विश्वास 2. अज्ञानी 3. श्रद्धालु।

बड़ी मुश्किल से तक़लीदे जनाबे मीर होती है।

—नूह नारवी

इनकी कविता की इतनी धूम थी कि लोग उसे उपहार की भाँति एक शहर से दूसरे शहर, अपने यार-दोस्तों और सम्बन्धियों को भेजते थे। मुहम्मद हुसेन 'आज़ाद' ने 'आबेहयात' में लिखा है—''क़द्रदानी ने इनके कलाम को जवाहिर और मोतियों की निगाहों देखा और नाम को फूलों की महक बनाकर उड़ाया। हिन्दुस्तान में यह बात इन्हीं को नसीब हुई है कि मुसाफ़िर ग़ज़लों को तोहफ़े के तौर पर शहर-से-शहर में ले जाते थे।'' न कवेल उत्तर भारत बल्कि दक्षिण तक इनकी कविता पहुँच गयी थी।

स्वभावत: उन्हें अपनी ज़बान और अपनी कविता पर अभिमान था। ये उनके जीवन का अंग बन गयी थीं। अपनी जवानी में वह अफ़वाह की तरह प्रसिद्ध हो गये थे। जिधर से निकलते, लोग उनका अनुसरण करते थे। वह ख़ुद लिखते हैं—

यह 'मीर' सितमकुश्ता[1] किसू वक़्त जवाँ था,
अन्दाज़े-सख़ुन का सबबे-शोरो-फ़ुग़ाँ था।
× × ×
जादू की पुड़ी परचये अबयात[2] था उसका,
मुँह तकते ग़ज़ल पढ़ते अजब सेहरे बयाँ[3] था।
जिस राह से वह दिलज़दा दिल्ली में निकलता,
साथ उसके क़यामत का सा हंगामा रवाँ[4] था।

बड़े जोश से पढ़ते थे; दिल में दर्द था, उसके कारण तबीयत में एक अजब रवानी थी—

मीर दरिया है, सुने शेर ज़बानी उसकी,
अल्ला अल्ला रे तबीयत की रवानी उसकी।
एक है अहद में अपने वह परागन्दा-मिज़ाज[5],
अपनी आँखों में न आया कोई सानी[6] उसकी।
मर्सिये दिल के कई कह के दिये लोगों को,
शहर दिल्ली में है सब पास निशानी उसकी।

---

1. अन्याय से कटा हुआ। 2. शेरों का पर्चा 3. जिसके बयान में जादू हो 4. जारी 5. अस्तव्यस्तमना 6. जोड़।

फिर दिल्ली ही क्यों दक्षिण में भी इनके काव्य की धूम थी—

सरसब्ज़ मुल्के हिन्द में ऐसा हुआ कि 'मीर',
यह रेख़्ता लिखा हुआ तेरा दकन गया।

कुछ हिन्दी ही में मीर नहीं लोग जेबचाक़,
है मेरे रेख़्तों का दीवाना दकन तमाम।

इनकी ग़ज़लें महफ़िलों में सुनकर लोग झूमते थे और फ़क़ीरों की कुटियों वे प्रतिध्वनित होती थीं—

मतरिब[1] से ग़ज़ल मीर की कल मैंने पढ़ायी,
अल्ला रे असर सबके तईं रफ़्तगी[2] आयी।
जिस शेर पर समाअ था कल ख़ानक़ाह[3] में,
वह आज मैं सुना तो है मेरा कहा हुआ।

इन बातों के कारण इनका स्वाभिमान बढ़ता गया। संस्कृत कवियों की भाँति इनकी गर्वोक्तियाँ भी प्रसिद्ध हैं—

रेख़ता रुतबे का पहुँचाया हुआ उसका है,
मोतक़िद कौन नहीं 'मीर' की उस्तादी का!

× × ×

जो देखो मेरे शेरेतर की तरफ़,
तो मायल[4] न हो फिर गुहर[5] की तरफ़।

× × ×

पढ़ते फिरेंगे गलियों में इन रेख़तों को लोग,
मुद्दत रहेंगी याद ये बातें हमारियाँ।
रेख़ता ख़ूब ही कहता है जो इन्साफ़ करो,
चाहिए अहले-सख़ुन 'मीर' को उस्ताद करें।
न रक्खो कान नज़्मे शायराने-हाल[6] पर इतने
चलो टुक मीर को सुनने कि मोती से पिरोता है।

---

1. गायक 2. बेहोशी 3. फ़क़ीरों, दरवेशों का आश्रम 4. आकर्षित 5. मोती 6. आज कवियों की कविता न सुनो।

दिल किस तरह न खींचें अशआर[1] रेख्ते के,
बेहतर किया है मैंने इस ऐब को हुनर से।

रेख्ता के निमार्ण में इनका बड़ा हाथ है—

रेख्ता काहे को था इस रुतब-ए-आला[2] में मीर,
जो ज़मीं निकली उसे ता-आस्माँ मैं ले गया।

काव्य-रचना को वह मानव का श्रेष्ठ गुण मानते थे। कहते हैं—

ऐ मीर शेर कहना क्या है कमाले इंसाँ,
यह भी ख़याल-सा कुछ ख़ातिर में आ गया है।

अपनी ज़बान पर इनको नाज़ था; उसे यह प्रमाण मानते थे—

अव्वल तो मैं सनद हूँ फिर यह मेरी ज़ुबाँ है।

× × ×

यह हमारी ज़ुबान है प्यारे।

इस प्रकार हम देखते हैं कि अपने ही समय में यह इतने प्रसिद्ध हो गये थे कि समाज के हर वर्ग के लोग इनकी कविता सुनने को उत्सुक रहते थे।

क्या कारण है, इस लोकप्रियता का? इनके समय में भी बड़े-बड़े उर्दू शायर थे, ख़ूब कहते थे; रूपक और अतिशयोक्ति से भरी सूक्तियाँ कहनेवालों की कमी न थी। पर मीर की ज़बान किसी को नसीब न हुई। कोई ऐसी अद्‌भुत बात भी नहीं कहते थे, फिर भी लोग सुनते थे और सिर धुनते थे। लोग भी कहते थे और ख़ुद मीर भी कहते हैं कि पता नहीं मीर के शेर क्यों दिलों को खींचते हैं—

क्या जानूँ दिल को खींचे हैं क्यों शेर मीर के,
कुछ ऐसी तर्ज़ भी नहीं ऐहाम भी नहीं।

सबसे पहली बात जो इनके काव्य में है, इनकी भाषा की सादगी है। यों कहते हैं, मानों बात कर रहे हैं। और यही चीज़ है जो ग़ज़ल को ग़ज़ल रखती है। फिर भाषा भावों के सर्वथा अनुरूप है। ज़बान और उससे अदा होनेवाली दर्दभरी भावना यों ही मिल गयी है। जैसे रंग और पानी एक में मिला दिय गये हों कि फिर उनको अलग करना मुश्किल हो। इस तरह यह सीधे-सादे शब्दों में गहरी, दिल को हिला देनेवाली, ग़ज़ल की बातें कर जाते हैं—

1. शेर का बहुवचन 2. उच्चपद।

यह जो चश्मे पुरआब हैं दोनों।
एक ख़ाना ख़राब हैं दोनों।
× × ×
मैं जो बोला तो बोले यह आवाज़
उसी ख़ानाख़राब की-सी है।

दोनों शेर दिल से टकराते हैं। सुननेवाले के मुँह से एक आह निकल जाती हैं। मन करुणा से आर्द्र हो जाता है। पर विश्लेषण करने पर इनमें कोई विचित्रता नहीं मालूम पड़ती। न इनमें विषय की नवीनता है, न कोई अद्‌भुत कल्पना है, न कोई विशिष्ट जीवन-दर्शन है; फिर भी सब मिलाकर इनका एक अद्‌भुत प्रभाव पड़ता है। दिल तिलमिला उठता है।

इनकी ज़बान इनकी अपनी है। इन्होंने उसमें भारतीय वातावरण को ऐसा मिला दिया है कि शब्दों का प्रभाव दुगना हो गया है। इसीलिए वह सलाह भी देते हैं—

हुस्न तो हैं ही करो लुत्फ़े-ज़बाँ भी पैदा,
मीर को देखो कि सब लोग भला कहते हैं।

भाषा की सादगी तो ग़ज़ब की है, इसलिए उसमें एक कुमारोत्व का सौन्दर्य और पवित्र आकर्षण है—

शाम से कुछ बुझा-सा रहता है,
दिल हुआ है चिराग़ मुफ़लिस[1] का।
× × ×
करो फ़िक्र मुझ दीवाने की।
धूम है फिर बहार[2] आने की।
× × ×
कहते हो इत्तिहाद[3] है हमको?
हाँ, कहो एतमाद[4] है हमको।
आह किस तरह रोइए कम कम,
शौक़ हद से ज़ियाद है हमको।
× × ×
अबके जुनूँ[5] में फ़ासला शायद न कुछ रहे,
दामन के चाक और गरेबाँ[6] के चाक में।

---

1. ग़रीब, अकिंचन 2. वसन्त 3. मेलजोल, मैत्री 4. विश्वास 5. उन्माद 6. गले।

दिल किस क़दर शिकस्ता[1] हुआ था कि रात मीर,
आयी जो बात लब[2] पे सो फ़रियाद हो गयी।

× × ×

कहते तो हो यूँ कहते, यूँ कहते जो वह आता,
ये कहने की बातें हैं? कुछ भी न कहा जाता।

इस प्रकार इनकी सादी अलंकार-विहीन भाषा में वही आकर्षण है जो किशोरिका में होती है—उस किशोरी में जिसमें बचपन की सादगी है और उस सादगी में रह-रहकर झाँकती एक शोख़ी, जो चुप है पर न जानी कितने अभिव्यक्तियाँ उसकी चुप्पी पर निछावर हैं।

इनके काव्य की दूसरी विशेषता है इनकी दर्दमन्दी। मतलब यह कि जो कुछ इन्होंने लिखा है वह कल्पना की वस्तु नहीं है, इनका बार-बार का भुगता हुआ है। प्रेम लिखा है तो प्रेम किया भी है और प्रेम किया है तो इस सीमा तक किया है कि उस पर अपने को लुटा दिया है, एक समर्पण की गहराई जो उर्दू-शायरों में मुश्किल से मिलती है। वह कविता लिखते बाद में हैं, अनुभव पहले करते हैं। उनका सम्पूर्ण जीवन, जीवनव्यापी वेदना ही उनके काव्य की भूमिका है। इसीलिए उन लोगों को जो बिना दर्द का स्वाद चखे काव्य-रचना की ओर प्रवृत्त होते हैं, वह महत्त्व नहीं देते। 'बेसोज़े दिल किन्होंने कहा रेख़ता तो क्या?' बिना दिल जलाये रेख़ता लिखना बेकार है। उन्होंने कहा भी है—

जब ज़मज़मा[3] करती है सदा[4] चुभती है दिल में,
बुलबुल से कोई सीख ले अन्दाज़ सख़ुन का।

जब बुलबुल बिंध जाती है, वह तड़पकर गा उठती है, तभी उसकी आवाज़ दिल में चुभती है। यह कविता का ढंग उसी से सीखना चाहिए। कविता लिखने के पूर्व 'मीर' ने दुःखों से भरा लम्बा रास्ता तय किया है; उम्र ही बिता दी है। कहते हैं—

किस-किस तरह से मीर ने काटा है उम्र को,
अब आख़िर-आख़िर आन के यह रेख़ता कहा।
दफ़्तर लिखे हैं मीर ने दिल के अलम[5] के यह,
यां अपने तौरो तर्ज़[6] में वह फ़र्द[7] हो गया।

---

1. टूटा हुआ, भग्न, खंडित 2. ओठ। 3. गान 4. बोली, आवाज़। 5. दुःख 6. रंग-ढंग 7. अद्वितीय।

मुझको शायर न कहो मीर कि साहब मैंने,
दर्दो-ग़म कितने किये जमा सो दीवान किया।

मतलब यह कि सच्चे काव्य के लिए आत्मानुभूति ज़रूरी शर्त है। मीर का सारा काव्य ही एक दर्द की तस्वीर बन गया है, क्योंकि यह वेदना-रस उनके जीवन के पोर-पोर में भिंदा हुआ है। यही रस जब काव्य में उतरता है तो मानो दिल की चीख़ ही उसमें उतर आती है—

हर वरक़ हर सफ़हा में इक शेर शोर-अंगेज़ है।

यह दर्द उनके काव्य में सर्वत्र है पर उनकी ग़ज़लों में तो जैसे वही वह है। इसलिए इस मैदान में आज तक कोई इनकी बराबरी न कर सका। उर्दू में तो इतना दर्द और इतना सोज़ और कहीं देखने को नहीं मिलता। इस वेदना ने उूर्द ग़ज़लों को अनुभूति की वह गहराई दी जो उसे दोबारा नसीब नहीं हुई। काव्य क्या है हृदय-व्यथा की एक ऐसी अग्निशाला है जिसकी आग कभी बुझनेवाली नहीं। यही दर्द है जो सुननेवालों को रुला देता है—'दर्दे सख़ुन ने सभों को रुला दिया।' इनका प्रत्येक शेर एक आँसू है; हर मिसरा एक रक्त-बिन्दु है; हर शब्द एक आह है।

अपने जीवन में मीर अपनी ही वेदना के साधक नहीं हैं; उन्होंने भयंकर स्वप्न की भाँति बदलते हुए ज़माने की बरबादी देखी है। राजा को रंक और रंक को राजा होते देखा है:; शराफ़त को पनाह माँगते और क़मीनापन और गुंडागिरी को सिंहासन पर बैठते देखा है; उन्होंने भूख से तड़पते बच्चे देखे हैं; प्यास से दम तोड़ती कलियों को देखा है। डरे, सहमे बच्चे, जिनकी कच्चे दूध-सी आँखों में मौत और भय की छाया है।, उन्होंने देखे हैं; इनसान को दोस्त बनकर छुरा भोंकते उन्होंने देखा है; तड़पती, रोती, प्यासी, त्रस्त, चीख़ती दिल्ली को उन्होंने देखा है; इस तरह सम्पूर्ण युग को व्यथा के भयानक होलिका-दाह में जलते देखकर उसकी व्याथानुभूति को भी इन्होंने अपने दामन में बाँध लिया है। इस प्रकार युग-वेदना और आत्म-वेदना दोनों मिलकर एक हो गयी हैं। जग-बीती और आप-बीती के तूफ़ान में इनका दिल उमड़कर शेर में ऊँड़ेल दिया गया है। देखिए—

दिल न बाहम मिले तो हिज्राँ[1] है,
हम वे रहते हैं गो कि पास ही पास।
मीर वहशी[2] का दिल है बेताक़त,
चलता-फिरता है पर उदास-उदास।
नाउम्मीदी भी हद्द रखती है,
जीता कब तक रहेगा कोई निरास।

---

1. विरह 2. पागल।

रहे ज़ेरे-दीवार[1] हम मीर बरसों
न पूछा कभी ख़ाक उफ़्तादगाँ[2] को।

और भी देखिए—

दिल न पहुँचा गोशा-ए-दामाँ[3] तलक,
क़तर-ए-ख़ूँ था मज़ा[4] पर जम रहा।

हिजराने-यार एक मुसीबत है हमनशीं[5],
मरने के हाल से कोई कब तक जिया करे।

× × ×

कोई नहीं जहाँ में जो अन्दोहगीं[6] नहीं,
इस ग़मकदे[7] में आह दिले ख़ुश कहीं नहीं।

× × ×

आग थे इब्तिदा-ए[8]-इश्क़ में हम,
अब जो ख़ाक हैं इन्तिहा[9] है यह।

× × ×

इस गुलशने-दुनिया में शिगुफ़्ता[10] न हुआ मैं,
हूँ गुंच-ए-अफ़्सुर्दा[11] कि मर्दूदे-सबा[12] हूँ।

अपने एक फ़ारसी शेर में भी कहते हैं—

हैफ़ दर शोरः ज़ारे आलम मीर
सब्ज नागुश्ता सोख़्तदान-ए-मा।

प्रेम और दुनिया के दुःखों ने इनके जीवन में आनन्द और उत्फुल्लता के झोंके कभी आने न दिये। पर इस मिटे हुए दिल में भी भावना का सागर लहराता है। मिटकर भी वह मिटते नहीं; बल्कि इस विनाश में एक नवजीवन का प्रकाश है। उन्होंने पाकर खोया है पर खोकर पाया भी है। एक नशा है जो उनकी ज़िन्दगी पर छा गया है—

उम्र भर हम रहे शराबी-से,
दिले पुरखूँ की एक गुलाबी से।

---

1. दीवार के नीचे, दीवार की छाया में 2. विपदा में पड़े हुए 3. दामन के, आँचल के किनारे 4. दृगंचल, पलक 5. साथी 6. दुःखी 7. दुःखागार 8. आरम्भ 9. अन्त 10. प्रफुल्लित 11. मुरझाई कली 12. प्रभाती का मारा हुआ।

मर-मर कर भी वह जिये हैं—

क्या करूँ शरह[1] खिस्ताजानी[2] की।
मैंने मर मरके ज़िन्दगानी की।

ऐसा नहीं कि वह हँसना चाहते नहीं; वह भी हँसने, दुनिया के मज़ों में शामिल होने की इच्छा रखते हैं पर दिल की बेबसी को क्या करें; आँखों को क्या करें जिन पर वश नहीं रह गया है—

हँसता ही मैं फिरुँ जो मेरा कुछ हो इख़्तियार[3]
पर क्या करुँ मैं दीद-ए-बेइख़्तियार[4] को।

इस तरह दुःखों में डूबी इनकी ज़िन्दगानी ने इनके काव्य को करुणा से ओत-प्रोत कर दिया है। पर इनके काव्य का सबसे बड़ा सौन्दर्य प्रेम की वह चित्रकारी है जो उसमें सर्वत्र मिलती है। प्रेमी की कुंजगलियों की एक-एक इंच भूमि इनकी जानी-पहचानी है। प्रेम की कोई अवस्था ऐसी नहीं, जिसके सुन्दर चित्र इनके यहाँ न मिलते, हों। प्रेम की अगणित भंगिमाएँ यहाँ मचलती हैं; नाटक के न जाने कितने दृश्य यहाँ उभरते हैं; लालसाएँ उठती हैं, दिल की तिलमिलाहटें नाचती हैं, समर्पण का शीश झुकता है। प्रेम की सूक्ष्म भावनाओं की ऐसी मुसव्विरी, ऐसी चित्रकारी उर्दू काव्य में दुर्लभ है। उसमें अनुभूति की कूचियों से भरा रंग है, केवल कल्पना की परछाइयाँ नहीं।

प्रेम के आरम्भ में प्रेमी की अजीब अवस्था होती है। देखना चाहता है पर सामने आते ही आँखे झुक जाती हैं; लज्जा से बोल नहीं फूटते। नाम सुनने पर एक बेचैनी-सी होती है। बोलता किसी से है, देखता किसी की ओर है। दिल में आता है मिलने पर यह कहूँगा, वह कहूँगा पर कहा कुछ नहीं जाता। इन भावों के चित्र मीर में भरे पड़े हैं। देखिए—

लेते ही नाम उसका सोते से चौंक उठ्ठे,
है ख़ैर मीर साहब कुछ तुमने ख़्वाब देखा।

(पूर्वानुराग)

और यह हालत देखिए—

कहता था किसू से कुछ तकता था किसू का मुँह,
कल मीर खड़ा था याँ सच है कि दीवाना था।

(विभ्रम)

---

1. टीका, भावों 2. हृदय-भग्नता 3. वश 4. बेबस आँखें।

प्रेमी की लज्जा का वर्णन करते हैं—

मीर से पूछा जो मैं आशिक़ हो तुम,
होके कुछ चुपके-से शरमाये बहुत।

(लज्जानुराग)

समझे थे हम तो मीर को आशिक़ उसी घड़ी,
जब सुनके तेरा नाम वह बेताब-सा हुआ।

प्रेम चुपके-चुपके बढ़ता है; उसकी जड़ें हृदय की गहराई में प्रविष्ट होती हैं। आग अन्दर-अन्दर जलती है; विरह कलेजा मथता है; बीमार की-सी हालत हो जाती है। बदन पीला, शरीर ढीला, चेहरे पर दीवानगी का आलम, बेचैनियों में गिरफ़्तार, अन्दर दिल को जैसे कोई मल रहा हो। प्रेम के ऐसे अनेक चित्र मीर देते हैं—

हम तौरे-इश्क़-से तो वाक़िफ़ नहीं हैं लेकिन,
सीने में जैसे कोई दिल को मला करे है।

× × ×

छाती जला करे है सोज़े-दरूँ बला से,
एक आग-सी रहे है क्या जानिए कि क्या है?

कहते हैं, मालूम नहीं प्रेम क्या होता है, कैसा होता है पर इतना जानता हूँ कि सीने के अन्दर जैसे कोई दिल को मला करता है। फिर आगे कहते हैं कि भीतर की जलन से छाती जलती रहती है। एक आग-सी लगी मालूम होती है पर यह नहीं जानता कि वह क्या है? अज्ञात पूर्वानुराग का कैसा सुन्दर एवं मनोवैज्ञानिक निरूपण है।

धीरे-धीरे प्रेम का रंग गहरा होता है। अब अन्दाज़ा होने लगा है कि कहीं यह प्रेम तो नहीं—

गर इश्क़ नहीं है तो यह क्या है भला मुझको,
जी ख़ुद-ब-ख़ुद ऐ हमदम काहे को खपा जाता?

× × ×

किस तरह से मानिए यारो किं यह आशिक़ नहीं,
रंग उड़ा जाता है टुक चेहरा तो देखो मीर का।

ताड़नेवाले ताड़ने लगे हैं। कहनेवाले कहने लगे हैं कि भई, क्या बात है? यह तुम्हारी हालत क्या है? तुम्हें हुआ क्या है? यह मुरझाया-मुरझाया चेहरा, यह झुकी तस्वीर, यह बदरंगी, यह दुर्बल शरीर! क्या हो गया है—

क़ामत ख़मीदा[1] रंग शिकस्ता[2] बदन नज़ार[3],
तेरा तो मीर ग़म में अजब हाल हो गया।
कुछ ज़र्द-ज़र्द[4] चेहरा कुछ लाग़री[5] बदन में,
क्या इश्क़ में हुआ है ऐ मीर! हाल तेरा?

लोग कहते हैं, आजकल सबसे जुदा रहते हो, एकान्त में फिरते हो, जान पड़ता है, तुम्हारा दिल कहीं अटक गया है। और मीर हैं कि क्या जवाब दें। लोग आपस में भी बातें करते हैं कि किसी की जुदाई का ग़म इतना है कि मुँह पीला पड़ गया है। यह क्या जवाब दें। आँखों में आँसू भर लाते हैं। लोग कहते हैं, बार-बार आँखों में आँसू न भरो वर्ना तुम्हारे प्रेम का भेद खुल जाएगा। इन्हीं भावों को देखिए—

फिरते हो मीर साहब सबसे जुदे-जुदे तुम,
शायद कहीं तुम्हारा दिल इन दिनों लगा है।
× × ×
किससे जुदा हुए हैं कि ऐसे हैं दर्दमन्द,
मुँह मीर जी का आज निहायत ही ज़र्द है।
× × ×
मीरजी! राज़े-इश्क़[6] होगा फ़ाश[7],
चश्म हर लहज़ा[8] मत पुरआब[9] करो।
× × ×
आशिक़ है या मरीज़ है पूछो तो मीर से,
पाता हूँ ज़र्द-रोज़-बरोज़ इस जवाँ को मैं।

सवाल पर सवाल होते हैं, चर्चे होते हैं, और मीर हैं कि मुँह बन्द किये है। क्या जवाब दें, पर कब तक चुप रहें, कब तक मुँह बन्द रख सकते हैं; आख़िर दो शब्द कहते हैं—

अब तो दिल को न ताब है न क़रार,
यादे अय्याम[10] जब तहम्मुल[11] था।
× × ×
कुछ नहीं सूझता हमें उस बिना,
शौक़ ने हमका बेहवास किया।

---

1. झुका आकार, झुकी देह 2. बिखरा रंग 3. क्षीण 4. पीला 5. दुर्बलता, क्षीणता 6. प्रेम-रहस्य 7. प्रकट 8. प्रतिक्षण 9. तर, अश्रुपूर्ण 10. याद के दिनों 11. सहिष्णुता, धीरज

शुरू-शुरू में एक प्रकार का धीरज था, सन्तोष था, अब तो दिल में ज़रा भी चैन नहीं है। हाय! हमें उसके बिना कुछ नहीं सूझ पड़ता; उत्कंठा इतनी बढ़ गयी है कि मेरा होश-हवास गुम है। जानता हूँ कि रोने से डूब जाऊँगा, घुल रहा हूँ पर मेरे दोस्त! क्या करूँ, इतना कमज़ोर हो गया हूँ कि धीरज नहीं रह गया है; याद आते ही आँसू निकल पड़ते हैं। बोलो क्या करूँ—

बेताक़ती सकूँ नहीं रखती है हमनशीं,
रोने ने हर घड़ी के मुझे तो डुबो दिया।

और कभी-कभी प्रियतम के सामने भी कुछ टूटे-फूटे बोल लेते हैं—

जब नाम तेरा लीजिए तब चश्म भर आवे,
इस ज़िन्दगी करने को कहाँ से जिगर आवे।
हमारे आगे तेरा जब किसू ने नाम लिया,
तो दिल सितमज़दा को मैंने थाम-थाम लिया।

तुम्हारा नाम लेते ही आँखें भर आती हैं; तब ज़िन्दगी बिताने को मैं कहाँ से कलेजा लाऊँ? इतना ही क्या कम है कि जब कोई हमारे आगे तुम्हारा नाम लेता है तो मैं अपने इस दुखिया दिल को थाम-थाम लेता हूँ। (यहाँ थाम-थाम शब्द ने भाषा में एक दर्द और संजीदगी पैदा कर दी है, जो पकड़ लेना कहने से नहीं आ सकती थी)।

पर उधर उनकी शरारत देखिए। यहाँ विरह में यह हाल है, चेहरा पीला पड़ गया है और वह हँसके कहते हैं कि अब तो तुम्हारा रंग कुछ निखर चला है—

यह छेड़ देख, हँसके रुख़ेज़र्द पै मेरे,
कहते हैं, मीर! रंग तो अब कुछ निखर चला।

और वह त्योरियाँ चढ़ाते जाते हैं। इस पर मीर ने क्या ख़ूब कहा है—

हम ख़स्तादिल हैं तुझसे भी नाज़ुक मिज़ाजतर,
त्योरी चढ़ायी तूने कि याँ जी निकल गया।

लोग समझाते हैं, व्यर्थ घुल रहे हो, फ़ुज़ूल जान दे रहे हो। मीर भी दिल को समझाते हैं पर इश्क़ का मनोवैज्ञानिक पक्ष यह है कि वह दबाने से और बढ़ता है, समझाने से और उभरता है। तुम समझाते हो, उसकी बेचैनी बढ़ती है; तुम कहते हो और कलेजा मुँह को आता है। सहानुभूति प्रदर्शन में दर्द दर्द पर चोट करता है; और रोना आता है, जितना समझाते हैं, उतना ही मन टूट कर घुल-घुल जाता है।

दिल पत्थर करना चाहते हैं पर पानी हुआ जाता है; बाँध मज़बूत करना चाहते हैं पर टूट जाता है—

कहने से मीर और भी होता है मुज़तरब[1]
समझाऊँ कब तक इस दिले ख़ाना ख़राब को।

और मीर यह भी कहते हैं कि प्रेम की इस पीड़ा में, इस बेचैनी में क्या कहूँ, बात करता हूँ कि कलेजा मुँह तक आता है।

और हज़रत बार-बार सोचते हैं कि अब उसके यहाँ न जाऊँगा पर बेचैनी उमड़ती है और बार-बार उसके दरवाज़े पर जाते हैं। बार-बार उधर ही पाँव उठते हैं—

बार-बार उसके दर पे जाता हूँ,
हालत अब इज़तिराब की-सी है।
चला न उठके वहीं चुपके-चुपके तू फिर मीर,
अभी तो उसकी गली से पुकार लाया हूँ।

प्राय: प्रेमी सोचता है के मिलने पर यह कहूँगा। उनके सामने दिल निकालकर रख दूँगा। उनकी शिकायत करूँगा कि मेरे साथ क्यों इतनी निष्ठुरता करते हो, यह तुम्हारी क्या आदत है—मतलब हज़ार बातें करुँगा पर सामने जाते ही सब बातें भूल जाती हैं, कुछ बोला नहीं जाता। इसी भाव को 'मीर' प्रदर्शित करते हैं—

जी में था उससे मिलिए तो क्या-क्या न कहिए मीर,
पर जब मिले तो रह गये नाचार देखकर।

कभी-कभी ऐसा होता है कि लाख दिल को मारते हैं, भावों को बाँधते हैं, ओठ दबाते हैं पर प्यार प्रकट हो ही जाता है। न चाहते हुए भी एकाध शब्द प्यार के निकल ही जाते हैं। इसी को कहा है—

हर चन्द मैंने शौक़ को पेनहाँ[2] किया वले[3],
एक-आध हर्फ़ प्यार का मुँह से निकल गया।

एक लाख रुदन हो, व्यथा हो, जब तक कहने के ढंग में एक शोख़ी, एक अदा, एक विशेष भंगिमा न हो तब तक कवि की कला निखरती नहीं। बातें दुनियाा में वही होती हैं, कोई शायर नयी बात नहीं कहता, पर नये ढंग से कहता है; निराली तर्ज़े-

---

1. बेचैन, 2. प्रच्छन्न, 3. किन्तु फिर भी।

बयाँ होती है। मीर की तारीफ़ यह है कि उनमें गहराई भी है और पकड़ भी है, अन्त:सौन्दर्य है और कहने का निरालापन भी है। अन्त: और बाह्य सौन्दर्य-राशि का सामंजस्य है। 'ठंडी आह निकलना' एक मुहावरा है, पर ठंडी आह के मज़मून में मीर ने बात पर बात पैदा की है—

> आशिक़ हैं हम तो मीर के भी ज़ब्ते-इश्क़ के,
> दिल जल गया था और नफ़स[1] लब पे सर्द था।

मीर जी के प्रेम पर नियन्त्रण के हम प्रशंसक हैं। दिल तो जल गया था पर ओठ पर ठंडी साँस निकल रही थी।

ओठों के सौन्दर्य पर चूमने की इच्छा होती है पर बिना इच्छा प्रकट किये इच्छा प्रकट कर दी है; बिना कहे सवाल करके उसे कह दिया है, किस शोख़ी के साथ—

> लाले-ख़ामोश[2] अपने देखो हो आरसी में,
> फिर पूछते हो हँसकर मुझ बेनवा[3] की ख़ाहिश?

अपने ख़ामोश लालों को (लालिमा के कारण ओठ की उपमा लाल से दी जाती है) आईने में देख रहे हो, फिर भी मुझ ग़रीब से मेरी इच्छा पूछते हो?

आड़ लेकर, सवाल करके अपनी मुराद कहने का यह अनोखा ढंग है।

मीर का सौन्दर्य-वर्णन

आँखें देखती हैं और दिल चुरा लिया जाता है; या दिल उधर दौड़ता है और आँखों को रोना और दु:ख उठाना पड़ता है। दोनों में क्या सही है! दिल आँखा को दोष देता है; आँखें दिल को दोषी बताती हैं और इन दोनों के झगड़े में प्रेमी मारा जाता है और इस भाव को मीर ने क्या ख़ूब अदा किया है—

> कहता है दिल की आँख ने मुझको किया ख़राब,
> कहती है आँख यह कि मुझे दिल ने खो दिया।
> लगता नहीं पता कि सही कौन-सी है बात,
> दोनों ने मिलके 'मीर' हमें तो डुबो दिया।

'मीर' ने हर रंग में दुनिया देखी है; प्रियतम की हर अदा से वह परिचित हैं। अन्तर्मन के चित्र तो उनमें ख़ूब हैं ही पर बाह्य-सौन्दर्य की एक-एक अदा भी उन्हें मालूम है। उनकी महती कल्पनाशीलता में, उनके तख़य्युल में इतना विस्तार है कि

1. श्वास 2. मौन 3. ग़रीब, अकिंचन।

कोई चीज़ उनकी पैनी आँखों से बच नहीं पायी। किस शोख़ी के साथ माशूक़ के मुख और बालों का वर्णन किया है। मिलन की रात्रि है। प्रेमी कहता है हमारे भाग जगे हैं। एक पहर रात है तब वह आये हैं। पर मुँह को खोल देते हैं, तो सुबह हो जाती है फिर मुँह को बालों में छिपा कर पूछते हैं, भला अब कितनी रात है? क्या शरारत भरा सौन्दर्य-वर्णन है!

थी सुबह जो मुँह को खोल देता,
हरचन्द कि तब थी एक पहर रात।
फिर ज़ुल्फ़ों में मुँह छिपा के बोला,
अब होवेगी मीर किस क़दर रात?

देह-यष्टि का सौन्दर्य :

मीर ने सौन्दर्य के हर क्षेत्र को लिया है। शरीर-यष्टि की लचक को देखकर कहते हैं—

इन गुलरुख़ों की क़ामत लहके है यूँ हवा में,
जिस रंग से लचकती फूलों की डालियाँ हैं।

× × ×

शौक़े-क़ामत में तेरे ऐ नौनिहाल,
गुल की शाख़ें लेती हैं अँगड़ाइयाँ!

आँख और ओठ :

अधखुली, अधमुँदी आँखों का सौन्दर्य और मस्ती कल्पना की नहीं, देखने की वस्तु है। धीरे-धीरे बन्द आँखों का खुलना! जैसे कली ने यह धीरे-धीरे खिलना उसी से सीखा है। फिर उनमें शराब की मस्तीभरी हैं—

मीर इन नीमबाज़[1] आँखों में,
सारी मस्ती शराब की-सी है।
खिलना कम-कम कली ने सीखा है,
उसकी आँखों की नीमख़ाबी से।

और ओठों को क्या कहें? कोई इन्हें याकूत कहता है कोई लाल और कोई गुलाब की पँखड़ी कहता है—

---

1. अधखुली।

है तसन्नो[1] कि लाल हैं वे लब,
यानी एक बात-सी बनायी है।

दूसरा मिसरा क्या ख़ूब है। बात बनाना मुहावरे को क्या निभाया है और मज़ा यह कि बात बनाना ओठो का ही काम है!

नाज़ की[2] उसके लब की क्या कहिए,
पँखड़ी एक गुलाब की-सी है।

× × ×

याकूत कोई उनको कहे है कोई गुलबर्ग[3]
टुक होंठ हिला तू भी कि एक बात ठहर जाए।

यहाँ भी 'एक बात ठहर जाने का' ख़ूब निर्वाह किया है।

मुख की बनावट :

क्या ख़ूबी उसके मुँह की ऐ गुंचा[4] नक़ल करिए,
तू तो न बोल ज़ालिम बू आती है देहाँ[5] से।

"ऐ कली, तू उसके मुख-सौन्दर्य की नक़ल क्यों करती है? तू चुप रह, न बोल, तेरे मुँह से बू आती है।"

कली की सुगन्ध को किस मुहावरे में ढालकर उसे नीचा दिखाया है!

कपोल :

कपोल सूर्य की तरह चमक रहे हैं, तब इन्हें घूँघट में, पर्दे में, नक़ाब में छिपाने से क्या लाभ है; वे छिपते तो हैं नहीं। जब हम उन्हें देखते हैं तो मन करता है कि आँखों को उनमें गड़ा दें—

है तकल्लुफ़ नक़ाब, वे रुख़सार[6],
क्या छिपें आफ़ताब[7] हैं दोनों।

× × ×

रुख़सार उसके हाय रे जब देखते हैं हम,
आता है जी में आँखों को इनमें गिड़ोइए।

---

1. बनावट (बनावटी बात है) 2. पतलापन, क्षीणता 3. गुलाब की पँखड़ी। 4. कली, मुकुल 5. मुँह, देहन। 6. कपोल, गाल 7. सूर्य।

बाल :

लग निकली है किसू की मगर बिखरी ज़ुल्फ़ से,
आने में बादे-सुबह[1] को याँ एक दिमाग़ है।

(सुरभित) प्रभाती में एक अहंकार है, जान पड़ता है वह किसी की बिखरी ज़ुल्फ़ों से लगकर आयी है।

तेरे बालों के वस्फ़[2] में मेरे,
शेर सब पेचदार होते हैं।

तेरे बाल इतने पेचदार हैं कि उनकी प्रशंसा में जो शेर कहता हूँ वह (शेर ही) पेचदार हो जाता है।

आवेगी एक बला तेरे सर सुन कि ऐ सबा[3],
ज़ुल्फ़े-सियह[4] का उसके अगर तार जाएगा।

ऐ प्रभाती वायु! ज़रा सावधान होकर बहाकर वर्ना यदि किसी दिन उसके काले बालों से पाला पड़ जाएगा तो तेरे सिर एक बला आ जाएगी।

मीर हर-एक मौज़[5] में है ज़ुल्फ़ ही का-सा दिमाग़,
जबसे वह दरिया पे आके बाल अपने धो गया।

मीर साहब कहते हैं कि जबसे मेरा प्रियतम नदी के किनारे आकर अपने बाल धो गया तबसे प्रत्येक तरंग में ज़ुल्फ़ का-सा ही दिमाग़ देखने में आता है—तबसे प्रत्येक तरंग में ज़ुल्फ़ी की ही भाँति उतार-चढ़ाव देख रहा हूँ। कंघी की हुई ज़ुल्फ़ों में तरंग की भाँति ही उतार-चढ़ाव होता है, इसी बात को लेकर यह शेर कहा है।

कान के मोती :

लेते करवट हिल गये जो कान के मोती तेरे,
शर्म से सरवर[6] गरेबाँ सुबह के तारे हुए।

करवट लेने से, अँगाड़ाई लेने से जो तेरे कान के मोती हिले तो शर्म से सुबह के तारों ने गरेबाँ में मुँह छिपा लिया।

सुबह के तारों का टिमटिमाना और मोती का हिलना दोनों में कैसा साम्य है।

---

1. प्रभात की वायु। 2. गुण, प्रशंसा। 3. प्रभाती 4. काली अलकें। 5. तरंग, लहर 6. अधिकारी।

चाल :

हर नक़्शे-पा[1] है शोख़ रश्के यासमन[2],
कम गोशए-चमन[3] से तेरा रहगुज़र नहीं।

ऐ शोख! तेरा प्रत्येक चरण-चिह्न नवमल्लिका को लज्जित करनेवाला है। तेरा चलना पुष्पोद्यान-खंड से कुछ कम नहीं है। जहाँ-जहाँ तू चलता है चमन खिलते जाते हैं।

यों हम मीर में सौन्दर्य के एक से एक चित्र पाते हैं। उन्होंने एक श्रेष्ठ कुल की कुमारी के प्रति आत्मसमर्पण किया था। उनके प्रेम में कहीं अश्लीलता, निकृष्टता नहीं है, हाँ जलन है, गर्मी है। फ़ारूक़ी ने ठीक ही लिखा है कि, ''उन्होंने अपनी तस्वीरों में जिन क़दरों[4] को उभारा है वह वही हैं जो शरीफ़, मोतवस्सित[5] घरानों में पाई जाती हैं। उनमें तमन्ना का इज़हार[6], सरशार तजुर्बों[7] का निखार, चाहने और चाहे जाने की आरज़ू है। एक दिलरुबा[8] असलियत[9] है, एक कार आगही है जो तजुर्बात की वादी[10] में सीने के बल चलने से आती है। इनकी मोहब्बत असली ओर हक़ीक़ी है...इसमें जो सच्चाई; पाकीज़गी[11] और ज़ब्त[12] है वह आम-शायरों की दस्तरस[13] से बाहर है।*

फूले गुल शम्सो-क़मर[14] सारे ही थे,
पर हमें इनमें तुम्हीं भाये बहुत।

वहाँ गुलाब के फूल, सूरज और चाँद सभी थे पर उनमें तुम्हीं मुझे बहुत भाये। आर्ज़ूओं की एक दुनिया उनके सीने में बसी हुई है। देखिए—

मौसिमे अब्र[15] हो, सुबू[16] भी हो,
गुल हो, गुलशन[17] हो और तू भी हो।

यहाँ 'तू भी हो' ने एक विशिष्टता उत्पन्न कर दी है।

गर्चे कब देखते हो, पर देखो,
आरज़ू है कि तुम इधर देखो।

कितनी विवशता भरी विनती है। तुम मेरी तरफ़ देखते ही कब हो, पर चाहता हूँ कि देखो। मेरी वांछा है कि तुम इधर देखते!

---

1. चरण-चिह्न 2. चमेली की ईर्ष्या के योग्य 3. पुष्पोद्यान एक कोना, खंड। 4. मूल्यों 5. मध्यम 6. अभिव्यक्ति 7. अनुभव 8. चित्ताकर्षक 9. वास्तविकता, सत्य 10. घाटी 11. पवित्रता 12. नियन्त्रण 13. पहुँच 14. सूर्य-चाँद। 15. बादल का मौसिम, वर्षा के दिन 16. मधु-घट 17. पुष्पोद्यान।

* मीर तक़ी मीर पृष्ठ 338-339

वह और शायरों की तरह प्रियतम से कोई अनुचित कामना कभी नहीं प्रकट करते; प्रेम की ऊँचाई का सदा ध्यान रखते हैं। यदि प्रियतम की निष्ठुरता की चर्चा भी करते हैं तो उसका भार अपने ऊपर उठा लेते हैं यह है उनका समर्पण—

उसके ईफ़ाए-अहद[1] तक न जिये,
उम्र ने हमसे बेवफ़ाई की।

मर गये पर उसने वादा पूरा न किया। मीर साहब इसी बात को अपनी तर्ज़ पर कहते हैं कि उम्र ही बेवफ़ा निकली कि उसके प्रण-पालन तक हम न जी सके।

हाले-बद बुफ़्तनी नहीं अपना,
तुमने पूछा तो मेहरबानी की।

अपना बुरा हाल हम कहना नहीं चाहते; तुमने पूछा यह तुम्हारी कृपा है।

प्रतीक्षा में आँखें लगी हैं, इस भाव को मीर ने गहरी अनुभूतियों के रंग में चित्रित किया है—

बालीं[2] पै मेरी आकर टुक देख शौक़े दीदार,
वक़्त मिलने का मगर दाख़िले-अय्याम[3] नहीं।

दिन को-नहीं, रात को-नहीं, सुबह को-नहीं, शाम को- नहीं, शायद मिलने का समय दिवस की अवधि में है ही नहीं।

इधर यह बात है, उधर आँखें छिपाकर वह कभी-कभी देख भी लेते हैं और जब आँखें मिल जाती हैं तो उन्हें झुका लेते हैं, जैसे चोरी पकड़ ली गयी हो। क्या उनमें मेरे प्रति कोई लगाव, कोई दर्द, कोई झुकाव नहीं है ? यदि नहीं है तो ऐसा होता क्यों है—

वह दर्दे-दिल नहीं तो क्यों देखते ही मुझको,
पलकें झुकालियाँ हैं, आँखें चुरालियाँ हैं।

प्रेम कोई अपराध तो नहीं है पर दुनिया में अक्सर अपराध मान लिया जाता है। मीर कहते हैं कि तुम मालिक हो, मुझे मारना चाहो तो मार डालो पर दास ने सिवा प्रेम करने के और कोई पाप तो नहीं किया है—

साहब हो मार डालो मुझे तुम वगर्ना कुछ,
जुज़ आशक़ी गुनाह नहीं है ग़ुलाम का।

---

1. प्रण-पूर्ति 2. छत 3. दिनों में शामिल।

मीर अपने शिष्टाचार को कभी नहीं छोड़ते। प्रियतम से जो कुछ कहना है विनयपूर्वक कहते हैं। उनकी इच्छाओं की अभिव्यक्ति में, आरज़ू के इज़हार में भी बड़ी ग़रीबी है, बड़ी सरलता है,—मानो उसमें भी वेदना कभी उनसे अलिप्त नहीं रहती—

गर्चे कब देखते हो, पर देखो,
आरज़ू है कि तुम इधर देखो।

'सायल' का एक शेर भी कुछ इसी तर्ज़ पर है—

दिल तो यह चाहता है ख़स्ता जिगर को देखो,
आगे तुम्हारी मरज़ी चाहे जिधर को देखो।

पर मीर का पहला मिसरा इतने दर्द, इतनी निराशा और हसरत में डूबा हुआ है कि उसने उसे अनुभूति की वेदना का स्वर प्रदान किया है। वह अब तक के निराशा भरे अनुभव की कथा कहता है और उसके प्रकाश में ही अपनी अभिलाषा प्रकट करता है; इस अभिलाषा में भी जैसे वह आश्वस्त नहीं कि वह देखेंगे, क्योंकि 'कब देखते हो?'

विरह की वेदना बहुत बढ़ गयी है: अब जीवन की कोई आशा नहीं। चलचलाव लगा है। वह आये हैं। देखते हैं और शायद यह सोचकर कि ऐसा तो अक्सर होता रहता है, चलने को तैयार होते हैं;—शायद उन्हें मालूम नहीं पड़ता कि आख़िरी वक़्त है और हम भी यात्रा पर निकलने ही वाले हैं।

ज़रा रुक जाओ। यह मेरी अन्तिम वेला है। ज़रा मेरे पास बैठो; जल्दबाज़ी न करो, सब्र करो, ज़रा धीरज धरो, हम भी तुम्हारे साथ ही चलते हैं (मतलब यह है कि उधर तुम चलते हो, इधर मैं भी दम तोड़कर चलता हूँ।)

दमे-आख़िर है, बैठ जा, मत जा,
सब्र कर टुक, कि हम भी चलते हैं।

कैसी बेबसी, निराशा और दिल-शिकनी का आलम है। मज़ा यह कि इसमें भी अपनी वही अकड़ और शान है—

चले हम अगर तुमको इकराह[1] है,
फ़क़ीरों की अल्लाह अल्लाह है।

1. एतराज़, नापसंदी, घृणा

एक जगह कहते हैं कि तुमने अपने दिल से तो हमें भुला दिया, निकाल दिया पर अपने को मेरे दिल से निकाल दो, मेरे दिल से भुला दो तब समझूँ—

तुमने जो अपने दिल से भुलाया हमें तो क्या,
अपने तईं तो दिल से हमारे भुलाइए।

सूरदास का निम्न पद याद आ जाता है—

'हिरदै तें जब जाहुगे, मर्द बदौंगो तोहिं।'

मीर की दुनिया दर्द की दुनिया है और इस दुनिया का वह अद्वितीय कवि है। 'फ़िराक़' गोरखपुरी की बात ठीक है कि मीर बड़ा ग़ज़लगो है और ग़ालिब बड़ा फ़नकार (कलाकार) है। पर मीर को पढ़कर कलेजा हिल जाता है, जबकि ग़ालिब को पढ़कर उसकी उड़ान की प्रशंसा करनी पड़ती है। सबसे बड़ी बात मीर के साथ यह है कि मीर का दर्द हमें मारता नहीं, वह ज़िन्दगी को उभारता है। वह विष नहीं है, मारक नहीं है; वह बेहोशी में भी एक अजब होश पैदा करता है। वह दुःख में भी इनसान की महत्ता और श्रेष्ठता को कभी नहीं भूलता। मानवता पर उसका सहज गर्व है—

मत सहल हमें जानो फिरता है फ़लक बरसों,
तब ख़ाक के परदे से इनसान निकलते हैं!

ज़िन्दगी काँटों से भरी है; मुसीबतों से घिरी है; अनिश्चितताओं से उलझी है, और दिल की नगरी है कि बार-बार लुटी है, हम देखते रहे हैं और वह लुट गयी है।

दिल की वीरानी का क्या मज़्कूर है,
यह नगर सौ मर्तबा लूटा गया।

मीर को बुलबुले की तरह मिटना ही है। प्रभाती वायु भी इश्क़ के पागलों का निशान पूछने पर एक मुट्ठी धूल उड़ा देती है। (कि यह है निशान उनका)—

नमूद[1] करके वहीं बहरे-ग़म[2] में बैठ गया,
कहे तो मीर भी एक बुलबुला था पानी का।

× × ×

आवारगाने इश्क़ का पूछा जो मैं निशाँ
मुश्ते-ग़ुबार[3] लेके सबा[4] ने उड़ा दिया।

---

1. व्यक्त, दृष्ट 2. दुःख-सागर 3. एक मुट्ठी धूल 4. प्रभाती।

संसार के कठोर पथ पर चलते हुए वह बराबर अनुभव करते रहे हैं कि-

ज़मी सख़्त हैं आसमाँ दूर है।

पर चलना, सिर ऊँचा करके चलना उन्होंने कभी न छोड़ा। अपने मूल्यों से उनका विश्वास कभी न डिगा, इसीलिए और लोग जिस बोझ को उठा न पाये, या जो लोगों को बहुत भारी प्रतीत हुआ, उसे वह उठा सके।

सबपै जिस बार[1] ने गिरानी की,
उसको यह नातवाँ[2] उठा लाया।

निराशाओं ने इनमें अपनी राह पर चलने की आशा दी है; अपनी दुःखी हुई ज़िन्दगी ने इन्हें युग-वेदना को अपनाने की चेतना दी है। इसीलिए इनकी वेदना में इतनी तरलता और इतनी गहराई है। यह बोलते क्या हैं, मानो तड़पकर इनका दिल ही निकल रहा है। शायद इसी को ख़याल कर कहा भी है—

अल्लाह रे अन्दलीब[3] की आवाज़े-दिलख़राश[4],
जी ही निकल गया जो कहा उनने हाय गुल!

कितना दर्द है, क्या तस्वीर है, क्या भाषा है, क्या कला है, क्या गहराई है। बिल्कुल जैसा वह कहते हैं—'दुनिया सिमट आयी है मेरे दीद-ए-तर में।' वेदना हर शब्द के झरोखे से झाँकती है और यह प्रभाव बिना गहरी निजी अनुभूतियों के सम्भव नहीं—

दर्दे-दिल मा ग़मे-दुनिया, ग़मे-माशूक़ शवद,
बादह गर ख़ाम बुवद पुख़्ता कुनद शीशए मा।

1. बोझ, भार 2. दुर्बल, अशक्त 3. बुलबुल 4. हृदय-भग्नकारी, दिल चीरनेवाली।

मीर : जीवन और काव्य-ज्ञातव्य बातें

1. मीर-काव्य की संक्षिप्त-समीक्षा

मीर के काव्य की जड़ें जीवन की वास्तविकता की मिट्टी में दूर तक फैली हुई हैं। वह तूफ़ानों में पले, आँधियों से गुज़रे थे। दुनिया का ऊँच-नीच उन्होंने देखा था। उनकी आँखों के आगे सिंहासन टूटते थे, राजा भिखारी और भिखारी राजा बन जाते थे। स्वार्थ के लिए मनुष्य पशु हो जाता था। ख़ुद उन्होंने ज़माने की चोटें सही थीं, जगह-जगह फिरे थे। ग़रीबी के मज़े चख़े थे। हर तरह की कठिनाइयाँ सहन की थीं। फिर उनके पास एक ऐसा दिल था जिसमें प्रेम की वेदना और तड़प थी, जिसमें कल्पना और अनुभूति थी, जिसमें सपने थे, जिसमें जीवन के प्रति गहरी निष्ठा थी। इसके साथ ही उनमें सूफ़ियों और दरवेशों के पैतृक संस्कार थे-वे संस्कार जिसने इनको दर्दमन्दी दी पर किसी वैभव के आगे न झुकने की वृत्ति भी दी। मीर के जीवन की यह एक बड़ी विशेषता है कि कठिनाइयों के बीच, ग़रीबी के बीच, चलते हुए भी उन्होंने कभी सिर नहीं झुकाया; मानवता के मूल्यों को कभी नहीं छोड़ा। सौन्दर्योपासना ने, प्रेम ने उन्हें जीवन की सुकुमार वृत्तियों का सूक्ष्म ज्ञान दिया।

इसलिए इनका काव्य जीवन के उत्स रूप में प्रकट हुआ है। उसमें सौन्दर्य एवं प्रेम से लिपटे जीवन की मुसकराहट है और ज़िन्दगी की असफल संवेदनाओं का रोदन है। उनका प्रेम हवाई, काल्पनिक, आसमानी नहीं है; वह मानवीय है—वह इसी दुनिया का है; उसमें जीवन के रक्त की तड़प और प्रवाह है पर उसमें कर्दम नहीं है, नग्नता नहीं है। उस एक दिल की धड़कन में हज़ार-हज़ार दिल धड़कते हैं; उस व्यक्ति में समष्टिका स्वर है; वह बोलते कुछ से हैं पर सुनाते लक्ष-लक्ष सामान्य जन को हैं।

इसीलिए उनके काव्य में इतनी सादगी, इतनी वेदना, इतनी तड़प और फिर भी जीवन के प्रति इतनी निष्ठा है कि युग पर युग बीतते गये हैं पर आज भी वह उर्दू

काव्य में 'ख़ुदा-ए-सख़ुन' की उपाधि से पुकारे जाते हैं। उन्होंने ख़ुद लिखा है कि मेरे काव्योद्यान में गुलाब-पुष्प नहीं, कलेजे के टुकड़े फैले हुए हैं—

गुलचीं समझ के चुनियो कि गुलशन में मीर के,
लख़्ते-जिगर पड़े हैं, नहीं बर्गहाए गुल।
या
हमको शायर न कहो मीर कि साहब हमने,
दर्दो-ग़म कितने किये जमा तो दीवान किया।

इस प्रकार इनकी सम्पूर्ण रचना पर इनके व्यक्तित्व की गहरी छाप है। वह इनके जीवन का ही प्रतिबिम्ब है। कवियों की रंगीन उक्तियाँ, विचारों की सूझ, अतिशयोक्ति के मज़े बहुतों को मालूम हैं, जगत् के साहित्य में उनका बाहुल्य है। क्षणिक आकर्षण का उद्दाम प्रवाह भी हम आये दिन अपनी आँखों से देखा करते हैं किन्तु अपनी असफलताओं में स्नेह की जीवन-व्यापी दृढ़ता बहुत कम कवियों में दिखाई देती है; मीर ऐसे ही कवि हैं। चंचलता, सांसारिक विलास की चमक-दमक की कहीं कोई रेखा उनमें नहीं है। जो मुसीबत और ग़म, जो दर्दमन्दी, जो सोज़ गुदाज़ साथ लाये थे उसी का दुखड़ा सुनाते हुए चले गये, जो आज तक आँखवाले दिलों में असर और विदग्ध हृदयों में दर्द पैदा करते हैं। ऐसे विषय अन्य शायरों के लिए काल्पनिक थे, जब इन पर वे गुज़र चुके थे। इनका आशिक़ाना-कलाम (प्रेम-काव्य) वेदना, निराशा एवं असफलता की आँखों से टपके हुए आँसुओं का एक हसरत भरा मरहम है जो वियोगी की डिबिया में बन्द पड़ा हुआ है। निष्ठुर प्रियतम द्वारा दिल पर दिये गये नश्तर के लिए यह मरहम बहुत कारगर है।

मीर साहब की भाषा परिमार्जित और रचना साफ़ है। वर्णन इतना स्वाभाविक है जैसे बातें करते हैं और इसी बात ने उनकी ग़ज़लों को आदर्श नमूना बना दिया है क्योंकि ग़ज़ल है ही दो प्रेमियों की बातचीत। दिल के भावों को, मुहावरे का रंग देकर, बातों-बातों में अदा कर देते हैं। भाषा में ग़ज़ब का ज़ोर है। इनकी कविता का सबसे बड़ा गुण सादगी और स्वाभाविकता है। पढ़ते-पढ़ते ऐसा मालूम होता है मानो आँखों के आगे कोई प्रभावशाली नाटक खेला जा रहा है। जहाँ वियोग वर्णन करने लगेंगे, रुलाकर छोड़ेंगे। वही सीधी-सादी बात है किन्तु ढंग ऐसा है कि दिल में सीधे जाकर चुभती है।

इनकी रचना के बारे में बहुत कुछ कहा जा सकता है, पर एक बात स्पष्ट है कि उसमें अन्तर्वृत्तियों की प्रधानता है; उन्होंने शब्दों, सजावट, अलंकरण की अपेक्षा अनुभूति एवं भाव-पक्ष को अधिक महत्त्व दिया है। भाषा स्वयं भावों का अनुसरण करती है। इनका कलाम साफ़ कह रहा है कि जिस दिल से निकलकर आया हूँ, वह

दु:ख-दर्द का पुतला ही नहीं निराशा, हसरत और वेदना का जनाज़ा था। सदैव एक रंग में रँगे रहते थे। जो दिल पर बीतती थी उसे ही बिना बनावट, सीधे-सादे शब्दों में कह देते, जिसका सुननेवालों पर जादू-सा असर होता था।

इनका काव्य-विस्तार भी बहुत है। 6-6 दीवान तो ग़ज़लों के ही हैं। इनकी ग़ज़लें भी अनेक बहरों (छन्दों) में हैं। सभी में मधुरता और वेदना है परन्तु छोटी बहरों की ग़ज़लों में और भी कुछ है। उनमें गहरी चुभन है, उनकी चितवन दिलों में सीधे पैठती है। फ़र्माइशी ग़ज़लें उतनी अच्छी नहीं हैं; उनमें वह प्रभाव नहीं दिखाई देता। यह स्वाभाविक है और इसका कारण स्पष्ट है। जो रचना कवि के हृदय से न निकले, वह दूसरों के दिलों में क्या गुदगुदी पैदा करेगी?

फ़ारसी मुहावरों पर उर्दू बन्द लगाकर इन्होंने नया आविष्कार किया है। फ़ारसी मुहावरों के अनुवाद भी इनकी रचना में देखे जाते हैं। कुछ उदाहरण देना अप्रासंगिक न होगा।

'खुश मन से आयद' फ़ारसी का एक मुहावरा है। इनका अर्थ होता है, 'मुझे भला नहीं लगता।' मीर साहब इसी मुहावरे को उर्दू के साँचे में यों ढालते हैं—

> नाकामिए[1] सद-हसरत[2] ख़ुश लगती नही वर्ना
> अब जी से गुज़र जाना कुछ काम नहीं रखता।

'नमूद करदन' फ़ारसी का एक फ़िक़रा है। इसका अर्थ है 'प्रकट करना।' मीर लिखते हैं—

> नमूद[3] करके वहीं बहरेग़म[4] में बैठ गया,
> कहे तो मीर भी एक बुलबुला था पानी का।

इसी तरह के और भी अनेक उदाहरण दिये जा सकते हैं। इनकी ऐसी रचना अच्छी है। इनमें से कुछ प्रसिद्ध और प्रचलित भी हैं किन्तु साधारणतया लोगों ने इन्हें भलीभाँति नहीं अपनाया।

कहीं-कहीं कुछ ऐसे फ़ारसी मुहावरों का आधार लेकर इन्होंने शेर कहे हैं जिन्हें पीछे लोगों ने छोड़ दिया। 'नज आमदन' अर्थात् 'शर्मिन्दा होना' एक मुहावरा था। इसकी छाया-मात्र लेकर ख़ूब कहा है—

> खुलने में तेरे मुँह के, कली फाड़े गरेबाँ[5],
> आगे तेरे रुख़सार[6] के गुलबर्ग[7] तर आवे।

---

1. असफलता 2. बहुत अफ़सोस है 3. प्रकट 4. दु:ख-सागर 5. गला, कुर्ते का वह भाग जो गर्दन के पास होता है। 6. कपोल 7. गुलाब की पंखड़ी

कहीं-कहीं आपको जोश भी आ गया है। ऐसी जगह आपने ख़ूब दूर की हाँकी है, परन्तु उनकी ऐसी रचना भी मज़े से ख़ाली नहीं। एक शेर देखिए—

हरचन्द नातवाँ[1] हैं पर आ गया जो दिल में,
देंगे मिला ज़मीं से तेरा फ़लक[2] कुलावा।

अनेक स्थानों पर इन्होंने शब्दों के विकृत रूप को भी स्थान दिया है। उदाहरण देखिए—

मैं बेक़रार ख़ाक में कब तक मिला करूँ,
कुछ मिलने या न मिलने का तो भी क़रार कर।

इसमें क़रार शब्द इक़रार (प्रतिज्ञा, वचन, शर्त) का बिगड़ा हुआ रूप है। इन्होंने अनेक प्रचलित हिन्दी शब्दों का प्रयोग किया है; नासिख़ और आतिश की तरह उन्हें चुन-चुनकर बहिष्कृत नहीं किया। निम्नलिखित हिन्दी शब्द इनकी कविता में मिलते हैं—

ठौर, दोष, समय, पर्वत, विश्राम, अच्छर, विस्तार, मूँद, ध्यान, नगर, साँझ, ढब, उदास, मुखड़ा, जोग, तजना, संसार, सुमरन, भस्म, अचरज, हंकार, राम-कहानी, मेह, निदान, अन्धाधुन्ध, गूदड़ इत्यादि।

उस समय उर्दू जनता के अधिक नज़दीक थी। इसमें हमारी ज़मीन बोलती थी। वली ने तो इसका बड़ा ख़याल रखा था। उस समय उर्दू सचमुच हरियाणा की बेटी मालूम होती थी पर बाद के कवियों ने उसे अरबी-फ़ारसी वस्त्रालंकारों से ऐसा सजाया कि वह शहरी और नक़ली हो गयी और उसकी कल्पनाएँ इस सरज़मी में नहीं ईरान और अरब में पनपने लगीं।

मीर ने स्वतन्त्रतापूर्वक सैकड़ों हिन्दी शब्दों का प्रयोग किया। उन्होंने भाषा पर कोई बन्धन स्वीकार न किये, और अपनी भाषा बनायी। कहा ही करते थे, 'उर्दू जामा मस्जिद की सीढ़ियों पर नाक रगड़ने से आती है, न कि फ़ारसी-अरबी पढ़ने से आती है। व्याकरण भी इनका अपना ही है। सैर, जराहत, जान, गुलगश्त स्त्रीलिंग हैं पर इन्होंने पुल्लिंलगवत् प्रयोग किया है, इसी प्रकार हश्र, ख़ाब (ख़्वाब), गुलज़ार, नश्तर पुल्लिंग हैं जो इनके यहाँ स्त्रीलिंग हो गये हैं। हिन्दी एवं फ़ारसी शब्दों को मिलकर नये विशेषण बना लिये हैं। जैसे शीरींवचन। 'मेरा' की जगह 'मुझ' का प्रयोग किया है। जैसे मुझ इश्क़ अर्थात् मेरा इश्क़। जहाँ आज एकवचन का प्रयोग होता है वहाँ प्रायः बहुवचन का प्रयोग किया है। जैसे रातें हमारियाँ (हमारी की जगह), बातें तुम्हारियाँ (तुम्हारी की जगह) विशेषणों को तो अब भी दिल्ली और लखनऊ में

---

1. दुर्बल 2. आकाश

कभी-कभी बहुवचनान्त बोलते हैं, जैसे मीठियाँ रेवड़ियाँ, पर मीर ने क्रियाओं का भी बहुवचनान्त प्रयोग किया है। जैसे-

कहीं दिल की लागैं लगीं छुटतियाँ हैं।
और भी बातें न मानियाँ, आँखें तरसतियाँ हैं,
बातें बहुत बनाइयाँ थीं, काहे को लड़तियाँ-
झगड़तियाँ हैं।

इत्यादि अनेक उदाहरण मिलते हैं।

अनके स्थानों पर सकर्मक क्रियाओं में जहाँ 'ने' का प्रयोग होता है, 'ने' ग़ायब है। जैसे मैं काम किया, हम उसे देखा। यह दक्षिण का प्रभाव है। 'देखता रहता हूँ' की जगह 'देख रहता हूँ', टूट गया की जगह 'टूटा गया' इत्यादि रूप इनकी कविता में पाये जाते हैं। उस वक़्त दिल्ली में किसी का किसू, कभी रूप प्रचलित था; मीर ने इन्हीं रूपों में उनका प्रयोग किया है।

व्याकरण-दोष मीर के समकालिक अन्य कवितायों में भी पाये जाते हैं। सौदा को देखिए—

कहा तबीब[1] ने अहवाल[2] देखकर मेरा,
कि सख़्त जान है सौदा का आह क्या कीजै।
हर संग में शरर[3] है तेरे ज़हूर का,
मूसा नहीं जो सैर करूँ कोहेतूर का।

ऐसा जान पड़ता है कि उस समय ये प्रयोग प्रचलित रहे होंगे और व्याकरण-सम्मत समझे जाते रहें होंगे।

मीर ने उर्दू को रखने की कोशिश की; हिन्द की बेटी समझ उसकी परवरिश की; इस ज़मीन के वातावरण से भाव और शब्द लिये। यदि उर्दूवाले आज भी उनकी देन को समझ सकते तो इस देश की राष्ट्रभाषा से उसका सम्बन्ध न टूटता और उसमें जो विदेशीपन, जो विजातीय तत्त्व आ गये हैं उन्हें सुधारा जा सकता। ख़ुसरो, वली, मीर ने जो रास्ता दिखाया था, उसे हम भूल गये हैं; नतीजा यह है कि उर्दू के क्रियापद तो सब हिन्दी के हैं पर शब्द नब्बे प्रतिशत अरबी-फ़ारसी के। जैसे पाँव इस ज़मीन के हों और एक विदेशी सिर की क़लम लगा दी गयी हो।

1. चिकित्सक
2. अवस्था, हालत
3. चिनगारी, अग्नि

2. अन्य कवियों से तुलना

कवियों की तुलना करना कोई अच्छी परम्परा नहीं। मानव हृदय की अनुभूतियाँ प्राय: मिल जाती हैं; कभी-कभी किसी कवित्त के पूर्व-कथित भाव में परवर्ती कवि को संशोधन की ज़रूरत मालूम होती है। कभी दूसरी भाषा के भाव जो स्मृति में हैं आ जाते हैं। मीर ने ही हाफ़िज़, सादी इत्यादि फ़ारसी कवियों से अनेक भाव लिये हैं, इसलिए मैं इस पहलू को नहीं लेता पर कवियों की प्रकृति तथा उनकी अभिव्यक्ति में जो अन्तर होता है, उस दृष्टि से तुलना की दो-चार बातें लिखूँगा। मीर अपने ढंग के एक ही कवि हैं; कोई उनका अनुकरण कर नहीं पाया है।

मीर और सौदा—मीर के समकालिक कवियों में सौदा सबसे प्रसिद्ध थे। यह जोड़ी उर्दू साहित्य में लासानी है। दोनों अपनी ज़मीन पर निराले हैं। दोनों के साँचे अलग हैं। एक रोता है; दूसरा हँसता है। एक के हृदय से यदि कसक भरी आह निकलती है तो दूसरे के मुँह से आनन्द के फ़ौवारे छूटते हैं। मीर के यहाँ सादगी है, करुणा है; सौदा के यहाँ वैभव है, आन-बान है। इसीलिए मीर ग़ज़ल के बादशाह हैं, सौदा क़सीदे* के। जान पड़ता है, सौदा के सामने भी ये झगड़े थे । वह स्वयं कहते हैं—

लोग कहते हैं कि सौदा का क़सीदा है ख़ूब,
उनकी ख़िदमत में लिये मैं यह ग़ज़ल जाऊँगा।

अर्थात लोग कहते हैं कि सौदा का क़सीदा ही अच्छा होता है; उनके सामने मैं आज यह ग़ज़ल पेश करुगाँ (कि देखो यह किससे कम है?)

हकीम क़ुदरत उल्लाख़ाँ क़ासिम अपने तज़किरे में लिखते हैं—

"ज़ोम बाज़े आँकि सरआमद शुअराय फ़साहत आमा मिर्ज़ा मोहम्मद रफ़ीअ सैदा दर ग़ज़लगोई बूए न रसीदः अमाहक़ आनस्त कि "हर गुले रा रंगो बूए दीगरस्त।" मिर्ज़ा दरियाएस्त वेकराँ व मीर नहरेस्त अज़ीमुश्शान। दर मालूमाते क़वायद 'मीर' रा बर मिर्ज़ा बरतर अस्त, व दर कूवत शायरी मिर्ज़ा रा बर 'मीर' सरवरी।"

सच बात तो यह है कि ग़ज़ल, क़सीदे और मसनवी के क्षेत्र अलग-अलग हैं। जिस प्रकार क़सीदे के लिए विषयोत्कृष्टता, शब्द-योजना और सज्जा की आवश्यकता होती है उसी प्रकार ग़ज़ल के लिए प्रेमी-युगल के विचारों का स्वाभाविक प्रवाह, मिलन-सुख की एवं वियोग-दु:ख के अनुभव एवं संवेदनशीलता की आवश्यकता होती है। मीर साहब की प्रवृत्ति वेदनामयी तीव्र संवदेनशील थी और हृदय हसरतों से भरा हुआ था, उसमें गर्मी थी। इसलिए वह गज़ल क्षेत्र के अधिपति बन गये। उनकी भाषा सरल और स्पष्ट है। वर्णन ऐसा है है मानो प्रियतम (माशूक़) और प्रेमी (आशिक़) दोनों आमने-सामने बैठे बातें कर रहे हैं।

'सौदा' की प्रकृति इसके विपरीत थी। वे सांसारिक प्राणी थे। उनका झुकाव आन-बान भोग-विलास की ओर ज़्यादा था। उनमें गम्भीरता न थी, चंचलता थी। उनकी रचना की पंक्ति-पंक्ति से यह प्रकट होता है मानो उनका हृदय उमंगों में उठा जा रहा है। उनके हृदय में जोश है, तबीयत चुलबुली है। कहने का ढंग जानते हैं। जो चीज़ उठाते हैं, उसे शब्दों से, अलंकारों से ख़ूब सजाकर लोगों के सम्मुख रख छोड़ते हैं। रूप एवं सज्जा का जादू उनके पास है।

मीर साहब चुलबुले नहीं, गम्भीर हैं। उनका हृदय-सागर निस्तब्ध है। वह अनुभव रखते हैं। उनकी दृष्टि है, स्वप्न है और नयनों में एक हल्का विनोद है जो कहता है-तू कालचक्र को नहीं जानता; मैं उसके करिश्मे देख चुका हूँ। वह कल्पना को अनुभव की स्वाभाविकता पर ठुकरा देते हैं।

दोनों पर उपयुक्त सम्मति—एक दिन 'मीर' और 'सौदा' की रचनाओं के विषय में दो व्यक्तियों में विवाद हो गया। दोनों ख़्वाजा बासित के शिष्य थे। उन्हीं के पास जाकर प्रार्थना की कि आप फ़ैसला कर दीजिए। उन्होंने कहा—"दोनों प्रतिभाशाली कवि हैं किन्तु अन्तर इतना है कि 'मीर' साहब का कलाम 'आह' है और मिर्ज़ा साहब (सौदा) का कलाम 'वाह' है। उदाहरण में उन्होंने 'मीर' का निम्नांकित शेर पढ़ा—

सिरहाने 'मीर' के आहिस्ता बोलो,
अभी टुक रोते-रोते सो गया है।

तत्पश्चात् मिर्ज़ा का शेर पढ़ा—

'सौदा' की जो बालीं[1] पै गया शोरे क़यामत[2],
ख़ुद्दामे-अदब[3] बोले, अभी आँख लगी है।

पहले में बेचारगी, दूसरे में क्या शान है! ख़ाजा साहब की यह भाव-भरी आलोचना बहुत उपयुक्त है।

मीर के दो शेर हैं—

हमारे आगे तेरा जब किसी ने नाम लिया,
तो दिल सितमज़दा को हमने थाम-थाम लिया।
क़सम जो खाइए तो तालए-ज़ुलेखा की,
अज़ीज़ मिस्र का भी साहब एक ग़ुलाम किया।

1. सिरहाना, तकिया, छत
2. प्रलय का नाद
3. साहित्य-सेवक

सौदा के भी इसी से मिलते-जुलते शेर हैं—

चमन में सुबह जो उस जंगजू का नाम लिया,
सबा ने तेग़ का मौजे-रवाँ से काम लिया।
कमाल बन्दगी-ए-इश्क़ है ख़ुदाबन्दी,
कि एक ज़नने महे-मिस्र-सा ग़ुलाम किया।

देखिए, दोनों के भाव एक-दूसरे से कितने लड़ गये हैं। दोनों के प्रथम शेर देखिए। मीर कहते हैं कि "हमारे सामने जब किसी ने तेरा नाम लिया तो मैंने अपने पीड़ित हृदय को थाम-थाम लिया" कि कहीं वह फट न जाए। सौदा कहते हैं कि "चमन (उद्यान) में प्रात: काल जो उस लड़ाके का नाम लिया तो (नाम लेते ही) सबा (प्रभाती वायु) ने चलती तरंगो से तलवार का काम लेना शुरू कर दिया" (अर्थात् उसकी स्मृति आते ही, वियोग के कारण, प्रभाती शीतल वायु भी कृपाण के समान चुभने लगी।)

दोनों के कहने का अपना-अपना ढंग है पर सौदा के शेर में उतनी स्वाभाविकता, उतनी सादगी उतनी विदग्धता नहीं है जितनी 'मीर' के शेर में है। 'हमारे आगे तेरा जब किसी नाम लिया' (तो क्या हुआ?) 'दिल सितमज़दा को हमने थाम-थाम लिया।' कितनी वेदना है! सीधे तीर-सी लगती है। कहने का ढंग ऐसा है मानो मीर साहब अपने प्रियतम के पास बैठे आप-बीती कह रहे हैं। दूसरे चरण ने तो ग़ज़ब ढा दिया है। 'दिल सितमज़दा को हमने थाम-थाम लिया।' थाम-थाम लेना! कितना स्वाभाविक है! थाम को दोहराकर कवि ने कमाल पैदा कर दिया है।

सौदा ने बड़ी छलाँग मारी है पर कल्पना का ज़ोर कहाँ तक जाएगा? विशेषत: प्रेम के मामले में। ऐसा कौन प्रेमी होगा जिसे प्रियतम के वियोग में प्रभाती वायु दु:खदायिनी न प्रतीत हो? यह मामूली-सी बात है जिसे सब जानते हैं और शुरु से अब तक कहते आये हैं। सौदा ने भी उसी आशय पर एक दीवार खड़ी की है। दिमाग़ी ख़ुराक सौदा में भले ही हो पर हृदय को सहलानेवाला रस उसमें नहीं है।

चमन में गुलने जो कल दावए-जमाल किया,
जमाले-यार ने मुँह उसका ख़ूब लाल किया।

—मीर

बराबरी का तेरी, गुल ने जब ख़याल किया
सबा ने मार थपेड़ा मुँह उसका लाल किया।

—सौदा

मीर के शेर का आशय है कि "कल उद्यान में गुल (गुलका रंग लाल माना गया है) ने जो अपनी सुन्दरता का दावा किया तो प्रियतम के सौन्दर्य ने (अपनी स्मृति दिलाकर शर्म से) उसका मुँह लाल कर दिया!" सौदा कहते हैं कि "तेरी बराबरी करने का गुल ने ज्यों ही विचार किया त्यौंही सबा (प्रभाती वायु) ने थपेड़ा से उसका मुँह लाल कर दिया।"

दोनों शेरों में विलक्षणता है। सौदा का शेर बहुत अच्छा हुआ है, उसमें बड़ी शोख़ी है पर मीर गम्भीर हैं; वे उतावले नहीं। उनका जोश इस दर्जे का नहीं कि थप्पड़ों और थपेड़ों की नौबत आती। उनके मौन में एक संज़ीदगी है जो चुप होकर भी बोलती है।

× × ×

गिला मैं जिससे करूँ तेरी बेवफ़ाई का,
जहाँ में नाम न ले फिर वह आशनाई का।

—मीर

गिला लिखूँ मैं अगर तेरी बेवफ़ाई का,
लहू में ग़र्क़ सफ़ीना[1] हो आशनाई का।

—सौदा

देखिए, मीर में निराश की कितनी गहरी छाया है। वह निराश हो अपने प्रियतम से कहते हैं:—"ज़रा सोचो, तुम मुझ पर कितना ज़ुल्म करते हो, मुझे कितना सताते हो? इससे तो तुम्हारे ही यश पर धब्बा लगता है न? मैं जिसे भी तुम्हारी निष्ठुरता की कहानी सुनाऊँगा वह फिर संसार में प्रेम का नाम न लेगा।"

सौदा साहब लिखने की धमकी देते हैं— जब आप बेवफ़ाई का गिला लिखेंगे तो जो होना होगा, होगा; मीर के यहाँ तो सिर्फ़ कहने-सुनने मात्र से विरक्ति हो रही है।

मीर और ख़्वाज मीर दर्द—मीर के समकालिक कवियों में मीर दर्द ही ऐसे हैं, जिसमें 'मीर' के काव्य के अनेक गुण पाये जाते हैं। डॉ. अब्दुल हक़ ने लिखा है—"यूँ तो मीर साहब के तमाम नामवर हमासिरों[2] के कलाम में सादगी, सफ़ाई और रोज़मर्रे की पाबन्दी पाई जाती है लेकिन महज़ सलासत[3] ओर ज़बान की फ़साहत[4] काम नहीं आ सकती जब तक कि ज़बान में ताज़गी, अदाए-मतलब में शिगुफ़्तगी[5] और ख़याल में बुलन्दी व जिद्दत[6] न हो। मीर साहब के कलाम में यह सब ख़ूबियाँ एकजा[7] जमा हैं और फिर उस पर दर्द और तासीर ख़ुदादाद[8] मालूम होती है। इसी वजह से वह अपने तमाम हमासिरों में मुमताज[9] और उर्दू शायरों में ख़ास दर्जा रखते

1. नौका 2. समकालिक 3. प्रसाद गुण, सरलता 4. लाटिका, कोमलता, खुशबयानी 5. प्रफुल्लता 6. नवीनता 7. एक स्थान पर 8. ईश्वरदत्त 9. विशिष्ट।

हैं और उनकी इस मुमताज ख़सूसियत[1] को अब तक कोई नहीं पहुँचा है। अलबत्ता ख़ाजामीर दर्द एक ऐसे शायर हैं जिन्होंने सलासत व फ़साहते-ज़बान के साथ इख़लाकी मज़ामीन[2] और सूफ़ियाना ख़यालात की चाशनी दी है और कला में दर्द पैदा किया है। बयान में जिद्दत और ताज़गी भी पाई जाती है जिसमें वह मीर साहब के लगभग पहुँच जाते हैं। लेकिन बयान में वह घुलावट नहीं जो मीर साहब के यहाँ है... न सादगी के साथ वह सोज़ो-गुदाज़ है और न तख़्य्युल[3] की वह शान है जो शायरी की जान है। ख़सूसन बयान का वह अनोखा अन्दाज़ जिसमें एक ख़ास नज़ाकत होती है, नज़र नहीं आता। मीर साहब का बड़ा कमाल इसी में है।''

मीर और अनीस—जलन, दुःख और तड़पने के बयान में अनीस उर्दू साहित्य में बेजोड़ हैं। मर्सिये के बादशाह हैं। फ़साहत में उनका स्थान बहुत ऊँचा है पर वह भी मीर के बराबर नहीं पहुँचते। मीर में जो सरलता और अकृत्रिमता है वह अनीस में नहीं। उनमें कुछ तकल्लुफ़ है। अब्दुलहक़ साहब लिखते हैं—''मीर इससे बिल्कुल बरी हैं। वह ख़ुद सोज़ोग़म का पुतला है और उसका शेर सोज़ोग़म की सही और सच्ची तस्वीर है जिसमें तकल्लुफ़ का नाम नहीं। अनीस के यहाँ ख़याल के मुक़ाबिले में अलफ़ाज़[4] की बहुतायत है और ख़याल से पहिले लफ़्ज़ पर नज़र पड़ती है लेकिन मीर के अशआर[5] में अलफ़ाज़ ख्याल के साथ इस तरह लिपटे हुए हैं कि पढ़नेवाला महो[6] हो जाता है और इसे लफ़्ज़े-ख़याल से अलग नज़र नहीं आता। मीर अनीस के यहाँ धूमधाम और बुलन्द-आहंगी[7] है, मीर के यहाँ सुकून और ख़ामोशी है और उसके शेर चुपके-चुपके ख़ुद-ब-ख़ुद दिल में असर करते चले जाते हैं जिसकी मिसाल उस नश्तर-सी है जिसकी धार निहायत बारीक़ और तेज़ है। उसका असर उसी वक़्त मालूम होता है जब वह दिल पर जाकर खटकता है। अनीस रुलाते हैं, मीर ख़ुद रोता है। यह आपबीती है और वह जगबीती।''

मीर, जुरअत और सौदा—मीर के भावों की छाया अनेक उर्दू कवियों की रचनाओं में दिखाई पड़ती है। यदि उन सबका तुलनात्मक वर्णन किया जाय तो एक बड़ा ग्रंथ तैयार हो जाएगा। यहाँ मैं दो-एक उदाहरण दूँगा—

अब करके फ़रामोश[8] तो नाशाद करोगे,
पर हम जो न होंगे तो बहुत याद करोगे।

—मीर

1. विशेषता 2. नैतिक विषय 3. कल्पना 4. लफ़्ज (शब्द) का बहुवचन रूप। 5. शेर का बहुवचन। 6. तल्लीन 7. उच्च ध्वनि। 8. विस्मृत।

है किसका जिगर जिसपे यह बेदाद करोगे,
लो हम तुम्हें दिल देते हैं क्या याद करोगे?

—जुरअत

जिस रोज़ क़िसी और पे बेदाद करोगे,
यह याद रहे हमको बहुत याद करोगे।

—सौदा

तीनों शेरों के अर्थ साफ़ हैं और सबमें 'मीर' की भावना, किंचित् परिवर्तन के साथ, विराजमान है। सौदा के लिए तो भावापहरण का कलंक लगाया ही नहीं जा सकता क्योंकि वह मीर के समकालिक थे पर 'जुरअत' महाशय के शेर में 'मीर' साफ़ झलक रहे हैं।

'सौदा' के शेर में अजीब लुत्फ़ है पर मीर के दूसरे पद ने उसमें एक ऐसा अनुभूति का वातावरण पैदा कर दिया है जिससे वह दिल में चुभकर रह जाता है।

मुद्दई मुझको खड़े साफ़ बुरा कहते हैं,
चुपके तुम सुनते हो बैठे, इसे क्या कहते हैं?

—मीर

तूने सौदा के तईं क़त्ल किया कहते हैं,
यह अगर सच है तो ज़ालिम इसे क्या कहते हैं?

—सौदा

आईना रुख़ को तेरे अहले सफ़ा कहते हैं,
उसमें दिल अटके है मेरा इसे क्या कहते हैं?

—जुरअत

तीनों कवियों के भावों में कोसों का अन्तर है, हाँ ज़मीन एक है। मिसरे का अन्तिम प्रश्नवाक्य सबने अपनाकर पूर्तियाँ की हैं। सौदा के शेर में कुछ विशेषता नहीं है। वह पूछते हैं कि 'तूने सौदा को क़त्ल किया है, ऐसा लोग कह रहे हैं, अगर यह सच है तो ऐ ज़ालिम! यह क्या है?'— पहिले तो अभी बात ही शुबहे में हैं, 'अगर सच है' ने क़त्ल को संदिग्ध बना दिया है, फिर जो क़त्ल है वही पूछता है, यह बेतुकी बात है। बिना जुर्म साबित हुए ही अपने 'ज़ालिम' की उपाधि भी दे डाली। शेर बहुत साधारण है। हाँ, दूसरे दोनों में कुछ विचित्रता है।

मीर अपने प्रियतम से पूछते हैं—"देखो, तुम्हारे सामने ही मेरे विरोधी मुझको स्पष्ट बुरा-भला कहते हैं, मेरा अपमान करते हैं और तुम चुपचाप बैठे-बैठे सुनते

रहते हो, उसका प्रतिवाद करने की तनिक चेष्टा नहीं करते बोलो, यह क्या है ?'' (यही तुम्हारा प्रेम है) भाषा कितनी सादी है; बिल्कुल बातचीत की ज़बान है। एक शब्द फ़ालतू नहीं। मुलायम और रोती हुई ज़बान है।

जुरअत तो इस समय दूसरी ही दुनिया में हैं, उनका कहना है कि ''स्वच्छता के पारखी तेरे मुख-मंडल को आईना (दर्पण) कहते हैं तब दर्पण-जैसी चिकनी चीज़ पर भी मेरा दिल क्यों अटक रहा है ?'' (चिकनी चीज़ पर फिसलना चाहिए, अटकना नहीं)

एक ज़मीन पर अनेक कवियों के अनेक शेर मिलते हैं—

बुरक़े को उठा चेहरे से वह बुत अगर आये,
अल्लाह की क़ुदरत का तमाशा नज़र आये।

—मीर

हरगिज़ न मुरादे दिले[1]-माशूक़ बर[2] आये,
या रब ! न शबे-वस्ल[3] के पीछे सेहर[4] आये।

—मसहफ़ी

उस पर्दानशीं से कोई किस तरह बर आये,
जो ख़्वाब में भी आये तो मुँह ढाककर आये।

—जुरअत

फ़िरदौस[5] में ज़िक्र उस लबेशीरीं[6] का गर आये,
पानी देहने[7] चश्मए-कौसर[8] में भर आये।

—ज़ौक

'मीर' ने प्रियतम के सौन्दर्य को भगवद्विभूति बताकर उसे बहुत ऊँचा उठा दिया है।

3. मीर के कवि मित्र

बहुत-से लोग समझते हैं कि मीर की तुनुकमिज़ाजी और स्वाभिमान के कारण, उनके मित्र रहे ही न होंगे पर ऐसी बात नहीं। जैसे हृदयहीन, अभिमानी और असंस्कृत लोगों के प्रति वह आँख उठाकर न देखते थे, उन्हें मुँह न लगाते थे वैसे ही सहृदय, काव्य-रसिक व्यक्तियों तथा श्रेष्ठ कवियों के प्रति उनमें स्नेह और सम्मान का भाव

1. हृदय की इच्छा 2. पूर्ण होना 3. मिलन-रजनी 4. प्रभात 5. स्वर्ग 6. मधुराधर 7. जिह्वा 8. स्वर्गस्थ अमृतकुंड विशेष।

भी था। उनके कई ऐसे मित्र थे जो स्वयं अच्छे कवि थे और जिनके साथ मीर की ख़ूब निभती थी।

(1) शर्फ़ुद्दीन अली ख़ाँ 'पयाम' के पुत्र नज़मुद्दीन अली ख़ाँ 'सलाम' इनके परम मित्रों में थे। प्राय: दोनों साथ रहते थे। दोनों में काव्य-चर्चा होती, गप्पें लगतीं, साहित्य एवं संस्कृति के अनेक पहलुओं पर बहस होती थी।

(2) इनके दूसरे दोस्त श्रेष्ठ उर्दू कवि ख़्वाजा मीर दर्द थे। मीर दर्द के यहाँ हर महीने की पन्द्रह तारीख़ को मुशायरा हुआ करता था, उसमें मीर साहब नियमित रूप से सम्मिलित हुआ करते थे। बाद में ख़्वाजा साहब के अनुरोध पर यह मुशायरा मीर के ही मकान पर होने लगा था।

(3) मीर सज्जाद—यह भी आगरा (अकबराबाद) के रहने वाले थे पर दिल्ली (शाहजहानाबाद) रहने लगे थे। इनके यहाँ भी मुशायरे हुआ करते थे और मीर उनमें जाते थे। मीर इन्हें मानते थे। (4) मीर विलायत ख़ाँ, (5) अशरफ़ अली ख़ाँ 'फ़ुगाँ', (6) मोहम्मद इस्माइल 'बेताब', (7) इनाम उल्लाख़ाँ 'यक़ीन', (8) मियाँ शहाबुद्दीन 'साक़िब', (9) सय्यद अब्दुलवली 'अज़लत', (10) मीर अब्दुलहई 'ताबाँ', (11) हसन अली 'शौक़', (12) 'क़ायम' चाँदपुरी, (13) फ़ज़ल-अली 'दाना' (14) मीर हसन, (15) हिदायत उल्ला 'हिदायत', (16) मोहम्मद आरिफ़ 'आरिफ़' (17) 'बेदार' (18) लाला टेकचन्द 'बहार', (19) मीर अब्दुल रसूल 'निसार' (20) मोहम्मद अमानुल्लाह 'ग़रीब' (21) ज़ियाउद्दीन 'ज़िया' (22) मियाँ इब्राहीम (23) मीर घासी मीर अली नक़ी (इनके यहाँ भी मुशायरा होता था)

4. मीर के शिष्य

मीर का यश यद्यपि दूर-दूर तक फैला किन्तु उनके जैसे महाकवि के शिष्यों की संख्या गिनी-चुनी थी। वह जल्द किसी को शिष्य न बनाते थे। मन्नत को इनकार कर दिया, सआदत यार ख़ाँ 'रंगी' से कह दिया तीर-तलवार चलाना सीखिए, शायरी जिगरसोज़ी का काम है, उसमें न पड़िए। नासिख़ के साथ भी यही हुआ। पत्थर का कलेजा और फ़ौलाद का दिलवाला ही उनका साथ निभा सकता था। इन बातों का विचार करते हुए कोई आश्चर्य नहीं कि उनके शिष्यों की संख्या बहुत कम है। कई तो इनसे उत्साह दान न पाकर दूसरों के पास चले गये और उनके शिष्य हो गये। उनकी पुस्तक 'नकातुश्शुअरा' से ज्ञात होता है कि उनके निम्नलिखित शिष्य थे—

1. मीर अब्दुलरसूल 'निसार'—अकबराबाद से ही दिल्ली आये थे। मीर लिखते हैं—''मेरे मश्विरे से शेर कहते हैं:...बहुत आरास्ता-पैरास्ता, संजीदा और समझदार हैं। मैं इनके तौर-तरीक़े से बहुत ख़ुश हूँ।''

काव्य का उदाहरण—

जो है याक़ूब यूसुफ़ देखना मंज़ूर आँखों से,
तो इतना फूटकर मत रो कि जाए नूर[1] आँखों से।

2. मोहम्मद मोहसिन 'मोहसिन'—'मीर' के भतीजे थे। काव्य का उदाहरण-

क्या जानिए वह शोख़ किधर है किधर नहीं,
हमको तो तन-बदन की भी अपनी ख़बर नहीं।

3. वृन्दावन 'राक़िम'—पहले 'मीर' के शिष्य थे, बाद में 'सौदा' के पास चले गये। काव्य का उदाहरण—

ऐ बाग़वाँ! नहीं तेरे गुलशन से कुछ ग़रज़,
मुझको क़सम है छेड़ूँ अगर बर्गोबर कहीं।
इतना ही चाहता हूँ कि मैं और अन्दलीब[2],
आपस में दर्दे-दिल कहें टुक बैठकर कहीं।

4. मियाँ जग्गन—काव्य का एक ही उदाहरण, नकातुश्शुअरा में मिलता है—

इस दिल मरीज़े-इश्क़ को आज़ार ही भला,
चंगा हो तो सितम है, यह बीमार ही भला।

5. तजल्ली—मीर मोहम्मद हुसेन नाम था। बेगम बाग़, चाँदनी चौक, दिल्ली में रहते थे। मीर के भाँजे और दामाद थे। काव्य का उदाहरण—

मेरी वफ़ा पे तुझे रोज़ शक था ऐ ज़ालिम!
यह सर यह तेग़ है, ले अब तो एतबार आया।

6. जान—जान अली नाम था। काव्य का उदाहरण—

ज़िक्र उस ज़ुल्फ़ की दराज़ी का,
सुबह से ताब शाम होता है।

7. शकेबा—शेख़ ग़ुलाम हुसेन। काव्य का उदाहरण—

नीम बिस्मिल उसने गर छोड़ा शकेबा[3] ग़म नहीं,
पर यह ग़म है एतबारे-दस्ते-क़ातिल उठ गया।

---

1. प्रकाश 2. बुलबुल 3. सब्र करने वाला।

8. लुत्फ़—मिर्ज़ाअली नाम। हैदराबाद की तरफ़ के रहनेवाले थे। काव्य का उदाहरण—

बढ़ाया क़िस्स-ए-सम्बुल सबा ने हद लेकिन,
फ़िसाना ज़ुल्फ का तेरे बहुत दराज़ रहा।

9. मजनू—राय भीमनाथ के पुत्र थे, साधुप्रकृति, नंगे सिर, सनकी, अपने में लीन-से रहने वाले। काव्य का उदाहरण—

जिससे जी चाहे मिलो तुम, न किसी से पूछो,
मुझसे क्या पूछते हो, अपने ही जी से पूछो।

10. मिर्ज़ा—आक़ा मिर्ज़ा नाम था। काव्य का उदाहरण—

बाली से जब वह फिर गया, ग़श से खुली तब आँख,
मुझ नारसा के तालए-ख़ाबीदा[1] देखना।

इनके अतिरिक्त रासिख़, बेगम, नज़र ने भी शिष्यता ग्रहण की थी। अपनी पुस्तक 'इन्तख़ाब मस्नवीयाते-मीर' में स्व. सर शाह मुहम्मद सुलेमान ने निम्नलिखित नाम भी दिये हैं—

सख़ुन, इश्क़, आर्ज़ू, अब्रू।

5. मीर के कुछ विरोधी

मीर के तीक्ष्ण स्वभाव के कारण, तथा द्वेष-वश भी, 'मीर' के कई विरोधी हो गये थे। इनमें दो-तीन प्रमुख हैं। 1. **ख़ाकसार**—इन्होंने मीर के तज़किरे 'नकातुश्शुअरा' के उत्तर में एक तज़किरा लिखा था। मीर ने भी इनके काव्य पर आपत्तियाँ की हैं। जान पड़ता है, दोनों को दोनों से चिढ़ थी। 1. **'आजिज़'**—यह भी मीर के विरोधी थे और मीर ने भी उनके कलाम पर आक्षेप किये हैं। 3. **बक़ा**—यह 'मीर' और 'सौदा' दोनों के विरोधी थे। एक बार मीर के लिए कहा—

पगड़ी अपनी सँभालिएगा मीर,
और बस्ती नहीं, यह दिल्ली है।

एक बार मीर और सौदा दोनों पर फब्तियाँ कसीं—

मीर व मिर्ज़ा की शेरख़ानी ने
बस कि आलम में धूम डाली थी।

1. सुप्त भाग्य।

खोल दीवान दोनों साहब के,
ऐ 'बक़ा' हमने जो ज़ियारत की।
कुछ न पाया सिवा इसके सख़ुन
एक तू-तू कहे है एक ही-ही।

मीर और सौदा एक दूसरे की इज़्ज़त भी करते थे और बीच-बीच में परस्पर आक्षेप करने से भी नहीं चूकते थे।

6. मीरकालिक काव्य-गोष्ठियाँ

मुशायरे की परम्परा भारतीय है। उर्दू मुशायरे का आरम्भ दिल्ली में हुआ। ख़ाँ आरज़ू इसके प्रारम्भकर्ता थे। उनके यहाँ काव्य-गोष्ठी हुआ करती थी जिसमें सौदा, मीर, दर्द, जुर्रत इत्यादि सम्मिलित हुआ करते थे। 'आज़ाद' के 'आबेहयात' से पता चलता है कि एक बार इस मुशायरे में सौदा ने यह शेर पढ़ा—

आलूदए-क़तराते-अर्क़[1] देख जबीं[2] को।
अख़्तर[3] पड़े झाँके हैं फ़लक[4] पर से ज़मीं को।

वस्तुतः यह फ़ारसी के कवि क़दसी के निम्नलिखित शेर का भावापहरण मात्र था—

आलूदए-क़तराते-अर्क़ दीदः जबीं रा।
अख़्तर ज़फ़लक मीं नगर्द रूए-ज़मींरा।

ख़ाँ 'आरज़ू' ने तुरन्त कहा—

शेरे सौदा हदीसे-क़दसी है,
चाहिए लिख रखें फ़लक पर मलक।

ख़ाँ आरज़ू का मतलब तो था कि तुमने क़दसी की चोरी की है पर सौदा ने दूसरा अर्थ लेकर समझा कि मेरी तारीफ़ कर रहे हैं, और ख़ाँ आरज़ू से लिपट गये।

एक दिन मीर गोष्ठी में नहीं थे। वह ख़ाँ आरज़ू के घर पर ही रहते थे। जब बाहर से आये तो आरज़ू ने सुनाया कि आज मिर्ज़ा सौदा ने बहुत उम्दा मतला[5] पढ़ा—

चमन में सुबह जो उस जंगजू का नाम लिया।
सबा ने तेग़ का आबे-रवाँ से काम लिया।

---

1. पसीने की बूँदों से युक्त 2. ललाट, माथा 3. सितारे 4. आकाश 5. ग़ज़ल का प्रथम शेर।

'मीर' ने सुनते ही यह मतला बनाकर पढ़ा—

हमारे आगे तेरा जब किसू ने नाम लिया।
दिल सितमज़दा को हमने थाम-थाम लिया।।

ख़ाँ आरज़ू इसे सुनकर उछल पड़े और कहा—ख़ुदा चश्मे बद[1] से महफ़ूज़[2] रखे।

ख़ाँ आरज़ू के यहाँ की गोष्ठी बन्द हो गयी तब मीर दर्द के यहाँ यह सिलसिला शुरू हुआ। फिर वही महफ़िल मीर के यहाँ होने लगी। मीर अली नक़ी और हाफ़िज़ अलीम के यहाँ के मुशायरों का ज़िक्र भी मीर ने किया है।

धीरे-धीरे मुशायरे की परम्परा लोकप्रिय और विकसित होती गयी और दूर-दूर तक फैल गयी। सैर, तमाशे, त्योहार एवं उत्सवों के अवसर पर प्रायः काव्य-गोष्ठियाँ होती थीं। इनके कारण उर्दू की उन्नति में बड़ी सहायता मिली।

7. मीर द्वारा किए गये संशोधन

डॉ. फ़ारूक़ी ने नकातुश्शुअरा के आधार पर अन्य कवियों की रचना में 'मीर' द्वारा किये संशोधनों की चर्चा की है। मीर ने उक्त ग्रन्थ में जहाँ-तहाँ लिखा है कि अगर यह शेर मेरा होता तो इस तरह लिखता या अगर अमुक शब्द की जगह अमुक शब्द होता तो ज़्यादा अच्छा होता। इन संशोधनों से मीर के काव्य की गहरी पकड़ का पता चलता है।

'मज़मूँ' का शेर है—

मेरा पैग़ामे-वस्ल[3] ऐ क़ासिद[4],
कहो सबसे उसे जुदा करके।

मीर ने 'कहो' को 'कहियो' करके शेर यों कर दिया:—

मेरा पैग़ामे-वस्ल ऐ क़ासिद,
कहियो सबसे उसे जुदा करके।

मज़मूँ—

मज़मूँ का एक दूसरा शेर है जिसमें संशोधन किया गया है—

मज़मूँ तू शक्र कर कि तेरा नाम सुन रक़ीब[5],
ग़ुस्से से भूत हो गया, लेकिन जला तो है।

---

1. बुरी नज़र 2. बचाए, सुरक्षित रखे 3. मिलन-संदेश 4. दूत 5. प्रतिद्वन्द्वी।

संसोधित शेर—

मज़मूँ तू शुक्र कर कि तेरा इस्म[1] सुन रक़ीब,
ग़ुस्से से भूत हो गया, लेकिन जला तो है।

'यकरंग' (मुस्तफ़ा ख़ाँ) का शेर है—

सच कहे जो कोई सो मारा जाय,
रास्ती हैगी दार[2] की सूरत।

'मीर' ने 'सच' को 'हक़' कर दिया। लिखा है—"ब एतक़ाद फ़क़ीर बजाय सच हर्फ़े-हक़ अव्वल अस्त।"

'यकरंग' का एक शेर है—

इसको मत बूझो सजन औरों की तरह,
मुस्तफ़ा ख़ाँ आशना[3] यकरंग है।

'मीर' लिखते हैं कि अगर मेरा शेर होता तो इस तरह लिखता—

मत तलव्वुन[4] इसमें समझें आप-सा
मुस्तफ़ा ख़ाँ आशना यकरंग है।

मीर सज्जाद अकबराबादी का एक शेर है—

काफ़िर बुतों से दाद न चाहो कि याँ कोई,
मरजा सितम से उनके तो कहते हैं हक़ हुआ।

मीर ने 'काफ़िर' को 'बातिल' कर दिया।
उन्हीं का एक और शेर है—

हिज्रे-शीरीं[5] में क्योंकि काटेगा,
हिज्र की यह पहाड़-सी रातें।

मीर ने संशोधन किया—

किस तरह कोहकन[6] पे गुज़रेंगी,
हिज्र की यह पहाड़-सी रातें।

---

1. नाम 2. सूली 3. प्रेमी 4. बदल जाना 5. शीरीं (ईरान की प्रसिद्ध प्रेमिका) के वियोग में 6. पहाड़ तोड़नेवाला अर्थात् शीरीं का प्रेमी फ़रहाद।

संशोधन से शेर खिल गया है।

इनाम उल्लाह ख़ाँ 'यक़ीन' का शेर है—

मजनूँ की ख़ुशनसीबी करती है दाग़ मुझको,
क्या ऐश कर गया है ज़ालिम दीवानेपन में।

'मीर' का संशोधन देखिए—

मजनूँ की ख़ुशमआशी करती है दाग़ मुझको।

'ख़ाकसार' का शेर है—

ख़ाकसार उसकी तू आँखों के कहे मत लगियो,
मुझको इन ख़ानाख़राबों ही ने बीमार किया।

मीर ने 'बीमार किया' की जगह 'गिरफ़्तार किया' कर दिया।

इन संशोधनों से पता चलता है कि मीर उर्दू की प्रकृति तथा काव्य की मनोभूमि के कितने बड़े उस्ताद थे।

मीर की रचनाएँ

मीर ने पद्य और गद्य, उर्दू और फ़ारसी दोनों में अपनी रचनाएँ की हैं। इनका विस्तार भी बहुत दूर तक है। पद्य-रचनाएँ तो अनेक प्रकार की और अनेक रंगों में हैं। हम यहाँ उनकी संक्षिप्त चर्चा करेंगे।

1. पद्य-रचनाएँ

पद्य-रचनाओं को अनेक भागों में विभाजित किया जा सकता है।

जैसे—

क. ग़ज़ल

ख. क़सीदा

ग. मस्नवी

घ. स्फुट (रुबाई, वासोख्त, हफ़्तबन्द इत्यादि)

ग़ज़ल—ग़ज़ल मीर का अपना क्षेत्र है। इसके वह बादशाह हैं। इस मैदान में उनकी बराबरी का दावा आज तक कोई न कर सका। ऐसा जान पड़ता है कि वह ग़ज़लगोई के लिए ही पैदा हुए थे। उनमें इतना दर्द, इतना सोज़ो-गुदाज़ है कि दिल रो-रोके रह जाता है। वह सीधे दिल को छूते हैं। छोटी बहरों की ग़ज़लें तो अत्यन्त उच्चकोटि की हैं। इनमें उनके आँसू ही शेर बन गये हैं। डॉ. फ़ारुक़ी ने ठीक ही लिखा है कि हर मिसरा ख़ून की बूँद है और दिल प्रेम-पीड़ा की अग्निशाला है। शब्दों में वह घुलावट है कि 'दिल बताशा-सा घुल जाता है' जी।' इनकी ग़ज़लें अपनी सफ़ाई और बाँकपन के लिए उर्दू साहित्य में प्रसिद्ध हैं। विचारों का अनोखा तारतम्य, कहने का ढंग है और वेदना की अनुभूति ने इनकी ग़ज़लों को सबसे अलग ही रखा है। सौदा, ज़ौक, मीरदर्द, ग़ालिब कोई इन तक नहीं पहुँचता। इनका ढंग निराला है। इनकी नक़ल बहुतों में की पर कोई वह बात पैदा न कर सका जो इनमें है।

ग़ज़लों के छः दीवान हैं। और हर दीवान में सैकड़ों ग़ज़लें हैं।

क़सीदा—उच्च कोटि का निर्वाचन, शानदार शब्दयोजना, बन्दिश की चुस्ती,

हृदय की चंचलता और हाज़िरवाबी, यह सब क़सीदे के लिए आवश्यक उपादान हैं। इन बातों की 'मीर' में कमी थी। वह अपनी सादगी, गहरी अनुभूति, गंभीरता और बाँकेपन के लिए प्रसिद्ध थे।, इसीलिए इनके क़सीदे बहुत कम हैं और जो हैं उन्हें भी उच्चकोटि का नहीं कहा जा सकता। इनकी ग़ज़ल और क़सीदा दोनों के क्षेत्र एक दूसरे से बिल्कुल भिन्न हैं। 'क़सीदा' के बादशाह सौदा हैं। वह उनकी रंगीन तबीयत के सर्वथा अनुकूल है; जबकि मीर की प्रकृति ही उसके प्रतिकूल है।

मुसाहिबों और अमीरों की प्रशंसा में क़सीदे न कहने का यह भी एक कारण था कि इनकी सादगी, स्वाभिमान, इनकी सम्पूर्ण प्रकृति किसी मनुष्य की चापलूसी एवं झूठी प्रशंसा के अनुकूल न थी। इन्हें अपनी ग़रीबी सह्य थी पर किसी के आगे झुकना मंज़ूर न था। ख़ुद ही कहा है—

मुझको दिमाग़ वस्फ़े[1]-गुलो[2] यासमन[3] नहीं,
मैं जूँ नसीमेबाद[4] फरोग़े-चमन[5] नहीं।
कल जाके हमने 'मीर' के दर पर सुना जवाब,
मुद्दत हुई कि याँ वह ग़रीबुलवतन[6] नहीं।

इसीलिए इनके क़सीदे बहुत थोड़े हैं और जो हैं भी वे शिथिल हैं। अपनी 'दीवाने-ग़ालिब' की टीका में 'तबातबाई' ने तो यहाँ तक कहा कि वह क़सीदा कहना जानते ही नहीं। 'तज़किरा गुलशने बेख़ार' में नवाब शेफ़्ता ने भी कुछ ऐसी ही राय ज़ाहिर की है। 'शेरुलहिन्द' में ज़रूर इस क्षेत्र में भी इनकी सफलता का किंचित उल्लेख है पर वह निरर्थक है। यों तो कोई महाकवि जो कुछ भी लिखता है उसमें उसकी कुछ-न-कुछ विशेषता होती ही है। पर इतना तय है कि क़सीदे लिखने लायक़ तबीयत ही उन्होंने नहीं पायी थी, न उन्हें इस क्षेत्र में सफलता मिली। किसी की प्रशंसा व निन्दा में इन्होंने जो भी लिखा, उसमें ज़ोर नहीं है, रस नहीं है, मज़ा नहीं है। इन चीज़ों के मज़े लूटने हों तो 'सौदा' के चमन की सैर कीजिए—वहाँ आपको निराली सजावट के दर्शन होंगे, मादक-सुगन्ध प्राप्त होगा और नयनन्दायिनी सुषमा देखने को मिलेगी।

मस्नवी—ग़ज़ल के पश्चात् सबसे अधिक सफलता मस्नवी में ही 'मीर' को मिली है। इसकी सफलता की मर्यादा के सम्बन्ध में विद्वज्जनों में मतभेद है। सर शाह सुलेमान ने अपनी पुस्तक 'इन्तख़ाब-मस्नवियात-मीर' में शेरुल हिन्द के प्रणेता आचार्य अब्दुलसलाम नदवी का यह मत उद्धृत किया है—

---

1. गुण 2. फूल, प्रायः गुलाब के अर्थ में आता है 3. चमेली 4. शीतल मन्द, सुगन्ध, प्रभाती, समीर 5. चमन प्रकाशित करने वाला 6. लावतन, बेवतन।

"वह मस्नवियात ने मूजिद[1] और उम्दा नमूना हैं। उनमें कुदरती अन्दाज़ है। उन्हीं की बदौलत मस्नवी की तरक्क़ी हुई। मीर हसन और शौक़ को उन्हीं का मुक़ल्लिद[2] समझना चाहिए।"

यह कहना है कि वह मस्नवी के आवष्किारक हैं, इतिहास-विरुद्ध और अप्रामाणिक है क्योंकि उनके काफ़ी पहिले दक्षिण में मस्नवियाँ लिखी जा चुकी थीं। हाँ, मीर के कारण उत्तर भारत में मस्नवी ज़रूर पनपी और उन्नत हुई। मीरहसन और शौक़ को 'मीर' का अनुयायी व अनुकरणकर्ता कहना भी सत्य नहीं क्योंकि मीर हसन और शौक़ दोनों पूरी तरह लखनवी रंग में रँगे हुए हैं। मीर हसन तो बचपन से ही लखनऊ आ गये थे और वहीं के वातावरण में उनका मानसिक गठन हुआ तथा उनकी कविता जगी इसलिए उन पर लखनऊ की जीवनशैली का गहरा प्रभाव है और उनकी 'सेहरुलबयान' उसी रंग में डूबी हुई है। शौक़ पर भी उसी परम्परा का प्रभाव है; जबकि मीर देहलवी जीवन-धारणाओं से अत्यधिक प्रभावित हैं; अपनी ग़ज़लों में भी और मस्नवियों में भी।

छोटी-बड़ी, बुरी-भली, कुल मिलाकर, इन्होंने 25 मस्नवियाँ लिखी हैं—

1. मस्नवी दर जश्ने होली,
2. मस्नवी दर बयाने होली
3. मस्नवी दर तारीफ़े सग व गर्बा,
4. मस्नवी दर बयाने बुज़
5. मस्नवी दर बयाने मुर्ग़बाज़ाँ
6. मस्नवी दर हजो ख़ानाख़ुद
7. मस्नवी दर हज़ो ख़ानए ख़ुद कि बसबव शिद्दते बाराँ दर ख़राबशुदः बूद
8. मस्नवी दर मज़म्मत बरशगाल कि बाँरा दर इमसाल ज़्यादा शुदः बूद
9. मस्नवी दर हज़ो नाअहल,
10. मस्नवी तम्बीहुलजेहाल
11. मस्नवी अज़दरनामा
12. मस्नवी दर मज़म्मत आईनादार
13. मस्नवी दरहजो अकवल
14. मस्नवी दर बयान कज़ब
15. मस्नवी शिकारनामा
16. मस्नवी साक़ीनामा
17. मस्नवी शोलए इश्क़
18. मस्नवी दरियाए इश्क़

---

1. आविष्कारक, ईजाद करनेवाला 2. अनुकर्ता, अनुयायी।

19. मस्नवी इश्क़िया
20. मस्नवी मुआमिलाते इश्क़
21. मस्नवी जोशे इश्क़
22. मस्नवी एजाज़े इश्क़
23. मस्नवी निसंगनामा
24. मस्नवी ख़ाबोख़याल
25. मस्नवी दर मज़म्मत दुनिया।

इनमें छः प्रेमाख्यान-प्रधान व इश्क़िया मस्नवियाँ हैं, सात ऐसी हैं जिनका सम्बन्ध नवाब आसफ़ उद्दौला और उनके दरबार से है। कुछ छोटी-छोटी ऐसी हैं जो मीर के अपने जीवन व पारिवारिक वातावरण से सम्बन्धित हैं। एक मस्नवी अपने मुर्ग़े के मर्सिये में लिखी है। लिखते हैं "मेरा प्यारा मुर्ग़ा था। बड़ा अच्छा था। बड़ा अच्छा था। एक दिन उस पर बिल्ली ने आक्रमण किया। मुर्ग़े ने बड़ी वीरता से सामना किया पर अन्त में मारा गया।" मस्नवी बिलकुल मामूली है पर पढ़ने में मनोरंजन ज़रूर होता है। इसमें का एक शेर है—

झुका बसूए क़दम सर खरो से बेज़ाँ का,
ज़मीं पै ताज गिरा हुदहुदे-सुलेमाँ का।

एक मस्नवी अपनी बिल्ली पर भी लिखी है, उसमें कहते हैं कि "मेरी एक बिल्ली थी। बड़ी वफ़ादार और सन्तोषी थी। उसके बच्चे जीते न थे। एक बार पाँच बच्चे हुए और पाँचों जिये। तीन बच्चे लोग माँग ले गये। दो रहे। दोनों मादा थे। एक का नाम 'मोनी' रखा, दूसरे का 'मानी'। 'मोनी' मेरे एक दोस्त को पसन्द आ गयी; वह ले गये। 'मानी' के स्वभाव में दीनता और सादगी बहुत थी, उसने फ़क़ीर का साथ न छोड़ा।"

एक मस्नवी में घर की ख़राबी और बरसात की तकलीफ़ों की शिकायत है। दीन-दुःखियों पर इस मौसिम में जो गुज़रती है उसका स्वाभाविक वर्णन है। चित्र-सा खींच दिया है। इसी प्रकार निसंगनामे में वर्षा की यात्रा है। अद्‍भुत वर्णन है।

यह ठीक है कि उनकी इश्क़िया-मस्नवियाँ अच्छी हैं क्योंकि इनमें उसी प्रेमवेदना की अभिव्यक्ति है जो ग़ज़ल की आत्मा है। और जो मीर की अपनी विशेषता है पर इस प्रकार की मस्नवियों में सफलता प्राप्त करना अपेक्षाकृत सरल कार्य था क्योंकि फ़ारसी साहित्य में इस प्रकार की तथा रहस्यात्मक—रज़्मिया तथा बज़्मिया—मस्नवियों की लम्बी परम्परा रही है। उसमें कल्पना की उड़ान की गुंजाइश रहती है। इसलिए इन मस्नवियों की अपेक्षा सामान्य और अन्य कवियों के लिए अछूते विषयों पर उन्होंने जो मस्नवियाँ लिखीं उसके लिए उनकी प्रशंसा की जाती है। इस क्षेत्र में वह यकता

है। प्रेमाख्यानक मस्नवियों में उनके प्रतिद्वन्द्वी भी हैं। पर इस क्षेत्र में वही वह हैं। इन विषयों पर लिखना बड़ा कठिन था। इनमें यथार्थ बड़ा सुन्दर चित्रण हुआ है।

उर्दू-मस्नवी को मीर ने प्रगति दी। उसे एक रूप प्रदान किया। ख़ाजा अलताफ़ हुसेन हाली ने लिखा है—

"अब तक उर्दू में जितनी इश्क़िया मस्नवियाँ हमारी नज़र से गुज़री हैं उनमें से सिर्फ़ तीन शख़्सों की मस्नवी ऐसी है, जिसमें शायरी के फ़रायज़[1] कमो-बेश अदा हुए हैं। अव्वल मीरतक़ी जिन्होंने ग़ालिन सबसे अव्वल चन्द इश्क़िया-क़िस्से उर्दू मस्नवी में बयान किये हैं। जिस ज़माने में 'मीर' ने यह मस्नवियाँ लिखी हैं उस वक़्त उर्दू ज़बान में फ़ारसीयत बहुत ग़ालिब थी और मस्नीवी का कोई नमूना मौजूद भी हो तो उससे चन्दाँ मदद नहीं मिल सकती। इसके सिवा अगर्चे ग़ज़ल की ज़बान बहुत मँज गयी थी मगर मस्नवी का रास्ता साफ़ होने तक अभी बहुत ज़माना दरकार था। इसलिए 'मीर' की मस्नवियों में फ़ारसी तरक़ीबें, फ़ारसी मुहाविरों के तर्जुमे में और ऐसे फ़ारसी अलफ़ाज जिनकी अब उर्दू ज़बान मुतहम्मिल[3] नहीं हो सकती, उस अन्दाज़ से, जो आलकल फसीह उर्दू का मेयार[4] है, बिला शुबहे किसी क़दर ज़्यादा पाये जाते हैं। नीज़ उर्दू ज़बान के बहुत से अलफ़ाज व मुहाविरात, जो अब मतरूक[5] हो गये हैं, 'मीर' की मस्नवी में मौजूद हैं। अगर्चे यह तमाम बातें 'मीर' की ग़ज़ल में भी कमोबेश पाई जाती हैं, मगर ग़ज़ल में इनकी खपत हो सकती है क्योंकि ग़ज़ल में अगर एक शेर भी साफ़ और उम्दा निकल आये तो सारी ग़ज़ल को शान लग जाती है; वह उम्दा शेर लोगों की ज़बान पर चढ़ जाता है और बाक़ी पुरकुन[6] अशआर से कुछ सरोकार नहीं रहता। लेकिन मस्नवी में जस्ता-जस्ता[7] अशआर के साफ़ और उम्दा होने से काम नहीं चलता; ज़ंजीर की एक कड़ी भी नाहमवार[8] और बेमेल होती है तो सारी ज़ंज़ीर आँखों में खटकती है। पर इन असबाब से शायद मीर की मस्नवी आजकल के लोगों में न जँचे मगर इससे 'मीर' की शायरी में कुछ फ़र्क़ नहीं आता। जिस वक़्त मीर ने यह मस्नवी लिखी है उस वक़्त उससे बेहतर ज़बान में मस्नवी लिखनी इमकान[9] से खारिज थी।.....बावजूद इसके कि मीरसाहब की उम्र ग़ज़लगोई में गुज़री है, मस्नवी में भी बयान के इन्तज़ाम और तसल्ल्लुक[10] को उन्होंने कहीं हाथ से जाने नहीं दिया और मतालिब[11] को बहुत ख़ूबी से अदा किया है जैसा कि एक मश्शाक़[12] और माहिर[13] उस्ताद कर सकता है। इसके सिवा साफ़ और उम्दा शेर भी 'मीर' की मस्नवी में बमुक़ाबिले उन अशआर के, जिनमें पुराने मुहाविरे या फ़ारसीयत ग़ालिब है, कुछ कम नहीं है; सदहा अशआर 'मीर' की मस्नवियों के आजतक लोगों के ज़बानज़द चले आते हैं।

---

1. कर्तव्य, उत्तरदायित्व 2. प्रधान, प्रभुत्वमय 3. सहनशील 4. कसौटी 5. परित्यक्त 6. सामान्य, भरती के 7. स्फुट, यत्र-तत्र 8. असमान 9. सम्भावना 10. शृंखलाबद्धता 11. अभिप्राय 12. अभ्यस्त 13. निष्णात, कुशल।

"अगर्चे मीर की मस्नवियों में क़िस्सापन बहुत कम पाया जाता है, उन्होंने चन्द सही या सहीनुमा वाक़आत बतौर हिकायत के सीधे-सादे तौर पर बयान किये हैं,न उनमें किसी शादी या तक़रीब या वक़्त और मौसिम का बयान किया गया है, न किसी बाग़ या जंगल या पहाड़ की फ़िज़ा या और कोई ठाठ दिखाया गया है। मगर जितनी मीर की इश्क़िया मस्नवियाँ हमने देखी हैं वह सब नतीजाख़ेज़ और आम मस्नवियों के बर-ख़िलाफ़ बेशर्मी और बेहयाई की बातों से मुबर्रा[1] हैं।"

जो हो इसमें सन्देह नहीं कि मीर ने उर्दू ग़ज़ल के साथ उर्दू मस्नवी की भी बड़ी सेवा की है। ग़ज़लों की तरह उनकी मस्नवियाँ भी काफ़ी लोकप्रिय हुईं। नीचे कुछ लोकप्रिय शेरों के नमूने दिये जाते हैं—

नै काबे नै दैर के[2] क़ाबिल,
मज़हब उनका है सैर के क़ाबिल।

× × ×

न एक बूए-ख़ुश ही हवा हो गयी,
वह रंगीनिए-बाग़ क्या हो गयी।

× × ×

कहते हैं, डूबते-उछलते हैं,
डूबे ऐसे कोई निकलते हैं।

× × ×

रफ़्ता-रफ़्ता हुआ हूँ सौदाई,
दूर पहुँची है मेरी रुसवाई।

× × ×

आह जो हमदमी-सी करती है,
अब तो वह भी कमी-सी करती है।

यथार्थ चित्रः—ऊपर मैं कह चुका हूँ कि दैनिक जीवन की बातों के बड़े ही यथार्थ चित्र मीर ने अपनी मामूली विषयों पर लिखी मस्नवियों में दिये हैं। जैसे अपने मकान की हालत बयान करते हैं:—

कहीं सूराख़ है कहीं है चाक। कहीं झड़-झड़के ढेर-सी है ख़ाक।
कहीं घूँसों ने खोद डाला है। कहीं चूहे ने सिर निकाला है।
कहीं घर है किसी छछूँदर का। शोर हर कोने में है मच्छर का।
कहीं मकड़ी के लटके हैं जाले। कहीं झींगुर के बेमज़े नाले।

1. रहित मुक्त, 2. मन्दिर।

कोने टूटे हैं ताक़ फूटे हैं। पत्थर अपनी जगह से छूटे हैं।
कड़ी तख़्ते सब ही धुँऐ से सियाह। उसकी छत की तरफ़ हमेशा निगाह।
कभी कोई सँपोलिया है फिरे। कभी छत से हज़ारपाये गिरे।
कोई तख़्ता कहीं से टूटा है। कोई दासा कहीं से छूटा है।
दबके मरना हमेशा मद्देनज़र। घर कहाँ साफ़ मौत का है घर।

इश्क़िया-मस्नवियाँ निम्नलिखित हैं—

1. शोलए-शौक़
2. दरियाए-इश्क़
3. जोशे-इश्क़
4. मुआमिलाते-इश्क़
5. ऐजाज़े-इश्क़
6. ख़्वाबो-ख़याल।

इनमें शोलए-शौक़ सर्वमत से इनकी सर्वोत्कृष्ट मस्नवी है। एक सरल एवं संक्षिप्त कथा है और बड़ी मार्मिक है। इसमें परशुराम और उसकी प्रेमिका तथा पत्नी की मार्मिक प्रेम-कथा है। इसका अन्त बड़ा कारुणिक है। पता नहीं जिस कथा को आधार बनाया गया है। वह कहाँ तक सच्ची है। पर परशुराम का ज़िक्र पुरानी कविता और काग़ज़-पत्रों में कई बार आया है जिससे जान पड़ता है कि वह पटना—अज़ीमाबाद—का निवासी था। 'शौक' नीमवी ने अपनी किताब 'यादगारे-वतन' में लिखा है कि परशुराम दरअस्ल मुसलमान था और उसका नाम मुहम्मद हसन था। वह नवयुवक अच्छे, शरीफ़ ख़ानदान का था। फ़ारसी और हिन्दी (भाखा) का विद्वान था। एक दिन गंगा किनारे टहल रहा था। वहीं एक महाजन की लड़की स्नान कर रही थी, जिसका नाम श्यामसुन्दरि था। दोनों की आँखें चार हुईं और दोनों एक-दूसरे पर मोहित हो गये। अब मोहम्मद हसन का यह हाल कि उसके मुखड़े के दर्शन के लिए पागल की भाँति, उसकी गली में बार-बार चक्कर लगाता, कभी घंटों प्रतीक्षा में घाट किनारे टहलता रहता। धीरे-धीरे प्रेम घना हुआ। पागलपन बढ़ता गया। तब उसने संस्कृत अध्ययन आरम्भ किया। अभ्यास में उसने अच्छा पांडित्य प्राप्त किया; सैकड़ों श्लोक कंठस्थ किये; वेद एवं रामायण पढ़ा और तब योगी के वेश में महाजन के यहाँ आने-जाने लगा। अपना नाम परशुराम रखा। महाजन के यहाँ बड़ी आव-भगत हुई; सारा घर महात्मा के चरणों में था। कुछ दिनों बाद श्यामसुन्दरि का विवाह किसी से निश्चित हुआ। परशुराम ही इस अवसर के लिए पंडित नियत किए गये। ठीक शादी के दिन घर में आग लगी। लोग अपनी-अपनी जान बचाकर भागे। श्यामसुन्दरि अपने कमरे में बेहोश हो गिर पड़ी। परशुराम उसे गोद में उठाकर घर लाये। उधर महाजन का सारा घर जलकर राख हो गया। उसे और उसके घरवालों को विश्वास हो गया कि लड़की उसी में जल-

भुन गयी। उधर परशुराम ने श्यामसुन्दरि को महाजन के पास पहुँचाना चाहा किन्तु सब रहस्य ज्ञात होने पर वह जाने को तैयार न हुई। तब विवाह करके दोनों प्रसन्नतापूर्वक रहने लगे।...पर एकाध वर्ष बाद परशुराम छतर के मेले से लौट रहा था कि नाव भँवर में पड़कर उलट गयी। खोजने पर यह न मिला। लोगों ने समझा डूब गया। श्यामसुन्दरि के पास समाचार पहुँचा तो उसने सिर पीट लिया और प्राण त्याग दिये। उधर परशुराम डूबा नहीं, कुछ दूर जाकर किनारे लग गया। उसे श्यामसुन्दरि की मृत्यु की ऐसी चोट लगी कि वह पागल हो गया। उधर नदी किनारे विचित्र बात दिखाई दी। आधी रात को एक तीव्र प्रकाश आकाश से उतरता और परशुराम-परशुराम पुकारता। परशुराम ने जब यह हाल सुना तो और बेचैन हुआ; नहा-धोकर कपड़े बदले, एक काग़ज़ पर कुछ लिखा, उसे सदरी की जेब में डाला और कुछ मित्रों के साथ नौका से नदी के दूसरे किनारे पहुँचा। आधी रात बीत जाने पर आकाश से वह ज्योति उतरी, किनारों पर दौड़ी, उसका नाम लेकर पुकारने लगी। परशुराम की विचित्र अवस्था हो गयी। बड़ी तेज़ी से वह ज्योति की ओर लपका, और मित्रों के दौड़ते-दौड़ते यह गया, वह गया न जाने कहाँ आँखों से ओझल हो गया। थोड़ी देर बाद जल के ऊपर दो तीव्र ज्योतियाँ उभरीं और 'परशुराम-श्यामसुन्दरि', 'परशुराम-श्यामसुन्दरि', कहती एक-दूसरे की ओर बढ़ने लगीं। जब दोनों मिल गयीं तो भक् से बिजली का-सा प्रकाश हुआ और समस्त नदी-तल पर उजाला हो गया। फिर धीरे-धीरे वह समाप्त हो गया और फिर कभी कोई ज्योति दिखाई न दी, न परशुराम के शव का ही कहीं पता चला। सदरी जो उसने नाव पर उतार दी थी उसकी जेब से काग़ज़ निकला जिसे ख़्वाजा अब्दुल्ला 'ताईद' ने अपने पत्र के साथ शाह आलम के बेटे शाहज़ादा मिर्ज़ा जवान बख़्त जहाँदार शाह को भेजा था। यह पत्र 'ताईद' के पत्रों के एक संग्रह में मीर के समय प्रकाशित हो गया था।

घटना सही हो या ग़लत, उसने अनेक उर्दू साहित्यकारों को प्रेरित किया। मीर, बाक़र अली, शौक़ नीमवी—मतलब कई आदमियों ने इस पर काव्य एवं गद्य लिखे।

'दरियाए-इश्क़' बहुत लोकप्रिय हुई और अब भी है। इसमें भी प्रेम-कथा है। एक प्रेमी एक स्त्री पर मोहित था। जब बदनामी होने लगी, छल-छन्द रचकर प्रेमी को बीच नदी में डुबा दिया। तब प्रेमिका भी बीच धार में 'वह कहाँ है' कहती कूद पड़ी और डूब गयी। इसी प्रकार प्रायः सभी इश्क़िया-मस्नवियाँ दुःखान्त हैं। 'ख़ाबो-ख़याल' में इन्होंने अपने प्रेम एवं दीवानेपन का हाल लिखा है। 'जोशे-इश्क़' विचारों की सूक्ष्मता एवं बाँकपन से अलंकृत है पर वह उतनी प्रसिद्धि न प्राप्त कर सकी। 'मामिलाते-इश्क़' बड़ी है किन्तु उच्चकोटि की नहीं है।

सबसे बड़ी मस्नवी 'शिकारनामा' है जिसमें नवाब आसिफ़उद्दौला के शिकार और सैर का विस्तृत वर्णन है। इसमें बीच-बीच में ग़ज़लें भी आ गयी हैं पर इसमें बयान की वह सफ़ाई नहीं है जो शोलए-इश्क़ और दरियाए-इश्क़ इत्यादि में है। इसमें फ़ारसीयत भी ज़्यादा है।

रुबाइयाँ—जैसे ग़ज़ल प्रेमाभिव्यक्ति और मस्नवी कथा व उपाख्यान के लिए उपयुक्त है वैसे ही रुबाई या चतुष्पदी तात्त्विक एवं आध्यात्मिक अनुभूति के लिए सर्वोत्तम साधन है। फ़ारसी में रुबाई की परम्परा यही बताती है। उमर ख़ैयाम, फ़रीदउद्दीन अत्तार, अबूसईद अबुलख़ैर, सेहाबी इत्यादि इसके प्रमाण हैं। उर्दू में इस परम्परा का पालन नहीं हुआ। 'मीर ने भी सौ-सवा सौ रुबाइयाँ कहीं, पर वे उस ऊँचे पाये पर न पहुँच सकीं। इस दिशा में मीर से अधिक सफलता ख़्वाजा मीर दर्द को प्राप्त हुई। आधुनिक उर्दू साहित्य में रुबाइ ने पर्याप्त प्रगति की है।'

मर्सिये या मृत्युगीत—इसमें मृत व्यक्ति के गुणों एवं कार्यों का स्मरण किया जाता है। उर्दू में ज़्यादातर मर्सिये हज़रत हुसैन और उनके साथियों एवं स्वजनों की शहादत पर लिखे गये हैं। पहले मर्सिये अनेक छन्दों में लिखे जाते थे किन्तु 'ज़मीर' लखनवी ने मुसद्दस (षट्पद) को ही मर्सिये के लिए विशेष छन्द बना दिया और अब उसी का रिवाज चल निकला है।

खोज से अब तक 'मीर' के इकतालीस मर्सिये प्राप्त हुए हैं और सरफ़राज़ कौमी प्रेस, लखनऊ से 'मरासीमीर' के नाम से प्रकाशित हुए हैं। ये मर्सिए बहुत उच्चकोटि के तो नहीं हैं पर उस ज़माने के विचार से, जब मर्सियागोई की दशा अच्छी न थी, अच्छे कहे जा सकते हैं।

वासोख़्त—यह पद्य का एक विशेष प्रकार है जिसमें प्रेमी अपने प्रियतम की बेवफ़ाई, अन्याय-अत्याचार, प्रतिस्पर्धी के प्रति अनुचित आसक्ति तथा विरह-वेदना की शिकायतें करता है। इसमें एक प्रकार का उलाहना होता है तथा छिपी धमकी कि यही हाल रहा तो हमें भी सम्बन्ध त्याग कर देना पड़ेगा। फ़ारसी भाषा में वहशी ने इसका आविष्कार किया परन्तु उर्दू ने इस मामले में फ़ारसी को पछाड़ दिया और बहुत आगे बढ़ गयी।

यद्यपि दक्षिण में मीर से पहले ऐसी कविताएँ लिखी गयीं जिन्हें वासोख़्त कहा जा सकता है। पर उत्तर में इसे स्पष्टरूप देनेवाले मीर ही थे। 'आज़ाद' ने 'आबेहयात' में इन्हें ही वासोख़्त का आविष्कारक बताया है। मीर के कुल चार वासोख़्त मिलते हैं। दो काफ़ी अच्छे हैं। बाद में देहली में मोमिन तथा लखनऊ में जुर्रत, आतिश, अमानत और शौक़ ने इसे बहुत ऊँचा उठाया।

इसी प्रकार मुसल्लस (त्रिपदी), मुखम्मस (पंचपदी) तथा हफ़्तबन्द लिखकर उन्होंने नयी-नयी दिशाएँ उर्दू को दीं।

फ़ारसी-काव्य—'मीर' ने फ़ारसी में भी काव्य रचना की है जिसमें चन्द रुबाइयाँ, एक अधूरी मस्नवी और 481 ग़ज़लें हैं। जो विशिष्टता इनके उर्दू काव्य में है, वही फ़ारसी में भी पाई जाती है। वही दर्द, वही प्यास, वही बेचैनी, वही सोज़ोगुदाज़

फ़ारसी-रचनाओं में भी है। उर्दू की भाँति ही फ़ारसी में भी इन्होंने अपनी राह ख़ुद बनायी, किसी का अनुकरण नहीं किया।

2. गद्य-रचनाएँ

मीर ने गद्य में भी कई पुस्तकें लिखी हैं। पर ये सब फ़ारसी भाषा में हैं। इनके नाम निम्नलिखित हैं—

1. नकातुश्शुअरा
2. फ़ैज़े-मीर
3. ज़िक्रे-मीर

नकातुश्शुअरा—उर्दू काव्य तथा समीक्षा के इतिहास में इस पुस्तक का बड़ा महत्त्व है। इसमें उर्दू के प्राचीन कवियों की चर्चा है। इसे रेख्तागोई का पहिला तज़किरा कहा जाता है। मीर अपनी प्रस्तावना में ख़ुद कहते हैं—

"यह उर्दू का पहला तज़किरा है इसमें एक हज़ार कवियों का हाल लिखूँगा। मगर उनको न लूँगा जिनके कला से दिमाग़ परीशान हो।" हाल बहुत संक्षेप में दिए गये हैं। जिनको लिया है उनमें से भी चन्द ही हैं जो आक्षेप से बचे हैं। उर्दू से परिचय रखनेवाले जानते हैं कि वली उर्दू का सबसे पहला प्रसिद्ध कवि है। वली का उर्दू में वही दर्जा है जो हमारे यहाँ चन्द का है। उसे बेचारे को भी आपने शैतान बना दिया है—"वली, शायरीस्त अज़ शैतान मशहूरतर।"

बहुतों को उनका यह आक्षेप खला है। मीर ख़ाँ, 'कमतरीन' इस ज़माने में एक पुराने शायर थे। 'मीर ख़ाँ नाम, 'कमतरीन' उपनाम। बहुत वृद्ध थे। शाह आबरू और नाजी के देखनेवालों में से थे किन्तु इस दौर में अभी तक मौजूद थे। पुराने आदमी थे। कुछ विशेष प्रतिभा न थी पर जो बात सूझ जाती उसे अवसर का विचार किये बिना कह डालते थे। कोई उनकी ज़बान से बचा नहीं। इनकी वेश-भूषा भी दुनिया से निराली होती थी। एक बड़ी घेरेदार पगड़ी सिर पर बाँधते थे, लम्बा-सा दुपट्टा बल देकर कमर पर लपेटते थे, एक सोटा हाथ में रखते थे। उन दिनों प्रत्येक शुक्रवार को सैदुल्लाख़ाँ की चौक (दिल्ली) पर मेला लगता था। अपनी ग़ज़लों को परचों पर लिख वहीं जा खड़े होते । लड़के और शौक़ीन सहृदय रसिक दाम देते और एक-एक, दो-दो परचे ख़ुशी से ले जाते थे। उन्हें 'मीर'; वली साहब पर की गयी उक्त टिप्पणी पर बहुत ग़ुस्सा आया। एक पद्य में 'मीर' को ख़ूब फटकारा और अन्त में लिखा—

"वली पर जो सख़ुन लाये उसे शैतान कहते हैं।"

बाद में फ़तेहअली, मीर कल्लन, कुदरत उल्ला क़ासिम, शफ़ीक़ औरंगाबादी इत्यादि ने भी मीर के उक्त दोष-दर्शन पर आक्षेप किये हैं पर आज तक इस ग्रन्थ की इज़्ज़त और लोकप्रियता वैसी की वैसी ही है।

नक़ातुश्शुअरा का रचना-काल सन् 1752 ई. है। तासी का कथन है कि मीर के तज़किरे के पूर्व कई तज़किरे मौजूद होंगे। कहा जाता है कि इमामउद्दीन, ख़ाँ आरज़ू और सौदा ने भी तज़किरे लिखे थे। पर आज वे प्राप्य नहीं है इसलिए उनके सम्बन्ध में कुछ कहना कठिन है। आज जो तज़किरे प्राप्त हैं उनमें यह सबसे पुराना है। उर्दू में समीक्षा का आरम्भ इसी पुस्तक से होता है। यह ठीक है कि उस ज़माने की समीक्षा आज की समीक्षा नहीं है, हो भी नहीं सकती। उस समय लोग अपनी राय रखते थे और उसे ज़ोरों से प्रकट करते थे, तटस्थ वृत्ति वाली समीक्षा बहुत बाद में आयी है। इस ग्रन्थ से उस युग की अनेक बातों तथा सामाजिक स्थितियों एवं प्रेरणाओं पर प्रकाश पड़ता है।

फ़ैज़े-मीर—फ़ारसी भाषा में लिखी एक छोटी पुस्तक है। इसके रचना-काल का कुछ पता नहीं चलता पर इसे उन्होंने अपने पुत्र फ़ैज़अली के लिए लिखा था। इसमें दरवेशों के पाँच क़िस्से हैं, जिनमें उनकी सिद्धियों का आँखों-देखा हाल भी है। इस पुस्तक का महत्त्व यह है कि इससे 'मीर' के चरित्र तथा उनकी धार्मिक मान्यताओं पर प्रकाश पड़ता है। भाषा शक्ति से भरी और सुलझी हुई है।

ज़िक्रे-मीर—मीर के जीवन को समझने के लिए इस पुस्तक का बड़ा महत्त्व है। इसमें उन्होंने आत्म-कथा लिखी है। यद्यपि इसमें कवि एवं कविता-विषयक बातें और घटनाएँ कम हैं किन्तु तात्कालिक सामाजिक एवं ऐतिहासिक पृष्ठभूमि की जानकारी के लिए यह पुस्तक बड़े काम की है। फिर इससे मीर के जीवन की उठान, उनकी मानसिक उथल-पुथल, उनकी दृढ़ता, उनके चरित्र, तूफ़ानों में नाव की भाँति डूबती-उतराती, फिर भी आगे बढ़ती हुई ज़िन्दगी पर पर्याप्त प्रकाश पड़ता है। उनके पारिवारिक जीवन की भी अनेक बातें इससे मालूम होती हैं। मुहम्मदशाह की मृत्यु से लेकर ग़ुलाम क़ादिर रुहेला के लोमहर्षक अत्याचारों तक की ऐतिहासिक घटनाएँ विस्तारपूर्वक इसमें मिलती हैं। मुग़लों के उस पतन-युग में दिल्ली तथा मराठों, सिखों, जाटों, अँग्रेज़ों और पठानों की प्रतिद्वन्द्विता के बीच कम्पित उत्तर भारती अवस्था के जीवित चित्र इसमें दिखलाई पड़ते हैं।

दरियाए-इश्क़—अपनी मस्नवी 'दरियाए-इश्क़' को मीर ने फ़ारसी गद्य में भी लिखा है। यह पुस्तक अभी तक छपी नहीं है। कुछ समय पहले 'नैरंग' पत्र के 'मीर' अंक में इसके कुछ भाग निकले थे।

इस प्रकार हम देखते हैं कि मीर ने गद्य, पद्य, ग़ज़ल, रुबाई, क़सीदे, वासोख़्त, उर्दू-फ़ारसी, मतलब अनेक रचनाएँ दोनों भाषाओं में कीं। इससे उनकी व्यापक दिलचस्पी एवं प्रतिभा का ज्ञान होता है। उस काल के कदाचित् ही किसी दूसरे उर्दू कवि की साहित्य, समाज तथा उनकी स्वस्थ परम्पराओं के प्रति इतनी महती देन हो जितनी मीर की है।

व्याख्या

'मीर' के शे'र का अहवाल कहूँ क्या 'ग़ालिब',
जिसका दीवान कम-अज़ गुलशने-कश्मीर नहीं।

—ग़ालिब

कुछ शे'र : व्याख्या-सहित

(1)

अबके जुनूँ में फ़ासला शायद न कुछ रहे,
दामन के चाक और गरेबाँ के चाक में।

गरेबाँ कुर्ते का वह भाग है जिसे गला कहते हैं। इसी भाग में लोग बटन या घुंडी लगाते हैं। दामन का चाक कुर्ते के उस कटे हुए भाग को कहेंगे जो नीचे कमर के पास बग़ल में, प्रायः जेब के नीचे होता है।

दीवाना या पागल होने पर उर्दू-साहित्य के कथित पागल प्रायः गरेबाँ फाड़ा करते हैं—'गरेबाँ फाड़ता है तब जब दीवाना आता है।' प्रायः सभी उर्दू कवियों ने दिल, गरेबाँ और जुनूँ पर मज़मून बाँधे हैं पर मीर का शेर बहुत ख़ूब हुआ है।

मीर साहब कहते हैं कि मेरा पागलपन जिस तरह बढ़ रहा है यदि इसी प्रकार रहा तो इस बार के पागलपन के दौर में शायद गरेबाँ और दामन के चाक में कुछ अन्तर न रह जाय—यानी नीचे से ऊपर तक, दोनों मिल जायँ, मतलब पूरा वस्त्र फट जाय।

मौलाना हाली ने इस शेर की बड़ी प्रशंसा की है। लिखते हैं कि गरेबाँ या दामन या दोनों का चाक करना एक पिटा-पिटाया मज़मून है जिसे अत्यन्त प्राचीन काल से लोग बराबर बाँधते आये हैं। ''ऐसे चिथेड़े हुए मज़मून को मीर ने बावजूद ग़ायत[1] दर्जे की सादगी के एक ऐसे अछूते, निराले और दिलकश[2] असलूब[3] में बयान किया है कि उससे बेहतर असलूब तसव्वुर[4] में नहीं आ सकता। इस असलूब में बड़ी ख़ूबी यही है कि सीधा-सादा है, नेचुरल है और बावजूद इसके बिलकुल अनोखा है।''

इस सिलसिले में मौलाना ने एक और घटना का ज़िक्र किया है—

---

1. अत्यन्त, अन्तिम, पराकाष्ठा 2. चित्ताकर्षक 3. अभिव्यक्ति-प्रणाली 4. कल्पना, ध्यान।

"मौलाना आज़ुर्दा के मकान पर उनके चन्द अहबाब[1], जिनमें मोमिन और शेफ़्ता भी थे, एक रोज़ जमा थे। 'मीर' का यह शेर पढ़ा गया। शेर की बेइन्तिहा तारीफ़ हुई और सबको यह ख़याल हुआ कि इस क़ाफिये को हर शख़्स अपने-अपने सलीक़े और फ़िक्र के मुआफ़िक बाँधकर दिखाये। सब क़लम, दावात और काग़ज़ लेकर अलग-अलग बैठ गये और फ़िक्र करने लगे। इसी वक़्त एक दोस्त वारिद[2] हुए। मौलाना से पूछा—हज़रत किस फ़िक्र में बैठे हैं? मौलाना ने कहा—'क़ुल-हो-अल्ला हो[3]' का जवाब लिख रहा हूँ।"

शेर का सचमुच जवाब नहीं।

(2)

सिरहाने मीर के आहिस्ता बोलो,
अभी टुक रोते-रोते सो गया है।

मौलाना अब्दुलहक़ इस शेर की प्रशंसा करते हुए लिखते हैं—"यह शेर किस क़दर सादा है। इससे ज़्यादा आसान, आम और मामूली अलफ़ाज़ और क्या होंगे? लेकिन अन्दाज़े-बयाँ दर्द से लबरेज़[4] है। और लफ़्ज-लफ़्ज से हसरत और यास[5] टपकती है। उर्दू क्या मुश्किल से किसी ज़बान में इस पाये का और ऐसा दर्दअंगेज़ शेर मिलेगा। एक दूसरी बात इस शेर में क़ाबिले-ग़ौर यह है कि जो शख़्स दूसरों को गुल न करने और आहिस्ता बोलने की हिदायत कर रहा है वह भी बीमार के पास बैठा है और उस पर भी लाज़िम है कि यह बात आहिस्ता से कहे। इसके लिए यह ज़रूर है कि लफ़्ज़ ऐसे छोटे, सलीस ओर धीमे हों कि धीमी-से-धीमी आवाज़ में भी अदा हो सकें। अब इस शेर को देखिए कि लफ़्ज़ तो क्या, एक हर्फ़ भी ऐसा नहीं जो करख़्त[6] हो या होठों के से इशारे से भी अदा न हो सकता हो।"

(3)

मक़दूर भर तो ज़ब्त करुँ हूँ पै क्या करूँ,
मुँह से निकल ही जाती है एक बात प्यार की।

प्रेमी के हृदय की अवस्था को किस ख़ूबी से कहा है। सीधे-सादे शब्दों में एक दुनिया भर दी है। "अपनी शक्तिभर तो मैं दिल को दबाता हूँ, पर क्या करूँ, प्यार की एकाध बात निकल ही जाती है।"

---

1. मित्रगण 2. प्रविष्ट 3. क़ुरान की एक सूरत है 'कुल-हो-अल्लाहो-अहद' अर्थात् कह कि अल्लाह एक है।' मतलब यह कि यह अद्वितीय अतुलनीय शेर है। 4. ओत-प्रोत 5. निराशा 6. कठोर, कर्णकटु।

इसी बात को एक और जगह भी कहा है—

हरचन्द मैंने शौक़ को पेनहाँ किया वले,
एक-आध हरफ़ प्यार का मुँह से निकल गया।

(4)

आजीवन मीर वियोग की वेदना के गीत गाते रहे। उनका काव्य ही एक प्रलम्ब आह है। इसीलिए आह के मज़मून उनकी कविता में बार-बार आये हैं। अतिशयोक्ति ख़ूब है। कहते हैं—

करूँ जो आह ज़मी-वो-ज़माँ जल जाय,
सपहरे[1] नीली का यह सायबाँ जल जाय।

अर्थात् "यदि मैं आह करूँ तो सम्पूर्ण पृथ्वी और उस पर के जीव-जन्तु सब जल जाएँ, तथा यह आकाश का जो नीला वितान है, वह भी जलकर ख़ाक हो जाए।"

अच्छा ही हुआ, आपने इस आह की आज़माइश नहीं की। दयालु-प्रकृति के सरसहृदय आदमी से यह काम होता भी कैसे? चुनांचे ख़ुद ही फ़रमाते हैं—

मैं गिरिय-ए-ख़ूनी को रोके ही रहा वर्ना,
एक दम में ज़माने का याँ रंग बदल जाता।

"मैं इस ख़ूनी आह को रोके ही रहा अन्यथा एकबार भी निकल जाती तो ज़माने का रंग क्षणभर में बदल जाता।"

वियोग की अग्नि और आह ऐसी ही प्रबल होती है। हिन्दी, संस्कृत, उर्दू, फ़ारसी सभी भाषाओं के कवियों ने इस पर मज़मून बाँधे हैं। एक हिन्दी कवि की नायिका कहती है—

विरह की ज्वालनि सों बीजुरी जराई डारौं,
स्वासनि उड़ाऊँ बैरी बेदरद बादरनि।

अर्थात् विरह की ज्वालाओं से बिजली को जलाती हूँ और श्वास से इन बैरी निष्ठुर मेघों को उड़ा देती हूँ।

वियोगिनी की वियोग-ज्वाला से ज़माने का रंग बदलनेवाला एक दूसरा कवि ('शंकर', नाथूराम शर्मा) विनाश-क्रम का वर्णन करता है—

'शंकर' नदी नद नदीसन के नीरन की,
भाप बनि अंबर तें ऊँची चढ़ जाएगी।

---

1. आकाश

दोनौं ध्रुव छोरन लौं पल में पिघलकर,
घूम-घूम धरनी धुरी-सी बढ़ जाएगी।
झारैंगे अँगारे ये तरनि तारे तारापति,
जारैंगे खमंडल मैं आग मढ़ जाएगी।
काहू विधि, विधि की बनावट बचैगी नाहिं,
जो पै वा वियोगिनी की आह कढ़ जाएगी।

विरहाग्नि की असह्यता प्रमाणित करते हुए श्री हर्ष ने नैषध में एक स्थान पर लिखा है—

दहनजा न पृथुर्दवथुव्यथा,
विरहजैव पृथुर्यदि नेदृशम्।
दहनमाशु विशन्ति कथं स्त्रियः,
प्रियमपासुमुपासितमद्धुराः।।

अर्थात् साधारण आग में जलने की व्यथा कुछ विशेष नहीं है, विरहजन्य-व्यथा ही असह्य वेदना है। तभी तो विरहिणी स्त्रियाँ (मृत) पति से मिलने के लिए आग में कूद पड़ती हैं।

'मीर' के आहों-सम्बन्धी शेर और भी हैं—

आहों के शोले जिस जा उठते थे मीर से शब,
वाँ जाके सुबह देखा मुश्ते ग़ुबार पाया।

अर्थात् "जिस स्थान पर कल रात मीर के मुँह से आहों के शोले निकलते थे वहाँ आज सुबह जाकर देखा तो कुछ न था, सब जल गया था, बस मुट्ठी भर धूल पड़ी हुई थी।"

पैदा है कि पेनहाँ थी आतशनफ़सी मेरी,
मैं ज़ब्त न करता तो सब शहर यह जल जाता।

अर्थात् "स्पष्ट है कि मेरी दाहकता प्रच्छन्न थी। मैं न रोकता तो यह सारा शहर ही जल जाता।"

ज़ौक़ ने भी इसी ज़मीन पर एक शेर कहा है—

न करता ज़ब्त मैं नाला तो फिर ऐसा धुआँ होता,
कि नीचे आसमाँ के एक नया और आसमाँ होता।

बड़ी कृपा हुई जो दूसरे विश्वामित्र बनने की इच्छा को आपने कार्यरूप में परिणित होने से विरत रखा।

मीर एक जगह और कहते हैं—

तारे तो ये नहीं, मेरी आहों से रात की,
सूराख़ पड़ गये हैं तमाम आसमान में।

अर्थात् "जिन्हें तुम तारे समझ रहे हो, ये वस्तुतः तारे नहीं हैं बल्कि वह मेरी रात की आहों से आसमान में जो सूराख़ हो गये हैं, वही चमक रहे हैं।"

फिर कहते हैं—

नीला नहीं सपहर, तुझे इश्तिबाह[1] है,
दूद-ए-जिगर[2] से मेरे यह छत सब सियाह है।

अर्थात् "आकाश को जो तुम नीला कहते हो, यह तुम्हारा भ्रम है। वस्तुतः मेरे दिल के धुएँ से यह सारी छत काली पड़ गयी है।"

(5)

धोका है तमाम बहरे-दुनिया[3],
देखेगा पै होंठ तर न होगा।

"यह संसार-सागर केवल धोका ही धोका है, भ्रममात्र है। यह दिखाई तो पड़ता है पर इससे तेरा ओठ कभी तर न होगा।"

(6)

सब्ज़ होती ही नहीं यह सरज़मी,
तुख़्मे ख़ाहिश दिल में तू बोता है क्या?

मीर कहते हैं कि यह ज़मीन कभी हरी तो होती नहीं, फिर तू उसमें इच्छाओं के बीच क्या बोता है? (व्यर्थ बो रहा है, उससे अंकुर तो फूटने की सम्भावना है नहीं।)

इस शेर के पहलू में मीर का दर्द भरा है, उनकी बदनसीबी तड़प रही है। दूसरी ओर संसार की नश्वरता की दिशा में संकेत है।

---

1. भ्रम, सन्देह 2. हृदय का धुआँ 3. संसार-सागर।

(7)

होगा किसी दीवार के साये के तले 'मीर'
क्या काम मुहब्बत से उस आरामतलब को।

कैसा गम्भीर एवं व्यथाजनक व्यंग्य है। मौलाना अब्दुलहक़ ने इस शेर की प्रशंसा करते हुए लिखा है—"इस शेर का हुस्न शरह व बयान से बाहर है। 'आरामतलब' का लफ़्ज़ इसकी जान है। इस लफ़्ज़ को नज़र में रखिए और फिर इस शेर को ग़ौर से मुलाहिज़ा कीजिए तो शेर का असली लुत्फ़ समझ में आ जाएगा। एक शख़्स जो मुहब्बत के कारण ऐशो-आराम पर लात मारके और घर-बार छोड़कर, बे-यारोंख़ानुमाँ, आवारा व सरगर्दा, महबूब की दीवार के नीचे पड़ा है उसे ताना दिया जाता है कि आरामतलब है और ऐसे आरामतलब को मुहब्बत से क्या काम ? जब यह आरामतलबी है तो क़यास करना चाहिए कि मुहब्बत की मुसीबत क्या होगी ?"

(8)

जुज़[1] मर्तबए कुल[2] को हासिल[3] करे है आख़िर[4],
एक क़तरा[5] न देखा जो दरिया न हुआ होगा।

अर्थात् "अंश अन्ततोगत्वा पूर्णता की श्रेणी अवश्य प्राप्त करता है। ऐसा एक भी क़तरा नहीं देखा जो दरिया न हुआ हो।"

दार्शनिक और आध्यात्मिक भाव सरल शब्दों में कह दिया गया है जैसे जलबिन्दु सागर से अभिन्न है, वैसे ही अंश पूर्ण से अलग होकर भी अलग नहीं है। 'अपूर्ण' मुक्त होकर 'पूर्ण' हो जाता है। इस ज़मीन पर ग़ालिब का भी एक शेर है।

इशरते-क़तरा है दरिया में फ़ना हो जाना,
दर्द का हद से गुज़रना है दवा हो जाना।

अर्थात् जलबिन्दु गौरव नदी में निमग्न हो जाने में ही है (क्योंकि नष्ट होकर, निमग्न होकर वही अपनी सत्ता को विशाल बना देता है।) इसी से प्रकट होता है कि वेदना की सीमा का अतिक्रमण होना ही, दवा हो जाना है (क्योंकि जो लाभ दवा से होगा उससे भी अधिक 'दर्द के हदसे गुज़रने' पर होगा।)

विभिन्न दृष्टियों से जीवन-मरण के ऐक्य का, विशेषत: प्रेमजगत में, मज़मून बहुतेरे कवियों ने बाँधा है। किसी ने कहा है—

मुहब्बत में नहीं है फ़र्क़ जीने और मरने का,
उसी को देखकर जीते हैं जिस काफ़िर पे दम निकले।

---

1. अंश, खंड 2. पूर्णता का दर्जा 3. प्राप्त 4. अन्त में 5. बूँद।

(9)

एक शख़्स मुझी-सा था कि था तुझपे वह आशिक़,
वह उसकी वफ़ापेशगी वह उसकी जवानी।
यह कहके मैं रोया तो लगा कहने न कह 'मीर',
सुनता नहीं मैं ज़ुल्मरसीदों की कहानी।।''

कोई ख़ास बात नहीं है पर अपनी कामना की अभिव्यक्ति के लिए क्या सुन्दर ढंग निकाला है। कवि ने परदे-परदे में बड़ी ख़ूबी से अपनी बात कह दी है—अपनी हृदय-व्यथा व्यक्त कर दी है। मज़ा यह है कि इसमें कहीं माशूक़ के अन्याय या उत्पीड़न का वर्णन नहीं, सिर्फ़ प्रेमी के यौवन और उसकी बुरी हालत की ओर इशारा किया है। और यह कहके रोने लगना उसकी गहरी हृदय-व्यथा को प्रकट कर देता है। परदा होकर भी यहाँ परदा नहीं रह जाता; प्रच्छन्न होकर भी यहाँ अर्थ स्पष्ट है। 'माशूक़ के उत्तर ने दर्द में हज़ारों टीसें पैदा कर दी हैं। यह मीर साहब का ख़ास कमाल है।'*

(10)

गुल व बुलबुल बहार में देखा।
एक तुझको हज़ार में देखा।।

अर्थ स्पष्ट है। प्रियतम की ही छवि फूल, बुलबुल और वसन्त सबमें दिखाई दे रही है। 'मीर दर्द' ने भी लिखा है—

जग में आकर इधर-उधर देखा,
तू ही आया नज़र जिधर देखा।

परमात्मा अथवा प्रियतम की व्यापकता का अनुभव इसमें है। बिहारी का प्रसिद्ध सोरठा याद आता है—

मैं समुझयो निरधार, यह जग काँचों काँच सम,
एकै रूप अपार, प्रतिबिम्बित लखियत जहाँ।

देखिए, बिहारी ने वेदान्त के 'प्रतिबिम्बवाद' को काँच का उदाहरण देकर कितनी सफलता के साथ समझाया है। कहते हैं, मैंने भली-भाँति देख लिया है कि यह संसार कच्चे काँच के समान है जिसमें एक ही रूप अपार रूपों में प्रतिबिम्बित हो रहा है।

* मौलवी अब्दुल हक़ : इन्तख़ाब कलामे मीर, पृष्ठ 27

मीरे ने एक स्थान पर और कहा है—

यकजा अटक के रहता है दिल हमारा वर्ना,
सबमें वही हक़ीक़त दिखलाई दे रही है।

फिर कहते हैं—

हर क़दम पर थी उसकी मंज़िल लेक,
सरसे सौदाए-जुस्तजू न गया।

उसकी मंज़िल तो क़दम-क़दम पर थी पर दिमाग़ में जो खोज का पागलपन था, वह नहीं गया। उसी के कारण मैं जन्मभर उसे ढूँढ़ता ही रह गया।

(11)

छाती जला करे है सोज़-ए-दरूँ बला से,
एक आग-सी लगी है, क्या जानिए कि क्या है?

मीर के कलेजे में दर्द है। वह छटपटा रहा है। साथी और डॉक्टर प्रश्न करते हैं, 'क्या बात है भाई।' कुछ बताओ, तब तो इलाज किया जाय। मीर बेचारे की तो जान निकल रही है। वह ख़ुद नहीं समझ पाता। झुँझलाकर कहता है—"भाई! जान मत खाओ। मैं क्या बताऊँ। आन्तरिक अग्नि से रात-दिन छाती जलती रहती है। कलेजे में एक आग-सी लगी हुई है। क्या मालूम यह क्या है?"

शेर के प्रत्येक शब्द में करुणा है। कलेजा मुँह को आ रहा है। प्रेम की वह अवस्था है जब आदमी नहीं जानता कि यह बेचैनी, यह घबराहट, यह जलन क्या है और क्यों है?

लोगों ने कहा—हज़रत, कहीं दिल तो नहीं लगा बैठे। लक्षण तो कुछ ऐसे ही हैं।

मीर उत्तर देते हैं—

हम तौरे-इश्क़ से तो वाक़िफ़ नहीं हैं लेकिन,
सीने में जैसे कोई दिल को मला करे है।

जिसके दिल में कुछ भी रस है वह इसे पढ़कर झूम उठेगा। मीर कहते हैं कि भई, प्रेम के तौर-तरीक़े से तो परिचित नहीं हैं पर हाँ, ऐसा लगता है जैसे सीने में कोई दिल को मला करता हो।

'मला करे है।' पद इस शेर की जान है। वेदना शब्द-शब्द से टपकी पड़ती है।

इसी ज़मीन पर 'शेफ़्ता' का भी शेर है—

शायद इसी का नाम मुहब्बत है 'शेफ़्ता',
एक आग-सी है दिल में हमारे लगी हुई।

'शायद' शब्द ने इस शेर में एक चमत्कार पैदा कर दिया है। कवि प्रेम की उस अवस्था में है जब कुछ-कुछ रोग के विषय में उसे अनुमान हो रहा है।

(13)

परस्तिश की याँ तक कि ऐ बुत तुझे,
नज़र में सबों की ख़ुदा कर चले।

शत-शत श्रुतियाँ चिल्लाकर कहती हैं कि शुद्ध ब्रह्म निराकार है किन्तु उस परम तत्त्व का सम्यक रहस्य हृदयंगम होने के पूर्व साधक क्या करे? मानव सदैव सरल आलम्बनों की खोज करता है। अपनी खोज में ही उसने मूर्ति-पूजा को प्राप्त किया। किसी रुचिकर रूप में कल्पना करके उसकी उपासना ही मूर्तिपूजा का रहस्य है। साकार दृश्य इन्द्रियलब्ध वस्तु के प्रति सामान्यतः मनुष्य का आकर्षण जितना ठोस और स्वाभावितक होता है, उतना निराकार के प्रति सम्भव नहीं। इसी प्रकार मूर्ति की उपासना करके हम धीरे-धीरे उसके अधिकाधिक निकट होते जाते हैं जिसकी वह मूर्ति है। धीरे-धीरे हमारे स्नेह का विकास होता है। और अन्त में जब प्रेम प्रौढ़ता को प्राप्त होता है तब मूर्ति की सत्ता क्षीण होने लगती है। और सान्निध्यजन्य प्रणयभूत ध्यान में विलीन हो जाती है इस प्रकार सच्चा मूर्तिपूजक मूर्ति और आराध्य दोनों का ऐकात्म्य अनुभव कर आराध्य—भगवान—के सगुण रूप का साक्षात्कार करता है। इस साक्षात्कार के पश्चात् उसे आराध्य सर्वत्र दिखाई देता है और निर्विकार, निराकार ब्रह्म की प्रतीति होती है। फिर वह अपने एवं आराध्य के अभेदत्व का अनुभव करता है। इस प्रकार मूर्तिपूजक की आनन्द-धारा वेदान्त के 'अहंब्रह्मास्मि' में मिल जाता है।

मान लीजिए, मैं करुण वात्सल्य प्रकृति का आदमी हूँ। अपनी भावनाओं के अनुकूल मैंने एक पाषाण-मूर्तिका का निर्माण एवं उसमें प्राण-प्रतिष्ठा करायी। मैं उसकी उपासना में लीन हुआ। धीरे-धीरे मेरी भक्ति-सरिता में तरंगे उठने लगीं। ध्यान करते-करते मेरी अनुरक्ति उससे सघन होती गयी; तन्मयता आने लगी। थोड़ी देर के लिए संसार का लोप हुआ। जब ध्यान का आवेग कम हुआ, आँखें खुलीं तो देखता हूँ कि जिसका ध्यान अभी तक कर रहा था, वही तो सामने है। (याद रहे भक्ति की प्रबलता में यह बात भूल जाती है कि पाषाण-मूर्ति के आगे बैठा हुआ हूँ)। फिर थोड़ी देर बार शंका उठती है कि नहीं जी, यह कल्पित पाषाण-मूर्ति है जो मैंने बनवायी थी। कभी मूर्ति में उपास्य की प्रत्यक्ष प्रतीति होती है। (उस समय पाषाण मूर्ति की सत्ता विस्मृत हो जाती है) और कभी पाषाणरूप दृष्टिगोचर होता है। यह मूर्तिपूजावलम्बित

भक्ति की प्रथम श्रेणी है (जिसमें कभी प्रत्यक्ष प्रतीति होती है, कभी अप्रत्यक्ष और आरोपित)। इसके पश्चात् प्रेम और प्रौढ़ एवं घनीभूत होता है। धीरे-धीरे पाषाण-भाव सुप्त और लुप्त होने लगता है। इस विकास का अन्त उस समय होता है। जब मूर्ति में पाषाणत्व की ज़रा भी अनुभूति शेष नहीं रहती। यह मूर्ति और उपास्य की अभेदावस्था है। साधन साध्य हो जाता है, तब वह मूर्ति बोलती है, हँसती है।

इसी प्रकार किसी मनुष्य को प्रेम करके भी परमतत्त्व को प्राप्त किया जा सकता है। मूल वस्तु प्रेम है। सब कुछ उस प्रेम को ग्रहण करने की हमारी शक्ति पर निर्भर है। कुछ उस प्रेम को वासना एवं भोग में परिवर्तित कर देते हैं, दूसरे हैं जो उसे जीवन का अमृत बना लेते हैं और उससे अपरिमित शक्ति एवं ओज प्राप्त कर साधाना-पथ में बढ़ जाते हैं। मीर ने इसी मानव-प्रेम के विराट संवेदन का चित्रण उक्त शेर में किया है। कहते हैं—''ऐ बुत (प्रियतम)! मैंने तेरी पूजा इस सीमा तक की है कि तुझे सब लोगों की दृष्टि में ख़ुदा, परमात्मा बना दिया है!''

(14)

उसे ढूँढ़ते 'मीर' खोए गये,
कोई देखे इस जुस्तज़ू की तरफ़।

मीर कहते हैं कि मैं ढूढ़ने तो उसे चला था पर स्वयं ही खो गया। भला कोई मेरी इस खोज को तो देखे!

पता उसका लगाने चले थे पर अपनी ही सत्ता खो बैठे। वेदान्त का तत्त्व इस शेर में आ गया है।

ब्रह्म की अनन्त सत्ता में मिल जाने की प्राय: चार श्रेणियाँ हैं। जब भक्ति की प्रबलता होती है तो मुनष्य परमात्मा (श्रेय) और अपने सम्बन्ध को जिन शब्दों में प्रकट करता है उसे संस्कृत के दार्शनिक साहित्य में 'तस्यैवाहम्' कहते हैं। इसका अर्थ होता है—'मैं उसका हूँ' (अहं तस्यैव)। इसके बाद का दर्जा 'तवैवहाम्' है। अर्थात् 'मैं तुम्हारा ही।' इसमें सम्बन्ध अधिक प्रत्यक्ष और सघन हो गया है। प्रथम पद में वह अन्यपुरूष में है और दूसरे में सामने है। इसके बाद तीसरी श्रेणी आती है 'त्वमेवाहम्' अर्थात् ''मैं तू ही हूँ।'' अर्थात् जो मैं हूँ वही तुम हो। यह साम्यानुभूति की अवस्था है। पर अभी 'मैं' और 'तुम' दोनों 'एक' नहीं हैं, दोनों में भेद वर्तमान है। इसके बाद वह दर्जा आता है जिसमें साधक 'तुम' या 'मैं' में से एक को भूल जाता है। यही सर्वोच्च अवस्था है। गालिब ने भी कहा है—

बहुत ढूँढ़ा उसे फिर भी न पाया,
अगर पाया पता, अपना न पाया।

अर्थात् "ढूँढ़ते-ढूँढ़ते हैरान हो गया फिर भी उसे न पा सका और पाया तो अपना ही पता न रहा।"

इसी ज़मीर पर, कुछ मिलता-जुलता मीर का एक और शेर है—

तेरी आह किससे ख़बर पाइए,
वही बेख़बर है जो आगाह है।

मीर साहब फ़रमाते हैं कि आह! तेरा समाचार और पता किससे पूँछूँ। जो तुझसे आगाह है, परिचित है, तेरा पता जान चुका है, वही बेख़बर है।

इसमें भी वही परमानुभूति की बात कही गयी है। उसको जान लेने पर ज्ञाता बताएगा क्या, जब वह स्वयं तल्लीन हो जाएगा। जो उससे आगाह हो गया है, वह तो हमारे लिए बेख़बर है। एक बेहोशी, एक दीवानगी उस पर छा गयी है। वह क्या बताएगा?

इसमें उसी 'तत्त्वमसि' अवस्था की परछाईं है जिसकी अनुभूति में एक फ़ारसी सूफ़ी कवि ने कहा है—

तनहास्तम तनहास्तम चे बुल अजब तनहास्तम।
जुज़ मन न बाशद हेच शै तनहास्तम यकतास्तम!!

अर्थात् "मैं अकेला हूँ! मैं! क्या आश्चर्य है! मैं एकदम अकेला हूँ। मेरे सिवा और कोई वस्तु है ही नहीं—मैं अकेला, बेजोड़, लासानी हूँ।"

एक उर्दू कवि तो इससे भी आगे जाकर अपने को परमात्मा का उत्पत्तिकर्ता कहता है—

मैंने माना देह्र को हक़ ने किया पैदा वले,
मैं वह ख़ालिक हूँ मेरे कुन से ख़ुदा पैदा हुआ।

अर्थात् "मैं मान लेता हूँ किं सृष्टि की रचना ईश्वर ने की है। पर मैं तो वह हूँ कि मेरे 'हो' शब्द के उच्चारण मात्र से ईश्वर की उत्पत्ति हुई।"

मानव में परमात्मा के दर्शन के सम्बन्ध में 'मीर' का एक शेर याद आ गया। इसी सिलसिले में, लिख देता हूँ—

सरापा में उसके नज़र करके तुम,
जहाँ देखो अल्लाह अल्लाह है।

उसके नखशिख में ध्यान देकर देखो तो सर्वत्र ईश्वर ही ईश्वर दिखाई देता है।

(15)

रुदन की व्यर्थता—निष्फलता—पर मीर का एक दर्दनाक शेर है—

ऐ गिरिया उसके दिल में असर ख़ूब ही किया,
रोता हूँ जब मैं सामने उसके तो दे है हँस।

बेबसी का कैसा चित्र है! ऐ रुदन! तूने उसके दिल पर ख़ूब प्रभाव डाला, मैं जब उसके सामने रोता हूँ वह हँस देता है।

(16)

प्यार करने का जो खूबाँ हमपे रखते हैं गुनाह,
उनसे भी तो पूछिए तुम इतने क्यों प्यारे हुए?

अर्थ स्पष्ट है। 'प्यारे' शब्द इस शेर की जान है। इसमें शेख़ सादी के निम्नलिखित शेर की छाया है—

दोस्तां मनअ कुनिन्दम कि चरा दिल बुतो दादम,
बायद अव्वल बुतो गुफ़्तन की चुनी ख़ू चराई।

(17)

शाम से कुछ बुझा-सा रहता है,
दिल हुआ है चिराग़ मुफ़लिस का।

मीर का यह शेर बहुत प्रसिद्ध है। वियोग के चित्र बहुतों ने दिये हैं पर यह अप्रतिम है। कहते हैं—ग़रीब आदमी के दीपक के समान हमारा दिल शाम से ही कुछ बुझा-बुझा सा रहता है।

ग़रीबों के घर में जो दीपक जलते हैं उनकी शिखा इतनी कम और ज्योति इतनी धीमी होती है कि जलते हुए भी वे बेजले और बुझे-से होते हैं। हमारे दिल की भी वही हालत है। कैसा रूपक है!

(18)

क्यों कर तू मेरी आँख से हो दिल तलक गया,
यह बहर[1] मौजख़ेज़े[2] तो असरुल अबूर[3] था।

मतलब यह है—"समझ में नहीं आता कि तू मेरी आँखों के रास्ते दिल तक कैसे गया? (निरन्तर अश्रुमयता की ओर इशारा) यह तरंगित सागर तो पार करने योग्य न था।"

1. सागर 2. तरंगित, तरंगमय, 3. पार करने में कठिन।

कौन जाने वह किधर से पहुँच जाते हैं ? पता भी नहीं चलता। 'ज़ौक़' का एक शेर है—

खुलता नहीं दिल बन्द ही रहता है हमेशा,
क्या जाने कि आ जाता है तू इसमें किधर से।

अर्थात् 'हमारा दिल तो सदैव (ग़म से) बन्द ही रहता है। (कभी खुलता नहीं, प्रसन्न नहीं होता) फिर तू न जाने किधर से उस बन्द दिल में घुस आता है!'

ज़रा हिन्दी के महाकवि बिहारी की करामात देखिए—

देख्यौ जागत वैसिये, साँकरि लगी कपाट।
कित ह्वै आवत जात भजि, को जाने किहिं बाट।।

दोहे में शेर से कहीं अधिक चमत्कार है। चारों ओर से किवाड़ बन्द करके नायिका सो रही है। स्वप्न में उसके प्रिय आते हैं, इतने में वह जग जाती है। जगकर देखती है कि किवाड़ तो वैसे ही बन्द है; उसमें साँकल उसी प्रकार लगी हुई है। न जाने वह किधर से आते हैं और किस रास्ते भाग जाते हैं।

(19)

सौन्दर्य की एक उपमा देखिए—

खिलना कम-कम कली ने सीखा है,
उसकी आँखों की नीमख़ाबी[1] से।

अर्थात् उनकी आँखों की नीमख़ाबी (अलसान, मस्ती) से कली ने धीरे-धीरे खिलना सीखा है।

कली धीरे-धीरे खिलती है। अलसाई, उनींदी आँख भी मस्ती से धीरे-धीरे खुलती है। उसी की ओर संकेते है।

(20)

होश जाता नहीं रहा लेकिन,
जब वह आता है तब नहीं आता।

अभी मेरा होश एकदम गुम नहीं हुआ है। चेतना बनी है; मैं चेतना-रहित नहीं हुआ हूँ पर हाय! जब वह आते हैं तभी होश नहीं रहता। तभी बेहोशी आ जाती है।

1. उनींदापन, अर्धस्वप्नावस्था

'प्रसार' का पद है—

मादकता-से आये वे,
संज्ञा-से चले गये थे।

वही भाव है। उनके आगमन से प्रेमी पर मादकता छा जाती है और जाने पर होश आता है।

(21)

पूछा जो मैंने दर्दे-मुहब्बत से मीर को,
रख हाथ उसने दिल पे टुक उसने रो दिया।

वेदना का कैसा चित्र है। जो मैंने सहानुभूतिपूर्वक मीर से उसका हाल पूछा तो अपने कलेजे पर हाथ रखकर टप-टप आँसू बहा दिये। वेदना अकथ है। इसलिए मीर जवाब नहीं देते। चुपचाप द्रवित होकर रो पड़ते हैं और केवल संकेत करते हैं कि पीड़ा कहाँ है।

(22)

उसकी तर्ज़े-निगाह मत पूछो,
जी ही जाने है, आह मत पूछो।

इसमें भी प्रियतमा की आँखों के जादू का वर्णन है। वह जादू जो अकथ है, कैसे कहा जा सकता है। मीर के कोई दोस्त हमदर्दी दिखाने उनके पास पहुँचे और पूछा कि 'आख़िर उसकी आँखों में ऐसी क्या बात है, जो तुम यों पागल हो रहे हो?' मीर क्या जवाब देते? बार-बार पूछने पर कलेजे का उच्छ्वास इस शेर के रूप में निकल पड़ा—"भाई, मेहरबानी करके, उसकी तर्ज़े-निगाह, (देखने के ढंग) के बारे में कुछ न पूछिए। आह! उसे मेरा जी ही जानता है, बस पूछिए नहीं।" जी ही जाने है और आह शब्द ने शेर को वेदना की गहरी अनुभूति प्रदान की है।

(23)

तेरे बालों के वस्फ़[1] में मेरे,
शेर सब पेचदार होते हैं।

---

1. प्रशंसा

उर्दू साहित्य में प्रियतम के बालों, विशेषत: टेढ़ी-मेढ़ी ज़ुल्फ़ों का ख़ूब वर्णन है। प्राय: सभी कवियों ने उस पर कुछ-न-कुछ कहा है। बालों का उर्दू कवि जितना पेचदार उलझा, कह सकें उतना ही अच्छा माना जाता है।

मीर साहब कहते हैं कि तेरे बाल इतने पेचदार हैं कि उनकी प्रशंसा में मैं जो शेर कहता हूँ वही पेचदार हो जाता है।

मीर की ही एक उक्ति और है—

आवेगी एक बला तेरे सर सुन कि ऐ सबा,
जुल्फ़े-सियह[1] का उसके अगर तार जाएगा।

मीर साहब सबा (प्रभाती वायु) को सावधन कर रहे हैं कि होशियार होकर बहा कर, वर्ना यदि किसी रोज़ उसके जुल्फ़े-सियह (काली-जुल्फ़ों) से पाला पड़ गया तो तेरे सिर एक बला आ जाएगी।

बालों, अलकों, ज़ुल्फ़ों का सभी भाषाओं के कवियों ने वर्णन किया है। मीर ने ही किसी शेर में कहा है-"तू कैसा उद्दंड शिकारी है कि अपनी ज़ुल्फ़ों में मेरा तायरे-दिल (हृदय-पक्षी) फँसाये लिये जा रहा है।"

किसी संस्कृत कवि ने कहा—

जानुभ्यामुपविश्य पार्ष्णि निहितश्रोणिभरा प्रोन्नमद्-
दोर्वल्ली नमदुन्नमत्कुचतटी दीव्यन्नखांकावलि:।
पाणिभ्यामवधूय कंकणझणत्कारवतारोत्तरं
बाला नह्यति किं निजालकभरं किं वा मदीयं मन:।।

बिहारी कहते हैं—

कच समेटि कर भुज उलटि, खये सीस पट टारि।
काकौ मन बाँधे न यह, जूरौ बाँधनिहारि।।

'शृंगार-सप्तशती' कार ने इस दोहे का संस्कृत दोहे में यों अनुवाद किया है—

उन्नमय्य बाहुद्वयं, कचपुञ्जं गृह्णाति।
प्रियाकेशबन्धे मन:, कस्य न सा बध्नाति।।

बिहारी का ही एक और दोहा है:—

छुटे छुटावैं जगत् तें, सटकारे सुकुमार।
मन बाँधत बेनी बँधे, नील छबीले बार।।

---

1. काली अलकें।

एक और संस्कृत कवि का कथन है:—

कमलाक्षि! विलम्ब्यतां क्षणं कमनीये कचभारबन्धने।
दृढ़लग्नमिदं दृशोर्युगं शनकैरद्य समुद्धराम्यहम्।।

कमलाक्षि! ज़रा ठहरों मेरी आँखें तुम्हारे केश-पाश में जा फँसी हैं। धीरे-धीरे मैं उन्हें निकाल लूँ तब जूड़ा बाँधो। थोड़ी देर मुझ पर कुपा करो, नहीं तो ये उसी में बँधी रह जाएँगी।

(24)

जिस दिन से उसके मुँह से बुर्क़ा उठेगा, सुनियो,
उस रोज़ से जहाँ में ख़ुर्शीद फिर न झाँका।

मीर साहब फ़रमाते हैं कि जिस दिन उसके मुँह से बुर्क़ा (मुँह और शरीर ढकने का वह वस्त्रावरण जो प्राय: मुसलिम स्त्रियाँ पहनती हैं) उठेगा, तुम सुनोगे कि उस दिन से सूर्य फिर नहीं निकला।

उसके मुँह को सूर्य को लज्जित करनेवाला बताया है पर बात अनूठे ढंग से कही गयी है।

सूरज क्यों न झाँकेगा?

सूरज के न झाँकने के दो कारण मीर के शेर से निकलते हैं। पहला यह कि उसके 'मुख की अनन्त ज्योति के आगे अपनी ज्योति की मलिनता का अनुभव करके सूर्य को इतना लज्जा आएगी कि वह अपना मुँह फिर न दिखाएगा' और दूसरा यह कि 'उसकी अपार ज्योति के कारण सूर्य का प्रकाश इतना क्षीण हो जाएगा कि फिर साधारणत: वह लोगों को दिखायी न देगा, लोग समझेंगे कि अब वह निकलेगा ही नहीं।'

इसी विषय पर हिन्दी और संस्कृत के कवियों की भी उक्तियाँ उपलब्ध हैं। 'रसनिधि' हिन्दी के एक प्रसिद्ध दोहाकार हुए हैं। कितने ही लोग उनके दोहों की, बिहारी के दोहों से तुलना करते हैं। 'रतनहज़ारा' इनका प्रसिद्ध ग्रन्थ है।

'रसनिधि' अपनी नायिका की मुख-ज्योति को लेकर लिखते हैं—

कुहूनिसा तिथिपत्र मैं, वाचन कौ रहि जाइ।
तुव मुख-ससि की चाँदनी, उदै करति है आइ।।

—भारतजीवन संस्करण , पृष्ठ 23, दोहा 197

कवि कहता है—''पत्रा में कुहू-निशा केवल बाँचने भर के लिए रह गयी है, वस्तुतः वह कभी आती नहीं, क्योंकि तेरे मुखरूपी चन्द्र की चाँदनी उदित होकर उसपर अधिकार जमा लेती है।''

चलिए रात के समय रास्ता चलनेवालों को आराम हो गया। पर 'रसनिधि' केवल एक दिन की बात कर रहे हैं; उनकी चाँदनी केवल एक दिन की है, जबकि उसी ज़मीन पर बिहारी ने प्रतिदिन चाँदनी की व्यवस्था कर रखी है—

पत्रा ही तिथि पाइयतु, वा घर के चहुँ पास।
नित प्रति पून्योई रहै, आनन-ओप-उजास।।

—लालचन्द्रिका-आज़मशाही क्रम—489
—बिहारी-बिहार, पृष्ठ 145

अर्थात् ''उस घर के आस-पास अब तिथियाँ केवल पत्रा में ही लिखी हुई दीख पड़ती हैं, क्योंकि नायिका के मुख की आभा के कारण वहाँ सदा ही पूर्णिमा बनी रहती है। (इसके कारण अन्य सब तिथियाँ जानने के लिए भ्रम की स्थिति बनी रहती है। केवल पत्रे से ही असली तिथि ज्ञात हो सकती है।)

'श्रृंगारसप्तशतीकार' ने इस दोहे का संस्कृत अनुवाद यों किया है—

तव गृहमभि नाऽपुस्तकस्तिथि कोऽपि जानाति।
यतः पूर्णचन्द्रानने पूर्णिमेव निशि भाति।।

एक संस्कृत कवि का चमत्कार देखिए—

तानि प्राञ्चि दिनानि यत्र रजनी सेहे तमिस्रापदं,
सा सृष्टिर्विरराम यत्रभवति ज्योत्स्नामयो नातपः।
अद्यान्यः समयस्तथाहि तिथयोऽप्यास्या मुखस्योदये,
हस्ताहस्तिकया हरन्ति परितो राकावराकीयशः।।

अर्थात् ''वे दिन बीत गये जब रजनी तमिस्रापद को प्राप्त थी—काली होती थी। वह सृष्टि समाप्त हो गयी। जबकि आतप ज्योत्स्नामय न था, धूप में चाँदनी नहीं आती थी। यह तो कुछ दूसरा ही समय है। देखो न, उसके मुख के उदय होने से बारी-बारी सब तिथियाँ 'राकावराकीयश'— पूर्णिमा के यश को—सब प्रकार लूट लेती हैं।''

कैसा चमत्कार है। अब तो दिन-रात पूर्णिमा ही है। अभी तक जितने कवियों ने कहा केवल रात के लिए कहा, 'सा सृष्टिर्विरराम यत्र भवति ज्योत्स्नामयो नातपः' कहकर कवि ने धूप को भी चाँदनी में परिवर्तित कर दिया है—सूर्य के आतप पर भी नायिकी की 'मुख-दुति' का वार्निश पेंट कर दिया; सूर्य का भी मान-मर्दन हो गया।

अब तुलना कीजिए—

'रसनिधि' की नायिका बड़ी सुन्दरी है। 'कुहूनिसा' में चन्द्रमा की अनुपस्थित के कारण जब चारों ओर अन्धकार रहता है तब उसके 'मुख ससि की चाँदनी' उदय होकर 'कुहूनिसा' की सत्ता मिटा देती है, उसे केवल पत्रा में बाँचने के लिए रहने देती है।

वास्तविक चन्द्र की अनुपस्थित में यदि नायिका के 'मुख-ससि' ने सच्चे चन्द्र की मर्यादा प्राप्तकर ज्योति फैला दी तो क्या हुआ? और तिथियाँ तो पड़ी हुई हैं। यह तो केवल एक दिन की बात हुई।

हाँ, बिहारी की नायिका अलबत्ता ज़बर्दस्त है। उसके 'आनन-ओप-उजास' से 'वा घर के चहुँपास नितप्रति पून्योई रहै, और इस प्रकार 'पत्रा ही तिथि पाइयतु'— केवल पत्रें में ही तिथियों की सत्ता रह गयी है; वहाँ सदा पुनो ही पुनो है। रसनिधि की नायिका सीधी है, साफ़ है, अच्छी है। पर बिहारी की नायिका उससे कहीं अधिक रसीली और सुन्दर है। संस्कृत कवि की नायिका बिहारी से भी आगे है। उसने अपने मुखोदय द्वारा, दिन हो या रात सदा समग्र संसार को अखंड चाँदनी से ढँक रखा है— केवल उस घर के चतुर्दिक् नहीं, सर्वत्र उसका राज्य है। दिन-रात का भेद नष्ट हो गया; धूप में भी चाँदनी घुस गयी है।

अब मीर की ओर लौटिए। यह हज़रत दीन-हीन चन्द्रमा पर हाथ न उठाकर सीधे 'ख़ुर्शीद'—सूर्य पर ही टूटे हैं। उनका विश्वास है कि प्रियतमा जिस दिन अपने मुख से बुर्क़ा उठा देगी, उसके बाद सुनोगे कि सूरज फिर दुनिया में झाँकने नहीं आया।

संस्कृत कवि की रचना में मामला बढ़ गया है। उसमें शक्ति के दुरुपयोग की भी किंचित् छाया है। फिर इतनी उड़ान के बाद भी ज्योत्स्ना केवल आतप में मिलकर रही गयी पर धूप और ज्योत्स्ना दोनों का अस्तित्व बना रहा। मीर के कथानानुसार तो सूर्य बेचारा मुख-प्रकाश से लज्जित होकर फिर झाँकने का ना ही न लेगा!

(25)

मीर इन नीमख़ाब आँखो में,
सारी मस्ती शराब की-सी है।

मीर साहब कहते हैं कि इन उनींदी आँखों में जो मस्ती है, वह ठीक शराब की भाँति है। (शराब के प्रभाव में आँखें चढ़ जाती है, उनमें एक विशेष प्रकार का उनींदापन, मस्ती और लालिमा आ जाती है।)

मीर तो यहीं तक कहकर रह गये परन्तु एक और उर्दू कवि ने इससे आगे बढ़कर कहा है—

मय में वह बात कहाँ जो तेरे दीदार में है,
जो गिरा फिर न कभी उसको सँभलते देखा।

अर्थात् "शराब में वह बात कहाँ जो तेरी आँखों की मस्ती में है। तेरी आँखों के नशे में जो एक बार गिरा कि वह फिर सँभलते—उठते—नहीं देखा गया।"

हिन्दी का प्रसिद्ध दोहा है—

अमिय, हलाहल, मदभरे, स्वेत, श्याम, रतनार।
जियत, मरत, झुकि-झुकि परत, जेहि चितवत इकबार।।*

तेरी इन श्वेत, श्याम, रतनारी आँखों में अमृत, विष और मद तीनों का ही विचित्र सम्मिश्रण हुआ है (क्योंकि) ये जिसको एक बार (प्यार से) देख लेती हैं वह जीता, मरता और झुक-झुक पड़ता है!"

क्रमालंकार का इतना सरल पर उत्कृष्ट उदाहरण कदाचित् ही और कहीं देखने को मिलेगा। शब्द-सौष्ठव, अर्थगाम्भीर्य, स्वभावोक्ति, अनुभव एवं अलंकारमयी योजना सबमें अनूठापन है।

(26)

जब नाम तेरा लीलिए तब चश्म भर आवे,
इस ज़िन्दगी करने को कहाँ से जिगर आवे।

अतलस्पर्शी वेदना का एक चित्र है। जब तेरा नाम लेता हूँ, जब तुम्हारी चर्चा होती है, तब आँखें भर आती हैं। जीवन बिताने को (इतना बड़ा) कहाँ से दिल लाऊँ?

(27)

जी में था उससे मिलिए तो क्या क्या न कहिए 'मीर',
पर जब मिले तो रह गये नाचार देखकर।

अनुभव की वाणी है। मनमें तो बहुत-सी बातें थीं कि उनसे भेंट होगी तो न जाने क्या-क्या कहूँगा, कितनी बात करूँगा पर जब वह मिले तो उन्हें लाचारी के साथ देखता ही रह गया, कुछ भी न कह सका।

इसी बात को दूसरी जगह कहा है—

कहते तो हो यूँ कहते, यूँ कहते जो वह आता,
यह कहने की बातें हैं, कुछ भी न कहा जाता।

भावना के आधिक्य में वाणी मौन हो जाती है। इसी बात को यहाँ कहा गया है।

---

* क्रमालंकार देखिए—

अमिय	हलाहल	मदभरे
स्वेत	श्याम	रतनार
जियत	मरत	झुकि झुकि परत

(28)

हस्ती अपनी हुबाब[1] की-सी है,
यह नुमाइश सुराब[2] की-सी है।

मानव-जीवन ठीक वैसा ही है जैसे अपार सागर के तल पर बुलबुले होते हैं। बुलबेले से उपमा देने में कई ख़ूबियाँ हैं। जो लोग प्रकृतिवादी हैं उनका कथन है कि विशेष प्रकार की स्थितियों के परस्पर सम्मिश्रण से जगत् की भिन्न-भिन्न वस्तुएँ बनी हैं और उन्हीं के संघर्षण से नष्ट हो जाती हैं। इस प्रकार सृष्टि का कार्य अपने आप चला करता है। मनुष्य की उत्पत्ति और विनाश का भी उनके मत से यही उत्तर है। मानव-जीवन की उपमा बुलबुले से देने में इन लोगों के भी सिद्धान्त का खंडन नहीं होता। जैसे पंचतत्त्वों तथा कुछ अन्य उपादानों के विशेष स्थितिजन्य पारस्परिक संयोग से मानव-जीवन का आविर्भाव तथा उनके अव्यवस्थाजन्य संघर्ष से नाश होता है, उसी प्रकार आकाश, वायु तथा जल के विशेष संयोग से बुलबुले की भी उत्पत्ति होती है और उसमें ज़रा भी व्यतिक्रम होने से उसका अन्त हो जाता है।

दूसरी विशेषता, बुलबुले के उदाहरण में, यह दीख पड़ती है कि जैसे बुलबुला सागर का अखंड और अभेदभाव-सूचक एक अंश है, वैसे ही मनुष्य भी अनन्त सृष्टि का अभेदभाव-सूचक जीव है। बुलबुले में जैसे अपार सागर का आन्तरिक तत्त्व सूक्ष्म रूप से सन्निहित रहता है; छोटे से एक बुलबुले में जैसे समस्त सागर का भाव हृदयंगम किया जा सकता है, मानव-जीवन में भी उसी प्रकार अनन्त तत्त्वों का अन्वेषण किया जा सकता है; सीमाबद्ध इस मानव-जीवनों में भी चिरन्तर, व्यापक शक्ति एवं असीम सत्स्वरूप विराट तथा उसके वैभव को प्रत्यक्ष कर सकते हैं। जैसे बुलबुला, अलग होकर भी, वस्तुतः समुद्र से अलग नहीं है वैसे ही मानव-सत्ता भी अनन्त से भिन्न कुछ नहीं। ''नेह नानास्ति किंचन'', *''अग्निर्यथैको भुवनं प्रविष्टो रूपं रूपं प्रतिरूपो बभूव। एकस्तथा सर्वभूतान्तरात्मा रूपं रूपं प्रतिरूपो बहिश्च''* इत्यादि श्रुतियों में इसी रहस्य की ओर संकेत है।

दूसरे चरणों में मीर कहते हैं—'यह नुमाइश सुराब की-सी है।' यह दृश्य-प्रपंच मृगजल-भ्रम के समान है अर्थात् माया है। सुराब होती कुछ है और दिखाई देती कुछ और है। कड़कड़ाती धूप में प्यास से व्याकुल शिथिलदृष्टि मृग जब चारों ओर देखता है तो दूर की शुष्क बालुकाराशि लहराते हुए जल के सदृश्य दीख पड़ती है। यह संसार भी एक सुराब है। जिस रूप में हम इसे देख रहे हैं, वह इसका वास्तविक रूप नहीं है।

---

1. बुलबुला
2. मृगजल, जलाभास।

इसे समझकर ही अन्यत्र मीर ने कहा है—

चश्मे-दिल खोल उस भी आलम पर,
याँ की औक़ात ख़ाब की-सी है।

"ज़रा अपना हृदय-चक्षु दुनिया की ओर खोल। यहाँ की अवस्था (जिसमें तू भूला हुआ है) तो स्वप्नवत् है।

स्वप्न में हम जो चीज़ें देखते हैं वे रहती तो असत् हैं किन्तु स्वप्न की अवस्था में वे सच्ची ही मालूम पड़ती हैं, वही स्थिति इस दुनिया की भी है।

(29)

बारीक़ वह कमर है ऐसी कि हाल क्या है,
जो अक़्ल में न आवे उसका ख़याल क्या है।

कमर का पतला होना सौन्दर्य लक्षण माना जाता है। उसकी बारीक़ी को लेकर उर्दू, हिन्दी, संस्कृत के कवियों ने बड़ी उड़ानें भरी हैं। मीर साहब कहते हैं कि वह कमर इतनी पतली है कि क्या कहा जाय? भला जो बुद्धि में, कल्पना में ही न आवे उसका विचार करने से क्या लाभ?

कमर की सूक्ष्मता की पराकाष्ठा है। 'जो अक़्ल में न आवे उसका ख़याल क्या है' कहकर मीर ने उतना कह डाला है जिसके आगे कोई कुछ कह ही नहीं सकता। बुद्धि या कल्पना से ही कवित कुछ कह सकता है पर वह इनसे परे है। तब उसकी बात क्या की जाय?

इसी ज़मीन पर अन्य कवियों की करामात भी देखिए। संस्कृत के महाकवि पंडितराज जगन्नाथ कहते हैं—

जगन्मिथ्याभूतं मम निगदतां वेदवचसा-
मभिप्रायो नाद्यावधि हृदयमध्याविशदयम्।
इदानीं विश्वेषां जनकमुदरं ते विमृश्तो
विसन्देहं चेतोऽजनि गरुडकेतोः प्रियतमे!

और भी—

अनल्पैवादीन्द्रैरगणितमहायुक्तिनिबहै-
र्निरस्ता विस्तारं क्वचिदकलयन्ती तनुमपि।
असत्ख्याति-व्याख्यादिकचतुरिमाख्यातमहिमा-
ऽवलग्ने लग्नेयं सुगतमतसिद्धान्त-सरिणः।।

अर्थात् बौद्ध दार्शनिकों के शून्यवाद को जब बड़े-बड़े प्रद्विन्द्वी विद्वानों (शंकर एवं वाचस्पति इत्यादि इसका खंडन जोरों से कर गये हैं) की (अकाट्य युक्तियों की) मार से दुनिया में कहीं जगह न मिली तो वह तुम्हारी (लक्ष्मी की) कटि में जाकर समा गया।

पंडितराज अपने ढंग के अनोखे कवि थे; उनकी शब्द-योजना, उनकी शैली, उनकी मधुरिमा और उनकी धारा उन्हीं की चीज़ है। ये विशेषताएँ एकत्र, संस्कृत के कदाचित् ही दूसरे किसी कवि को प्राप्त हुई हों। भाषा के प्रवाह और वर्णन की निर्भीकता में तो कोई उनके सामने ठहर नहीं सकता। यह उसी निर्भीकता का उदाहरण है—जगज्जननी की कटि पर भी क़लम चलाने में हिचकिचाहट न हुई।

'बेंकटाध्वरि' संस्कृत के एक प्रतिभाशाली, पर अपेक्षाकृत प्रसिद्ध, कवि हुए हैं। यह 'नीलकंठ' (संस्कृत के प्रसिद्ध कवि) के सहपाठी थे। इनका समय 1640 ई. के आस-पास है। 'लक्ष्मीसहस्र' इनकी सबसे उत्तम पर क्लिष्ट रचना है। लक्ष्मी के ऊपर संस्कृत साहित्य में जितने स्तुतिकाव्य हैं, कहा जा सकता है कि यह उनमें सर्वश्रेष्ठ है। इसमें भी लक्ष्मी की कटि का वर्णन मिलता है—

परमादिषु मातरादिमं यदिदं कोषकृताह मध्यमम्।
अमर: किल पामरस्ततो स बभूव स्वयमेव मध्यम: ।।

अत्यन्त क्लिष्ट पर चमत्कारपूर्ण रचना है। कवि कहता है—''हे देवि! तुम्हारी कटि संसार के आदिभूत परमाणुओं से भी सूक्ष्म है। यह मध्यभाग (कमर) परमादि (उत्तमों में भी उत्तम) वस्तुओं में भी आदिम (श्रेष्ठ, उत्तम) है किन्तु अमर (कोषकार) को यह समझ कहाँ? उसने ऐसी उत्तम कटि को मध्यम (नीच एवं मध्य में मकार युक्त) कह डाला। वह यही समझता है कि यह मध्यम, परमादि (अन्त्य 'म' कार संयुक्त) शब्दों में आदिम (आदि 'म' कार-संयुक्त) है (अर्थात् जैसे परम, चरम इत्यादि शब्दों के अन्त में 'म' है वैसे ही 'मध्यम' में भी है) उनसे इसमें विशेषता यह है कि यह आदिम है (क्योंकि इसके आदि में भी 'म' कार है।) देवी! तुम्हारी ऐसी सवोत्तम कटि को मध्यम (नीच) कहने का फल परोपकार अमर को ख़ूब भोगना पड़ा। उसने तुम्हारी कटि को 'मध्यम' कहा, इसका फल यह हुआ कि स्वयं ही मध्यम (मध्य 'मकार' संयुक्त) हो गया। कहाँ तो वह पहले 'अमर' (देवता) था—स्वर्ग में सुख भोगता था कहाँ इस निन्दाजन्य पाप का फल पाकर मध्यम (मानव लोक में आकर मनुष्य) बन गया। देवि! तुम्हारी शक्ति से अपरिचित मदमत्त चला तो था तुम्हें 'मध्यम' (मध्य मकार युक्त) कहने पर वह स्वयं 'मध्यम' (अमर शब्द के मध्य में 'म' है) हो गया। (तुम्हारा) मध्यम (कटिभाग) तो मध्य में मकारवाला नहीं हुआ (क्योंकि उसके मध्य में तो 'म' न होकर 'ध्य' है) परन्तु अमर स्वयं मध्यम हो गया।

इतना ही नहीं वह 'पामर' बन गया (क्योंकि देवलोक में था, अब मनुष्य-लोक में आकर देवत्व ये च्युत हो गया।)

क्लिष्ट श्लेष की बहार है। नैषध में श्रीहर्ष ने भी कटि का अच्छा वर्णन किया है पर विस्तार-भय से उसे छोड़ता हूँ। अब उर्दू-हिन्दी कवियों की करामात देखिए।

उर्दू के प्रसिद्ध कवि स्वर्गीय 'अकबर' इलाहाबादी कहते हैं—

कहीं देखा न हस्ती वो अदम का इश्तराक़ ऐसा,
जहाँ में मिस्ल रखती ही नहीं उनकी कमर अपना।

अर्थात् "कहीं भाव और अभाव का ऐसा संयोग दिखाई न दिया। उनकी कमर की दुनिया में कोई बराबरी नहीं।"

भूषण कहते हैं—

सोधें को अधार किसमिस जिनको आहार,
चार को अंक लंक चन्द सरमाती हैं।

—शिवा बावनी

कमर इतनी पतली है जैस-४ के अंक का मध्य भाग जो पड़ी रेखाओं के बीच में दिखाया गया है।

बिहारी ने कहा है—

*बुधि अनुमान प्रमान स्रुति, किये नीठि ठहराइ।
सूछम कटि परब्रह्म लौं अलख लखी नहिं जाइ।।

"वह सूक्ष्म कटि पर ब्रह्म समान 'अलक' है। रुति (कान और वेद वाक्य) द्वारा सुनते हैं कि कमर है (श्रुति यह भी बताती हैं कि परब्रह्म है) सुनने के बाद अनुमान करते हैं कि ऐसा हो सकता है या नहीं? इसके बाद प्रमाण सोचते हैं कि कटि के बिना धड़ ठहरेगा किस पर! (दूसरी ओर यह सोचते हैं कि संसार का आधार कौन है?) ऐसा सोचकर उस 'अलख' (मर और परब्रह्म) दोनों को बुद्धि द्वारा निरन्तर अभ्यास करके कल्पना के बल पर स्थिर करते हैं तब भी वह अलग ही हैं परब्रह्म होते हुएभी जैसे दिखाई नहीं देता उसी प्रकार कमर का पता नहीं चलता।"

---

* याज्ञवल्क्य ने मैत्रेयी को ब्रह्म-साक्षात्कार के उपाय बताते हुए जो चार श्रेणियाँ बतायी थीं, बिहारी ने 'बुद्धि, अनुमान, प्रमान, स्रुति' कहकर उसी का प्रतिपादन किया है। मूल श्रुति यों है—

'आत्मा वा अरे द्रष्टव्यः श्रोतव्यो मन्तव्यो निदिध्यासितव्यः।'

निश्चय ही बिहारी ने पंडितराज को पीछे छोड़ दिया है। कविश्रेष्ठ 'शंकर' ने कहा है—

पास के गये पै एक बूँद हू न हाथ लगै,
दूर सों दिखात मृगतृष्णिका में पानी है।
'शंकर' प्रमाण-सिद्ध रंग को न संग पर,
जानि परै अम्बर में नीलिमा समानी है।
भाव में अभाव है अभाव में धौं भाव भर्‌यो,
कौन कहै ठीक बात काहू ने न जानी है।
जैसे इन दोउन में दुविधा न दूर होत,
तैसे तेरी कमर की अकथ कहानी है।।

'शंकर' का यह कवित्त भी किसी की उक्ति से कम नहीं है। कहते हैं—दूर से तो मृगतृष्णिका में पानी दिखाई देता है। किन्तु पास जाने पर एक बूँद भी हाथ नहीं लगता। यह बात भी प्रमाण-प्रसिद्ध है कि आकाश में रंग का संयोग नहीं है परन्तु देखने से ऐसा मालूम पड़ता है मानो वह नीला है। जान नहीं पड़ता कि यह क्या बात है? भाव में अभाव है या अभाव में भाव है! जैसे आज तक ये दोनों बातें द्विविधा में पड़ी हुई हैं, वैसे ही तेरी कमर का भी कोई निश्चय नहीं। उसी कहानी 'अकथ' है। कोई क्या कहेगा?''

'चन्द्रशेखर' कहते हैं—

जौ कहिये मन की गति तो मन सों न रहै थिर एक घरी है।
लोक कहैं जिमि ब्रह्म है सूछम त्यों अनुमानि कै मानि परी है।
देखि परै न कहूँ दरसे परसै परमानु लौं जानि परी है।
भावती की कटि में करतार करी केहि भाँति धौं कारीगरी है।

सैयद ग़ुलाम नबी (रसलीन) अपने 'अंग-दर्पण' में कहते हैं—

सुनियन कटि सुच्छम निपट, निकट न देखत नैन।
देह भये यों जानिए, ज्यों रसना में बैन।।

अपूर्व दोहा है। कहते हैं—लोगों से सुनता हूँ कि कटि निपट सूक्ष्म है किन्तु आँखों से तो कुछ दिखाई नहीं देता। तब! तब क्या मान लें कि कटि है ही नहीं? नहीं ऐसा तो हो नहीं सकता क्योंकि यदि कटि है नहीं तो धड़ इत्यादि ठहरे किसके सहारे हैं? ज़रूर कटि है। तब फिर दिखाई क्यों नहीं देती? जैसे रसना में बैन (जिह्वा में वाणी निहित) है पर उसे देख नहीं सकते, वैसे ही देह होने से जान पड़ता है कि कमर भी होगी ही।

पटका बँधा रहा तो गुमाँ था हमें कि हो,
खुलने से खुल गया कि निशाने-कमर नहीं।

—सईद

कहता है कोई बाल उसे कोई रगे-गुल,
कुछ मैं भी कहूँ, तेरी कमर जो नज़र आवे।

—हैफ़

मादूम को क्योंकर कोई साबित करे अल्लाह,
मज़मून कमर यार का उनक़ा से नहीं कम।

—निज़ाम

तुम्हारे लोग कहते हैं कमर है,
कहाँ है किस तरह की है किधर है?

—अबरू

यह भी उस नाज़ुक बदन को बार हो,
गर कमर बाँधे नज़र के तार से।

—ज़ौक़

दीद-ए-कमरे-यार की मुश्ताक़ हैं आँखें,
हस्ती में तमाशा-ए-अदम मद्‌देनज़र है।

—आतिशत

(30)

हाय उसके शर्बती लब से जुदा,
कुछ बताशा-सा घुल जाता है जी।

कैसी मधुर शब्द-योजना है। सीधे-सादे शब्द हैं पर विदग्धता से ऊपर से नीचे तक भरे हुए। 'लब' (ओठ) के लिए शर्बती विशेषण भी कितना अच्छा हुआ है। इससे मधुरता और लालिमा दोनों का काम निकल जाता है। ''कुछ बताशा-सा घुल जाता है जी''—इस पद ने तो ग़ज़ब ही कर दिया हैं 'बताशा-सा जी घुलना'! कितना बढ़िया! चमत्कार देखिए— शर्बती लब से अलग रहने पर जी बताशा-सा घुला जाता है। 'शर्बत' से मिलने पर बताशे को घुलना चाहिए किन्तु यहाँ उलटी बात है। उस शर्बत से दूर रहकर 'बताशा' घुला जा रहा है।

(31)

यह छेड़ देख हँस के रुखे-ज़र्द पर मेरे,
कहता है मीर! रंग तो अब कुछ निखर चला।

यह छेड़ और शरारत देखिए। मेरे पीले चेहरे को देखकर यह कहना कि मीर! अब तो तेरा रंग कुछ निखर चला है।

वहाँ जान जा रही है, यहाँ हँसी सूझ रही है।

(32)

आशिक़ हैं हम तो 'मीर' के भी ज़ब्ते-इश्क़ के,
दिल जल गया था और नफ़स लब पे सर्द था।

ठंडी आह पर क्या शेर कहा है! हम मीर के प्रेम पर नियन्त्रण रखने की शक्ति पर मुग्ध हैं कि दिल जल गया था पर ओठों पर साँस ठंडी थी। 'जले दिल से ठंडी साँस' का निकलना काव्य का चमत्कार है।

(33)

बेख़ुदी ले गयी कहाँ हमको
देर से इन्तज़ार है अपना।

बेख़ुदी हमें न जाने कहाँ ले गयी है कि देर से हम अपनी ही प्रतीक्षा कर रहे हैं। अनुभूत एवं गहरे भाव हैं।

(34)

शरारत-भरे बाह्य सौन्दर्य के चित्र देखिए। वह रात को आ आये हैं, पर—

थी सुबह जो मुँह को खोल देता,
हर चन्द कि तब थी एक पहर रात।
फिर ज़ुल्फ़ों में मुँह छिपा के बोला,
अब होवेगी 'मीर' किस क़दर रात।
ज़ुल्म है, क़हर है, क़यामत है,
ग़ुस्से में उसके ज़ेरे-लब की बात।

रात में जब मुँह खोल देते हैं तब सुबह हो जाती है। फिर बालों में मुँह छिपा लेते हैं और अँधेरा हो जाता है। शरारत से पूछते हैं—मीर, अब कितनी रात है? क्रोध में उनके ओठो की बात क्या कहें, क़हर है, ज़ुल्म है, क़यामत है।

(35)

ओठो के आमंत्रणशील सौन्दर्य पर कहते हैं—

लाले-ख़ामोश अपने देखो हो आरसी में,
फिर पूछते हो हँसके मुझ बेनवा की ख़ाहिश!

अपने मौन लाल (रक्त हीरक, ओठ, अधर) को दर्पण में देखते हो, फिर भी मुझ दीन की इच्छा पूछते हो? (चुम्बन की इच्छा को किस तरह प्रकट किया है।)

(36)

चाल के सौन्दर्य एवं आकर्षण के बारे में कहते हैं—

क्या चाल यह निकाली होकर जवान तुमने,
अब जब चलो हो, दिल को ठोकर लगा करे है।

तरुणाई पाकर तुनमे क्या चाल निकाली है कि जब चलते हो, दिल को ठोकर लगा करती है!

(37)

वह दर्दे-दिल नहीं तो क्यों देखते ही मुझको,
पलकें झुकालियाँ हैं, आँखें चुरालियाँ हैं।

अगर उनमें दिल की व्यथा नहीं है, उनमें भी प्यार की किरण नहीं है तो मुझे देखते ही उनकी पलकें क्यों झुक जाती हैं और आँखें क्यों चुराई जाती हैं?

(38)

किया जो अर्ज़ कि दिल-सा शिकार लाया हूँ,
कहा कि ऐसे तो मैं मुफ़्त मार लाया हूँ।

बदक़िस्मत मीर बड़ी आशा से अपना दिल लेकर सरकार के दरबार में नज़्र करने गये थे। वहाँ आकर बड़ी आरज़ू-मिन्नत एवं दीनता से कहा कि "सरकार! मैं बड़ी आफ़तका मारा, आपकी नज़रों का घायल हूँ। आपके लिए दिल-जैसा (बढ़िया) शिकार लाया हूँ। वह आपकी नज़्र है!"

हुज़ूर ने फ़रमाया—क्या अदना चीज़ लेकर आया। ऐसे न जाने कितने शिकार तो मैं मुफ़्त, बिना परिश्रम, मार लाया हूँ। (तब तेरा दिल लेकर क्या करूँगा?)

शेर के दूसरे पद में, जो कि राजकीय उत्तर है—कितनी शोख़ी, कितना चुलबुलापन है। सीधे-सादे शब्दों में अपने त्याग और अपने दिल की चोट का उल्लेख कर दिया है। 'दिल-सा शिकार' कहकर यह भी जता दिया कि मेरा दिल किसी के (नयन) वाणों से घायल भी हो चुका है। फिर यह भी ध्वनि निकलती है कि मैं तुम्हें ही इसे ग्रहण करने योग्य समझता हूँ, तुम्हीं इसको लो। इसके बाद प्रियतम के मुँह से 'ऐसे तो मैं मुफ़्त मार लाया हूँ, कहलाकर उनकी निष्ठुरता और परिहासभरी शोख़ी का चित्र भी खींच दिया है।

(39)

पलकों से रफ़ू उनने किया चाके-दिल ऐ मीर,
किस ज़ख़्म को किस नाज़की के साथ सिया है।

रफ़ू करना, किसी फटी हुइ चीज़ को धागे भरकर पूरा करने को कहते हैं। बाक़ी अर्थ साफ़ है।

(40)

कहता है दिल कि आँख ने मुझको किया ख़राब,
कहती है आँख यह कि मुझे दिल ने खो दिया।
लगता नहीं पता कि सही कौन-सी है बात,
दोनों ने मिलके 'मीर' हमें तो डुबो दिया।।

दिल का कहना है कि मुझे आँख ने चौपट किया और आँख कहती है कि मुझे दिल ने खो दिया। दोनों का झगड़ा चल रहा है। ठीक पता नहीं लगता कि बात क्या है? पर इन दोनों (दिल और आँख) के झगड़े में तो मैं डूब गया।

(41)

हर सुबह उठके तुझसे माँगू हूँ मैं तुझी को,
तेरे सिवा मेरा कुछ मुद्दआ नहीं है।

एक प्रेमी के लिए इससे बड़ी कोई इच्छा नहीं हो सकती कि किसी भी अवस्था में वह अपने प्रियतम को न भूले और सदा उसे ही पाने की इच्छा करे। उसके लिए वही सबकुछ है। परमेश्वर है तो वही है, सृष्टि का लक्ष्य है तो वही है, माता-पिता,

भाई-बहिन जो है वही है। वह उसे छोड़ परमात्मा की भी इच्छा नहीं करता।* और यदि वह परमात्मा को मानता है तो उससे भी अपने प्रियतम को ही माँगता है। आग़ा हश्र कहते हैं—

सब कुछ ख़ुदा से माँग लिया तुझको माँगकर,
उठते नहीं हैं हाथ मेरे इस दुआ के बाद।

मीर साहब भी फ़रमाते हैं कि "प्रतिदिन प्रात:काल उठकर मैं तुझसे तुझी को माँगता हूँ। तेरे अतिरिक्त मेरा और कोई प्रयोजन नहीं है। मैं तेरे सिवा दूसरा और कुछ नहीं चाहता।"

दूसरी जगह भी मीर कहते हैं—

चाहें तो तुमको चाहें, देखें तो तुमको देखें,
ख़ाहिश दिलों की तुम हो, आँखों की आरज़ू तुम;

(42)

पासे-नामू से-इश्क़ था वर्ना,
कितने आँसू पलक तक आये थे।

प्रेम में दिल पर कितना ज़ोर डालना पड़ता है, उसे कितना दबाना पड़ता है। अन्दर व्यथा और बेचैनी का समुद्र लहरें मारता है; ऊपर हँसना-मुसकराना पड़ता है। आँखें भर-भर जाती हैं पर आँसू रोक लेने पड़ते हैं।

मीर कहते हैं—प्रेम की बदनामी का ध्यान था अन्यथा न जाने कितने आँसू पलक तक आये हुए थे (जिन्हें मैंने रोक लिया)।

(43)

आँखों से पूछा हाल दिल का,
एक बूँद टपक पड़ी लहू की।

---

* मजनू के सम्बन्ध में एक कथा कही जाती है। एक बार मजनू ने यह स्थिर करके कि मैं इन आँखों से लैला के अतिरिक्त और कुछ न देखूँगा, आँखें मूँद लीं और बहुत दिन हो गये, खोली नहीं। परीक्षार्थ परमात्मा स्वयं प्रकट हुए और कहा—'तू आँखें खोल और मेरी ओर देख।' मजनू ने पूछा—'तू कौन है?' आवाज़ आयी, —'मैं परमात्मा हूँ।' मजनू ने कहा—'मुझे परमात्मा से कुछ काम नहीं। मैं इन आँखों से लैला को छोड़ किसी को नहीं देख सकता।' खुदा ने कहा—'मेरे लिए लोग न जाने कितना दु:ख भोगते हैं, तब भी मैं मुश्किल से मिलता हूँ और तू इनकार कर रहा है?' तरह-तरह के प्रलोभन दिये जाने पर मजनू ने यही कहा—"लैला के अतिरिक्त मैं न तो किसी को चाहता हूँ, न जानता हूँ और न जानने या देखने की इच्छा ही रखता हूँ।"

वेदना का कैसा चित्र है। हर शब्द व्यथा से गीला है।

(44)

सुबह तक शमा सिर को धुनती रही,
क्या पतिंगे ने इल्तमास किया।

न जाने पतिंगे ने क्या अर्ज़ किया कि शमा सुबह तक अपना सिर धुनती रह गयी! रहस्यवाद का स्पर्श है।

(45)

न कटती टुक न होती जो फ़क़ीरी साथ उलफ़त के,
हमें जब उसने गाली दी है तब हमने दुआ दी है।

मीर साहब कहते हैं कि "यदि प्रेम के साथ मुझमें थोड़ी फ़क़ीरी भी न होती तो दिन न बीतते। उसने जब-जब गालियाँ दी हैं, मैंने उसे आशीर्वाद दिया है।"

प्रेमी किसी भी रूप में प्रियतम से सम्बद्ध रहना चाहता है इसीलिए उसे गालियाँ भी अच्छी लगती हैं। 'प्रसाद' ने कितना बढ़िया कहा है—

तेरे स्मृति-सौरभ में मृग-मन मस्त रहे,
यही है हमारी अभिलाषा सुन लीजिए।
शीतल हृदय सदा होता रहे आँसुओं से,
छिपिए उसी में, मत बाहर हो भीजिए।।
हो जो अवकाश कभी ध्यान आवे तुम्हें मेरा,
ए हो प्राण-प्यारे! तो कठोरता न कीजिए।
क्रोध से, विषाद से, दया या पूर्व प्रीति ही से,
किसी भी बहाने से तो याद किया कीजिए।।

(46)

कोई नाउम्मीदाना करते निगाह,
सो तुम हमसे मुँह भी छिपाकर चले।

कभी-कभी निराशपूर्ण आँखें तुम पर डाल दिया करते थे सो तुम अब हमसे मुँह छिपाकर जा रहे हो?

कैसी हसरत है! कैसा दर्द है!

(47)

हसरत उसकी जगह थी ख़ाबीदा,
मीर का खोलकर कफ़न देखा।

कैसा करुणापूर्ण चित्र है। मीर का क़फ़न खोलकर देखा तो वह नहीं था, उसकी जगह उसकी हसरत निद्रामग्न थी।

(48)

मृत्यु को वह क्षणिक विश्राम मानते हैं; वह जीवन का अन्त नहीं है—

मर्ग एक माँदगी का वक़्फ़ा है,
यानी आगे चलेंगे दम लेकर।

एक जगह और कहते हैं—

वक़्फ़-ए-मर्ग अब ज़रूरी है,
उम्र तय करते थक रहे हैं हम।

कुछ इसी तरह का संकेत उम्र के बारे में भी है—

यह जो मोहलत जिसे कहे हैं उम्र,
देखो तो इंतज़ार-सा है कुछ।

(49)

हुई है दिल की महवियत से यक़साँ याँ ग़मो-फ़रहत,
न मातम मरने का है 'मीर' न जीने की शादी है।

मनुष्य की आन्तरिक शक्तियों के विकास की सीमा सुख-दुःख की सम-अनुभूति ही है जब न आनन्द की कामना हो, न शोक की।

मीर साहब कहते हैं, "चित्र की असीम संलग्नता से मेरे लिए दुःख-सुख समान हो गये हैं। अब मुझे न तो मरने का शोक ही है और न तो जीने का आनन्द ही है!"

(50)

अत्यन्त दुःख में, बहुत रोने के बाद, एक ऐसी अवस्था आती है जब रोना भी नहीं आता। आँखें सूख जाती हैं, आँसू नहीं निकलते। इसी का बयान मीर इस प्रकार करते हैं—

आग-ए-दरिया थे दीदए-तर 'मीर',
अब जो देखो सुराब हैं दोनों।

पहिले ये तर आँखें सरिता थीं, अब मरुभूमि हैं।

विस्तार-भय से थोड़े ही शेर दिए गये हैं।

काव्य

न हुआ पर न हुआ 'मीर' का अन्दाज़ नसीब,
'ज़ौक़' यारों ने बहुत ज़ोर ग़ज़ल में मारा।

—ज़ौक़

ग़ज़लें

(1)

था मुस्तआर[1] हुस्न से उसके जो नूर[2] था,
ख़ुरशीद[3] में भी उस ही का ज़र्रा ज़हूर था।
पहुँचा जो आपको तो मैं पहुँचा ख़ुदा के तईं,
मालूम अब हुआ कि बहुत मैं भी दूर था।
आतिश[4] बुलन्द दिल की न थी वर्ना ऐ कलीम[5],
यक शोला बर्क़ ख़िरमने सद कोहेतूर[6] था।
मजलिस में रात एक तेरे परतो[7] ए बग़ैर,
क्या शमअ, क्या पतंग हर एक बे हुज़ूर था।
हम ख़ाक में मिले तो मिले लेकिन ऐ सपहर,
उस शोख़ को भी राह पै लाना ज़रूर था।
कल पाँव एक कासए[8] सर पर जो आ गया,
यकसर वह इस्तख़ान[9] शिकस्तों से चूर था।
कहने लगा कि देख के चल राह बेख़बर,
मैं भी कभू किसूका सरे पुर ग़रूर था।
था वह तो रश्के हूर बिहिश्ती[10] हमीं से 'मीर'
समझे न हम तो फ़हम[11] का अपने क़सूर था।

---

1. रिआयत, उधार माँगा हुआ 2. प्रकाश 3. सूर्य 4. अग्नि 5. ईश्वर से बातें करनेवाला, हज़रत मूसा 6. कोहेतूर पर ही मूसा को ब्रह्मज्योति के दर्शन हुए थे (खिरमन की बिजली का एक शोला शत-शत कोहेतूर जैसा था) 7. ज्योति, आभा 8. खोपड़ी 9. हड्डी 10. स्वर्ग की परियों को लज्जित करनेवाली। 11. बुद्धि।

(2)

गुल ब बुलबुल बहार में देखा,
एक तुझको हज़ार में देखा।
जल गया दिल सफ़ेद हैं आँखें,
यह तो कुछ इन्तज़ार में देखा।
आबले का भी होना दामनगीर,
तेरे कूचे के ख़ार में देखा।
जिन बलाओं को 'मीर' सुनते थे,
उनको इस रोज़गार में देखा।

(3)

इस ओहद[1] में इलाही मुहब्बत को क्या हुआ?
छोड़ा वफ़ा को उनने मुरौवत को क्या हुआ?
उम्मीदवार वादये दीदार[2] मर चले,
आते ही आते यारों क़यामत को क्या हुआ?
बख़्शिश ने मुझको अब्रे-करम[3] की किया ख़िजल[4],
ऐ चश्म जोशे-अश्के नदामत[5] को क्या हुआ?
जाता है यार तेग़बकफ़[6] ग़ैर की तरफ़,
ऐ कुश्तए-सितम[7] तेरी ग़ैरत को क्या हुआ?

(4)

कहा मैंने कितना है गुलका सबात[8],
कली ने यह सुनकर तबस्सुम[9] किया।
जिगर ही में एक क़तरा ख़ूँ है सरश्क[10]*,
पलक तक गया तो तलातुम[11] किया।
किसू वक़्त पाते नहीं घर उसे,
बहुत 'मीर' ने आपको गुम किया।

---

1. युग 2. दर्शन के आश्वासन के प्रत्याशी 3. कृपावर्षा 4. लज्जित 5. अनुतापजन्य अश्रु-प्रवाह 6. तलवार हाथ में लिये 7. अत्याचार-दग्ध, अनीति से कटा हुआ 8. दृढ़ता 9. मुसकराहट 10. आँसू 11. तूफ़ान, लहर पर लहर उठना।

* इसी ज़मीर पर मिर्ज़ा गालिब ने लिखा है:—
दिल में फिर गिरिया ने एक शोर उठाया 'ग़ालिब',
आह जो क़तरा न निकला था सो तूफ़ाँ निकला।

(5)

उलटी हो गयीं सब तदबीरें कुछ न दवा ने काम किया,
देखा इस बीमारि-ए-दिल ने आख़िर काम तमाम किया।
अहदे जवानी रो-रो काटा पीरी[1] में लीं आँखें मूँद,
यानी रात बहुत जागे थे, सुबह हुई आराम किया।
नाहक हम मजबूरों पर यह तोहमत है मुख़्तारी[2] की,
चाहते हैं सो आप करे हैं, हमको अबस बदनाम किया।
किसका काबा, कैसा क़िबला, कौन हरम है क्या अहराम,
कूचे के इन बाशिन्दों ने सबको यहीं से सलाम किया।
याँके सपेद व सियह में हमको दख़ल जो है सो इतना है,
रात को रो रो सुबह किया, या दिन को जूँ तूँ शाम किया।
'मीर' के दीनो-मज़हब को अब पूछते क्या हो उनने तो,
क़शक़ा[3] खींचा, दैर[4] में बैठा, कब का तर्क इस्लाम किया।

(6)

चमन में गुल ने जो कल दावा-ए-जमाल किया,
जमाले-यार ने मुँह उसका ख़ूब लाल किया।
मेरी अब आँखें नहीं खुलती ज़ोफ़[5] से हमदम[6],
न कह कि नींद में है तू यह क्या ख़याल किया।
बहारे-रफ़्ता फिर आयी तेरे तमाशे को,
चमन को यमने-क़दम ने तेरे निहाल किया।
लगा न दिल को कहीं क्या सुना नहीं तूने,
जो कुछ कि 'मीर' का इस आशिक़ी ने हाल किया!

(7)

जिस सर को गुरुर आज है याँ ताजवरी का।
कल उसपे यहीं शोर है फिर नौहागरी[7] का।
ज़िन्दा[8] में भी सोरिश[9] न गयी अपने जुनूँ[10] की,
अब संग[11] मुदावा[12] है इस आशुफ़्तासरी[13] का।

---

1. वृद्धावस्था 2. स्वतंत्रता 3. तिलक 4. मन्दिर 5. दुर्बलता 6. साथी, मित्र 7. मृत्युपरान्त रोदन, विलाप 8. कारागार 9. हंगामा 10. उन्माद 11. पत्थर 12. औषधि, उपचार 13. पागलपन।

हर ज़ख़्में-जिगर दावरे-महशर[1] से हमारा,
इन्साफ़तलब है तेरी बेदादगरी[2] का।
ले साँस भी आहिस्ता कि नाज़ुक है बहुत काम,
आफ़ाक़[3] की इस कारे गहे शीशागरी का।
टुक 'मीर' जिगरसोख़्ता[4] की जल्द ख़बर ले,
क्या यार भरोसा है चिराग़े-सेहरी[5] का।

(8)

मुँह तका ही करे है जिस तिसका,
हैरती है यह आईना किसका।
शाम ही से कुछ बुझा-सा रहता है,
दिल हुआ है चिराग़ मुफ़लिस का।
फैज़-ए-अब्र चश्मे-तर से उठा,
आज दाम वसीअ[6] है उसका।
ताब ही किसको जो हाले 'मीर' सुने,
हाल ही और कुछ है मजलिस का।

(9)

वह एक रविश से खोले हुए बाल आ गया,
सम्बुल[7] चमन का मुफ़्त में पामाल[8] हो गया।
*दावा किया था गुल ने तेरे रुख़ से बाग़ में,
सेली लगी सबा की सो मुँह लाल हो गया।
क़ामत ख़मीदा[9] रंग शिकस्ता[10] बदन नज़ार[11],
तेरा तो 'मीर' ग़म में अजब हाल हो गया।।

---

1. प्रलय के अधिकारी, ख़ुदा 2. अन्याय 3. संसार से अभिप्राय है 4. दग्ध हृदय 5. प्रात:कालीन दीपक 6. विस्तृत 7.एक सुगन्धित घास जिससे बालों की उपमा दी जाती है 8. पद-मर्दित 9. झुका हुआ 10. टूटा 11. दुर्बल।

* किसी अन्य शायर ने कहा है—

दवा किया था गुल ने कल उसके रंगो-बू का।
धौलें सबा ने मारीं, शबनम ने मुँह पे थूका।।

मीर ने स्वयं अन्यत्र कहा है—

चमन में गुल ने जो कल दाव-ए-जमाल किया।
सबा ने मार तमाचा मुँह उसका लाल किया।।

हसरत मोहानी का शेर है—

इश्क़े बुताँ को जी का जंजाल कर लिया है।
'हसरत' यह तूने अपना क्या हाल कर लिया है।।

(10)

हमारे आगे तेरा जब किसू ने नाम लिया,
दिल सितमज़दा को हमने थाम-थाम लिया
मेरे सलीक़े से मेरी निभी मोहब्बत में,
तमाम उम्र मैं नाकामियों से काम लिया।

(11)

कुछ नहीं सूझता हमें उस बिन,
शौक़ ने हमको बेहवास किया।
सुबह तक शमा सिर को धुनती रही,
क्या पतिंगे ने इल्तिमास[1] किया।
ऐसे वहशी कहाँ हैं ऐ ख़ूबाँ,
'मीर' को तुम अबस[2] उदास किया

(12)

ऐ तू कि याँ से आक़बते-कार जाएगा,
ग़ाफिल न रह कि क़ाफ़ला एक बार जाएगा।
मौक़ूफ़[3] हश्र[4] पर है सो आती भी वह नहीं,
कब दरमियाँ से वादा-ए-दीदार जाएगा।
आवेगी एक बला तेरे सिर सुन ले ऐ सबा,
ज़ुल्फ़े सियह का उसके अगर तार जाएगा।

(13)

गर्मी से मैं तो आतिशे ग़म[5] की पिघल गया,
रातों को रोते-रोते ही जूँ शमा गल गया।
हम ख़स्ता दिल हैं तुझसे भी नाज़ुक मिज़ाजतर,
त्योरी चढ़ाई तूने कि याँ जी निकल गया।
गर्मी-ए-इश्क़ मान'ए[6] नश्वोनमा[7] हुई,
मैं वह निहाल[8] था कि उगा और जल गया।

---

1. निवेदन 2. व्यर्थ। 3. स्थगित 4. प्रलय। 5. दु:खाग्नि 6. बाधक 7. पालन-पोषण, विकास 8. पौधा।

(14)

मिला है ख़ाक में किस-किस तरह का आलम याँ,
निकल के शहर से टुक सैर कर मज़ारों का।
तड़प के ख़िरमने गुल[1] पर कभी गिर ऐ बिजली,
जलाना क्या है मेरे आशियाँ[2] के ख़ारों[3] का।

(15)

दमे-सुब्ह बज़्मेख़ुशजहाँ शबे-ग़म से कम न थे मेहर बाँ,
कि चिराग़ था सो तो दूद[4] था जो पतंग था सो गुबार था।
दिले-मुज़तरब[5] से गुज़र गयी शबे-वस्ल[6] अपनी ही फिक्र में,
न दिमाग़ था, न फुराग़[7] था, न शकेब[8] था, न क़रार था।
कभू जाएगी जो उधर सबा तो यह कहियो उससे कि बेवफ़ा,
मगर एक 'मीर' शिकस्तपा तेरे बाग़ ताज़ा में ख़ार था।

(16)

फोड़ा-सा सारी रात जो पकता रहेगा दिल,
तो सुबह तक तो हाथ लगाया न जाएगा।
याद उसकी इतनी ख़ूब नहीं 'मीर' बाज़ आ,
नादान फिर वह जी से भुलाया न जाएगा।

(17)

उनने तो मुझको झूठे भी पूछा न एक बार,
मैंने उसे हज़ार जताया तो क्या हुआ?
क्या क्या दुआएँ माँगी हैं खिलवत[9] में शेख़, यों,
ज़ाहिर जहाँ में हाथ उठाया तो क्या हुआ?
जीते तो 'मीर' उनने मुझे दाग़ ही रखा,
फिर गोर[10] पर चिराग़ जलाया तो क्या हुआ?

---

1. पुष्प-समूह 2. घोंसला 3. काँटों (तिनकों) 4. धुआँ 5. बेचैन हृदय 6. मिलन-रात्रि 7. फ़ुरसत 8. धैर्य 9. एकान्त 10. क़ब्र, समाधि।

(18)

ऐ दोस्त कोई मुझ-सा रुसवा न हुआ होगा,
दुश्मन के भी दुश्मन पर ऐसा न हुआ होगा।
जुज़[1] मर्तबए कुल[2] को हासिल[3] करे है आख़िर,
एक क़तरा न देखा जो दरिया न हुआ होगा।

(19)

वे दिन गये कि आँखें दरिया-सी बहतियाँ थीं,
सूखा पड़ा है अब तो मुद्दत से यह दोआबा।

(20)

इब्तिदाए-इश्क़[4] है रोता है क्या?
आगे-आगे देखिए होता है क्या।
सब्ज़ होती ही नहीं यह सरज़मीं,
तुख्मे-ख़्वाहिश[5] दिल में तू बोता है क्या।

(21)

रंग उड़ चला चमन में गुलों का तो क्या नसीम[6],
हमको तो रोज़गार[7] ने बे बालो पर किया।
है कौन आप में जो मिले तुझसे मस्ते-नाज़?
ज़ौक़े-ख़बर ही ने तो हमें बेख़बर किया।
बेशरम महज़ है वह गुनहगार जिनने 'मीर',
अब्रे-करम[8] के सामने दामाने तर किया।

(22)

अश्क आँखों में कब नहीं आता,
लहू आता है जब नहीं आता।
होश जाता नहीं रहा लेकिन,
जब वह आता है तब नहीं आता।
दूर बैठा गुबारे-'मीर' उससे,
इश्क़ बिन यह अदब नहीं आता।

---

1. अंश 2. पूर्णता का पद 3. प्राप्त 4. प्रेमारम्भ 5. इच्छाओं के बीच 6. मलयवायु 7. संसार 8. दया-मेघ।

(23)

क़द्र रखती न थी मुताए[1]-दिल,
सारे आलम को मैं दिखा लाया।
दिल कि एक क़तरा खूँ नहीं हैं बेश,
एक आलम के सर बला लाया।
सब पे जिस बार ने गिरानी की,
उसको यह नातवाँ[2] उठा लाया।*
दिल मुझे उस गली में ले जाकर;
और भी ख़ाक में मिला लाया।
इतिब्दा[3] ही में मर गये सब यार,
इश्क़ की कौन इन्तिहा[4] लाया।
अब तो जाते हैं बुतकदे[5] से 'मीर',
फिर मिलेंगे अगर ख़ुदा लाया।

(24)

ग़म रहा जब तक कि दम में दम रहा।
दिल के जाने का निहायत ग़म रहा।
हुस्न था तेरा बहुत आलमफ़रेब[6],
ख़त के आने पर भी एक आलम रहा।
दिल न पहुँचा गोशए-दामाँ[7] तलक,
क़तरा-ए-ख़ूँ था मज़े[8] पर जम रहा!
मेरे रोने की हक़ीक़त जिसमें थी,
एक मुद्दत तक वह काग़ज़ नम रहा।
सुबह पीरी शाम होने आयी 'मीर',
तू न चेता याँ बहुत दिन कम रहा।

(25)

आँखों में जी मेरा है इधर यार देखना,
आशिक़ का अपने आख़री दीदार देखना।

---

1. माल, जिंस 2. दुर्बल 3. आरम्भ 4. अन्त, सीमा 5. मूर्तिधाम, मन्दिर 6. विश्व प्रलब्धकारी 7. आँचल के कोने तक 8. पलक।

* हाफ़िज़ कहते हैं—

आसमाँ बारे अमानत न तवानस्त कशीद।
कुर्रंए फ़ाल बनामे मने दीवाना ज़दंद।

कैसा चमन कि हमसे असीरों[1] को मना है,
चाके-क़फ़स[2] से बाग़ की दीवार देखना।

(26)

जो इस शोर से 'मीर' रोता रहेगा,
तो हमसाया काहे को सोता रहेगा।
मैं वह रोनेवाला जहाँ से चला हूँ,
मुझे अब्र[3] हर साल रोता रहेगा।
मुझे काम रोने से अक्सर है नासेह[4],
तू कब तक मेरे मुँह को धोता रहेगा।
बस ऐ मीर! मिज़गाँ[5] से पोंछ आँसुओं को,
तू कब तक यह मोती पिरोता रहेगा।

(27)

आहे-सेहर ने सोज़िशे-दिल को मिटा दिया,
इस बाद ने हमें तो दिया-सा बुझा दिया।
पोशीदा[6] राज़े-इश्क़[7] चला जाय था सो आज,
बेताक़ती ने दिल का वह परदा उठा दिया।
इस मौजख़ेज़[8] देहर में हमको क़ज़ा[9] ने आह,
पानी के बुलबुले की तरह से मिटा दिया।
आवारगाने-इश्क़ का पूछा जो मैं निशाँ,
मुश्तेगुबार[10] लेके सबा ने उड़ा दिया।

(28)

बेख़ुदी ले गयी कहाँ हमको,
देर से इन्तज़ार है अपना।*
रोते फिरते हैं सारी-सारी रात,
अब यही रोज़गार है अपना।

---

1. बन्दियों 2. बन्दीगृह के छिद्र से 3. मेघ 4. उपदेशक 5. पलकें 6. गुप्त 7. प्रेम का भेद 8. तरंगित 9. मृत्यु 10. मट्ठीभर धूल।

* 'मीर' अन्यत्र कहते हैं—

हम आपसे गये सो इलाही कहाँ गये
मुद्दत हुई कि अपना हमें इन्तज़ार है

जिसको तुम आसमान कहते हो,
सो दिलों का गुबार है अपना।

(29)

इस मौजख़ेज़ देह्र में तू है हुबाब-सा,
आँखें खुलें तेरी तो यह आलम है ख़ाब-सा।
वह दिल कि तेरे होते रहे था भरा-भरा,
अब उसको देखिए तो है एक घर ख़राब-सा।
मुद्दत हुई कि दिल से क़रारो-सुकूँ गये,
रहता है अब तो आठ पहर इज़्तराब[1]-सा।

(30)

दिखलाते क्या हो दस्ते-हिनाई[2] का मुझको रंग,
हाथों से मैं तुम्हारे बहुत हूँ जला हुआ।
यों फिर उठा न जाएगा ऐ अब्र दश्त[3] से,
गर कोई रोने बैठ गया दिल भरा हुआ।
दामन से मुँह छिपाये जुनूँ कब रहा छिपा,
सौ जा से सामने है गरेबाँ फटा हुआ।

(31)

मेरे मुरदे से भी वह चौंके हैं,
अब तलक मुझ में जान है गोया।
हैरते-रूए गुल से मुर्ग़े चमन,
चुप है यों बेज़बान है गोया।
मस्जिद ऐसी भरी-भरी कब है,
मैकदा[4] एक जहान है गोया।

(32)

आँसू मेरे आँखों में हर दम जो न आ जाता,
तो काम मेरा अच्छा परदे में चला जाता।
तिफ़्ली[1] की अदा तेरी जाती नहीं यह जी से,
हम देखते तुझको तो तू मुँह को छिपा जाता।

---

1. बेचैनी 2. मेंहदी लगे हाथ 3. जंगल 4. मद्यशाला।

कहते तो हो यों कहते, यों कहते जो वह आता,
यह कहने की बातें हैं कुछ भी न कहा जाता।

(33)

मुँह उस आफ़ताब[2] के है यह नक़ाब क्या?
परदा रहा है कौन-सा हमसे हिजाब[3] क्या?
ऐ अब्रेतर यह गिरिया हमारा है दीदनी,
बरसे है आज सुबह से चश्मे-पुरआब[4] क्या?
सौ बार उसके कूचे तलक जाते हैं चले,
दिल है अगर बना तो है वह इज़तराब क्या?

(34)

कब और ग़ज़ल कहता मैं इस ज़मीं में लेकिन,
परदे में मुझे अपना अहवाल सुनाना था।
कहता था किसू से कुछ तकता था कि किसू का मुँह,
कल 'मीर' खड़ा था याँ सच है कि दीवाना था।

(35)

दूरि-ए-यार में है हाले-दिल अबतर अपना,
हमको सौ कोस से आता है नज़र घर अपना।*
तुझसे बेमेह्र के लग लगने न देते हरगिज़,
ज़ोर चलता कुछ अगर चाह में दिल पर अपना।

(36)

ऐ काश मेरे सर पर एक बार वह आ जाता,
ठहराव-सा हो जाता यूँ जी न चला जाता।
अब तो न रहा वह भी ताक़त गयी सब दिल की,
जो हाल कभी अपना मैं तुमको सुना जाता।
क्या शौक़ की बातों की तहरीर हुई मुश्किल,
थे जमा क़लम क़ाग़ज पर कुछ न लिखा जाता।

---

1. लड़कपन 2. सूर्य 3. लज्जा 4. पानी (आसूँ) भरी आँखें।

* 'हाली' का शेर है:—

हो अज़्मे-देर शायद काबे से फिर कर अपना।
आता है दूर ही से हमको नज़र घर अपना।

था 'मीर' भी दीवाना पर साथ ज़राफ़त के,
हम सिलसिलेवारों की ज़ंजीर हिला जाता।

(37)

शायद जिगर हरारते-इश्क़ी से जल गया।
कल दर्दे-दिल कहा सो मेरा मुँह उब गया।
हरचन्द मैंने शौक़ को पेनहाँ किया वले,
एक-आध हर्फ़ प्यार का मुँह से निकल गया।
सर अब लगे झुकाने बहुत ख़ाक की तरफ़,
शायद कि 'मीर' जी का दिमाग़ी ख़लल गया।

(38)

अगर हँसता उसे सैर चमन में अबकी पाऊँगा।
तो बुलबुल आशियाँ तेरा भी मैं फूलों से छाऊँगा।
बशारत[1] ऐ सबा दी जो असीरा ने क़फ़स[2] को भी,
तसल्ली को तुम्हारी सरपे रख दो फूल लाऊँगा।
दिमाग़े-नाज़रबरदारी नहीं है कम दिमाग़ी से,
कहाँ तक हर घड़ी के रूठे को पहरों मनाऊँगा।
अभी हूँ मुन्तज़िर[3] जाती है चश्मे-शौक़ हर जानिब,
बुलन्द उस तेग़ को होने तो दो सर भी झुकाऊँगा।

(39)

सख़ुन-मुश्ताक़[4] है आलम हमारा।
ग़नीमत है जहाँ में दम हमारा।
रहे हैं आलमे-मस्ती में अक्सर,
रहा कुछ और ही आलम हमारा।
बिखर जाते हैं कुछ गेसू तुम्हारे,
हुआ है काम दिल बरहम[5] हमारा।
रखे रहते हैं दिल पर हाथ ऐ मीर!
यहीं शायद कि है सब ग़म हमारा।

---

1. शुभ समाचार, प्रसन्नता 2. पिजड़े के बन्दी। 3. प्रतीक्षारत 4. काव्यप्रेमी 5. बिखरा हुआ।

(40)

बज़्म[1] की ऐशे-शब[2] का याँ दिन होते ही यह रंग हुआ।
शमअ की जगह दूद[3] तनिक था खाक़स्तर परवाना था।*
तुर्फ़ा ख़याल किया करता था, इश्क़ो-जुनूँ में रोज़ोशब।
रोते-रोते हँसने लगा यह 'मीर' अजब दीवाना था।

(41)

फ़लक ने पीसकर सुर्मा बनाया।
नज़र में उसकी मैं तो भी न आया।
तमामी उम्र जिसकी जुस्तजू की,
उसे पास अपने एक दम भी न पाया।
न थी बेगानगी मालूम उसकी,
न समझे हम उसी से दिल लगाया।

रदीफ़ बे

(42)

शबनम से कुछ नहीं है गुलो यासमन में आब।
देख उसको भर-भर आवे है सबके देहन में आब[4]।
सोज़िश[5] बहुत हो दिल में तो आँसू को पी न जा,
करता है काम आग का ऐसी जलन में आब।
देखो तो किस रवानी से कहते हैं शेर 'मीर',
दुर[6] से हज़ार चन्द है उसके सख़ुन में आब।

---

1. सभा 2. आनन्द रात्रि 3. धुआँ 4. मुँह में पानी भर आता है 5. जलन 6. मोती

* ग़ालिब कहते हैं:—

या शबको देखते थे कि हर गोशए-बिसात,
दामाने-बाग़बाँ व कफ़े-गुलफ़रोश है।
लुत्फ़ेख़राम साक़ी व ज़ौक़े-सदाये-चंग,
यह जन्नते निगाह वह फिरदौस गोश है
या सुबहदम जो देखिए आकर तो बज़्म में,
नै व सरूरों सोज़ न जोशो-ख़रोश है।
दाग़े-फ़ुराक़ सोहबते-शब की जली हुई,
एक शमा रह गयी है सो वह भी ख़मोश है।

(43)

क्या हमें हम तो हो चले ठंडे,
गर्म गो यार की ख़बर है अब।
क्या कहें हाले-ख़ातिर आशुफ़्ता[1],
दिल ख़ुदा जानिए किधर है अब।

(44)

जोश रोने का मुझे आया है अब,
दीद-ए-तर[2] अब्र-सा छाया है अब।
टेढ़े-बाँके सीधे सब हो जाएँगे,
उसके बालों ने भी बल खाया है अब।

(45)

दिल के गये बेकस कहलाये ऐसा कहाँ हमदम है अब।
कौन ऐसे महरूम ग़मी[3] का हमराज़ो-मरहम है अब।
सुनके हाल किसू के दिल का रोना ही मुझको आता था,
यानी कभू जो कुढ़ता था मैं वह रोना हरदम है अब।
देखें दिन कटते हैं क्योंकर रातें क्योंकर गुज़रती हैं,
बेताबी है ज़्यादा-ज़्यादा सब्र बहुत कम-कम है अब।
इश्क़ हमारा आह न पूछो क्या-क्या रंग बदलता है,
ख़ून हुआ दिल दाग़ हुआ फिर दर्द हुआ फिर ग़म है अब।
मिलने वालो फिर मिलिएगा है वह आलमे-दीगर में,
'मीर' फ़क़ीर को सुक्र[4] है यानी मस्ती का आलम है अब।

(46)

पलकों पै थे पारए-जिगर रात,
हम आँखों में ले गये बसर रात।
मुखड़े से उठायीं उनने ज़ुल्फें,
जाना भी न हम गयी किधर रात।
खुलती है जब आँख शब को तुझ बिन,
कटती नहीं आती फिर नज़र रात।

---

1. बेचैन दिल की हालत 2. अश्रुपूर्ण नयन (घन से घिरे हैं) 3. वंचित दुखिया 4. नशा, बेहोशी।

थी सुबह जो मुँह को खोल देता,
हरचंद कि तब थी एक पहर रात।
फिर ज़ुल्फ़ों में मुँह छिपा के पूछा,
अब होवेगी 'मीर' किस क़दर रात।

(47)

कहते थे उससे मिलिए तो क्या-क्या न कहिए लेक,
वह आ गया तो सामने उसके न आयी बात।
अब तो हुए हैं हम भी तेरे ढब से आशना,
वाँ तूने कुछ कहा कि इधर हमने पायी बात।
ख़त लिखते-लिखते 'मीर' ने दफ़्तर किये रवाँ,
इफ़राते-इश्तियाक़[1] ने आख़िर बढ़ायी बात।

(48)

देर से सूए हरम आया न टुक,
हम मिज़ाज अपना इधर लाये बहुत।
फूलो-गुल, शम्सो क़मर[2] सारे ही थे,
पर हमें इनमें तुम्हीं भाये बहुत।
'मीर' से पूछा जो मैं आशिक़ हो तुम,
होके कुछ चुपके से शरमाये बहुत।

(49)

दिल की तह की कही नहीं जाती नाज़ुक हैं इसरार बहुत,
अक्षर हैं तो इश्क़ के दो ही लेकिन है बिस्तार बहुत।
हिज्र ने जी ही मारा हमारा क्या कहिए क्या मुश्किल है,
उससे जुदा रहना होता है जिससे हमें है प्यार बहुत।
ख़ुश्की लबकी ज़र्दी रुख़ की, नमना की दो आँखों की,
जो देखे है कहे है उनने खींचा है आज़ार बहुत।
जिस्म की हालत जी की ताक़त नब्ज़ से कर मालूम तबीब[3],
कहने लगा जाँबर क्या होगा यह तो है बीमार बहुत।
चार तरफ़ अबरू[2] के इशारे इस ज़ालिम के ज़माने में
ठहरे क्या आशिक़ बेकस याँ चलती है तलवार बहुत।

1. उत्कंठा की प्रबलता 2. सूर्य-चन्द्र 3. चिकित्सक 4. भौं, भृकुटि।

जी के लगाव किये से हमने जी ही जाते देखे हैं,
इस पे न जाना आह बुरा है उल्फ़त[1] का आज़ार बहुत।

रदीफ़ जीम

(50)

आये हैं मीर मुँह को बनाये जफ़ा से आज,
शायद बिगड़ गयी है कुछ उस बेवफ़ा से आज।
जीने में इख़्तियार नहीं वर्ना हमनशीं,
हम चाहते हैं मौत तो अपनी ख़ुदा से आज।
साक़ी टुक एक मौसिमे गुल की तरफ़ भी देख,
टपका पड़े है रंग चमन में हवा से आज।
था जी में उससे मिलिए तो क्या-क्या न कहिए 'मीर',
पर कुछ कहा गया न ग़मे-दिल हया से आज।

(51)

उसका बहरे-हुस्न सरासर ओज व मौजो-तलातुम है।
शौक़ की अपने निगाह जहाँ तक जावे बोसो किनार है आज।
ख़ूब जो आँखें खोल के देखा शाख़े-गुल पै नज़र आया,
इन रंगों में फूलों में मिला कुछ महवे[2]-जल्व-ए-यार है आज।
जज़्ब-ए-इश्क़ जिधर चाहे ले जाए महमिल लैला का,
यानी हाथ में मजनू के नाक़े[3] की उसके मेहार है आज।
रात को पहना हार जो अब तक दिन को उतारा उनने नहीं,
शायद 'मीर' जमाले-गुल भी उसके गले का हार है आज।

रदीफ़ चे

(52)

चश्म हो तो आईनाख़ाना है देह्र[4],
मुँह नज़र आता है दीवारों के बीच।
हैं अनासिर[5] की ये सूरतबाज़ियाँ,
शोब्दे[6] क्या-क्या हैं इन चारों के बीच।

---

1. प्रेम 2. निमग्न, तल्लीन 3. ऊँटनी 4. ज़माना 5. तत्त्व 6. चमत्कार, जादू।

(53)

मैं बेदिमाग़ इश्क़ उठा सो चला गया,
बुलबुल पुकारती ही रही गुलसिताँ के बीच।
क्या जानूँ लोग कहते हैं किसको सुरूरे-क़ल्ब[1],
आया नहीं यह लफ़्ज़ तो हिन्दी ज़बाँ के बीच।
इतनी जबीं रगड़ी कि संग आईना हुआ,
आने लगा है मुँह नज़र उस आस्ताँ के बीच।

(54)

यह उलझाव सुलझता मुझको दे है दिखाई मुश्किल-सा,
यानी दिल अटका है जाकर इन बालों की शिकन के बीच।
क्या शीरीं है हर्फ़ो-हिकायत हसरत हमको आती है,
हाय ज़ुबाँ अपनी भी होवे यकदम उसके देहन[2] के बीच।

रदीफ़ हे

(55)

क्या मैं ही छेड़ छेड़ के खाता हूँ गालियाँ,
अच्छी लगे है सबको मेरे बदज़बाँ की तरह।
नक़्शा इलाही दिल के मेरे कौन ले गया,
कहते हैं सारे अर्श[3] में है इस मकाँ की तरह।

(56)

दौरे गर्दूं से हुई कुछ और मैख़ाने की तरह,
भर न आवें क्योंकि आँखें मेरी पैमाने की तरह।
आ निकलता है कभू हँसता तो है बाग़ो-बहार,
उसकी आमद में है सारी फ़स्ल गुल आने की तरह।
किस तरह जी से गुज़र जाते हैं आँखें मूँदकर,
दीदनी है दर्दमन्दों की भी मर जाने की तरह।

(57)

न पढ़ा ख़त को या पढ़ा क़ासिद[3],
आख़िरकार क्या कहा क़ासिद।

---

1. हृदय का आनन्द 2. जिह्वा 3. स्वर्ग 4. दूत, संदेश-वाहक।

गिर पड़ा ख़त तो तुझपे हर्फ़ नहीं,
यह भी मेरा ही था लिखा क़ासिद।
यह तो रोना हमेशा है मुझको,
फिर कभू फिर कभू भला क़ासिद।

(58)

तुझ बिन ऐ नौबहार के मानिन्द।
चाक है दिल अनार के मानिन्द।
बर्क़[1] तड़पी बहुत वले न हुई,
इस दिले-बेक़रार के मानिन्द।

(59)

तनको जिस जगह से छूडूँ हूँ वहाँ है दर्द-दर्द,
हाथ लगते दिल के हो जाता हूँ कुछ मैं ज़र्द-ज़र्द।
अब तो वह हसरत से आहो-नाला करना भी गया,
कोई दम होंठों तक आ जाता है गाहे सर्द-सर्द।

रदीफ़ रे

(60)

देखूँ मैं अपनी आँखों से आवे मुझे क़रार,
ऐ इन्तज़ार तुझको किसी का हो इन्तज़ार।
किस ढब से राहे-इश्क़ चलूँ है यह डर मुझे,
फूटें कहीं न आबले टूटें कहीं न ख़ार।

(61)

यह क्या जानूँ कि क्यों रोने लगा रोने से रहकर मैं,
मगर यह जानता हूँ मेंह घिर आता है फिर खुलकर।
मेरे पास उसकी ख़ाके-पा[2] बीमारी में रक्खा था,
न आया सर मेरा बालीं पै उधर जो गया ढुलकर।
गुदाज़े-आशिक़ी[3] का 'मीर' के शब ज़िक्र आया था,
जो देखा शमअ मजलिस को तो पानी हो गयी घुलकर।

---

1. बिजली 2. चरण-धूलि 3. प्रेम की तपिश।

(62)

ग़ुस्से से उठ चले हो जो दामन को झाड़कर,
जाते रहेंगे हम भी गरेबान फाड़कर।
दिल वह नगर नहीं कि फिर आबाद हो सके,
पछताओगे सुनो हो यह बस्ती उजाड़कर।

(63)

सहल मत बूझ यह तिलिस्मे-जहाँ[1],
हर जगह याँ ख़याल है कुछ और।
तू रगेजाँ[2] समझती होगी नसीम,
उसके गेसू का बाल है कुछ और।
न मिलें गोकि हिज्र[3] में मर जाएँ,
आशिक़ों का विसाल[4] है कुछ और।
'मीर' तलवार चलती है तो चले,
ख़ुशख़रामों की चाल है कुछ और।

(64)

उस रूए आतशीं[5] से बुर्क़ा सरक गया था,
गुल बह गया चमन में ख़िजलत[6] से आब होकर।
एक क़तरा आब मैंने इस दौर में पिया है,
निकला है चश्मे-तर से वह ख़ूने-नाब[7] होकर।

(65)

हम भी फिरते हैं एक हशम[8] लेकर।
दस्तए-दाग़ व फ़ौजे-ग़म लेकर।
दस्तकश नाला पेशरू गिरिया,
आह चलती है याँ अलम[9] लेकर,
मर्ग यक माँदगी का बक़्फा है,
यानी आगे चलेंगे दम लेकर।

---

1. जगत् का इन्द्रजाल 2. प्राण-नाड़ी 3. वियोग 4. मिलन 5. अग्निमुख, प्रकाशमान मुख 6. लज्जा 7. विशुद्ध 8. वैभव 9. झंडा।

ज़ोफ़[1] यों तक खिंचा कि सूरतगर[2],
रह गये हाथ में क़लम लेकर।
'मीर' साहब ही चूके ऐ बदअहद!
वर्ना देना था दिल क़सम लेकर।

(66)

झूठे भी पूछते नहीं टुक हाल आनकर,
अनजान इतने क्यों हुए जाते हो जानकर।
वे लोग तुमने एक ही शोख़ी में खो दिये,
पैदा किये थे चर्ख़[3] ने जो ख़ाक छानकर।

(67)

मरते हैं हम तो आदमे-ख़ाकी की शान पर,
अल्लाह रे दिमाग़ कि है आसमान पर।
शोख़ी तो देखो आपही कहा आओ, बैठो मीर,
पूछा कहाँ तो बोले कि मेरी ज़बान पर।

(68)

बज़्म में मुँह उधर करें क्योंकर।
और नीची नज़र करें क्योंकर।
यूँ भी मुश्किल है वो भी मुश्किल है,
सर झुकाये गुज़र करें क्योंकर।
राज़पोशी-ए[4]-इश्क़ है मंज़ूर,
आँखें रो रोके तर करें क्योंकर।
मस्त वो बेख़ुद हम उसके दर पे गये,
लोग उसको ख़बर करें क्योंकर।
सो रहा बाल मुँह पै खोलके वह,
हम शब अपनी सेहर[5] करें क्योंकर।
दिल नहीं दर्दमन्द अपना 'मीर',
आहो नाले असर करें क्योंकर।

---

1. दुर्बलता, बेबसी 2. चित्रकार 3. आकाश 4. प्रेम का गुप्त रखना 5. प्रभात।

(69)

पुर नातवाँ हूँ मुझपर भारी है जी ही अपना,
मुझसे उठेंगे उसके नाज़ो अताब क्योंकर?
पानी के धोके प्यासे क्या-क्या अज़ीज़ मारे,
सर पर न ख़ाक डाले अपने सुराब क्योंकर?

(70)

अब्रे-सियह[1] क़िबले से उठकर आया है मैखाने पर।
बादाकशों[2] का झुरमुट है कुछ शीशे पर पैमाने[3] पर।
बेताबाना शमअ पर आया गिर्द फिरा फिर जल ही गया,
अपना जी भी हद से ज़ियादा रात जला परवाने पर।

रदीफ़ ज़े

(71)

मुन्तज़िर क़त्ल के वादे का हूँ अपने यानी,
जीता मरने को रहा है यह गुनहगार हनोज़[4]।
अभी एकदम में ज़बाँ जलने से रह जाती है,
दर्दे-दिल क्यों नहीं करता है तू इज़हार हनोज़।
आँखों में आन रही जी जो निकलता ही नहीं,
दिल में मेरे है गिरह हसरते-दीदार[5] हनोज़।
भर नज़र देखने पाता नहीं मैं निज़अ[6] में भी,
मुँह के तईं फेरे ही लेता है वह बेबाक़ हनोज़।
बाद मरने के भी आराम नहीं 'मीर' मुझे,
उसके कूचे में है पामाल[7] मेरी ख़ाक हनोज़।

(72)

आशिक़ के उसको गिरिय-ए-ख़ूनी का दर्द क्या,
आँसू नहीं है आँख से जिसकी गिरा हनोज़।
बरसों में नामाबर[8] से मेरा नाम जो सुना,
कहने लगा कि ज़िन्दा है वह नंग क्या हनोज़।

---

1. काला बादल 2. मद्यपों, शराबख़ोरों 3. सुराही और प्याला 4. अबतक 5. दर्शनेच्छा 6. अन्तिम क्षण 7. पददलित 8. पत्रवाहक

(73)

हरचन्द आसमाँ पै हमारी दुआ गयी,
उस मह[1] के दिल में करती नहीं कुछ असर हनोज़।
बरसों से लखनऊ में अक़ामत है मुझको लेक,
याँ के चलन से रखता हूँ अज़्मे-सफ़र[2] हनोज़।
तेशा से कोहकन[3] के दिले-कोह[4] जल गया,
निकले हैं संग-संग से अक्सर शरर[5] हनोज़।

रदीफ़ सीन

(74)

ऐ अब्रतर तू औ किसी सिम्त को बरस,
इस मुल्क में हमारी ही यह चश्मे-तर है बस।
हमॉं तो देख फूल बिखेरे थी कल सबा,
एक बर्गे-गुल गिरा न जहाँ था मेरा क़फ़स।
मिज़गाँ भी बह गयी मेरे रोने से चश्म की,
सैलाब मौज मारे तो ठहरे है कोई ख़स।
मजनू का दिल हूँ, महमिले-लैला से हूँ जुदा,
तनहा फिरूँ हूँ, दश्त में जूँ नाल-ए-जरस[6]।
ऐ गिरिया उसके दिल में असर ख़ूब ही किया,
रोता हूँ जब मैं सामने उसके तो दे है हँस।

(75)

क्योंकि निकला जाय बहरे-ग़म से मुझ बेदिल के पास ,
आके डूबी जाती है, किश्ती मेरी साहिल[7] के पास।
है परीशाँ दश्त में किसका गुबारे-नातवाँ[8],
गर्द कुछ गुस्ताख़ आती है चली महमिल के पास।
आह नाले मत किया कर इस तरह बेताब हो,
ऐ सितमकश 'मीर' ज़ालिम है जिगर भी दिल के पास।

---

1. चाँद 2. यात्रा करने, विदा होने की आकांक्षा 3. फ़रहाद 4. पहाड़ का हृदय 5. चिनगारी। 6. घंटा घड़ियाल का रुदन या आवाज़ 7. तट 8. क्षीण धूलि।

(76)

क़यामत[1] है न ऐ सरमाय-ए-जान[2],
न होवे वक़्त मरने के भी तू पास।
यही गाली, यही झिड़की, यही छेड़,
न कुछ मेरा किया तूने कभू पास।

रदीफ़ शीन

(77)

लाले ख़ामोश अपने देखे हो आरसी में,
फिर पूछते हो हँसकर मुझ बेनवा की ख़ाहिश।
अक़्लीमे-हुस्न[3] से हम दिल फेर ले चले हैं,
क्या करिये याँ नहीं है जिंस-ए-वफ़ा की ख़ाहिश।

(78)

पाँव पड़ता है कहीं आँखें कहीं,
उसकी मस्ती देखकर जाता है होश।
दोस्तों का दर्दे-दिल टुक गोशकर[4],
गर नसीबे दुश्मनाँ है दर्दगोश।

(79)

किसकी आँखें फिरी हैं आँखों में,
दम बदम है मेरी नज़र दरपेश।
मस्ती भी अहले-होश की है जिन्हें,
आवे है आलम दिगर दरपेश।

(80)

कब तलक बेक़रार रहिएगा,
कुछ तो मिलने का हो क़रार ऐ काश!
राह तकते तो फट गयीं आँखें,
उसका करते न इन्तज़ार ऐ काश!
उसकी पामाली सरफ़राज़ी है,
राह में हो मेरा मज़ार ऐ काश!

---

1. प्रलय 2. प्राणनिधि 3. सौन्दर्य-प्रदेश 4. सुनाकर।

रदीफ़ फ़े

(81)

जो देखे मेरे शेरे-तर की तरफ़,
तो मायल[1] न हो फिर गुहर[2] की तरफ़।
मोहब्बत ने शायद कि दी दिल में आग,
धुआँ-सा है कुछ उस नगर की तरफ़।
नज़र क्या करूँ उसके घर की तरफ़।
निगाहें हैं मेरी नज़र की तरफ़।
बड़ी धूम से अब्र आये-गये।
न कोई हुआ चश्मेतर की तरफ़।

(82)

क्या नीची आँखें देखो हो तलवार की तरफ़
देखो किन अँखियों ही से गुनहगार की तरफ़।
आवारगी के महो[3] हैं हम ख़ानमाँ ख़राब,
मुतलक़ नहीं नज़र हमें घर-बार की तरफ़।

रदीफ़ क़ाफ़

(83)

दर्द ही ख़ुद है ख़ुद दवा है इश्क़।
शेख़ क्या जाने तू कि क्या है इश्क़।
तू न होवे तो नज़्म[4] कुल उठ जाए,
सच्चे हैं शायराँ ख़ुदा है इश्क़।
इश्क़ ही इश्क़ है जहाँ देखो।
सारे आलम में भर रहा है इश्क़।
इश्क़ माशूक़, इश्क़ आशिक़ है,
यानी अपना ही मुब्तला है इश्क़।
क्या हक़ीक़त कहूँ कि क्या है इश्क़।
हक़शनाशों[5] का हाँ ख़ुदा है इश्क़।
और तदबीर को नहीं कुछ दख़्ल,
इश्क़ के दर्द की दवा है इश्क़।

1. आकर्षित 2. मोती 3. तल्लीन 4. व्यवस्था 5. सत्य पहचानने वालों।

कौन मक़सद[1] को इश्क़ बिन पहुँचा,
आरज़ू इश्क़ मुद्दआ है इश्क़।

(84)

अर्ज़ो-सुमा[2] में इश्क़ है सारी चारों ओर फिरा है इश्क़,
हम हैं जनाबे-इश्क़ के बन्दे नज़दीक अपने ख़ुदा है इश्क़।
ज़ाहिर[3] व बातिन[4] अव्वलो आख़िर पाईं-बाला[5] इश्क़ है सब,
नूरो-ज़ुल्मत[6] मानी व सूरत[7] सब कुछ आप ही हुआ है इश्क़।

(85)

वस्लो-जुदाई से वह मुबर्रा[8] है कामे-जाँ,
मालूम कुछ हुआ न हमें याँ सिवाय शौक़।
हर चार ओर उड़ती फिरे है हमारी ख़ाक,
सर से गयी न जी भी गये पर हवा-ए-शौक़।
दैरो-हरम में हमको फिराता है देर तक,
फिर भी हमारे साथ वही है अदा-ए-शौक़।

रदीफ़ काफ़

(86)

जिसे शब आग-सा देखा दहकते,
उसे फिर ख़ाक है पाया सेहर तक।
गली तक तेरी लाया था हमें शौक़,
कहाँ ताक़त कि अब फिर जाएँ घर तक।

(87)

काबा पहुँचा तो क्या हुआ ऐ शेख़,
सई[9] कर टुक पहुँच किसी दिल तक।
बुझ गये हम चिराग़-से बाहर,
कहियो ऐ बाद शम-ए-महफ़िल तक।*

---

1. उद्देश, लक्ष्य 2. विस्तार और ज़माना 3. प्रकट 4. अन्दरुनी हालत, भीतर 5. नीचे-ऊपर 6. प्रकाश और अन्धकार 7. अर्थ और रूप 8. स्वतन्त्र, मुक्त 9. श्रम, कोशिश

* यहाँ 'तक' का मतलब 'से' है यानी महफ़िल की शमा से कहना।

(88)

शायद कि देवे रुख़सते गुलशन हो बेक़रार,
मेरे क़फ़स को ले तो चलो बाग़बाँ तलक।
क़ैदे-क़फ़स से छूट के देखा जला हुआ,
पहुँचे न होते काश के हम आशियाँ तलक।
इतना हूँ नातवाँ कि दरे-दिल से अब गिला,
आता है एक उम्र में मेरी ज़बाँ तलक।

(89)

यों न रोओ त्यों न रोओ वर्ना रोओ प्यार से,
हर क़दम इस दश्त में पैदा है चश्मे-गिरियानाक।
बे गुदाज़े दिल नहीं इमकान रोना इस क़दर,
तह को पहुँचो ख़ूब तो परदा है चश्मे-गिरियानाक।

रदीफ़ गाफ़

(90)

बुत चीज़ क्या कि जिसको ख़ुदा मानते हैं सब,
खुशएतक़ाद[1] कितने हैं हिन्दोस्ताँ के लोग।
फ़िरदौस[2] को भी आँख उठा देखते नहीं,
किस दर्जे-सीरे-चश्मे[3] हैं कूए-बुताँ के लोग।

(91)

पावों में पड़ गये हैं फफोले मेरे तमाम,
हर गाम राहे-इश्क़ में गोया दबी है आग।
जल-जल के सब इमारते-दिल ख़ाक हो गयी,
कैसे नगर को आह मोहब्बत ने दी है आग।
अब गर्मो-सर्दे देहर से यकसाँ नहीं है हाल,
पानी है दिल हमारा कभू तो कभू है आग।
या रब हमेशा जलती ही रहती हैं छातियाँ,
यह कैसी आशिक़ों के दिलों में रखी है आग।

---

1. सुन्दर निष्ठावाले 2. स्वर्ग 3. सन्तुष्टनयन (सन्तोषी)।

अफ़सुर्दगी-ए-सोख़्ता जानाँ है क़ह्र 'मीर',
दामन को टुक हिला कि दिलों की बुझी है आग।

(92)

रहे-मर्ग से क्यों डराते हैं लोग,
बहुत उस तरफ़ को तो जाते हैं लोग।
रहे हम तो खोये गये से सदा,
कभू आप में हमको पाते हैं लोग।
उन आँखों के बीमार हैं 'मीर' हम,
बजा देखने हमको आते हैं लोग।

(93)

क्या जो अफ़सुर्दगी के साथ खिला,
दिल गुले बेबहार के-से रंग।*
वर्क़े अब्रे-बहार ने भी लिये,
अब दिले बेक़रार के-से रंग।
बर्गे-गुल में न दिलकशी होगी,
कफ़े पाये निगार[1] के - से रंग।

रदीफ़ लाम

(94)

अल्ला रे अन्दलीब[2] की आवाज़े-दिलख़राश,
जी ही निकल गया जो कहा उनने हाय गुल।
गुलचीं समझ के चुनियो कि गुलशन में 'मीर' के
लख़्ते-जिगर पड़े हैं नहीं बर्ग हाय गुल।

---

* 'मीर' का एक और शेर है—
मुद्दत तो वह हुआ ही नहीं गुंचवार दिल,
अब जो खिला सो जैसे गुले बेबहार दिल।

1. चित्रित चरणों के तलवे 2. बुलबुल।

(95)

गुलकी जफ़ा भी देखी देखी वफ़ाए बुलबुल।
यक मुश्त पर पड़े हैं गुलशन में जाए बुलबुल।
कर सैरे जज़्बे उलफ़त गुलचीं ने कल चमन में,
तोड़ा था शाख़े गुल को निकली सदाए बुलबुल।
यकरंगियों की राहें तय करके मर गया है,
गुल में रगें नहीं यह हैं नक़्शे-पाए बुलबुल।

(96)

बुलबुल को नाज़ क्यों न ख़याबाने गुल पे हो,
क्या जाने जीने छाती पै भरकर न खाये गुल।
कब तक हिनाई-पाँव[1] बिन उसके यह बेकली,
लग जाय टुक चमन में कहीं आँख पाए-गुल।
बुलबुल को क्या सुने कोई उड़ जाते हैं हवास,
जब दर्दमन्द कहती है दम भरके* हाय गुल।
था वस्फ़ उन लबों का ज़बाने क़लम में 'मीर',
या मुँह में अन्दलीब के थे बर्गहाय गुल।

(97)

खिंचता है उस तरफ़ ही को बेइख़्तियार दिल,
दीवाना दिल बलाज़दा दिल बेक़रार दिल।
समझा भी तू कि दिल किसे कहते हैं दिल है क्या,
आता है जो ज़बाँ पै तेरी बार-बार दिल।

रदीफ़ मीम

(98)

काम क्या आते होंगे मालूमात,
यह तो समझे ही न कि क्या हैं हम।
ऐ बुताँ इस क़दर जफ़ा हम पर,
आक़बत[2] बन्दए ख़ुदा हैं हम।

---

* 'दम भरके' का अभिप्राय 'गहरी साँस लेकर' है।

1. मेंहदी लगे चरण 2. परिणाम, अन्त

(99)

सूख ग़म में हुए हैं काँटा से,
पर दिलों में खटक रहे हैं हम।
वक़्फ़-ए-मर्ग अब ज़रूरी है,
उम्र तय करते थक रहे हैं हम।

(100)

है तहे-दिल बुतों को क्या मालूम,
निकले परदे से क्या ख़ुदा मालूम।
यही जाना कि कुछ न जाना हाय,
सो भी यक उम्र में हुआ मालूम।
गर्चे तू ही है सब जगह लेकिन,
हमको तेरी नहीं है जा मालूम।

(101)

सय्याद बहार अबकी सब लूटूँगा क्या मैं ही,
टुक बाग़ तलक ले चल मेरा भी क़फ़स ज़ालिम।
जूँ अब्र मैं रोता था जूँ बर्क़ तू हँसता था,
सोहबत न रही यों ही एक-आध बरस ज़ालिम।

(102)

कौन कहता है मुँह को खोलो तुम,
काश के परदे ही में बोलो तुम।
जाना आया है अब जहाँ से हमें,
थोड़ी तो दूर साथ हो लो तुम।
रात गुज़री है सब तड़पते 'मीर',
आँख लग जाय टुक तो सो लो तुम।

(103)

याँ आप ही आप आकर गुम आप में हुए हो,
पैदा नहीं कि किसकी करते हो जुस्तजू तुम।
चाहें तो तुमको चाहें देखें तो तुमको देखें,
ख़ाहिश दिलों की तुम हो आँखों की आरज़ू तुम।

(104)

क्या दिन थे वे देखेते तुमको नीची नज़र मैं कर लेता,
शर्मा–शर्मा लोगों से जब आँखें मुझको दिखाते तुम।
बिस्तर पर मैं मुर्दा–सा था जान–सी मुझमें आ जाती,
क्या होता जो रंजः क़दम कर मेरे सिरहाने आते तुम।

(105)

यह हुस्ने ख़ल्क[1] तुममें इश्क़ से पैदा हुआ वर्ना,
घड़ी के रूठे को दो–दो पहर तक कब मनाते तुम।
नज़र दुज़दीदा[2] रखते हो झुकी रखते हो पलकों को,
लगी होतीं न आँखें तो न आँखों को छिपाते तुम।
ये सारी ख़ूबियाँ दिल लगने की हैं मत बुरा मानो,
किसूका बारे मिन्नत बे–इलाक़ा कब उठाते तुम।
फिरा करते थे जब मग़रूर अपने हुस्न पर आगे,
किसू से दिल लगा जो पूछते हो आते–जाते तुम।

रदीफ़ नून

(106)

बेकली बेख़ुदी कुछ आज नहीं।
एक मुद्दत से वह मिज़ाज नहीं।
दर्द अगर यह है तो मुझे बस है,
अब दवा की भी एहतियाज[3] नहीं।
हमने अपनी–सी की बहुत लेकिन,
मर्ज़े इश्क़ का इलाज नहीं।
शहरे ख़ूबी को ख़ूब देखा 'मीर',
जिंसे–दिल का कहीं रिवाज नहीं।

(107)

सोज़िशे–दिल से मुफ़्त गलते हैं।
दाग़ जैसे चिराग़ जलते हैं।

---

1. संसार का सौन्दर्य (शिष्टाचार) 2. छिपी हुई, चुराई हुई 3. आवश्यकता।

इस तरह दिल गया कि अब तक हम,
बैठे रोते हैं हाथ मलते हैं।
भरी आती हैं आज यों आँखें,
जैसे दरिया कहीं उबलते हैं।
तेरे बेख़ुद जो हैं सो क्या चेतें,
ऐसे डूबे कहीं उछलते हैं?

(108)

दें उम्र ख़िज्र मौसिमे-पीरी[1] में तो न ले,
मरना ही उससे ख़ूब है अहदे-शबाब[2] में।
आ निकले थे जो हज़रते 'मीर' इस तरफ़ कहीं,
मैंने किया सवाल यह उनकी जनाब में।
हज़रत सुनो तो मैं भी तअल्लुक़ करूँ कहीं,
फ़रमाने लगे रोके यह उसके जवाब में।
तू जान ले कि तुझसे भी आये जो कल थे याँ,
हैं आज सिर्फ़ ख़ाक जहाने-ख़राब में।

(109)

मुत्तसिल[3] रोते ही रहिए तो बुझे आतिशे-दिल[4],
एक दो आँसू तो और आग लगा जाते हैं।
वक़्त ख़ुश उनका जो हमबज़्म हैं तेरे, हम तो,
दरो दीवार को अहवाल सुना जाते हैं।
एक बीमारे जुदाई हूँ मैं आपी तिसपर,
पूछने वाले जुदा जानको खा जाते हैं।

(110)

कहियो क़ासिद जो वह पूछे हमें क्या करते हैं,
जानो-ईमानो मुहब्बत को दुआ करते हैं।
रुख़सते-जुंबिशे-लब[5] इश्क़ की हैरत से नहीं,
मुद्दते गुज़री कि हम चुप ही रहा करते हैं।
फ़ुर्सते ख़ाब नहीं ज़िक्रे-बुताँ में हमको,
रात-दिन राम कहानी-सी कहा करते हैं।

1. बुढ़ापे का ज़माना, वृद्धावस्था 2. यौवन-काल 3. लगातार 4. हृदय की आग 5. ओठ का हिलना जो बन्द है।

यह ज़माना नहीं ऐसा कि कोई ज़ीस्त करे[1],
चाहते हैं जो बुरा अपना भला करते हैं।

(111)

हमचश्म[2] है हर आबलए-पा का मेरा अश्क,
अज़ बस कि तेरी राह में आँखों से चला हूँ।
इतना ही मुझे इल्म है कुछ मैं भी बहर चीज़,
मालूम नहीं ख़ूब मुझे भी कि मैं क्या हूँ।

(112)

आँखें जो खुल रही हैं मरने के बाद मेरी,
हसरत यह थी कि उसको मैं यक निगाह देखूँ।
यह दिल वह जा है जिसमें देखा था तुझको बसते
किन आँखों से अब उजड़ा इस घर को आह देखूँ।
आँखें तो तूने दी हैं ऐ जुर्मे-बख़्शे-आलम[3],
क्या तेरी रहमत[4] आगे अपने गुनाह देखूँ।

(113)

निकले हैं जिंसे-हुस्न किसी कारवान में।
यह वह नहीं मुताअ कि हो हर दुकान में।
या रब कोई तो वास्ता सरगश्तगीका है,
एक इकश भर रहा है ज़मीन आसमान में।
फाड़ा हज़ार जासे गरेबाने सब्र 'मीर',
क्या कह गयी नसीमे-सेहर[5] गुल के कान में।

(114)

न खोल ऐ यार मेरा गोर में मुँह,
कि हसरत है मेरी जगह कफ़न में।
रखाकर हाथ दिल पर आह करते,
नहीं रहता चिराग़ ऐसे पवन में।
जले दिल की मुसीबत अपनी सुनकर,
लगी है आग सारे तन बदन में।

1. ज़िन्दगी जिये 2. सहदर्शक 3. संसार के अपराधों को क्षमा करने वाले 4. कृपा, दया 5. सुरभित प्रभाती।

(115)

जिनके लिए अपने तो यों जान निकलते हैं,
इस राह में वे जैसे अनजान निकलते हैं।
क्या तीरे सितम उसके सीने में भी टूटे थे,
जिस ज़ख़्म को चीरूँ हूँ पैकान[1] निकलते हैं।

(116)

हम आप ही को अपना मक़सूद[2] जानते हैं,
अपने सिवाय किसको मौजूद जानते हैं।
इज्ज़ो नियाज़[3] अपना अपनी तरफ़ है सारा,
इस मुश्तेख़ाक को हम मसजूद[4] जानते हैं।

(117)

किया जो अर्ज़ कि दिला-सा शिकार लाया हूँ,
कहा कि ऐसे तो मैं मुफ़्त मार लाया हूँ।
चला न उठके वहीं चुपके-चुपके फिर तू 'मीर',
अभी तो उसकी गली से पुकार लाया हूँ।

(118)

इन लबों का जवाब है वह लाल,
हम तुझीसे सवाल रखते हैं।
ख़ाक आदम ही है तमाम ज़मीन,
पाँव को हम सँभाल रखते हैं।
यह जो सर खींचे तो क़यामत है,
दिल को हम पायमाल रखते हैं।

(119)

दफ़्तर बनी कहानी बनी मस्नवी बनी,
क्या शरहे सोज़े इश्क़[5] करूँ मैं ज़बाँ नहीं।
अपना ही हाथ सर पे रहा अपने हाँ सदा,
मुश्फ़िक़[6] कोई नहीं है कोई मेह्रबाँ नहीं।

---

1. तीर की नोक। 2. लक्ष्य, उद्देश्य 3. प्रार्थना, परिचय 4. उपास्य 5. प्रेमाग्नि की व्याख्या, टीका 6. मित्र, कृपालु।

इस अहद[1] को न जानिए अगला-सा अहद 'मीर',
वह दौर अब नहीं वह ज़मीं आसमाँ नहीं।

(120)

जोशिशे-अश्क में शब दिल भी गया सीने से,
कुछ न मालूम हुआ हाय असर पानी में।
महो कर आपको यूँ हस्ती में उसकी जैसे,
बूँद पानी की नहीं आती नज़र पानी में।

(121)

बेकली दिल ही की तमाशा थी,
बर्क़ में ऐसे इज़्तिराब[2] कहाँ?
हस्ती अपनी है बीच में परदा,
हम न होवें तो फिर हिजाब[3] कहाँ?

(122)

यारो मुझे मुआफ़ करो, मैं नशे में हूँ।
अब दो तो जाम ख़ाली ही दो मैं नशे में हूँ।
एक-एक फ़र्ते-दौर में यूँ ही मुझे भी दो,
जामे-शराब पुर न करो मैं नशे में हूँ।
मस्ती से दरहमी[4] है मेरी गुफ़्तगू के बीच,
जो चाहो तुम भी मुझको कहो, मैं नशे में हूँ।
या हाथों हाथ लो मुझे मानिन्द जामे-मय[5],
या थोड़ी दूर साथ चलो मैं नशे में हूँ।
माज़ूर[6] हूँ जो पाँव मेरा बे-तरह पड़े,
तुम सरगराँ[7] तो मुझसे न हो मैं नशे में हूँ।
भागी नमाज़े जुमा तो जाती नहीं है कुछ,
चलता हूँ मैं भी टुक तो रहो मैं नशे में हूँ।
नाज़ुकमिज़ाज आप क़यामत हैं 'मीर' जी,
जूँ शीशा मेरा मुँह न लगो मैं नशें में हूँ।

---

1. युग, ज़माना 2. घबराहट, बेक़रारी 3. परदा; आड़, लज्जा 4. बिखराव, गड़बड़ 5. मद्यपात्र की भाँति 6. विवश, लाचार 7. अप्रसन्न।

(123)

काश के दिल दो तो होते इश्क़ में,
एक रहता एक खोते इश्क़ में।
ख़ाब में देखा उसी को एक रात,
बरसों काटे हमने सोते इश्क़ में।

(124)

इस ढंग से हिला कि बजा दिल नहीं रहे,
इस गोश के गुहर से[1] दम आये हैं नाक में।
अबकी जुनू में फ़ासला शायद न कुछ रहे,
दामन के चाक और गरेबाँ के चाक में।

(125)

क्या-क्या लक़ब[2] हैं शौक़ के आलम में यार के,
काबा लिखूँ कि क़िबला उसे या ख़ुदा लिखूँ।
हैराँ हो मेरे हालमें कहने लगा तबीब[3],
इस दर्द मन्दे-इश्क़ की मैं क्या दवा लिखूँ।

(126)

ऐ काश हमको सुक्र[4] की हालत रहे मुदाम,
ता हाल की ख़राबी से हम बेख़बर रहे।*
रहते हैं यूँ हवास परीशाँ कि जूँ कहीं,
दो तीन आके लुटे मुसाफ़िर उतर रहे।

---

1. कान के मोती से 2. उपाधियाँ 3. चिकित्सक 4. बेहोशी, नशा।

* इस बेख़ुदी की हालत पर कुछ अश्आर हैं—

मयसे ग़रज़ निशात है कि रू-सियाह को।
इक गूना बेख़ुदी मुझे दिनरात चाहिए।

—ग़ालिब।

ली होश में आने की जो साक़ी से इजाज़त,
फ़रमाया ख़बरदार कि नाज़ुक है ज़माना।

—ह्ली

ख़्वाहम कि यह बेख़ुदी बरआरम नफ़्सी,
मी खुर्दन व मस्तबूदनम ज़ीं सबवे अस्त।

—उमर ख़ैयाम।

(127)

सदा हम तो खोये गये से रहे,
कभू आप में तुमने पाया हमें।
शब आँखों से दरिया-सा बहता रहा,
उन्होंने किनारे लगाया हमें।

(128)

ज़ुल्मो-सितम क्या जौरो जफ़ा क्या जो कुछ कहिए उठाता हूँ,
ख़िफ़्फ़त खींच के[1] जाता हूँ, रहता नहीं दिल फिर आता हूँ।
घर से उठकर काने में बैठा, बैत पढ़े दो बातें कीं,
किस-किस तौर से अपने दिल को, उस बिन मैं बहलाता हूँ।

(129)

जब लग गये झमकने रुख़सारे-यार दोनों,
तब मेह्रो-महने अपनी आँखें झुकालियाँ हैं।
सुबहे-चमन का जलवा हिन्दी बुतों में देखा,
सन्दल भरी जबीं हैं होठों की लालियाँ हैं।
उन गुलरुख़ों की क़ामत लहके है यूँ हवा में,
जिस रंग से लचकती फूलों की डालियाँ हैं।
वह दुज़्दे दिल[2] नहीं तो क्यों देखते ही मुझको,
पलकें झुकालियाँ हैं आँखें चुरालियाँ हैं।

(130)

कहा मैं दर्दे-दिल या आग उगली,
फफोले पड़ गये मेरी ज़बाँ में।
तेरी शोरिश भी बेकल है मगर 'मीर',
मिला दी पीसकर बिजली फुग़ाँ में[3]।

(131)

उससे घबराके जो कुछ कहने को आ जाता हूँ।
दिलकी फिर दिल में लिये चुपके चला जाता हूँ।
मजलिसे-यार में तो बार नहीं पाता हूँ।
दरो-दीवार को अहवाल सुना जाता हूँ।

1. ज़िल्लत उठाकर, शर्म खाकर 2. हृदय को चुराने वाला 3. रोदन में, आर्तनाद में।

(132)

तुर्फ़ा[1] ख़ुशरू देमे ख़ूँरेज़ अदा करते हैं,
वार जब करते हैं मुँह फेर लिया करते हैं।
दिल को जाना था गया रह गया है अफ़साना,
रोज़ो-शब हम भी कहानी-सी कहा करते हैं।

(133)

वह संग-दिल न आया बहुत देखी उसकी राह,
पथरा चली है आँख मेरी इन्तज़ार में।
किस-किस अदा से रेखते मैंने कहे वले,
समझा न कोई मेरी ज़बाँ इस दयार में।

रदीफ़ वाव

(134)

हुए थे जैसे* मर जाते, पर अब तो सख़्त हसरत है,
किया दुश्वार[2] नादानी से हमने कारे-आसाँ को।
तुझे गर चश्मे-इबरत है तो आँधी औ बगोले से,
तमाशा कर ग़ुबार अफशानिए-ख़ाके-अज़ीज़ाँ को।
कोई काँटा सरे रह का हमारी ख़ाक पर बस है,
गुले गुलज़ार क्या दरकार है गोरे ग़रीबाँ को।
सदाये-आह जैसे तीर, जी के पार होती हैं,
किसू बेदर्द ने खींचा किसूके दिल से पैकाँ[3] को।

(135)

गर्चे कब देखते हो पर देखो।
आरज़ू है कि तुम इधर देखो।
इश्क़ क्या-क्या हमें दिखाता है,
आह, तुम भी तो एक नज़र देखो।

---

1. विचित्र! 2. कठिन 3. तीर की नोक
* तात्पर्य यह है कि पैदा होते ही मर गये होते।

(136)

उसकी तर्ज़े-निगाह मत पूछो।
जी ही जाने है आह मत पूछो।
कहीं पहुँचोगे बेरही में भी,
गुम रहा यों यह रात मत पूछो।

(137)

तेवर में जबसे देखे हैं साक़ी ख़ुमार को,
पीता हूँ रखके आँखों पै जामे शराब को।
जब तो नक़ाब मुँह पे ले जालिम कि शब हुई,
शर्मिन्दा सारे दिन तो किया आफ़ताब को।
कहने से 'मीर' और भी रोता है मुज़तरब,
समझाऊँ कब तक इस दिले-खानाख़राब को।

(138)

बरसों में कभू इधर तुम नाज़ से आते हो,
फिर बरसों तईं प्यारे जी से नहीं जाते हो।
रहते हो तुम आँखों में फिरते हो तुम्हीं दिल में,
मुद्दत से अगर्चे याँ आते हो न जाते हो।
ख़ुश करने से टुक ऐसे नाख़ुश ही रखा करिए,
हँसते हो घड़ी भर तो पहरों ही रुलाते हो।
दिल खोलके मिल चलिए जो 'मीर' से मिलना है,
आँखें भी दिखाते हो फिर मुँह भी छिपाते हो।

(139)

करते हो तुम नीचे नज़रें यह भी कोई मुरौवत है,
बरसों से फिरते हैं जुदा हम आँख से आँख मिलाने दो।
क्या जाता है इसमें हमारा चुपके हम तो बैठे हैं,
दिल जो समझना था सो समझा नासेह[1] को समझाने दो।

1. उपदेशक (नसीहत करनेवाला)।

(140)

सर पे आशिक़के न यह रोज़े-सियह[1] लाया करो,
जी उलझता है बहुत मत बाल सुलझाया करो।
शौक़ से दीदार के भी आँखों में खिंच आया जी,
इस समय में देखने हमको बहुत आया करो।

(141)

रहने से मेरे पास के बदनाम हुए तुम,
जब जाके रहो वाँ कहीं रुसवा[2] न जहाँ हो।
कुछ हाल कहें अपना नहीं बेख़ुदी तुजको,
ग़श आता है लोगों को यह अफ़साना जहाँ हो।
इन उजड़ी हुई बस्तियों में दिल नहीं लगता,
है जी में वहीं जा बसें वीराना जहाँ हो।

(142)

आग थे इब्तिदाए-इश्क़[3] हम,
अब जो हैं ख़ाक इन्तिहा[4] है यह।
बूदे-आदम[5] नमूदे-शबनम[6] है,
एक दो दम में फिर वहा है यह।
शुक्र उसकी जफ़ा[7] का हो न सका,
दिल से अपने हमें गिला[8] है यह।
शोर से अपने हश्र[9] है परदा,
यों नहीं जानता कि क्या है यह।

(143)

क्या कहूँ तुझसे कि क्या देखा है तुझमें मैंने,
इश्क[10] वो ग़मजः[11] वो अन्दाजों अदा क्या-क्या कुछ।
दिल गया, होश गय, सब्र गया, जी भी गया,
शग़ल में ग़म के तेरे हमसे गया क्या-क्या कुछ।
हसरते-वस्ल[12] वो ग़मेहिज्र[13] वो ख़याले-रुख़े-दोस्त[14],
मर गया मै। पै मेरे जी में रहा क्या-क्या कुछ।

---

1. काला दिन 2. बदनाम 3. प्रेमारम्भ 4. अन्त 5. मानव का अस्तित्व! 6. ओस-कण की भाँति 7. ज़ुल्म, अन्याय 8. शिकायत 9. प्रलय 10. नाज़-नख़रा 11. आँख मारना, नख़रा, अदा 12. मिलन की लालसा 13. वियोग दुःख 14. प्रियतम के मुख का ध्यान।

दर्दे-दिल, ज़ख़्मे-जिगर, कुलफ़ते-ग़म, दाग़े-फ़िराक़,
आह आलम से मेरे साथ चला क्या-क्या कुछ।

(144)

बूद नक़्शो-निगार[1] सा है कुछ,
सूरत एक एतबार-सा है कुछ।
यह जो मोहलत जिसे कहे हैं उम्र,
देखा तो इन्तज़ार-सा है कुछ।
क्या है देखो हो जो उधर हरदम,
और चितवन में प्यार-सा है कुछ।

(145)

आँखें जो हों तो ऐन हैं मक़सूद हर जगह,
बिलज़ात है जहाँ में वह मौजूद हर जगह।
वाक़िफ़ हो शाने-बन्दगी[2] से क़ैदे-क़िब्ला[3] क्या,
सर हर कहीं झुका कि है मसजूद[4] हर जगह।

(146)

न बातें करो सरगरानी के साथ,
मेरी ज़ीस्त है मेह्रबानी के साथ।
न उठकर दरे-यार से जा सके,
यह कम लुत्फ़ है नातवानी के साथ।

रदीफ़ इये

(147)

मुद्दत हुई न ख़त है न पैग़ाम है मगर,
एक रस्म वफ़ा की बर उफ़्ताद[5] हो गयी।
दिल किस क़दर शिकस्ता हुआ था कि रात 'मीर',
आयी जो बात लब पे सो फ़रियाद हो गयी।

---

1. तस्वीर की भाँति। 2. उपासना की रीति। 3. काबे की उपासय भूमि की ही क़ैद क्या है? 4. उपास्य। 5. परम्परा की समाप्ति, दैवी विपत्ति, मुसीबत

(148)

उसके ईफ़ाए अहद[1] तक न जिये,
उम्र ने हमसे बेवफ़ाई की।
वस्ल के दिन की आरज़ू ही रही,
शब न आख़िर हुई जुदाई की।
कासए-चश्म[2] लेके जूँ नरगिस,
हमने दीदार की गदाई की।[3]

(149)

काबा सौ बार वह गया तो क्या,
जिसने याँ एक दिल में राह न की।
जिससे थी चश्म हमको क्या-क्या 'मीर',
उस तरफ़ उनने एक निगाह न की।

(150)

कहाँ का गुबार आह दिल में यह था,
मरी ख़ाक बदली-सी सब छा गयी।
हुई सामने यूँ तो एक-एक के,
हमीं से वह कुछ आँख शर्मा गयी।

(151)

क्या करूँ शरह[4] ख़िस्ताजानी की,
मैंने मर मरके ज़िन्दगानी की।
तिश्नालब[5] मर गये तेरे आशिक़,
न मिली एक बूँद पानी की।
जिससे खोयी थी नींद 'मीर' ने कल,
इब्तिदा फिर वही कहानी की।

(152)

गौर[6] किस दिल जले की है यह फ़लक,
शोला एक सुबह याँ से उठता है।

---

1. वादे की पूर्ति 2. नयन-पात्र 3. हमने दर्शन की भीख माँगी 4. टीका, भाष्य 5. प्यासे ओठवाले 6. समाधि, कब्र।

ख़ान-ए-दिल[1] में ज़ीनहार[2] न जा,
कोई ऐसे मकाँ से उठता है।
यों उठे आह उस गली से हम,
जैसे कोई जहाँ[3] से उठता है।

(153)

कली कहते हैं उसका-सा देहन[4] है,
सुना करिए कि यह भी एक सख़ुन है।
टपकते दर्द हैं आँसू की जगह,
इलाही चश्म या ज़ख़्मे-कुहन[5] है।

(154)

सरापा आरज़ू[6] होने ने बन्दा कर दिया हमको,
वगर्ना हम ख़ुदा थे गर दिले बेमुद्दआ[7] होते।*
फ़लक[8] ऐ काश हमको ख़ाक ही रखता कि इसमें हम,
गुबारे-राह[9] होते या किसूकी ख़ाके-पा[10] होते।
इलाही कैसे होते हैं जिन्हें है बन्दगी ख़ाहिश,
हमें तो शर्म दामनगीर होती है ख़ुदा होते।
कहें जो कुछ मलामतगर[11] बजा है, 'मीर' क्या जाने,
उन्हें मालूम तब होता कि वैसे से जुदा होते।

(155)

चमन यार तेरा हुआ ख़ाह है।
गुल एक दिल है जिसमें तेरी चाह है।
सरापा[12] में उसके नज़र करके तुम,
जहाँ देखो अल्लाह अल्लाह है।
तेरी आह किससे ख़बर पाइए,
वही बेख़बर है जो आगाह है।

---

1. मन-मन्दिर 2. हरगिज़ 3. संसार 4. मुख 5. पुराना घाव 6. सशरीर कामना 7. कामना-रहित हृदयवाले 8. आकाश 9. राह की धूल 10. चरण-धूलि 11. मलामत करनेवाले 12. नखशिख।

* किसी और कवि ने भी कहा है—
हम ख़ुदा थे गर न होता दिल में कोई मुद्दआ,
आरज़ूओं ने हमारी हमको बन्दा कर दिया।

कभी वादिए-इश्क़[1] दिखलाइए,
बहुत ख़िज्र[2] भी दिल में गुमराह है।
जहाँ से तो रख़्ते-अक़ामत[3] को बाँध,
यह मंज़िल नहीं बेख़बर राह है।
न शर्मिन्दा कर अपने मुँह से मुझे,
कहा मैंने कब यह कि तू माह[4] है।

(156)

जाए-रोग़न दिया करे है इश्क़,
ख़ूने-बुलबुल चिराग़ में गुल के।
दिल तसल्ली नहीं सबा वर्ना,
जलवे सब होंगे दाग़ में गुल के।

(157)

हस्ती अपनी हुबाब की-सी है।
यह नुमाइश सुराबकी-सी है।
नाज़की उसके लबकी क्या कहिए,
पँखुड़ी एक गुलाब की-सी है।
याँकी दिल खोल उस भी आलम पर,
याँ की औक़ात ख़ाब की-सी है।
बार-बार उसके दर पे जाता हूँ,
हालत अब इज़्तिराब की-सी है।
'मीर' उन नीमबाज़ आँखों में,
सारी मस्ती शराब की-सी है।

(158)

ताकि वह टुक आन के पूछे कभू,
इसलिए बीमार हुआ चाहिए।
मुस्तबए-बेख़ुदी[5] है यह जहाँ,
जल्द ख़बरदार हुआ चाहिए।

---

1. प्रेम की घाटी 2. एक प्रसिद्ध पैग़म्बर जिनके बारे में मशहूर है कि उन्होंने अमृत-पान किया है और लोगों को राह बताया करते हैं 3. अस्तित्व के सामान 4. चाँद 5. बेख़ुदी का सौदा बेचने का चबूतरा

(159)

पासे-नामूसे-इश्क़[1] था वर्ना,
कितने आँसू पलक तक आये थे।
'मीर' साहब रुला गये सबको,
कल वे तशरीफ़ याँ भी लाये थे।

(160)

ख़ूब ही ऐ अब्र यक शब आओ बाहम रोइए।
पर न इतना भी कि डूबे शहर, कम-कम रोइए।
वक़्त ख़ुश देखा न इकदम से ज़ियादा देह्र में,
ख़न्दए-सुबहे-चमन[2] पर मिस्ले शबनम रोइए।
शादी वो ग़म में जहाँ की एक से दस का फ़र्क़,
ईद के दिन हँसिये तो दस दिन मोहर्रम रोइए।

(161)

बुर्क़े को उठा चेहरे से वह बुत अगर आवे,
अल्लाह की क़ुदरत का तमाशा नज़र आवे।
खुलने में तेरे मुँह के कली फाड़े गरेबाँ,
हिलने में तेरे होठों के गुल बर्ग तर आवे।

(162)

कहाँ ऐ रश्के-आबे-ज़िन्दगी है तू कि याँ तुझ बिन,
हर एक पाकीज़ा गौहर जी से अपने हाथ धोता है।
लगा मुर्दे को मेरे देखकर वह नासमझ कहने,
जवानी की है नींद इसको कि इस ग़फ़लत से सोता है।
न रक्खो कान नज़्मे-शायराने हाल पर इतने,
चलो टुक 'मीर' की सुनने कि मोती से पिरोता है।

(163)

करे क्या कि दिल भी तो मजबूर है,
ज़मीं सख़्त है आसमाँ दूर है।

---

1. प्रेम की बदनामी का ख़याल 2. उद्यान के हँसते हुए प्रभात

तमन्नाए-दिल के लिए जान दी,
सलीक़ा हमारा तो मशहूर है।

(164)

सिजदा करने में सर कटे हैं जहाँ,
सो तेरा आस्तान है प्यारे।
गुफ़्तगू रेखते में हमसे न कर,
यह हमारी ज़बान है प्यारे।
छोड़े जाते हैं दिल को तेरे पास,
यह हमारा निशान है प्यारे।

(165)

ग़ालिब कि यह दिलख़स्ता शबे-हिज्र में मर जाय,
यह रात नहीं वह जो कहानी में गुज़र जाय।
नै बुतकदा है मंज़िले-मक़सूद न काबा,
जो कोई तलाशी* हो तेरा आह किधर जाय।
याक़ूत कोई इनको कहै है कोई गुलबर्ग,
टुक होंठ हिला तू भी कि एक बात ठहर जाय।

(166)

हँसते हो रोते देखकर ग़म से,
छेड़ रक्खी है तुमने क्या हमसे।
सबने जाना कहीं यह आशिक़ है,
बह गये अश्क दीदए-नम से।
मुफ़्त यों हाथ से न खो हमको,
कहीं पैदा भी होते हैं हमसे।
कोई बेगाना गर नहीं मौजूद,
मुँह छिपाना यह क्या फिर हमसे।

* 'तलाशी' यहाँ तुर्की भाषा के शबद-रूप में आया है जिसका अर्थ होता है तलाश करने वाला। फ़ारसी और उर्दू में इसके स्थान पर मतलाशी शब्द प्रयुक्त होता है।

(167)

मेरी ख़ल्क़े–महवे–कलाम[1] सब मुझे छोड़ते हैं ख़ामोश कब,
मेरा हर्.फ़ रश्के–किताब[2] है मेरी बात लिखने का बाब है।
जो वह लिखता कुछ भी तो नामाबर कोई रहती मुँह में तेरी जुबाँ,
तेरी ख़ामुशी से यह निकले है कि जवाब ख़त का जवाब है।
नहीं खुलती आँखें तुम्हारी टुक कि मआल पर नज़र भी करो,
यह जो वहम की सी नमूद है इसे ख़ूब देखो तो ख़ाब है।
मेरा शोर सुनके जो लोगों ने किया पूछना तो कहै है क्या,
जिसे 'मीर' कहते हो साहबो यह वही तो ख़ानाख़राब है।

(168)

नज़र मुतलक़ नहीं हिजराँ में उसको हाल पर मेरे,
मेरा दिल उसके ग़म में गोया उसका दिल है क्या जाने।
तड़पना नक़्शे–पा–ए–नाक़ा[3] पर जाने है इक मजनू,
बयाबाँ में वह लैला का किधर महमिल[4] है क्या जाने।
तरफ़ होना मेरा मुश्किल है 'मीर' इस शेर के फ़न में,
यूँ ही सौदा कभी होता है सो जाहिल है क्या जाने।

(169)

यहाँ तो आयी नहीं शतरंजे–ज़माने की चाल,
और वहाँ बाज़ी हुई मात चली जाती है।
रोज़ आने पै नहीं निस्बते इश्क़ी मौक़ूफ़,
उम्र भर एक मुलाक़ात चली जाती है।

(170)

मेरे तग़य्युरे हाल पर मत जा
इत्तिफ़ाक़ात हैं ज़माने के।
दमे–आख़िर ही क्या न आना था,
और भी वक़्त थे बहाने के।

---

1. मेरी वाणी (कविता) पर मुग्ध दुनिया 2. ईर्ष्या योग्य पुस्तक 3. ऊँटनी का पद–चिह्न 4. परदेदार पालकी गाड़ी, ऊँट पर बाँधने का हौदा जिसमें स्त्रियाँ बैठती हैं

(171)

फ़क़ीराना आये सदा[1] कर चले।
मियाँ खुश रहो हम दुआ कर चले
वह क्या चीज़ है आह जिसके लिए,
हर एक चीज़ से दिल उठाकर चले।
कोई नाउम्मीदाना करते निगाह,
सो तुम हमसे मुँह भी छिपाकर चले।
दिखाई दिये यों कि बेख़ुद किया,
हमें आपसे भी जुदा कर चले।
परस्तिश की याँ तक कि ऐ बुत तुझे,
नज़र में सभों की ख़ुदा कर चले।

(172)

करो तुवक्कुल[2] कि आशक़ी में न यों करोगे तो क्या करोगे,
अलम[3] जो यह है तो दर्दमन्दो कहाँ तलक तुम दवा करोगे।

(173)

इधर से अब्र उठकर जो गया है,
हमारी ख़ाक़ पर भी रो गया है।
मसाइब[4] और थे पर दिल का जाना,
अजब एक सानहा-सा हो गया है।
सिरहाने 'मीर' के कोई न बोलो,*
अभी टुक रोते-रोते सो गया है।

(174)

सरगुज़श्त अपनी किस अन्दोह[5] से शब कहता था,
सो गये तुम न सुनी आह कहानी उसकी।
आबले की-सी तरह टीस लगी फूट बही,
दर्दमन्दी में गयी सारी जवानी उसकी।

---

1. आवाज़ 2. सब्र, ईश्वर-निर्भरता 3. दुःख, वेदना 4. कठिनाइयाँ, मुसीबतें 5. दर्द
* 'सिरहाने मीर के आहिस्ता बोलो' पाठ भी प्रचलित है

(175)

दुज़दीदा निगह करना फिर आँख मिलाना भी,
इस लोटते दामन को पास उठाना भी।
पामालिए-आशिक़[1] को मंज़ूर रखे जाना,
फिर चाल की ढब चलना ठोकर न लगाना भी।
बुर्क़े को उठा देना पर आधे ही चेहरे से,
क्या मुँह को छिपाना भी कुछ झमकी[2] दिखाना भी।
देख आँखें मेरी नीची एक मारना पत्थर भी,
ज़ाहिर में सताना भी परदे में जताना भी।

(176)

देखा तो मिस्ले अश्क नज़र से गिरा दिया,
अब मेरी उसकी आँख में इज़्ज़त नहीं रही।
दीवानगी से अपनी है अब सारी बात ख़ब्त,
इफ़राते-इश्तियाक़[3] से वह मत नहीं रही।

(177)

यों तो मुरदे से पड़े रहते हैं हम,
पर वह आता है तो आ जाता है जी।
हाथ उसके शर्बती लब से जुदा,
कुछ बताशा-सा घुला जात है जी।
क्या कहें तुमसे कि उस शोले बग़ैर,
जी हमारा कुछ जला जाता है जी।
उठ चले पर उसके ग़श करते हैं हम,
यानी साथ उसके चला जाता है जी।

(178)

इलाही कहाँ मुँह छिपाया है तूने।
हमें खो दिया है तेरी जुस्तजू ने।
जो ख़्वाहिश न होती तो काहिश[4] न होती,
हमें जी से मारा तेरी आरज़ू ने।

---

1. प्रेमी का पद-दलन 2. झलक 3. उत्कंठा का प्राबल्य 4. दुःख, पतन, कमी।

(179)

काबे गये क्या कोई मक़सद[1] को पहुँचता है,
क्या सई[2] से होता है जब तक न ख़ुदा चाहे।
इम इज्ज़[3] से पहुँचे हैं मक़सूद की मंज़िल को,
वह ख़ाक़ में मिल जावे जो उससे मिला चाहे।

(180)

छाती जला करे हैं सोज़े दरूँ बला से,[4]
एक आग-सी लगी है क्या जानिए कि क्या है!
मैं और तू हैं दोनों मजबूर तौर अपने,
पेशा तेरा जफ़ा[5] है, शेवा[6] मेरा वफ़ा[7] है।
फिरते हो 'मीर' साहब सबसे जुदा जुदा तुम,
शायद कहीं तुम्हारा दिल इन दिनों लगा है।

(181)

लुत्फ़ उसके बदन का कुछ न पूछो,
क्या जानिए जान है कि तन है।
गाहे दैर[8] में है गाहे हरम[9] में,
अपना तो यही दीवानापन है।
हम कुश्तए-इश्क़ हैं, हमारा,
मैदान की ख़ाक ही कफ़न है।

(182)

हर सुबह उठके तुझसे माँगू हूँ मैं तुझी को,
तेरे सिवाय मेरा कुछ मुद्दआ नहीं है।
मैं रोऊँ तुम हँसो हो, क्या जानो 'मीर' साहब,
दिल आपका किसू से शायद लगा नहीं है।

(183)

ऐसा न हुआ होगा कोई वाक़िआ आगे,
एक ख़्वाहिशे-दिल साथ मेरे जीती गाड़ी है।

---

1. लक्ष्य 2. परिश्रम, यत्न 3. दैन्य 4. प्रबल आन्तरिक ज्वाला 5. अन्याय 6. परम्परा, ढंग 7. निष्ठा 8. मन्दिर 9. मस्जिद।

क्या नक़्श में मजनूँ ही के थी रफ़्तगी-ए-इश्क़[1],
लैला की भी तस्वीर तो हैरान खड़ी है।

(184)

हम तौरे इश्क़ से तो वाक़िफ़ नहीं हैं लेकिन,
सीने में जैसे कोई दिल को मला करे है।
क्या चाल यह निकाली होकर जवान तुमने,
अब जब चलो हो दिल को ठोकर लगा करे है।
समझा है यह कि मुझको ख़्वाहिश है ज़िन्दगी की,
किस नाज़ से मुआलिज[2] मेरी दवा करे है।
एक आफ़ते-ज़माँ है यह 'मीर' इश्क़पेशा,
परदे में सारे मतलब अपने अदा करे है।

(185)

किसको कहते हैं नहीं मैं जानता इस्लामो-कुफ़्र,
दैर हो या काबा मतलब मुझको तेरे दर से है।*
अश्क पै दर पै चले आते थे चश्मे-ज़ार से,
हर निगह का तार माना रिश्तए-गौहर से है

(186)

शेर मेरे हैं सब ख़्वास-पसन्द[3],
पर मुझे गुफ़्तगू अवाम[4] से है।*
सर झुकाऊँ तो और टेढ़े हो,
क्या तुम्हें चिढ़ मेरे सलाम से है।
सहल है 'मीर' का समझना क्या,
हर सख़ुन उसका एक मुक़ाम से है।

---

1. प्रेम की बेचैनी या बेहोशी 2. चिकित्सक 3. विशिष्ट जन-प्रिय 4. सामान्यजन।

* उर्फ़ी का कहना है—

आशिक़ हम अज़ इस्लाम ख़राबात हम अज़ कुफ़्र,
परवाना चिराग़े-हरम व देर व दानद।

* फ़ैज़ी कहते हैं—

हदीस मतलबे मा मुद्दआए-ज़ेरे लबी अस्त,
कि अहले बज़्म अवाम अन्दो गुफ़्तगू अरवी अस्त।

(187)

सोज़े-दरूँ ने आख़िर जी ही खपा दिया है,
ठंडा दिल अब है ऐसा जैसे बुझा दिया है।
आँखों की कुछ हया थी सो मूँद लीं इधर से,
परदा जो रह गया था वह भी उठा दिया है।

(188)

हमारा तो है अस्ले मुद्दआ तू,
ख़ुदा जाने तेरा क्या मुद्दआ है।
हरम[8] से दैर[9] उठ जाना नहीं ऐब,
अगर याँ है ख़ुदा, वाँ भी ख़ुदा है।
न आलम में है, न आलम से बाहर
यह सब आलम से आलम ही जुदा है।

(189)

सर किसूसे फ़रो[1] नहीं आता,
हैफ़ बन्दे हुए ख़ुदा न हुए।
कैसा-कैसा क़फ़स से सर मारा,
मौसिमे-गुल में हम रिहा न हुए।

(190)

बहार आई निकालो मत मुझे अबके गुलिस्ताँ से,
मेरा दामन बने तो बाँध दो गुल के गरेबाँ से।
ख़ुदा जाने कि दिल किस खाना आबादाँ को दे बैठे,
खड़े थे मीर साहब घर के दरवाज़े पै हैराँ-से।

(191)

मौसिम है निकले शाख़ों से पत्ते हरे-हरे,
पौधे चमन में फूलों से देखे भरे-भरे।
आगे किसूके क्या करें दस्ते तमअ दराज़,[2]
वह हाथ सो गया है सिरहाने धरे-धरे।

---

1. झुकना 2. लोभ का हाथ फैलाऊँ, बढ़ाऊँ

(192)

इतने लोगों में चश्म किसूकी क़ह्र क़यामत आफ़त है,
तुमने देखी नहीं है साहब आँख कोई शर्माई हुई।
हम क़ैदी भी मौसिमे-गुल की कब से तवक़्क़ो[1] रखते थे,
देर बहार आयी अबकी पै असीरों[2] की न रिहाई हुई।

(193)

आलम-आलम इश्क़ो जुनूँ है, दुनिया-दुनिया तोहमत है,
दरिया दरिया रोता हूँ मैं, सेहरा-सेहरा वहशत है।
ख़ाक को आदम करके उठाया जिसके दस्ते कुदरत ने,
क़दर नहीं कुछ उस बन्दे की यह भी ख़ुदा की कुदरत है।
क्या दिलकश है बज़्म जहाँ की, जाके यहाँ जिसके देखो,
वह ग़मदीदा रंजकशीदा आह सरापा हसरत है।

1. आशा 2. बन्दियों।

विविध काव्य

स्फुट

रखा कर हाथ दिल पर आह करते
नहीं रहता चिराग़ ऐसी पवन में

× × ×

तेरी ज़ुल्फ़े सियह की याद में आँसू झमकते हैं
अँधेरी रात है, बरसात है, जुगनू चमकते हैं

× × ×

आने के वक़्त तुम तो कहीं के कहीं रहे
अब आये तुम तो फ़ायदा हम ही नहीं रहे

× × ×

उनने देखा जो उठके सोते से
उड़ गये आईने के तोते से

× × ×

रहे तलब में गिरे होते सर के बल हम भी,
शिकस्तपाई ने अपनी हमें सँभाल लिया।

× × ×

ख़ूब किया जो अहले करम के जूद का कुछ न ख़्याल किया
हम जो फ़क़ीर हुए तो हमने पहले तर्के सवाल किया

× × ×

वस्ल में रंग उड़ गया मेरा
क्या जुदाई को मुँह दिखाऊँगा

× × ×

कोई हो महर में शोख़ी तेरा तो मैं पूछूँ
कि बज़्मे-ऐशे-जहाँ[1] क्या समझके बरहम[2] की

× × ×

बस न लग, चल नसीम मुझसे कि मैं
रह गया हूँ चिराग़ सा बुझकर

रुबाइयाँ

दामन अज़लत[3] का अब लिया है, मैंने,
दिल मर्ग[4] से आशना किया है मैंने।
था चशमए-आबे-ज़िन्दगानी[5] नज़दीक,
पर ख़ाक से उसको भर दिया है मैंने।

× × ×

बुतख़ाने से दिल अपने उठाये न गये,
काबे की तरफ़ मिज़ाज लाये न गये।
तौरे-मस्जिद को बरहमन क्या जाने,
याँ मुद्दते उम्र में हम आये न गये।

× × ×

दिल ख़ून हुआ ज़ब्त ही करते-करते।
हम हो ही चुके दुखों के भरते-भरते।
ऐ माय-ए-ज़िन्दगी[6] सितम है यह अगर,
भर आँख तुझे देखें न मरते-मरते।

× × ×

चुपके रहना न मीर दिल में ठानो।
बोलो-चालो कहा हमारा मानो।
एक हर्फ़ न कह सकोगे वक़्ते-रफ़्तन[7],
चलने के ज़बान के ग़नीमत जानो।

मुस्तज़ाद

ता चन्द ग़मे-दिल से हिकायत करिये, हो-होकर तंग।
किस-किससे शबो रोज़ शिकायत करिये, आता है नंग[8]।
सख़्ती कोई ऐ सनम कहाँ तक खींचे, है जी में कि अब,
हो नाला तेरे दिल में सरायत[9] करिये, पर तू है संग।[10]

1. संसार की सुख-सभा 2. बिखेरना, तितर-बितर 3. एकान्त 4. मृत्यु 5. अमृत का स्रोत 6. जीवन-धन 7. चलते समय, मृत्युकाल में 8. लल्जा 9. प्रभाव 10. पत्थर।

मुसल्लस (त्रिपदी)

ऐ वफ़ाए-गुल के आशिक़ सब में है यह राज़ फाश[1],
जूँ सबा बेहूदा सरगरदाने ईं गुलशन मुबाश[2]।
मन चे गुल चीदम कि उम्रे-बाग़बानी कर्दा अम।

× × ×

आयी थी मुलाक़ात की राह उसके वले[3] सूद[4]।
ताचश्म कुनम बाज़ शबेवस्ल सेहर सूद।
उम्रे गुज़राँ बरसरे इंसाफ नयामद।

मुखम्मस (पंचपदी)

तेरा हूँ ख़्वार तेरी शान की मुझे सौगन्द।
मरूँ हूँ तुझपे तेरी जान की मुझे सौगन्द।
तुझी को जपता हूँ ईमान की मुझे सौगन्द।
यही वज़ीफा है क़ुरआन की मुझे सौगन्द।
तुझी से बन्दगी रखता हूँ मैं ख़ुदा की क़सम।

× × ×

रहे है मद्दे-नज़र तेरी ज़ुल्फ़ काकुल व ख़ाल[5]।
फिरा करे है मेरी आँखों में तेरी ही चाल।
शबों को तेरा तसव्वुर दिनों को तेरा ख़याल।
मरीज़े-दिल हूँ मेरा आबिदीं[6] है शाहिदे[7] हाल।
इसी सितमज़दह बीमारो बेदवा की क़सम।

तरकीबबन्द

[ग़ज़ल की ही तरह है। मक़ता (अन्तिम पद) भिन्न क़ाफ़िये और रदीफ़ में होता है और उसी अन्तिम क़ाफ़िया और रदीफ़ का बाद वाले खंड में अनुसरण करते हैं...]

गरमी तू कर ऐ सनम कि आख़िर,
पत्थर के जिगर में भी शरर[8] है।
आने से डर न दिल में मेरे,
खूबाँ[9] यह तो तुम्हारा घर है।
चुप हूँ गोया हूँ बेज़बाँ मैं।
रखता हूँ अजब लब वो देहाँ मैं।

---

1. रहस्य-भेद 2. ख़ुश 3. किन्तु 4. लाभ 5. कपोल का तिल 6. परहेज़गार, उपासक 7. गवाह 8. चिनगारी 9. सुन्दर, प्रिय।

हूँ मैं तो चिराग़ अख़ीर शब का,
कोई दम का हूँ मेहमाँ मैं।
दिलसोज़ी मेरी कर ऐ सब टुक,
होने तईं सुबह के कहाँ मैं।
बारे मैं यह तैयार देखा।
हर कूचे को बार-बार देखा।

× × ×

आँखे गयीं रोते-रोते लेकिन,
तूने न इधर को यार देखा।
पूछा हमारे बाद हमको,
यारो यह जहाँ का प्यार देखा।
देखा तो मिला न कोई हमफ़न।
देखे यहाँ शेख़ और बरहमन।

× × ×

आँखों में ठहर रहे हैं आँसू,
होठों पै धरा रहे है शेवन[1]!
तुम बिन नहीं साँस और कुछ है,
चुभता है जिगर में होके सोज़न।
(इसी प्रकार)

वासोख़्त और मुसद्दस (षट्पदी)

तर्के-इख़लास[2] किया सबसे, तुझे प्यार किया।
रहम दिल पर न किया जान को आज़ार किया।
चाह से अपनी अबस तुझको ख़बरदार किया।
क्या किया हमने कि इस मानी का इज़हार[3] किया।
जो कि अलफ़ाज़ न शायाँ[4] थे सो तू कहने लगा।
वहज बेवजह तू रूपोश[5] ही अब रहने लगा।

× × ×

अब तो जो कुछ हो दिल उस साथ लगा बैठूँगा।
उसके दरवाज़े पै दरवेश हो जा बैठूँगा।
हाथ वासोख़्ता हो तुझसे लगा बैठूँगा।

1. फ़रियाद, विलाप 2. दोस्ती छोड़ी 3. अभिव्यक्त 4. उचित 5. मुँह छिपानेवाला।

आऊँगा भी तो तेरे पास न आ बैठूँगा।
दूर से एक नज़र करके चला आऊँगा।
सो भी कितने दिनों फिर काहे को मैं आऊँगा।

× × ×

सच कहो शहर में सेहरा में कहाँ रहते हो।
याँ बहुत रहते हो ख़ुशबाश कि वाँ रहते हो।
इन दिनों यारों की आँखों से निहाँ रहते हो।
ख़ुश रहो 'मीर' मेरी जान जहाँ रहते हो।
एक तरफ़ बैठे हुए हम भी लहू पीते हैं।
इश्क़ की जान को देते हैं दुआ जीते हैं।

मस्नवी शोलए शौक़

[संक्षिप्त]

मोहब्बत ने ज़ुल्मत[1] से काढ़ा है नूर[2]।
न होती मोहब्ब्त न होता ज़हूर[3]।
मोहब्बत मुसब्बब[4] मोहब्बत सबब[5]।
मोहब्बत से आते हैं कारे अजब।
मोहब्बत ही इस कारख़ाने में है।
मोहब्बत से सब कुछ ज़माने में है।
मोहब्बत से है इन्तिज़ामे-जहाँ।
मोहब्बत से गर्दिश[6] में हैं आसमाँ।
मोहब्बत से परवाना आतिश-बजाँ[7]।
मोहब्बत से बुलबुल है गर्मे-फुग़ाँ[8]।
इसी आग में शमअ को है गुदाज़[9]।
इसी के लिए गुल है सरगर्मे-नाज़।

कथारम्भ

अजब काम पटने में इससे हुआ।
अजब अहले आलम को जिससे हुआ।
कि वाँ एक जवाँ था परसराम नाम।
ख़ुशअन्दामो[10] ख़ुशक़ामतो[11] ख़ुशख़राम[12]।

---

1. अन्धकार 2. प्रकाश 3. सृष्टि 4. परिणाम, सृष्टिकर्ता 5. कारण 6. चक्कर 7. जीवित अग्नि 8. रुदनशील 9. पिघलाने वाला 10. सुन्दर शरीर 11. सुडौल 12. सुन्दर चालवाला (या वाली)।

जिधर को वह टुक गर्म रफ़्तार हो।
क़यामत उधर से नमूदार हो।
वे काफ़िर भवें होवें मायल[1] जहाँ।
करें सिजदा उस जा पै इस्लामियाँ।
निगह तेग़ मजरूह जिसके पड़े।
पलक सेल जूँ दिल में जाकर गड़े।
सियह चश्म उसके दो बदमस्त थे।
निगाहों से शमशीर दरदस्त थे।
सरापा में उसके जहाँ देखिए।
वहीं रूए-मक़सूदे जाँ[2] देखिए।
खरामां निकलता वह जिस राह से।
क़यामत थी वाँ नाला वो आह से।

[उसे एक स्त्री हृदय-दान करती है। परशुराम उसके प्रेम एवं निष्ठा की कहानी मित्रों से कहता है। उसका कहना है कि वह एक क्षण मुझे छोड़ नहीं जी सकती। इस पर लोग उपहास करते हैं और उसकी प्रियतमा की परीक्षा लेने की बात तय होती है। लोग जाकर कहते हैं कि परशुराम नदी में डूब गया।]

सुना उसकी हमसर[3] ने जब यह सख़ुन।
हुआ मौजज़न बहरे-रंजो-मोहिन[4]।
निगह एक तरफ़ दरके मायूस[5] की।
दमे सर्द खींचा गया डूब जी।
वही बेख़ुदी रुख़सते-जान थी।
वह एक दम की गोया कि मेहमान थी।
गिरी होके बेजान वह दर्दमन्द।
हुआ शोर नौहे का घर से बुलन्द।
मुई ग़म में इस जुमलातन नाज़ के।
गयी जान हमरह सख़ुनसाज़ के।
वह आया जो था दिल परीशाँ गया।
कि इस वाक़िए से पशेमाँ[6] गया।

[वह जाकर परशुराम से कहता है। तब परशुराम पागल हो उठता है]

1. आकर्षित 2. प्राण के अभिप्रेत (प्रियतम) के समान 3. संगिनी 4. वेदना-व्यथा का सागर तरंगित हो गया 5. निराश 6. लज्जित

गया होश सुनकर परसराम का।
दीवाना हुआ इश्क़ के काम का।
उठा बेख़ुदो बेख़रो बेहवास।
गिरा आके उस पैकरे मुर्दा पास।
लगा कहने ऐ मायए-ज़िन्दगी[1]।
मुझे मुँह से तेरे है शर्मिन्दगी।
न मेरी सुनी कुछ न अपनी कही।
मेरे-तेरे दोनों के जी में रही।
ज़मीं पर से आख़िर उठाया उसे।
लबे-आब[2] जाकर जलाया उसे।
जब आग उसके पैकर[3] पै सब छा गयी।
मोहब्बत अजब दाग़ दिखला गयी।
यह सरगर्म फ़रियादो जारी हुआ।
लहू उसकी आँखों से जारी हुआ।
जिगर ग़म में यक लख़्त ख़ूँ हो गया।
रुका दिल की आख़िर जुनूँ[4] हो गया।
गये होशो-सब्र उसके एकबारगी।
तबीयत में आयी एक आवारगी।
कभू याद कर उसके नाला रहे।
हुई रफ़्ता-रफ़्ता जो वहशत ज़ियाद।
लगा भागने सबसे वह नामुराद।
कुछ अपने बदो-नेक की सुध नहीं।
निकल जाय तनहा कहीं का कहीं।
कभू जाके सेहरा से लावें उसे।
कभू रोत दरियाते पै पावें उसे।
कभू ख़ाक मलता है मुँह पर खड़ा।
कहीं है ख़राबी में बेसुध पड़ा है।
सरेशाम एक रोज़ दरिया गया।
हुई रात वाँ से न आया गया।
किनारे पे रहता था दामवार[5]।
रहा रात उसके यह क़ुर्बो-जवार[6]।

---

1. जीवन-सम्पत्ति 2. पानी के किनारे (नदी-तट) 3. शरीरयष्टि 4. उन्माद 5. जालवाला (मल्लाह) 6. आस-पास का इलाक़ा

कहा उसकी औरत ने उस रात को।
नहीं तुझसे जी चाहता बात को।
तुझे फ़िक्र कुछ अब हमारी नहीं।
तू जाता नहीं शाम से अब कहीं।
तेरा शब को दरिया में पड़ता था दाम।
तो चलता था बारे-मआशियत[1] का काम।
नहीं ताक़ते-सब्र हमको तनक।
बहुत देर मिलता है नानो[2] नमक।
वह बोला कि मैं भी परीशान हूँ।
बहुत तंगदस्ती से हैरान हूँ।
कहूँ क्या कई रोज़ से शाम को।
उठाता न हूँ इस सबब दाम को।
कि इक शोलए तुन्द पुर[3] पेचोताब।
फ़लक[4] से उतरता है नज़दीके आब।
कोई दम तो रहता है सरगर्मे गश्त[5]।
कभी सूए दरिया[6] कभी सूए गश्त[7]।
ठहरता जो है फिर किनारे पै वाँ।
कहे है परसराम तू है कहाँ।
यह आतिश मेरे दिल की क्योंकर बुझे।
अदम[8] में भी मैंने न पाया तुझे।
गया वह यह कहकर सुए आसमाँ।
रहे है मुझे रात दिन ख़ौफ़े-जाँ।
सुना हाल शोला का सय्याद से।
धुआँ एक उठा जाने नाशाद से।

[इसके बाद वह घर लौटता है और हँसकर सबसे कहता है। इनमें वह दोस्त भी था जिसने परीक्षा लेने की बात कहकर प्रियतमा की जान ली थी।]

तबस्सुमकुनाँ[9] वाँ यह उनने कहा।
कि कुलफ़त में ग़म की बहुत मैं रहा।
चलो सैरे-गश्ती को हंगाम शब।
लबे-आब ख़ाली करें दिल को सब।

---

1. जीविका 2. रोटी 3. तीव्र ज्वाला 4. आकाश 5. दौड़ता रहता है 6. नदी की ओर 7. जंगल की तरफ़ 8. परलोक 9. मुस्कराकर।

हुआ सो हुआ यों हो तक़दीर थी।
जहाँसोज़ उल्फ़त की तासीर थी।
हुए आक़बत सूए-दरिया रवाँ।
न पैदा किसू पर यह राज़े-निहाँ[1]।
हुए नाव पर शाम गह जब सवार।
कहा उनने याँ एक है दामदार।
उसे साथ लो तो बड़ी बात है।
कि दरिया में फिरना है और रात है।

[लोगों ने उसे साथ ले लिया। कुछ देर परसराम ख़ामोश रहा। फिर उस मल्लाह से गतरात्रि की बात का इशारा करके पूछा।]

कहाँ शोलए-सरकश आता है याँ।
किधर पेचोताब आके खाता है याँ।
ठहरता है किस जा वह आतिशफ़गन।
तरफ़ कौन से हो है गर्मे-सख़ुन।
यह सय्याद से था ही महवे-सुराग़[2]।
जिगर आतिशे-शौक़ रखती थी दाग़।
कि होकर फ़रोग़[3] एक सुए आसमाँ।
तड़पने लगा जैसे आतिश-बजाँ।
कोई दम में दरिया पै आया फरुद।
हुआ नेज़ाबाला सभी का नमूद।
लबे-आब दो शोलए-जाँ गुदाज़।
तड़पकर बहुत बाज़बाने-दराज़[4]।
पुकारा कहाँ है परसराम तू।
मोहब्बत का टुक देख अंजाम तू।
कि मैं जुमलातन[5] आतिशे-तेज़ हूँ।
दिले गर्म से शोला अंगेज़ हूँ।
भड़कती है जब आग दिल की मेरे।
लबे आब उतरूँ हूँ ग़म में तरे।
सो यह आब रखता है रोग़न[6] का काम।
किया इश्क़ ने आह दुश्मन का काम।
यह बेताब सुनकर हुआ बेक़रार।

1. प्रच्छत्र रहस्य 2. पता लगाने में लीन 3. ज्योति, रोशनी, रौनक़ 4. तीव्र वाणी 5. सशरीर 6. घी।

सफ़ीने[1] से उतरा बसद इज़्तरार[2]।
हुआ हमदम उस आतिश अंगेज़ से।
कहा उस बलाए-दिल आवेज़[3] से।
कि मैं हूँ परसराम ख़ानाख़राब।
मेरा दिल भी उस आग से है कबाब।
मेरे भी जिगर में यही सोज़ है।
यही मुझको जलना शबो रोज़ है।
सख़ुन मुख़्तसर कुछ वह शोला चला।
कुछ एक अपनी जगह से यह दिलजला।
बाहम गर्मजोशी[4] से यकजा हुए।
कि गुज़री थी मुद्दत भी तनहा हुए।
वह शोला रहा एकजा मुश्तइल।
कहे तो तसल्ली हुए जानो दिल।
यकायक भड़ककर वह जलने लगा।
फिर इधर-उधर फिरने चलने लगा।
किया पास पानी के आकर सऊद।
रही रोशनी-सी कोई दम नमूद।
फिर आगे किसी पै न पैदा हुआ*।
न जाना कि वह शोला फिर क्या हुआ।
ख़बरदार हो अहले-किश्ती तमाम।
लगे कहने बाहम नहीं परसराम।
उठे ढूँढ़ने होके सब नासबूर।
किनारे पै दरिया के नज़दीको दूर।
वह सय्याद बोला कि दूँ मैं निशाँ।
गया था सुए-शोला यह नौजवाँ
यह और आग दोनों हुए हम सख़ुन।
वह शोला हुआ उस पे आतिश फ़गन।
यह जोशिश तो याँ से भी मद्देनज़र।
फिर आगे नहीं उसकी मुझको ख़बर ।
यक़ीनी हुआ यह कि वह तेज़ आग।
उसी नीम-कुश्ता से रखती थी लाग।
लिपट उसको शोला ही वह ले गया।
अजब तौर का दाग़ वह दे गया।

1. नौका 2. बेचैन 3. प्राणमोहक 4. तीव्र भावना। * किसी को यह न ज्ञात हुआ।

उपसंहार

उर्दू पिंगल की कुछ बातें

1. बहर और रुकुन—उर्दू और फ़ारसी की कविता में हिन्दी और संस्कृत की भाँति भिन्न-भिन्न छन्दों का प्रयोग होता है। उन्हें बहर कहते हैं। 'गण' की भाँति बहर में भी वज़न होता है। बहरें अरकान से बनती हैं। अरकान आठ हैं। दो पंचाक्षरीय; छः सप्ताक्षरीय। आठ अरकान से 19 बहरें बनती हैं किन्तु प्रसिद्ध 15 हैं। इनमें सात एक ही रुकुन की पुनरुक्ति (तक़रार) से बनती हैं और आठ दो रुकुनों की पुनरुक्ति (तक़रार) से। एक ही रुकुन के तक़रार से बनने वाली हैं—1. हज़ज, 2. रमल, 3. रज्ज़ 4. कामिल, 5. वाफ़र, 6. मिनक़ाारिब, 7. मुतदारिक। दो-दो या कई रुकुनों के तक़रार से बननेवाली आठ बहरें हैं—1. मुज़ारअ, 2. सरीअ, 3. मुनसर्ज, 4. मुक्तज़िब, 5. ख़फ़ीफ़, 6. मुहब्बतस, 7. तवील, 8. वसीत। इनके बनने का प्रकार निम्नलिखित हैं—

1. हज़ज़	: मफाईल 2 बार।
2. रमल	: फाइलातन 4 बार
3. रज्ज़	: मुस्तफ़ेलन 4 बार
4. कामिल	: मफाइलन 4 बार
5. वाफ़र	: मफाअलतन 4 बार
6. मिनक़ारिब (या मुतक़ारिब)	: फऊलन 4 बार
7. मुतदारिक	: फाइलन 4 बार
8. मुजारअ	: मफाईलन फाइलातन।
9. सरीअ	: मुस्तफेलन मफ़ऊहत बार।
10. मुनसर्ज	: मुस्तफ़ेलन मफ़ऊह्त 2 बार
11. मुक्तज़िब	: मफ़ऊहत मुस्तफ़ेलन 2 बार
12. खफ़ीफ़	: फाइलातन मुस्तफ़ेलन 2 बार
13. मुहब्बतस	: मुस्तफ़ेलन फ़ाइलातन 2 बार
14. तवील	: फ़ऊलन मफ़ाअलीन 2 बार
15. बसीत	: मुस्तफ़ेलन फाइलन।

अधिकांश बहरों में छः या आठ अरकान होते हैं।

1. मिसरा : एक सुसंस्कृत एवं सुसंगठित पद; चरण।

2. शेर : दो हमवज़न (सममात्रिक) मिसरों का संयोग।

3. बेत : शेर का एक प्रकार।

4. क़ाफ़िया : बेत या शेर का आख़िरी शब्द जो बदला करता है।

5. रदीफ़ : तुक

6. रुबाई (चतुष्पदी) : चार मिसरों या दो बेत की होती है। इसके पहले, दूसरे और चौथे मिसरे ज़रूर हम-क़ाफ़िया होते हैं। यदि चारों हों तो और अच्छा है। इसका एक विशेष वज़न होता है। रुबाई में 24 वज़न होते हैं। उदाहरण—

गर लाख बरस जिये तो फिर मरना है,
पैमानए-उम्र एक दिन भरना है।
हाँ तो शये आख़िरत मुहय्या करले,
ग़ाफ़िल तुझे दुनिया से सफ़र करना है।

फ़ारसी में उमर ख़य्याम अपनी रुबाइयों के लिए मशहूर हैं। आजकल हिन्दी के तरुण कवि भी रुबाई लिखने लगे हैं।

7. मतलअ : ग़ज़ल का प्रथम शेर जिसके दोनों मिसरे हम-क़ाफ़िया होते हैं।

8. ग़ज़ल : शब्दिक अर्थ है 'माशूक़ के साथ खेलना', 'औरतों से बातचीत' (देखिए फरहंग आसफ़िया)। आकार के विचार से चन्द बेतों का योग है ग़ज़ल जो वज़न और क़ाफिये में यकसां हों। प्रथम शेर के दोनों मिसरे (चरण) हम-क़ाफ़िया (समतुकान्त) होते हैं, और इसी को मतलअ—मतला—कहते हैं। एक ग़ज़ल में चन्द मतले हों तो अच्छा है। प्राचीन आचार्यों के मत से ग़ज़ल के बेतों—शेरों—की संख्या सात से बारह तक होनी चाहिए किन्तु आधुनिक मर्मज्ञों ने उसे बढ़ाकर बीस-पच्चीस तक कर दिया है। अर्थ के विचार से प्रत्येक शेर मुक्तक की भाँति भिन्न-भिन्न आशय का होता है किन्तु कभी-कभी ऐसा भी होता है कि सम्पूर्ण ग़ज़ल एक ही मज़मून पर कही गयी हो, प्राचीन आचार्यों ने इसके लिए कोई बन्धन नहीं रखा है। जैसा कि इसके शब्दार्थ से विदित होता है, ग़ज़ल निकाली तो इसलिए गयी थी कि इसमें केवल श्रृंगार विषय का वर्णन रहे किन्तु पीछे लोग इसमें गूढ़ दार्शनिक विचारों, उपदेश, विनोद एवं अन्यान्य विषयों का भी वर्णन करने लगे।

9. मक़तअ : ग़ज़ल का अन्तिम शेर को 'मक़तअ' (मक़ता) कहा जाता है। एक रिवाज-सा हो गया है कि इसमें शायर अपना 'तख़ल्लुस' (उपनाम) देता है किन्तु फ़ारस—ईरान—के प्राचीन आचार्यों और अरब के कवियों का मत ऐसा नहीं है।

10. क़सीदा : आकार-प्रकार से ग़ज़ल की भाँति होता है किन्तु इसमें शेरों

की संख्या नियत नहीं है। प्राय: सौ, डेढ़ सौ शेरों तक होता है। अर्थ के विचार से क़सीदे में एक ही विषय होता है। निन्दा, प्रशंसा या उपदेश (विशेषत: प्रशंसा) इसके मुख्य अंग हैं। उर्दू में 'सौदा' के क़सीदे मशहूर हैं।

11. क़िता : सूरत में क़सीदे की तरह होता है। अन्तर इतना ही है कि इसमें मतला नहीं होता।

12. मस्नवी : अर्थ है दो-दो। एक छन्द है। दो-दो चरण होते हैं, दोनों मिसरे हम-क़ाफ़िया होते हैं। सात वज़नों पर मस्नवी कही जा सकती है। विषय एक ही हो तो अच्छा है। यह हिन्दी की चौपाई से मिलता-जुलता है और प्रबन्ध-काव्य या कथा-काव्य के लिए उपयुक्त है। फ़ारसी में इसके बड़े-बड़े आचार्य हुए हैं। जैसे— फ़िरदौसी, निज़ामी, मौलाना रूम, मौ. जामी, ख़ुसरो। उर्दू में मीर हसन और दयाशंकर 'नसीम' की मस्नवियाँ मशहूर हैं।

13. मुसल्लस : त्रिपदी जिसका हर बन्द तीसरे मिसरे का हो और तीसरा प्रत्येक स्थान पर समान क़ाफ़िया रखता हो।

14. मुख़म्मस : पंचपदी। मुसल्लस के ही ढंग पर पाँच मिसरों का होता है। पाँचवाँ हर जगह यकसाँ क़ाफ़िया रखता है।

15. मुसद्दस : षट्पदी। चार मिसरे हमक़ाफ़िया और एक मतला। 'हाली' के मुसद्दस मशहूर हैं।

16. मर्सिया : मृत्यु या शोक-काव्य। उर्दू में नासिख़ के मर्सिये मशहूर हैं।

17. तारीख़ कहना : किसी प्रकार का पद जिसके शब्दों का सांख्यिक मूल्य जोड़कर मृत्यु या किसी घटना का समय निकालते हैं।

उर्दू काव्य में आने वाले व्यक्ति

1. लैला मजनू

अरबी, फ़ारसी एवं उर्दू के काव्य में इन दोनों प्रेमियों का ज़िक्र बार-बार आता है। अरब के दो प्रेमी। मजनू का वास्तविक नाम क़ैस था। मजनू अर्थ है जो जुनून (उन्माद) में है। चूँकि क़ैस लैला के प्रेम में पागल था इसलिए इसको यह उपाधि दी गयी जो उसके नाम से भी ज़्यादा प्रसिद्ध हो गयी है। उत्कट प्रेम के प्रतीक।

2. शीरीं फ़रहाद

ईरान की प्रसिद्ध प्रेमी आत्माएँ। फ़रहाद (कोहकन) एक ग़रीब पत्थर तोड़नेवाला व्यक्ति था पर शीरीं के प्रेम में निमग्न। शीरीं भी उसे चाहती थी। पर उसकी शादी ईरान के सम्राट् ख़ुसरों परवेज़ से हो गयी। तब भी शीरी को फ़रहाद के प्रेम पर विश्वास था। परवेज़ ने फ़रहाद से कहलाया—तुम अमुक पहाड़ तोड़कर एक नहर निकालो तो तुम्हारी इच्छा पूर्ण की जा सकती है। उसने स्वीकार किया। बरसों पहाड़ तोड़ने में लगा रहा और नहर जब लगभग पूरी हो चुकी थी, परवेज़ ने षड्यन्त्र किया। एक नक़ली जनाज़ा निकाला जो उधर से ही गुज़ारा जहाँ फ़रहाद अपने काम में व्यस्त था। उससे कहा गया, शीरीं तो मर गयी, अब नहर किसके लिए खोद रहे हो। सुनते ही उसने उसी कुदाल को अपने कलेजे में मार लिया और मर गया। शीरीं ने यह सुना तो पागल हो गयी। दौड़ी उसकी लाश पर गयी और देर तक रोती रही। फिर ज़हर खाकर उसी लाश पर गिर पड़ी। प्रेम के लिए उत्सर्ग के प्रतीक।

3. यूसुफ़

अरबी, फ़ारसी एवं उर्दू काव्य में सौन्दर्य के आदर्श। हज़रत याक़ूब के पुत्र थे जिन्हें उनके चचेरे भाइयों ने, शिकार खेलते समय, बहकाकर एक कुएँ में झोंक दिया। फिर बड़ी मुसीबतों के बाद कुएँ से सौदागरों के एक गिरोह द्वारा निकाले जाकर, ग़ुलामों की भाँति, मिस्र के बाजार में बेंचे गये। सौन्दर्य में अद्वितीय थे। अज़ीज़े-मिस्र की पत्नी

ज़ुलेखा इन पर मोहित हो गयी थी और उसी के अनुरोध से वहाँ के बादशाह ने इन्हें ख़रीदा था। सौन्दर्य और मुसीबतों के सम्बन्ध में काव्य में इनका वर्णन होता है।

4. फ़िरऔन

मिश्र के एक अन्यायी बादशाह की उपाधि जिसने हज़रत मूसा के ज़माने में ख़ुदाई (ईश्वर होने) का दावा किया था। अभिमानी एवं अत्याचारी के अर्थ में भी इसका प्रयोग होता है।

5. ज़ुलेखा

यूसुफ़ पर आसक्त महिला। ऐसी सुन्दरी जिसे देख मन में राग का संचार हो।

6. ख़िज़्र

प्रसिद्ध पैग़म्बर। 'लोमश' की भाँति अनन्त आयुवाले। भूले-भटकों को राह दिखाया करते हैं। मशहूर है कि अमृतपान किया है।

काव्य के महत्त्वपूर्ण शब्द-प्रतीक

साक़ी : शराब पिलानेवाला, माशूक़, ईश्वर।

मय : शराब, प्रेम, सौन्दर्य। माशूक़ का आकर्षण।

मयकदा : मदिरालय, प्रेमागार, प्रियतम।

शीशा : काँच की सुराही; मद्यभांड।

पैमाना : प्याला, मधुपात्र। माशूक़ की आँखों से उपमा दी जाती है। जाम भी कहते हैं।

सुबूही : प्रातःकालिक मद्यपेय।

संबुल : एक प्रकार की सुगन्धपूर्ण घास, माशूक़ के बालों से जिसकी उपमा देते हैं।

सरो : एक सुडौल वृक्ष जिसकी उपमा प्रेमिका की शरीर-यष्टि से दी जाती है।

अर्श : स्वर्ग की आठवीं या नवीं श्रेणी जहाँ, इस्लामी पौराणिकता के अनुसार, ख़ुदा रहता है। आकाश।

तूर : अरब के उत्तर-पश्चिम की एक पहाड़ी जहाँ हज़रत मूसा को ईश्वरीय ज्योति के दर्शन हुए थे और उनकी आँखें झपक गयी थीं। माशूक़ की सौन्दर्य-ज्योति के सन्दर्भ में भी इसका प्रयोग होता है।

लाल : रत्न विशेष जिससे ओठों की उपमा दी जाती है।

गुल : पुष्प, माशूक़, प्रेमिका।

बुलबुल : प्रेमी, आहोज़ारी करनेवाला, पीड़ित।

क़फ़स : पिंजड़ा, जहाँ बुलबुल को गुल से अलग करके बन्द किया जाता है। घर और माशूक़ा से जुदा करनेवाली चीज़।

आशियाँ : घोंसला। (जिससे प्रेमी या बुलबुल को प्रायः निर्वासित कर दिया जाता है।)

सय्याद : माशूक़, या प्रेमी (बुलबुल) से माशूक़ (गुल) को जुदा करनेवाला; ज़ालिम।

ख़िज़ाँ : व्यथा और वियोग का प्रतीक, पतझड़

रक़ीब : प्रतिद्वन्द्वी (प्रेम का)

वस्ल : मिलन

हिज्र : वियोग

सबा : पूर्वी हवा, प्रभाती

नसीम : शीतल, मन्द, सुगन्ध समीर

नरगिस : पुष्प विशेष जिससे (प्रियतमा की) आँखों की उपमा दी जाती है।

गरेबाँ : गला, पागलपन में प्रेमी गरेबाँ फाड़ता है। और जंगल तथा मरुभूमि (दश्तो-सहरा) की ओर, एकान्त की ओर भागता है।

मीर-काव्य के कुछ विशिष्ट शब्द

आजकल बताना : झूठे वादे करना, हीला-हवाला करना, चकमा देना।
आदमीगरी : मनुष्य बनाना, तमीज़ सिखाना।
आफ़ताबा : एक विशेष प्रकार का लोटा, जिससे मुँह-हाथ धोते हैं।
आफ़ताबी : हवेलियों में धूप में बैठने की छायादार जगह।
आला : हरा, ताज़ा।
इजारा : ठीका, केराया।
इस्तहाला : रूपान्तर।
इस्तखाँशिकनी : श्रम उठाना।
इस्लामी : मुसलमान।
इग्माज़ : आँख छिपाना।
इकराह : ज़बर्दस्ती
इन्तिहा लेना : थाह लेना।
उनने : उसने।
उलझाव : झगड़ा-बखेड़ा।
बाब : सम्बन्ध में (दरवाज़ा)।
बाब होना : किसी बात के योग्य होना।
बाव बहना : हवा चलना।
बफरना : झल्लाना।
बिचलना : डगमगाना, बिगड़ना।
बर उफ़्ताद होना : दूर होना, निमग्न होना।
बज़नगाह : क़त्लगाह।
बज़ा : एक जलपक्षी।
भेचक : भौंचक, हैरान।
बेतिही : बातकी तहको न पहुँचना।
पानी टूट जाना : पानी कम होना।

पाईज़ : पतझड़, ख़िज़ाँ।

परतवा : परतौ, परछाईं।

तपक : फोड़े के दर्द की टीस।

तद : तब।

तरदामन : गुनहगार, व्यसनी।

जागह : जगह।

छपाका : फुर्ती, तेज़ी।

झमक्का : चमक-दमक, तीव्रज्योति, तीव्र वर्षा।

चारो दांग : चारों ओर।

चाव : अरमान, लालसा।

चर्ख़ज़न : चकित।

चश्मकज़नी : आँख का इशारा करना, सैन मारना।

चौरंग होना : तलवार के विशेष प्रकार के वार से मरना

हाल : बेहोशी।

ख़ाकदान : संसार।

ख़राबा : वीरान, उजड़ा स्थान।

खराज : फोड़ा ज़ख़्म।

ख़स्मी : दुश्मनी।

ख़ोर : सूर्य

ख़ुशज़ाहिर : दुनियादार आदमी।

दरवाज़े की मिट्टी ले जाना : बार-बार फेरे करना।

दस्तो पा गुम करना : घबरा जाना।

दिलज़दा : मरे हुए दिलवाला।

दिलशब : अर्धरात्रि।

दिलगुज़ीद : दिलपसन्द।

डोर होना : मोहित होना।

राता माता : रात का जागा हुआ।

रेगे-रवाँ : स्थान विशेष जहाँ रेत सदा चलती रहती है। वहाँ से चश्मा निकलता है जिसमें पानी और पारा मिला होता है।

ज़ग़न : चील।

ज़ुल्फा, ज़ुल्फेन : दरवाज़े का कुंडा जिसमें कुंडी अटकाते हैं।

ज़ंजीर करना : ज़ंजीर में बाँधना।

सब्ज़क : नीलकंठ।

सब्ज़ा : हरियल, हारिल।

सुकरोही : बेतकल्लुफ़ी, प्रफुल्लता।
सर से गुज़र जाय : सर की परवाह न करे।
सरनशीं : क़ाफ़िले में सबके आगे चलनेवाला (या वाली)
सफ़री : सफ़र करनेवाला (अब मुसाफ़िर बोलते हैं)
सुनगुन : उड़ती ख़बर।
शीशए जाँ : नाज़ुक मिज़ाज।
सर्फ़ा : फ़ायदा।
सोब : कठिन।
तर्फ़ : तुलना
इर्ज : इज़्ज़त, आबरू।
ऊर : नंगा।
गुंचाख़ातिर : दुःखी हृदय।
क़ाक़ : पतला-दुबला सूखा आदमी।
कद : कब।
लागा : लगा।
लाले ख़मोश : नीरव अधर।
मबीयत : रात ठहरने की जगह।
मिरज़ाई : अहंकार।
नाजी : नजात पानेवाला।
नोक करना : बढ़-बढ़ कर बातें करना।
वाशिद : खिलना।

मीर के काव्य में निम्नलिखत हिन्दी तथा ठेठ शब्द प्रायः मिलते हैं—अफरना, उतारा, अटना, उगास, उलझाव, उलीचना, पाख (पक्ष), अंगदान, अनमना, अनूठा, ओर, बास, विसाहना, विस्तार, विश्राम, बिलोना, भस्म, भस्मन्त, पैंठ, पवन, तनिक, ठौर, जतन, जोग, चाव, रिझवार, रोम-रोम, सालना, साँझ, सुभाव, सराहना, सखी, सन्मुख, सूर (शूर के अर्थ में), काका, कपी कपि (बन्दर के अर्थ में), गाँती, गठबन्धन, गढ़ी, लोथ, निपट, निबल (निर्बल), निदान, निरास, नगर इत्यादि।

मीर ने 'कभी', 'सभी' की जगह 'कभू', 'सभू' तथा 'चलता है' की जगह 'चले है' इत्यादि रूपों का प्रयोग किया है जो उस समय प्रचलित थे। आज-कल के अनेक पुल्लिग शब्दों को स्त्रीलिंग तथा स्त्रीलिंग को पुल्लिग रूप में लिखा है पर ऐसा तत्कालीन अन्य कवियों में भी मिलता है।

❑ ❑ ❑